国际工程管理概论

（第3版）

刘尔烈　主编

天津大学出版社
TIANJIN UNIVERSITY PRESS

内 容 提 要

本书全面系统地介绍国际工程管理的知识。全书共分 9 章,第 1 章介绍国际工程的概念、国际工程市场和我国国际工程事业的情况;第 2 章介绍国际工程咨询服务的内容、招标与投标的程序和做法;第 3 章介绍国际工程承包的招标程序、招标文件的编制、投标报价及实例;第 4 章介绍国际工程设备材料采购的招标与投标;第 5 章介绍 FIDIC 国际通用合同条件;第 6 章介绍国际工程承包合同管理;第 7 章介绍 BOT 项目的概念、立项、合同框架及项目担保,并给出实际案例;第 8 章介绍国际工程项目的风险管理与工程保险;第 9 章介绍与国际工程管理密切相关的国际金融与贸易基本知识。

本书可供高等学校有关专业师生学习参考,还可供项目业主、设计咨询、建设监理、工程施工及工程物资供应单位参考使用。

图书在版编目(CIP)数据

国际工程管理概论 / 刘尔烈主编. —3 版. —天津:天津大学出版社, 2018.10

ISBN 978-7-5618-6217-9

Ⅰ.①国… Ⅱ.①刘… Ⅲ.①国际承包工程 - 工程管理 - 概论 Ⅳ.F746.18

中国版本图书馆 CIP 数据核字(2018)第 253340 号

GUOJI GONGCHENG GUANLI GAILUN

出版发行 天津大学出版社
地　　址 天津市卫津路 92 号天津大学内(邮编:300072)
电　　话 发行部:022-27403647
网　　址 publish.tju.edu.cn
印　　刷 昌黎县佳印印刷有限公司
经　　销 全国各地新华书店
开　　本 185mm × 260mm
印　　张 24
字　　数 600 千
版　　次 2018 年 11 月第 1 版
印　　次 2018 年 11 月第 1 次
定　　价 45.00 元

前　言

随着改革开放深入发展,我国国际工程事业取得了令人瞩目的业绩。加入WTO,为我国工程建设企业提供了新的机遇,各国工程市场将进一步对我国开放,我国企业将获得更大的发展空间。与此同时,我们也面临着新的挑战,发达国家的公司将更普遍地进入我国工程市场参与竞争,因此我国工程企业将经受严峻的考验。面对新的形势,如何实现我国对外经济技术交流与合作事业的可持续发展,加强国际工程管理人才的培养已成为当务之急。

从事国际工程管理不仅要有扎实的工程专业技术知识,同时还要懂得工程项目管理的国际惯例以及国际工程市场开拓、国际金融与外贸的相关知识,只有这样,才能适应国际工程市场激烈竞争的需要。

本书全面系统地介绍国际工程管理的知识,包括:国际工程的概念、国际工程市场和我国国际工程事业的情况;国际工程咨询服务的内容、招标与投标的程序和做法;国际工程承包的招标程序、招标文件的编制、投标报价及其实例;国际工程设备材料采购的招标与投标;FIDIC 国际通用合同条件;国际工程承包合同管理;BOT 项目的概念、立项、合同框架、项目担保以及 BOT 实际案例;国际工程项目的风险管理与工程保险;与国际工程管理密切相关的国际金融与贸易的基本知识。

本书第 3 版是在原第 2 版的基础上进行了补充,增加了国际工程市场的最新信息,并对全书进行校正。

本书由刘尔烈主编,第 1、2、3 章及第 5 章的 5.3 由刘尔烈撰写;第 4、8 章由刘尔烈、姚斌撰写;第 5 章的 5.1、5.2、5.4、5.5、5.6 及第 7 章由陈勇强撰写;第 6 章由吕文学撰写;第 9 章由王秀芹撰写。

在编写本书过程中,得到苏俊民、夏爽、蒋水宾、常宏瀛、袁帅等同志的大力支持和帮助,在此表示感谢。

本书编写时,参考了国际金融组织、FIDIC 的最新信息资料以及中外学者和专家近年的有关论著,在此谨表谢意。

由于作者水平所限,书中难免存在不妥之处,恳请读者批评指正。

作　者

2018 年 3 月于天津大学

目　录

第1章 绪 论

本章阐述了国际工程的概念、国际工程市场的现状和特点，介绍了国际工程商情信息渠道，分析了我国公司在国际工程市场中的地位，指出了发展我国国际工程事业必须解决的问题。

1.1 国际工程的概念

一、国际工程及其特点

所谓国际工程，是指一个工程项目的参与者来自不止一个国家，并且按照国际上通用的工程项目管理模式进行管理的工程。从我国的角度看，国际工程既包括我国工程单位在海外参与的工程，也包括大量的国内涉外工程，如利用世界银行等国际金融组织的贷款项目，因而国际工程属于国际经济合作范畴。

工程单位和人员从事的国际工程业务，通常可以分为两个主要领域：一是国际工程咨询；二是国际工程承包。在国际工程市场上，工程咨询公司和工程承包公司可从事的业务范围并没有严格划分，一些有实力的咨询公司涉足的往往不是单纯的设计咨询业务，许多承包公司向提供全面服务方向发展，承揽"设计—施工"项目。近年来，国际工程咨询与承包业务已呈现出相互渗透、相互竞争的趋势。

从事国际工程同从事国内工程相比较，具有以下特点。

1. 合同主体的多国性

国际工程签约的各方通常属于不同的国家，受多国不同法律的制约，而且涉及的法律范围极广，诸如招标投标法、建筑法、公司法、劳动法、投资法、外贸法、金融法、社会保险法以及各种税法等。

一个大型的国际工程项目建设可能涉及多个国家。例如，业主，承包商，承担咨询设计、设备制作与安装及各专业工程的分包商，贷款银行和劳务公司等可能属于不同的国家，有多个不同的合同来规定他们之间的法律关系，而这些合同中的条款并不一定都与工程所在国的法律、法规一致。这就使得项目各方对合同条款的理解易于产生歧义，当出现争端时，处理起来往往较为复杂和困难。

2. 影响因素多、风险增大

当前，国际工程受到的政治、经济影响因素明显增多，风险相对增大，例如：国际政治经济关系变化可能引起的制裁和禁运；某些来源于国外的项目资金减少或中断；某些国家对承包商实行地区和国别限制或歧视政策；工程所在国与他国发生军事冲突；由于政治形势失稳而可能发生内战或暴乱；由于经济状态不佳而可能出现金融危机，等等，这些因素都可能使工程中断或造成损失。因此,从事国际工程不仅要关心工程本身的问题,而且还要关注工程所在国及其周围地区和国际大环境的变化所带来的影响。

3. 按照严格的合同条件和国际惯例管理工程

国际工程的参与者不能完全按某一国的法律、法规或靠某一方的行政指令来管理,而是采用国际上已形成多年的严格的合同条件和工程管理的国际惯例进行管理。一个国际工程项目从开始至投产其实施程序具有一定的规范性,为保证工程项目的顺利实施,参与者必须不折不扣地按照合同条件履行自己应尽的责任和义务,同时获得自己应有的权利。合同条件中的未尽事宜通常应受国际惯例约束,使经济利益产生矛盾的各方,尽可能取得一致和统一。

4. 技术标准、规范和规程庞杂

国际工程合同文件中需要详尽地规定材料、设备、工艺等各种技术要求,通常采用国际上被广泛接受的标准、规范和规程,如 ANSI(美国国家标准协会标准)、BS(英国国家标准)等,但也涉及工程所在国使用的标准、规范和规程。有些发展中国家经常使用自己尚待完善的"暂行规定"。这些技术要求准则的庞杂性无疑会给工程的实施造成一定的困难。

随着我国国力的日益增强和工程科技水平的不断提高,中国标准和规范正在走向世界,被许多工程所在国认可和采用。

二、国际工程咨询

咨询的原意为"征求意见",现代咨询被赋予了更丰富的内容和含义。工程咨询(Engineering Consulting)指的是在工程项目实施的各个阶段,咨询人员利用技术、经验、信息等为客户提供的智力服务。换言之,就是咨询专家受客户委托为寻求解决工程实际问题的最佳途径而提供的技术服务。为国际工程项目提供的咨询服务,称为国际工程咨询。

第二次世界大战以后,伴随着世界技术革命和社会经济的发展,工程咨询也开始走向国际市场,其业务范围已由建筑业迅速扩展到水利、电力、交通、矿产、机械、冶金、农业、环境等各个领域,成为一个多学科、跨行业、融合经济与技术的综合性服务行业。按照一般的产业划分方法,工程咨询属于第三产业范畴,但是它与一般的第三产业有着根本的区别。它是知识密集型的高级智力服务行业,咨询人员是工程师、教授、研究员、会计师、律师及其他具有专门知识的专家和技术人员。工程咨询公司不仅可以为客户提供专门的高新技术(如专利发明等),而且可以协助客户实施工程项目(如可行性研究、工程设计项目施工管理等),从而达到预期的项目目标。因此,工程咨询在工程建设中起着十分重要的作用。世界银行声称自己95%的贷款项目都是成功的,成功的重要原因之一是通过咨询公司参与项目的全过程,帮助与监督业主实施工程项目。

三、国际工程承包

工程承包(Engineering Contracting)一般是指工程公司或其他具有工程实施能力的单位受业主委托,为业主的工程项目或其中某些子项目所进行的建造与维修活动。国际工程承包是指参与国际工程项目的承包活动。

国际工程承包的参与者可划分为业主、咨询工程师(或称工程师)和承包商三方,其中任何一方都不一定是单个的自然人或法人,例如工程项目的业主可能包括工程所在国政府的几个部门,或者若干个合营或投资者,还可能有银行和贷款财团参加;承包方也可能涉及多家承包商,他们以各种各样的合作方式共同完成一个工程项目。

工程承包是交易活动的一种方式,但其又不同于一般的货物贸易,主要表现在以下3方面。

1. 承包工程合同客体——工程项目的不可移动性

通常工程的实施只能或者基本上要在工程所在地进行。这样就产生了一系列的问题,如劳务、材料、设备要集中于工程现场,从而需要建造大量临时性设施。在遇到各类质量问题时,只能在现场返工或维修,如果出现无法修补的质量问题,就只能拆除重建,这无论对于业主还是承包商都是严重的损失。因此,承包商、业主和工程师必须认真加强管理,严格保证工程质量。

2. 履约时间——施工周期的长期性

工程承包比普通贸易活动的履约时间要长得多,特别是大型工程项目的承包建设,例如:水电站工程、矿山工程、港口工程等,有些长达数年或更长。履约周期长将产生较多的不可预见因素,工程风险增大。为此,工程承包合同应当对可能出现的各种风险因素及其补救措施作出明确的规定。

3. 履约过程的渐进性和连续性

工程的特性决定了承包合同只能渐进式地履约,而且必须按照一定的程序和步骤(工序)连续地进行。这种履约方式要求有周密详细的计划与协调管理、科学严格的监督与检验制度,还要有合理可行的计价与付款方法。

国际工程承包除了具有上述工程承包的所有特征之外,还有其专有的特征——国际性,这就使得它比一般的工程承包更为复杂化。

1.2 国际工程市场

一、国际工程市场的现状和特点

国际工程市场是一个规模宏大的市场。据美国《工程新闻记录》(*Engineering News Record*, *ENR*)杂志对150个国家和地区所作的调查,2000年用于工程建设方面的总投资为3.413万亿美元。其中:中国的支出占国内生产总值(GDP)的17.02%,为1.81千亿美元;美国占8.24%,为8.19千亿美元;日本占13.87%,为6.18千亿美元;英国占7.72%,为1.09千亿美元;韩国占15.4%,为0.68千亿美元;俄罗斯占10.81%,为0.43千亿美元。据亚洲开发银行报告,亚洲各国在2010年至2020年,在基础设施建设方面的投资需求高达8万亿美元。从长远看,随着世界经济的发展,用于工程建设的总投资额将呈上升的趋势。

1. 国际工程承包市场现状

国际工程承包市场是一个广阔的市场,要准确地统计全世界各国的咨询公司和承包公司在国外的合同额和营业额是非常困难的。因而,实际上国际工程界统计的国际工程总规模习惯上以若干家大公司的咨询和承包额来表示,而不是统计所有的国际工程公司在国外的合同额或经营额。这种统计方法从客观上反映了国际工程市场的规模和分布,从中可以看出发展的趋势和存在的问题。*ENR* 每年8月公布在全球范围内统计的上一年国际工程咨询、工程承包的相关资料。下面介绍的国际工程承包和咨询情况,是根据 *ENR* 近年来发表的统计数字汇总的。表1-1列出自2001年至2011年按公司国外营业额大小排行的全球前225名国际工程承包公司的市场分布，*ENR* 将 2012 年至 2016 年排行榜中的企业数量增至 250 家，其国外市场分布情况也列在该表中。

表 1－1　全球前 225(250) 家国际工程承包公司国外市场分布

单位：亿美元

年份	营业总额	地区分布					
		中东	亚洲	非洲	欧洲	北美	拉美
2001	1 064.61	85.39	219.78	88.19	282.49	282.48	106.28
2002	1 165.16	124.74	226.84	111.38	330.91	275.78	95.51
2003	1 398.13	164.56	266.29	126.55	466.59	275.33	98.81
2004	1 672.40	254.15	304.65	142.84	602.64	277.58	90.54
2005	1 875.99	281.55	337.81	151.34	685.84	312.82	106.63
2006	2 220.79	413.81	401.85	179.11	718.58	371.21	136.23
2007	3 097.84	628.95	554.00	285.96	964.49	451.87	212.57
2008	3 899.95	774.71	685.32	508.85	1 141.06	551.61	238.40
2009	3 837.33	775.57	731.83	568.12	1 008.07	482.62	271.12
2010	3 835.13	724.34	766.42	605.92	941.83	456.16	340.46
2011	4 529.00	830.74	1 121.95	581.49	1 014.63	569.08	411.11
2012	5 108.75	913.18	1 388.14	568.65	1 022.63	715.99	500.16
2013	5 438.40	841.29	1 464.74	622.36	1 118.64	826.07	565.30
2014	5 212.00	790.26	1 374.07	709.49	998.06	807.32	532.80
2015	4 863.24	765.07	1 208.40	645.15	934.19	763.23	547.20
2016	4 679.17	840.19	1 203.06	615.40	959.85	723.13	337.54

注：资料来自美国《工程新闻记录》，数据不包括南、北极及其他地区。

从表 1－1 可以看出，亚洲、欧洲是国际工程承包市场最为活跃的地区。表中北美地区市场的营业额，仅计算了美国公司在加拿大的工程承包营业额和加拿大公司在美国的工程承包营业额，不包括两国公司在其本国的工程承包营业额和其他外国公司的营业额，因此，北美地区工程市场仍有较大潜力。

表 1－1 中列出的从 2001 年至 2011 年 225 家全球最大国际工程承包公司在国外的营业总额逐年上升，2011 年营业总额为 4 529 亿美元，比 2001 年增加了 3.25 倍。之后自 2013 年至 2016 年，250 家全球最大国际工程承包公司在国外的营业总额呈逐年下降趋势，其主要原因是在此期间工程建设受到国际政治、经济发展等诸多不稳定因素的影响。

表1－2列出2016年全球国外工程承包营业额最多的250家大公司的国别分布及其所占的市场份额。

表1－2　2016年全球前250家国际工程承包公司国外营业额国别分布

承包商国籍		公司数目	国外营业额(亿美元)	百分比(%)
美国		43	418.75	8.9
加拿大		3	35.97	0.8
欧洲		46	2 107.36	45.0
其中	英国	2	88.17	1.9
	德国	2	235.61	5.0
	法国	3	417.37	8.9
	意大利	14	266.73	5.7
	荷兰	3	85.22	1.8
	西班牙	11	589.88	12.6
	其他	11	424.38	9.1
澳大利亚		3	88.08	1.9
日本		13	244.25	5.2
中国		65	987.22	21.1
韩国		11	339.39	7.3
土耳其		46	255.91	5.5
巴西		2	46.16	1.0
所有其他国家		18	156.08	3.3
全部公司		250	4 679.18	100

由表1－2中可以看出,在250家全球最大国际工程承包公司中,发达国家的公司的营业额占有很大比例,约占250家公司营业总额的70%。

表中显示中国公司已有65家进入全球前250家国际工程承包商的行列,并取得骄人的业绩,2016年国外营业总额达到987.22亿美元,同2015年相比,营业额增长了5.4%。

2. 国际工程咨询市场的现状

国际工程咨询市场是与国际工程承包市场密不可分的。哪一个地区工程项目增多,则咨询市场和承包市场就会同时出现繁荣景象。表1－3列出2015年全球前225家咨询设计公司的国外营业额国别分布情况。

表1－3　2015年全球前225家咨询设计公司国外营业额国别分布

公司国籍	美国	加拿大	欧洲国家	澳大利亚	中国	日本	韩国	其他	合计
公司数目	86	6	49	6	24	11	12	32	225
国外营业额(亿美元)	206.36	82.33	208.60	58.95	25.90	6.86	15.79	49.45	654.24
百分比(%)	31.5	12.6	31.9	9.0	4.0	1.0	2.4	7.6	100

从世界各国工程咨询公司的实力分析，主要发达国家的工程咨询业经过一个多世纪的发展，已成为相当成熟和发达的产业，其共同特点是专业领域宽，业务范围大，有较完善的行业法规，在国际工程市场上占主导地位，拥有国际工程咨询市场的大部分份额。

3. 国际工程市场的特点与发展趋势

国际工程市场是一个动态市场，随着国际政治形势变化、社会经济发展和科学技术进步而不断发展变化，目前国际工程市场的特点和发展趋势表现为以下几个方面。

①工程项目趋于大型化和复杂化，国际工程公司的实力与规模效益明显。一些规模大、实力雄厚的公司在竞争大、中型项目时，具有明显的优势，获得更多的中标机会，从而得到较好的经济效益。国际工程市场的这一特点，促使一些大、中型公司相互联合、兼并，以便在世界各地区、各行业市场中增强竞争实力或占据垄断地位。

②近年来，国际工程市场流行"设计—建造"(Design—Build，DB)和"设计—采购—施工"(Engineering—Procurement—Construction，EPC)模式，为业主提供全面服务。有关资料介绍，美国目前有大约三分之一的项目采用这种方式运作。这种趋势促使工程咨询设计与工程施工密切结合，打破了传统观念上的咨询公司和承包公司业务范围的划分和原有的工作方式，大批的承包公司涉足咨询业务，以工程设计为龙头带动工程承包；有实力的咨询公司总承包工程项目后再组织施工分包。一种普遍的现象是咨询公司与承包公司相互联合承揽工程项目。国际工程市场呈现多元化的状况。

③为了维护本国工程公司的利益，东道国对工程项目实行地方保护主义政策，对外国公司进入本国工程市场采取限制措施，如有一些发展中国家规定，外国公司不能单独承揽该国的建设项目，等等。国际工程咨询、承包公司为了打破这些限制，从而占领市场，纷纷与当地公司建立起各种形式的联营公司。

④国际工程市场对工程公司科技与管理水平的要求不断提高。一方面是业主希望高效率、低成本地实施工程，以求得到较高的投资回报率，他们要求咨询、承包公司引进新工艺、新技术与科学管理；另一方面，随着国际市场竞争加剧，工程公司为了获得项目常常采取低利润率报价，这就相当于承担了较大的风险，因此，也需要依靠先进的技术和科学的管理来降低成本，取得竞争优势，保障公司生存和发展。

二、国际工程商情信息渠道

全面、准确、及时地获得市场信息是国际工程公司一项十分重要的工作，是获得项目的首要环节。搜集市场信息可以通过不同的方式和渠道，但应注意，要以较少的花费取得适合自己公司的高质量的信息。国际工程市场的信息渠道通常有以下几个。

(一)国际专门机构

1. 联合国系统内的机构

联合国承担着及时传播商业信息的义务,主要信息来源是《开发业务》(*Development Business*)报。它由设在纽约的联合国经济和信息部出版,每年 24 期。这份报纸也可通过互联网获得。它登载由世界银行、泛美开发银行、非洲开发银行和基金、亚洲开发银行、欧洲经济委员会、加勒比开发银行和联合国开发计划署提供资金以国际竞争性招标的方式采购的工程项目、货物及服务的通告。每年列入采购通告的总金额为230 亿美元。有些国家政府的采购通告也登在这份报纸上。《开发业务》报的内容由 5 部分组成:

①提议的新项目;

②批准的新项目;

③授予合同的项目;

④采购通告;

⑤业务月报和业务季报。

2. 世界银行

世界银行运营的国际商业机会服务(International Business Opportunity Service, IBOS)提供世界银行采购过程中的信息。这项服务包括定期邮寄以下 5 种主要的原始信息资料。

①《每月业务摘要》列出所有规划中的项目,从它们首次被列入到由执行董事会批准该项目贷款为止。通常每期大约有 1 200 个项目。每个列出的项目都说明是否需要咨询服务。《每月业务摘要》可以单独购买。

②《技术资料单》是在每一项贷款批准后出版的,介绍该项目的采购方法、融资情况等。

③《一般采购通告》由采用国际竞争性招标项目的借款人发布。工程公司如果对通告内容感兴趣,应与借款人联系。

④《特别采购通告》是为工程等发布的投标邀请,并作为一般采购通告的后续部分发布。

⑤《主要合同授标通告》公布最近授标的合同及其中标人。这份资料对有兴趣为总承包商提供分包服务的公司有用。

国际商业机会服务也可以从互联网上得到。

3. 区域性国际金融组织

区域性国际金融组织也都有自己的出版物。如亚洲开发银行的《亚洲开发银行商业机会》(*ADB Business Opportunities*)和《拟议中的项目及授予合同》(*Proposal Projects And Contracts Awarded*)等刊物介绍了融资项目的工程、货物采购和咨询服务信息。欧洲发展基金/欧洲投资银行的《信使》(*Courier*)杂志的“业务概要”主要介绍欧洲共同体项目活动发展计划信息等。

(二)国家贸易促进机构

国际上有许多很有实力、专业化的贸易促进机构,它们是工程市场信息的很好的来源。许多国家的贸易促进机构正在提供范围广泛的服务,包括:

①专门的参考阅览室;

②联网的信息数据库;

③有关咨询服务;

④目标市场国家的概况资料。

我国商务部 EDI 服务中心通过信息网络接收我国驻外使馆商务参赞处的信息,并提供信息服务。

(三)商业化信息

国际上许多商业信息公司正在世界范围内从事有偿商业信息服务。国际工程公司可通过它们的出版物或通过互联网获得自己需要的工程信息。如美国较大的工程信息出版商McGraw Hill发行的《工程新闻记录》和《国际建设》;英国MDIS出版的《国际建设周刊》(*International Construction Week*)均刊登关于建设规划的新闻,其中包括按地区登载正在规划中的项目清单并介绍项目情况。其远东版包括国际贸易中心(ITC)计划中的所有国家。

(四)国际、国内行业协会或商会

加入国际工程承包、咨询的行业协会或商会可以方便地获得有关信息。这种类型的协会或商会在国际上有国际咨询工程师联合会(FIDIC)等;国内有中国国际工程咨询协会(CAIEC)、中国对外承包工程商会(CHINCA)等。

(五)公司对外交流与合作

公司加强对外交流与合作是获得国际工程信息的最好方式之一。交流合作的方式是多种多样的,如与规划中的项目所在国政府、业主预先联系,进行项目跟踪;与外国公司广泛接触,进行交流与合作;通过已开展的咨询、承包项目,加深与当地和周边国家或地区的相互了解,发现潜在的项目机会;与我国驻外使馆商务参赞处人员保持联系;与世界银行、亚洲开发银行驻我国的办事机构或与之有关的我国政府部门联系,了解项目信息等。

1.3 发展中的我国国际工程事业

一、我国公司在国际工程市场中的地位

我国国际工程公司对外咨询、承包工程事业是改革开放政策的产物,是在过去对外援助的基础上发展起来的,自1978年开始进军国际工程市场,至今已有40年的历程。在此期间,这项事业从无到有,从小到大,克服了重重困难,取得了令人瞩目的业绩。1988年4月中国对外承包工程商会成立,标志着我国对外承包事业已步入快速发展的新阶段。

我国的国际工程公司开始只有4家,主要是劳务输出和承包一些较小的土木工程项目,承包额只有几千万美元。现在已有2 000多家,业务遍及世界各地,形成了以亚洲为主,逐步发展非洲、拉美和南太平洋市场,进军中东,开拓欧美的多元化市场格局。据统计,截至2008年底,对外承包工程累计完成营业额2 630亿美元,签订合同额4 341亿美元。2016年我国已有65家公司跻身于全球前250家国际承包公司行列,入选250强的中国公司排行榜如表1-4所示;2015年有24家工程咨询设计公司跻身于国际前225家设计公司行列,入选的中国公司如表1-5所示。我国国际工程公司在交通运输、石油化工、房屋建筑、电力和电信等许多行业都取得了很好的业绩,并涉足航天、核电等高新技术领域。对外经济交流与合作对我国的经济发展起着越来越重要的作用。

表 1-4　2016 年全球前 250 家国际工程承包公司中的中国(内地)公司

国内排名	公司名称	国际市场营业额(百万美元)	2016 年国际排名	2015 年国际排名
1	中国交通建设集团有限公司	21 201.0	3	3
2	中国电力建设集团有限公司	11 595.9	10	11
3	中国建筑股份有限公司	10 358.8	11	14
4	中国中铁股份有限公司	5 565.6	21	20
5	中国铁建股份有限公司	4 945.0	23	55
6	中国能源建设股份有限公司	4 297.0	27	*
7	中国机械工业集团有限公司	3 992.2	31	23
8	中国冶金科工集团有限公司	2 519.0	48	49
9	中国化学工程股份有限公司	2 472.3	50	67
10	中石化炼化工程(集团)股份有限公司	2 180.5	53	75
11	中信建设有限责任公司	2 005.2	56	58
12	青建集团股份公司	1 640.4	64	77
13	哈尔滨电气国际工程有限责任公司	1 502.4	67	88
14	中国石油工程建设公司	1 262.7	73	84
15	中国水利电力对外公司	935.3	83	74
16	特变电工股份有限公司	912.7	84	*
17	中国石油天然气管道局	881.0	88	68
18	中国江西国际经济技术合作公司	830.3	90	103
19	中国电力技术装备有限公司	810.1	93	128
20	浙江省建设投资集团股份有限公司	799.6	94	117
21	江西中煤建设集团有限公司	797.4	95	111
22	中国中原对外工程有限公司	797.3	96	109
23	中地海外建设集团有限公司	742.8	102	97
24	北方国际合作股份有限公司	741.0	103	112
25	通用技术集团控股有限责任公司	727.1	104	92
26	中国有色金属建设股份有限公司	694.6	106	129
27	新疆生产建设兵团建设工程(集团)有限责任公司	664.8	108	116

续表

国内排名	公司名称	国际市场营业额（百万美元）	2016年国际排名	2015年国际排名
28	中国江苏国际经济技术合作集团有限公司	621.5	115	95
29	安徽省外经建设(集团)有限公司	601.4	116	145
30	上海建工集团股份有限公司	560.5	117	105
31	中石化中原石油工程公司	535.9	124	125
32	中国地质工程集团公司	517.3	126	124
33	中鼎国际工程有限责任公司	514.6	127	131
34	中钢设备有限公司	492.3	129	160
35	中国武夷实业股份有限公司	470.0	131	168
36	中国东方电气集团有限公司	464.7	132	107
37	中国寰球工程公司	461.9	133	119
38	中国山东对外经济技术合作集团有限公司	437.1	139	167
39	上海电气集团股份有限公司	432.2	141	249
40	北京建工集团有限责任公司	429.9	142	115
41	江苏南通三建集团股份有限公司	428.8	143	150
42	烟建集团有限公司	419.7	146	183
43	安徽建工集团有限公司	416.4	147	127
44	沈阳远大铝业工程有限公司	412.8	149	153
45	中国河南国际合作集团有限公司	404.8	150	130
46	上海城建(集团)公司	388.4	153	144
47	云南省建设投资控股集团有限公司(云南建工)	355.7	159	186
48	中石化胜利石油工程有限公司	344.3	160	176
49	中国成套设备进出口(集团)总公司	335.2	163	179
50	中国核工业建设股份有限公司	316.0	171	*
51	山东德建集团有限公司	270.3	177	*
52	南通建工集团股份有限公司	264.2	179	185
53	北京城建集团有限责任公司	263.6	180	171
54	中国大连国际经济技术合作集团有限公司	259.5	181	194
55	江苏南通六建建设集团有限公司	241.5	185	204

续表

国内排名	公司名称	国际市场营业额（百万美元）	2016 年国际排名	2015 年国际排名
56	中国甘肃国际经济技术合作总公司	216.3	193	196
57	烟台国际经济技术合作集团有限公司	183.7	202	211
58	重庆对外建设(集团)有限公司	182.7	203	213
59	浙江交工集团股份有限公司	161.6	210	218
60	平高集团国际工程有限公司	132.1	220	*
61	江苏中南建筑产业集团有限责任公司	113.8	228	*
62	山东淄建集团有限公司	110.3	229	189
63	中国建材国际工程集团有限公司	106.3	230	*
64	北京住总集团有限责任公司	79.4	240	*
65	中铝国际工程股份有限公司	67.1	245	*

注:资料来源于美国 2017 年 8 月《工程新闻记录》。

表 1-5　2015 年全球前 225 家国际工程咨询设计公司的中国(内地)公司

国内排名	公司名称	国际市场营业额（百万美元）	2015 年国际排名	2014 年国际排名
1	中国电力建设集团有限公司	651.2	27	30
2	中国交通建设集团有限公司	309.3	49	50
3	凯达建设设计事务所	216.8	56	53
4	中国机械工业集团有限公司	205.2	58	62
5	中国中铁股份有限公司	177.4	64	75
6	中国石油天然气管道工程有限公司	162.7	68	73
7	中国石油工程建设(集团)公司	137.8	77	70
8	中石化炼化工程(集团)股份有限公司	126.5	80	94
9	中国天辰工程有限公司	112.0	86	*
10	中国石油集团工程设计有限责任公司	103.0	90	67
11	中鼎工程股份有限公司	99.6	92	103
12	中国电力工程顾问集团有限公司	66.9	105	96
13	中国寰球工程公司	65.1	106	98
14	华东建筑集团股份有限公司	47.1	119	123

续表

国内排名	公司名称	国际市场营业额（百万美元）	2015 年国际排名	2014 年国际排名
15	中国水利电力对外公司	45.7	122	133
16	中国土木工程集团有限公司	27.5	148	*
17	山东科瑞石油装备有限公司	26.8	149	100
18	王董建筑师事务有限公司	25.7	152	160
19	悉地国际有限公司	22.0	162	158
20	沈阳远大铝业工程有限公司	21.8	163	173
21	中钢设备有限公司	13.1	194	*
22	中国冶金科工集团有限公司	10.1	212	221
23	中国铁建股份有限公司	8.0	219	193
24	中国中建设计集团有限公司	7.9	221	218

注：资料来源于美国 2016 年 8 月《工程新闻记录》。

首先分析国际工程承包。2016 年的统计资料显示，我国进入全球前 250 家国际工程承包商排行榜的 65 家公司在数量上占 26%，国外营业额为 987.22 亿美元，占 250 家公司总营业额的 21.1%。我国有两家公司进入 250 强前 10 名行列，在交通运输和电力工程领域显示出很强的综合实力，但在 65 家中国公司中仍有不少公司排名比较靠后，营业额较低，因此，在专业技术和经营管理水平方面，我们仍需要向发达国家的国际一流大公司学习。

其次分析国际工程咨询。同国际工程承包相比，我国的国际工程咨询事业起步较晚，20 世纪 80 年代获得的项目较少，营业额不大，自 1993 年 2 月成立“中国国际工程咨询协会”以来，形势有了很大改观，各会员单位奋力开拓国际工程咨询市场，取得了可喜的进步。截至 2008 年底，我国对外设计咨询累计完成营业额 26.7 亿美元，签订合同额 46.6 亿美元。2015 年完成营业额达 25.90 亿美元。

2015 年全球最大 225 家咨询设计公司中，绝大多数来自发达国家，我国内地虽有 24 家公司入围 225 强，但排名都比较靠后，营业额也较低，同排行前几位的公司相比，营业额相差还很大。这种情况相对于我国比较雄厚的设计咨询力量来说是不相称的，我国许多工程咨询公司在创新和运用高端核心技术方面，在投融资、设计与管理综合服务方面，其能力和水平均需要进一步提升，我们尚有较大的发展空间。

二、开拓我国国际工程事业新局面

我国的改革开放不断深化，为我国工程公司创造了快速发展的良好环境。“一带一路”(The Belt and Road，B&R)，即“丝绸之路经济带”和“21 世纪海上丝绸之路”的倡议，大大拓宽了我国公司在国际工程市场上的发展空间。特别是 2016 年 1 月 16 日亚洲基础设施投资银行(Asian Infrastructure Investment Bank，AIIB，简称亚投行)正式开业后的两年时间里，亚投行成员数由成立之初的 57 个增加到 84 个，参与投资的基础设施建设项目数达到 24 个，涉及 12 个国家，贷款总额超过42亿美元。亚投行在贷款规划中，准备加大力度推动更多的“一带一路”项目建设。

现在的问题是如何发挥我们的资源优势，克服各种不利于发展的制约因素，增强我国公司在国际市场上的综合竞争实力，不断进取，再创佳绩。

国际工程是一项充满风险的事业，国际工程公司要在激烈的国际竞争中站稳脚跟、开拓国际工程市场、减少失误、获取利润、求得生存与发展，最迫切需要的是一大批复合型、外向型、开拓型的中、高级国际工程管理人才。复合型主要是指知识结构要“软”“硬”结合，既有坚实的专业技术基础，又要通晓管理，有经济头脑，并具有较高的外语水平。外向型主要指要熟悉国际惯例：在技术方面，要了解、熟悉国外的技术规范和实验标准；在经济方面，要对有关金融、外贸、财会、保险等有一定的了解；在管理方面，要熟悉国际工程管理的模式和要求，了解国际通用的项目软件的应用；在外语方面，要熟悉国际通用的各种工程项目管理的词汇及其基本概念。开拓型主要指要有远见卓识，对商务敏感，有正确的判断能力和快速应变能力，掌握社交公关技巧，有进取精神，会主动寻找机会，有强烈的市场意识，敢于和善于开拓市场，又有风险意识，不怕困难，百折不挠。

总之，商业竞争归根到底是人才的竞争，我国工程企业要开发和占领国际市场，必须有一大批国际工程管理人才，每个公司应该拥有一批国际工程项目经理、合同专家、财会专家、投标报价专家、工程技术专家、物资管理专家、索赔专家以及金融专家，才能在国际市场上承揽大项目，才能获得良好的经济效益。同时，我们还应该特别注意对来自工程所在国的政治、金融、法律等方面的风险加强防范。

中国工程企业拓展国际市场需要进一步深化企业改革，转变经营管理机制，在用人制度、经营决策、财务制度、内部管理等多方面建立适合国际化经营、市场经济的经营管理机制。向经营管理机制科学化要效益，这是我国公司实现持续发展的必由之路。

第2章　国际工程咨询及其招标与投标

本章首先阐明咨询工程师的概念、业务素质与道德标准，并介绍国际工程咨询公司及其在项目各阶段的咨询服务内容，然后介绍国际工程咨询竞争性招标的方式、程序和方法，最后介绍如何进行国际工程咨询投标、技术建议书和财务建议书的编制以及咨询服务的费用计算方法。

2.1　概　述

一、咨询工程师

咨询工程师(Consulting Engineer)是从事工程咨询服务的工程技术人员和其他专业人员的统称。

现代工程咨询是现代科学、技术、信息综合运用的智力服务活动，咨询工程师所具有的专业知识、实际经验和信息水平决定了咨询质量，因此，工程咨询对咨询工程师的素质有很高的要求。在许多经济发达国家，如美国、英国、日本等，对咨询工程师需要进行资格审核和注册，以规范工程咨询的行业管理。

咨询工程师应当具有如下业务素质。

1. 扎实的专业知识和技能

咨询工程师应当具有高水平的业务能力，是自己专业领域内的专家，能从事项目的规划、设计和施工，熟悉计算机的应用，并掌握一门外语。

2. 广博的知识结构

咨询工程师应有广博的知识范围，除了掌握专业技术之外，对各类工程项目建设过程和特点均应有较深的了解，还应有一定的经济、管理、金融和法律等方面的知识。

3. 丰富的工程实践经验

工程咨询是实践性很强的业务，要能够很好地完成诸如项目的可行性研究、工程设计、施工监理和施工管理等各项工作，必须具备丰富的工程实践经验。

4. 较强的组织、协调和管理能力

咨询工程师的工作性质决定了他们除了与本公司各方面人员协同工作外，还要经常与客户、合同各方、政府部门、金融机构及物资供应商等发生联系，处理面临的各种问题。这就要求咨询工程师具有一定的组织、协调能力和工作管理水平。

5. 勇于开拓进取的精神

随着世界科学技术迅速发展，新产品、新工艺不断涌现，咨询工程师必须积极进取、更新知识并勇于开拓新领域，与科技进步并驾齐驱。

除了上述业务素质，咨询工程师还必须具备良好的职业道德，在国外，许多咨询行业协会都制定了自己行业的规范和准则，用来指导咨询工程师的职业行为。国际咨询工程师联合会要求咨询工程师具备的道德准则可以归纳为以下几个方面：

①对社会和职业的责任感；

②承担与自己能力相适应的工作并细心努力做好；

③在任何时候均为了委托人的合法权益行使职责，并且正直和忠诚地进行职业服务；

④在提供职业咨询、评审或决策时实事求是，保持公正性，不接受可能导致判断不公的报酬；

⑤以客观公正的态度对待同行或他人，不做损害他人名誉和利益的事情。

二、国际工程咨询公司

国际工程咨询公司是具有独立法人地位的经营实体。世界银行要求承担其贷款项目咨询服务的公司应具备：与所承担的工作相适应的经验和资历；与业主签订受法律约束的协议的法人资格。

国际工程咨询公司的组成模式具有多样性，可以是公营公司、私营公司、联营体、国际组织、大学和研究所，较大型的工程咨询公司多采用有限责任公司的形式。工程咨询公司在规模上可大可小，在国外有几人的小公司，也有数百人的中型公司和几千人的大型公司。不同的工程咨询公司业务范围彼此差异很大，但往往只限于一个或几个工程领域。

由于国际工程大多比较复杂，所以从事国际工程咨询的公司多为大中型公司。随着社会经济发展和科技进步，工程项目日趋大型化和复杂化，要求多专业综合型的咨询服务，这样的咨询服务往往需要若干家公司共同承担，并且还有来自科研机构和大学的不同学科的专家参加咨询工作。

三、国际工程咨询公司的业务范围

国际工程咨询公司的业务范围很广泛，其服务对象可以是业主、承包商、国际金融机构和贷款银行，工程咨询公司本身也可以与承包商一起联合投标承包工程项目。

1. 为项目业主咨询服务

项目业主在项目建设过程中通常聘请工程咨询公司为其提供技术服务。服务的内容可能贯穿整个建设过程，也可能为项目的某一阶段或某项具体任务提供咨询服务，其中涉及项目选定、项目决策、工程设计、工程招标、施工管理、竣工验收、后评价等许多工作内容。咨询工程师不仅作为业主的受雇人开展工作，而且也代行了业主的部分职责，协助业主完成工程项目的开发与建设。

2. 为承包商服务

工程咨询公司往往以分包商的身份承担工程项目咨询，为承包商或总承包商提供服务。工程咨询公司通常负责工艺系统设计、生产流程设计以及不属于承包商制造的设备选型与成套任务，编制设备、材料清单及工作进度计划等，有时还要协助承包商澄清有关技术问题；如果总承包商负责交钥匙工程，咨询公司则要承担土建工程设计、安装工程设计，协助编制成本估算、施工进度计划和设备安装计划，进行设备检查与验收，参加整套系统调试和试生产等工作。

3. 为贷款银行咨询服务

工程咨询公司受贷款银行的聘请，对申请贷款项目的可行性、设计方案的可靠性、投资估算的准确性进行评估，并对项目的财务指标进行核算或进行敏感性分析，提出客观公正的报告，作为银行贷款决策的重要依据。

联合国援助机构和国际金融机构(如联合国开发计划署、世界银行等)通常都要求项目业主选聘工程咨询公司对贷款项目提供咨询服务,帮助业主组织工程项目的实施,采用先进的工艺技术,以达到预期的项目目标,发挥投资的最大经济和社会效益。

4. 联合承包工程

在国际工程市场上,一些大型工程咨询公司往往与设备制造及土木工程承包商组成联营体,共同投标承揽工程建设项目;有的工程咨询公司参与 BOT(Build—Operate—Transfer,即建设—经营—转让)建设项目。有些实力很强的工程咨询公司主动向业主提供项目建议书,并帮助项目融资,争取作为总承包商负责组织实施交钥匙工程。

2.2 国际工程咨询服务的内容

一、概述

咨询公司为工程项目提供服务的内容与工程项目建设程序密切相关。一般来说,各个国家都通过法规形式规定适合本国需要的建设程序,但国际工程建设的基本程序都是类似的。一个工程项目从开始酝酿到竣工投产完成一个项目周期,大体上可概括为以下 4 个阶段。

①立项决策阶段。主要任务是进行一系列调查与研究,为投资行为作出正确的决策。

②建设准备阶段。主要是为项目建设做好各种准备工作,如办理审批手续,进行工程设计和工程采购等。

③项目实施阶段。主要是按合同进行项目的施工、竣工和投产,达到预期项目目标,实现投资效益。

④总结阶段。在项目投产或运营一段时间之后,对项目建设的全过程,项目选择,建设方案,项目目标的完成情况,项目的社会、经济、环境效益等进行评价,对经验和教训进行总结。

国际工程咨询在项目各阶段的服务内容如图 2-1 所示。

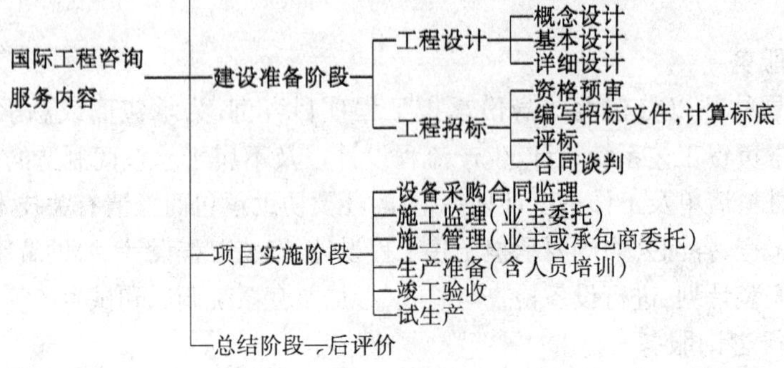

图 2-1　国际工程咨询服务内容

世界银行对贷款项目的审批极为严格，将一个项目周期划分为 6 个阶段，即项目选定、准备、评估、谈判和批准、实施和监督、总结和评价。其中前 4 个阶段为项目的立项工作，即上述立项决策阶段的工作，而把建设准备和实施合并成一个阶段，并规定必须有世界银行认可的咨询公司参加。这样就更充分地保证了贷款的有效性，提高了项目的成功率。

二、立项决策阶段咨询

立项决策阶段咨询也称投资前咨询。在投资之前，工程咨询公司受客户委托运用现代工程经济学、市场学、项目管理学理论，通过深入的调查研究，采用先进的信息处理技术，帮助客户鉴别项目，从社会、经济、技术、财务、组织管理等方面进行分析论证，设计、选择项目优化方案，减少投资风险，以达到实现最佳效益的目的。

（一）规划咨询

1. 区域发展规划

区域发展规划是在国家宏观经济发展战略指导下，根据本区域的具体情况、资源优势和限制条件，并考虑到与周围地区的协作关系，提出本区域长远的社会经济发展总体战略部署。制定区域发展规划对于合理利用资源、优化产业结构、保护生态环境、促进社会经济各方面关系协调一致，保持本地区长期稳定发展均有重要作用。

区域发展规划通常包括以下方面内容：

①区域发展目标；

②区域开发方案；

③区域产业结构；

④基础设施规划；

⑤资源开发规划；

⑥环境保护规划；

⑦社会发展和科教文卫规划。

2. 部门（行业）发展规划

部门（行业）发展规划是根据国家经济发展的总体目标和对本部门（行业）的发展要求，在分析国内外相关产业发展和市场需求趋势的基础上，制定本部门（行业）发展战略目标和产业政策，合理安排本部门（行业）的地区布局和重点建设项目等可持续发展战略部署。

部门（行业）发展规划一般包括以下内容：

①部门（行业）发展战略目标；

②部门（行业）产业政策；

③部门（行业）内部产业结构；

④部门（行业）发展外部条件；

⑤重点骨干项目建设规划。

（二）项目选定咨询

1. 投资机会研究

投资机会研究是对某一区域、某一产业部门或某一项目的投资机会进行研究，其目的是通过初步的调查研究，探讨建设这个项目的必要性和可行性。

对于一个工业项目，投资机会研究的内容至少应包括以下方面：

①项目产品的用途；

②初步市场需求调查；

③产品的资源条件；

④其他国家或地区同类产品情况；

⑤本项目与其他产业部门的关系或与国际有关产业部门的关系；

⑥产品生产延伸的可能性；

⑦经济性一般分析；

⑧投资趋向和保护政策要求；

⑨预测结果与结论；

⑩投资建议。

对于普通民用项目，如旅馆、写字楼等，其研究内容与上述内容具有类似之处，主要探讨投资方向的合理性和可能性，初步分析投资效益并提出建议。

2. 初步可行性研究

初步可行性研究也称预可行性研究，是对项目方案进行的初步技术和经济分析，对投资建议进行的鉴别和估价。研究的目的是判断投资项目是否真正有前途。研究中应提出影响项目可行性的关键因素，并确定是否要对这些关键因素（例如市场、原料、厂址、规模、试验等）进行专题调查研究，通过初步可行性研究，掌握较多的数据，以便决定是否进一步进行详细的可行性研究。

初步可行性研究只对投资项目提出一个轮廓，并分析其建设的必要性和可行性。研究的具体内容为：

①项目方案，其中包括项目产品、生产规模、原料供应、工艺路线、设备选型、厂址选择、建设工期等；

②投资效益分析，其中包括粗略估算经济指标、社会与经济效益分析、预测等。

3. 辅助研究

辅助研究也称专题研究，它是对一个项目的初步可行性研究中某些关系重大而又模糊不清或者因其比较复杂，需要进一步了解的问题进行专题性的调查研究。一些常见的辅助研究专题内容有：

①市场研究，包括市场需求的调查和预测，市场渗透的调查和预测等；

②原材料供应研究，包括原材料来源的目前状况和预测，原材料现行价格的调查以及预测分析等；

③对某些原材料或其代用品的适用性的试验研究；

④厂址选择，包括建厂条件的调查研究，也可以进行多方案比选，提出推荐意见；

⑤生产规模研究，即根据不同技术方案和市场需求情况，研究不同生产规模的经济效果，优选合理的生产规模；

⑥设备选择研究，包括不同技术水平、供应来源和费用的调查研究，阐明不同的设备选择对投资、经营成本和效益的影响，提出推荐意见。

（三）项目决策咨询

1. 可行性研究

可行性研究是对建设项目进行全面的技术经济论证，为投资决策提出较为可靠的依据，它的主要研究内容与初步可行性研究基本相同，只是在深度上和广度上更全面、更深入、更系统，使用的数据更为准确。同时还需要进行多种方案的分析比较，以便优选，提出最佳社会经济效益方案的推荐意见。

一般工程项目可行性研究的主要内容与分析方法有以下11个方面。

(1)市场分析和营销战略研究

对有关产品市场及市场环境资料进行系统的分析和估测，对非生产性项目主要是分析经济和社会发展需求，对生产性项目则主要是发现和寻求市场需要的新产品，研究消费者和竞争者的动向，分析市场容量及预测市场的增长率，制定市场营销战略。

(2)建设条件与厂址选择

建设条件应着重分析所需要材料和投入物的来源、数量、质量、供应年限、成本以及运输方式、能力和费用等。厂址选择要考虑到自然条件、环境保护、基础设施和当地社会经济环境等各种因素，分析厂址对建设投资和生产成本的影响，通过多种方案的比较，选出建设投资最合适的地点。

(3)工艺设计

工艺设计包括工艺路线的选择和技术评价、设备的选择、厂区布置及土建工程的规划、项目投资的初步估算等。

(4)组织管理与人力资源

设计合理的组织结构，建立相应的管理制度，计算管理费用，提出项目对各种生产技术、管理人员的需求。

(5)环境影响评价

对项目可能产生的生态环境影响进行全面、综合、系统、实际的分析评价。

(6)社会影响评价

分析项目对项目所在国家和地区的社会发展目标所作的贡献和影响等。

(7)项目实施计划

编制项目实施计划，包括项目进度安排、施工组织、资金使用和还贷计划等。

(8)投资估算与资金筹措

对整个项目所需全部投资进行估算，确定融资渠道，分析筹资成本，根据项目实施的需要，安排资金的使用计划。

(9)财务分析

对项目所需的投入物、未来的产出物以及项目的净收益进行估算、分析和评价。

(10)经济评价

经济评价也称国民经济评价，是从全社会宏观经济角度评价项目的收益及项目对社会经济的贡献。

(11)风险分析

对项目未来实施过程中和投入生产或使用之后可能遇到的各种风险进行分析预测，提出避免和减少风险的建议。

2. 项目评估

项目评估由政府主管部门、投资者、项目贷款银行等有关各方组织或聘请另一家独立的咨询机构来完成。对可行性研究的结论进行审核和评价，进一步对投资项目的可靠性作出判断，进而使项目决策者能够对项目的选择与实施作出正确合理的决策。

一般项目评估的内容包括如下方面:

①项目目标评估;

②资源评估;

③基础设施评估;

④技术评估;

⑤组织机构评估;

⑥财务评估;

⑦经济评估;

⑧社会评估。

项目评估的程序一般分为6个阶段,即评估前准备、组织评估组、制订评估计划、调查收集资料、分析测算以及编写评估报告。

三、建设准备阶段咨询

项目建设准备阶段的咨询服务内容主要有两个方面。第一方面是工程设计。按照项目发展时序和对设计深度的不同要求,国际上一般将设计工作划分为概念设计(Conceptual Design)、基本设计(Basic Design)和详细设计(Detailed Design)3个阶段。下面将作进一步介绍。第二方面是工程招标。国际公开招标应遵循一定的程序,咨询工程师要协助业主完成资格预审、编制招标文件、评标、合同谈判等一系列工程采购工作。这方面的具体内容将在第3章中详细介绍。

(一)概念设计

概念设计的基本目的是,通过简明的技术图纸和技术要求及分析,探讨最佳设计方案,作为基本设计和详细设计的依据。

概念设计的深度由项目的性质和工程业主的要求来决定。至少应包括以下方面的内容:

①设计依据(业主委托书和可行性研究报告等);

②设计基础资料概述;

③主要技术决定(工艺流程、主要设备选择、各专业设计准则等技术说明);

④主要规划图纸;

⑤技术经济分析(价格估算和技术经济指标);

⑥方案比较与评价。

概念设计一般委托专门的咨询公司进行。如果是交钥匙工程,也可能委托总承包商进行。

(二)基本设计

基本设计主要作为编制施工详图和控制工程造价的基本依据。有些国家用基本设计阶段的图纸和文件进行招标,此时应能满足设备订货和估价师计算工程量以及投标人报价的需要。因此,基本设计的深度因其作用不同而各有差异。

基本设计同概念设计相比,内容较全面和详细。以下分两方面介绍。

1. 图纸方面

①工艺流程图应当反映工艺过程流向、设备型号和能力,应计算物料平衡数量等。

②总体布置图不仅反映出平面位置关系,还应当通过计算说明竖向布置的合理性。

③各车间设备布置图应反映工艺设备选用型号和布置以及对管线的要求。

④土建图纸应划分建筑、结构、钢结构和木作工程等,有详细的平面、立面和剖面图,构件

的结构及其布置,装修要求及其选用材料等。

⑤动力、照明、给排水等专业设计图均应给出系统图和布置图,标明所用设备、仪表、阀门等的型号及管线的材质、管径等。

2. 技术说明方面

主要技术决定应说明各专业的一些技术原则;列出各种设备仪器清单;说明采用的设计规范和施工技术要求,主要材料和特殊材料的规格、性能要求;编制主要工程量清单及概算和技术经济指标。

基本设计一般委托专门的咨询公司进行,也可由交钥匙工程的承包商提供。

(三)详细设计

详细设计也称施工详图设计,主要用于工程招标和承包商按图纸和技术说明进行施工过作。

详细设计的图纸和技术文件是在基本设计的基础上,根据业主的审查意见作适当修改和补充而成的。详细设计应包括建设项目各部分施工详图(例如各部分建筑大样和结构大样图、构件加工详图、各专业管线和设备安装图等)以及验收标准、验收方法、施工预算等。

用施工详图进行招标的工程,施工详图由咨询公司绘制。用基本设计招标的工程,施工详图可由咨询公司在招标后补充提供,但其工程量和技术标准不能超出原招标图纸和技术文件的要求;也可由中标的承包商按基本设计的要求绘制,并交监理工程师或转交咨询公司审查批准。

四、项目实施阶段咨询

咨询公司在项目实施阶段的咨询服务贯穿于从项目开工到项目投产的整个阶段。在此阶段咨询公司受不同服务对象的委托,承担不同的咨询任务:受业主委托作为监理工程师承担设备采购合同和工程施工监理工作;或者受业主或承包商的委托承担项目施工管理工作;根据需要还可完成生产准备和试生产等工作。当咨询公司自己负责交钥匙工程时,其工作内容和性质与总承包商类似。

(一)设备采购合同管理

设备采购合同管理的工作内容主要是设备的质量控制、设备制造和供货进度控制、支付管理(包括预付款、阶段支付、最终支付等)以及当出现逾期交货、设备零件缺损时进行索赔。

设备采购合同管理咨询服务的具体工作有以下几个方面。

①在设备制造期间,监督检查设备及零部件的质量,出厂前作最终检测,确保达到合同规定的设备性能和质量要求。还要检查进度,督促厂商按时交货,按合同进行支付管理。

②督促办理设备运输和后勤工作,包括考虑人员的配备,检查采购订单,选择运输工具和运输路线,了解运费、保险、进出关手续,货物到达目的地后进行验收,当发现在运输途中损坏或出现短缺时进行索赔等。

③设备安装完毕,进行检查和试运行,鉴定其技术性能和参数指标是否达到设计要求。

④管理工地现场材料、设备的采购规模,包括现场采购计划的安排、施工材料和永久设备的接收、存储及保管。此外,还包括所有与材料和设备有关的服务分包合同管理。

(二)施工监理

监理工程师受业主委托,根据承包合同及有关国际惯例,对承包商在施工中的行为进行综合的或专业的监督、检查、控制和评价,并采取相应的措施,保证施工工作符合有关的法律、法规,工程的质量、进度、造价满足合同条件,确保施工行为的合法性、科学性和经济性。

施工监理的工作内容可以概括为"三控""两管""一协调"。

"三控"即质量控制、进度控制、造价控制,它体现了监理的任务和目标。质量控制是监理工程师运用检验、测量、试验等技术手段和强制性措施,对承包商的建设施工活动进行监督管理,对影响工程实体质量的各种因素进行控制,使之达到合同规定的质量标准和要求。进度控制是以事先拟定的工程进度计划为依据,对承包商的施工过程进行监督、检查、引导和纠正,以保证工程项目在合理工期内竣工投产。造价控制是对施工过程中各种消耗和费用支出进行合理安排、监督与管理,使工程造价总和限制在业主事先确定的计划之内。

"两管"即合同管理和信息管理。合同管理是达到监理目标的工具和手段;信息管理是进行监理工作的依据和基础。合同管理是指对工程施工合同的签订、履行、终止等活动的全过程进行检查、分析与管理,以维护合同双方的正当权益。其中包括合同文件管理、合同执行情况分析、合同变更、支付管理和索赔管理等内容。信息管理是指对工程施工活动中所需要的或产生的各种信息的分析、加工、传递、存储等进行科学的组织管理,使监理工作高效、有序地进行。其中包括信息流程、文档资料管理系统,质量、进度与造价信息系统等。

"一协调"即施工监理的组织协调。具体工作内容:施工活动与政府有关部门之间的协调;业主与承包商之间的协调;工程施工生产要素(如劳务、材料、设备、资金供应等方面)的协调;项目各施工单位、各施工工序在时间、空间上的配合与协调,等等。工程项目内部关系与外部关系的协调一致是工程项目顺利进行的必要条件。

总之,以上所述"三控""两管""一协调"包括了施工监理工作的全部内容。

(三)施工管理

施工管理一般是业主和承包商的工作。业主的管理工作可以由业主自己组织专门的管理班子进行,也可以委托一家专门的咨询公司代理,使业主从日常的管理事务中解脱出来。当总承包商缺少施工管理经验或施工管理人员时,也可将施工管理委托给咨询公司承担。业主的管理相对比较宏观,而承包商的管理则必须十分具体。

1. 为业主服务的施工管理工作的基本内容

①严格控制工程造价、质量与进度。分析预测在施工过程中发生的影响工程成本的各种意外风险,业主项目经理与监理工程师及时处理有关问题,使工程造价不超过计划金额。与此同时,经常对实际工程进度与工程质量进行监督检查,落实施工进度计划,确保工程质量达到合同规定的标准。

②抓好合同实施。贯彻执行合同中规定的各方的权利和义务,及时、合理地解决合同实施中出现的各种矛盾,如监理工程师与承包商之间的矛盾等,使工程正常进行。

③为工程实施创造良好的外部环境。如协助承包商办理工作人员入境签证、招工及劳务许可、进出口物资清关、提供施工场地等。

④对施工安全、环境保护等方面的问题给予指导和监督等。

2. 为承包商服务的施工管理工作的基本内容

施工管理是通过建立合理的组织机构来实现的。管理施工现场的最高领导人是项目经理,根据工作需要可配备副经理、总工程师、总会计师、调度长、各职能部门以及各施工队队(组)长等。职能部门一般有施工、合同、计划、物资供应、财务、总务、实验室等部门。

(1)现场施工管理

现场施工管理是指按计划直接组织现场施工,最终完成符合合同要求的工程产品。具体内容涉及现场工作的方方面面。主要有:制订具体的作业计划并付诸实施;接受工程师的指令,保证工程进度与工程质量;对涉及工程变更和影响工程成本的重大问题,提交合同部门研究;做好工程计量及已完工程统计报表工作,以便编制每月的工程结算清单;保证施工人员安全,维护保养设备,合理保管、使用材料;工地的行政管理与日常生活管理等。

(2)合同管理

合同管理的重点是熟悉合同文件,掌握合同变更,在工程款支付和索赔方面争取获得监理工程师的支持和认可。

(3)计划管理

计划管理重点是制订工程总进度计划,编制施工组织设计(包括施工方案和技术保证措施等),制订资源(劳务、施工机械、材料及永久设备等)的配置计划、资金流动计划等,力求使各种方案先进、经济、合理、优化。

(4)物资采购与管理

这项工作包括各种工程材料、施工机具、永久设备、辅助材料的采购、保险、运输、保管、分发与回收等,不仅有工程所在国的物资采购,还涉及物资进出口的诸多问题。

(5)财务与劳资管理

财务与劳资管理的主要工作:资金的筹集与运用;各种保函的开具与保函资金的风险防范;固定资产的管理与成本核算及经济效益的分析;收益的分配和使用等。

(6)分包管理

分包管理是指根据分包合同对分包商进行管理,统筹安排工程施工程序和进度,协调各个分包商之间的工作配合,督促分包商履行应承担的责任和义务。

(四)生产准备和竣工验收

1. 生产准备

为使工程项目一次试车成功,按期交付生产或使用,在管理机构、人员配备、技术条件和物资供应等方面所进行的准备工作,称为生产准备。具体工作主要有以下方面。

①根据生产阶段的人员编制,配备管理人员、技术人员和生产人员,并按要求进行岗位培训。

②根据生产工艺、设备性能和用户需求制定各种生产投入物和产出物的技术标准以及各道工序的技术操作规程。

③对原料、材料、备品备件、工具器具等要落实采购合同、资金、运输、存储等各个环节的工作,保证按质、按量、如期供应所需物资。

2. 竣工验收

竣工验收工作通常是按照验收前准备、初步验收、正式验收、工程移交与决算等几个步骤进行的。

竣工验收前的准备工作包括整理与汇总技术档案,制定验收范围和验收程序,制订工作计划等内容。

初步验收是在承包商完成自检,确认项目已符合验收条件,向监理工程师提交验收申请后正式验收之前这段时间内进行的。初步验收工作分为技术资料审核和工程实物验收两部分。

技术资料包括竣工图、设备清单和技术文件、施工计划、工程变更、局部验收记录和其他技术档案等，全部资料要求翔实、完整。工程实物验收一般包括对工程总体布局、主体工程、机电设备工程、环境配套工程以及采暖、通风、供水、供电等各专业工程等所进行的全面检查验收。生产设备需要经过单机检测和系统调试后，再进行联合试运转。

正式验收是由政府、业主和有关部门参加的整体验收，包括对技术资料和工程实物的全面验收。验收的具体工作由监理工程师组织实施。如果验收不合格，则提出意见并限期整改后再次验收；如果验收合格，则签署竣工验收证明书和验收工程鉴定书。

上述工作完成后，应进行工程移交与决算，移交技术资料和工程实物，进行竣工决算、支付竣工工程款。

五、项目后评价

工程项目建设完成并投入生产或使用一段时间之后所进行的总结性评价，称为后评价(Post Evaluation)。

后评价是对项目的执行过程、效益、作用和影响进行系统客观的分析、总结和评价，确定项目目标达到的程度。由此得出经验和教训，为将来同类新建项目的决策提供指导与借鉴，也为被评价项目的进一步完善提出建设性的意见。国际金融组织十分重视项目的后评价工作，建立了专门的机构，例如世界银行的执行评价局，负责指导和规范贷款项目的后评价工作。

后评价的方法是定量和定性相结合的对比法，包括前后对比和有无项目的对比等。后评价的基本内容一般包括过程评价、效益评价、影响评价、持续性评价和综合评价 5 个方面。

①过程评价是将立项时的评估和可行性研究报告中所预计的情况同项目实际执行的结果进行对比分析，找出差距，分析原因。

②效益评价即财务评价和经济评价，是将内部收益率、净现值、贷款偿还期和敏感性分析等作为主要分析指标。

③影响评价是指该项目对经济、环境和社会影响的评价。经济影响评价主要分析该项目对所在国家、地区、行业所产生的经济方面的影响；环境影响评价主要分析项目对所在地区环境与生态的影响，对自然资源的合理利用方面的影响；社会影响评价主要分析项目对社会发展、经济增长方面产生的有形与无形的效益与结果，如对当地就业、生活水平提高的影响。

④持续性评价是指在项目的建设投资完成之后，针对项目的原定目标是否能继续，项目是否可以持续发展下去，未来能否以同样的方式建设同类项目等问题所进行的分析与评价。

⑤综合评价是对项目目标的实现情况、效益状况和成功程度所进行的全面评价，是形成评价结论、总结经验教训、提出建议的依据和基础。

2.3 国际工程咨询公司的经营管理

一、国际工程咨询公司的管理特点

一般来说，国际工程咨询公司作为企业，现代经营管理学中的所有基本原则都适用于它。这里仅介绍国际工程咨询公司管理方面的一些特点。

由于工程咨询公司服务于工程项目的建设期，因此其任务具有阶段性和临时性；公司内部咨询人员参加项目的时间、地点和强度是由项目的具体任务和进度决定的，有一定的流动性；

此外，工程咨询公司与一般公司的最大不同是，工程咨询公司拥有的工程技术人员及其经验与技能、知识产权和项目管理体系等构成其资产的大部分。以上特点决定了工程咨询公司在管理上十分重视以下方面。

1. 增强公司的整体性和适应性

工程咨询公司的各个部门都是组成公司指挥体系的重要环节，并具有各自的功能，但是公司的整体功能并不是这些功能的简单集合，而是在管理上更注重发挥整体效能。各部门之间，特别是这些部门与项目组之间的合作，应体现一种相互依存关系，对客户构成一个有机的服务整体。咨询任务的顺利进行与胜利完成，除了公司领导层的统一调度与指挥之外，在很大程度上依赖于公司内部的密切合作。

与此同时，由于咨询任务的灵活多样性，要求咨询公司应具有较强的环境适应能力，善于处理外界的各种关系，在不同的社会经济环境和文化背景下，表现出极强的生存与竞争力，特别是公司的资源与经营方针能及时和灵活地调整，以适应市场的不断变化。

2. 重视激励公司员工的工作积极性

咨询公司应采取各种激励措施，激发员工的工作积极性。如实行竞争性的工资制度；提高员工的生活福利待遇，包括社会与医疗保险、带薪休假制度等；鼓励技术人员取得专业资格证书并注册，增加职业吸引力；实行按技术水平和工作业绩晋升的制度，提高公司的凝聚力。

3. 不断提高公司技术水平和管理水平

随着社会经济的发展，新材料、新技术不断涌现，工程项目也向大型化和复杂化方向演变。咨询公司也应适应形势的需要，将发扬和充实公司的专业特长，跟踪世界先进水平作为公司管理的重要内容。具体工作：广泛采用先进的计算机技术，开发、应用功能强大的软件；利用互联网实现全球范围的信息交换和项目的跨国经营管理；重视员工的培训和知识更新；掌握高新技术项目的专业知识和项目管理知识，提高公司的综合实力。

二、国际工程咨询公司的经营战略

制定正确的经营战略是工程咨询公司生存和发展的保证，根据国际工程咨询行业和市场的特点，在经营战略方面侧重以下工作。

1. 确定公司的长期发展目标

确定长期目标是一种管理手段，能给公司活动指明方向，同时对员工产生激励作用。长期发展目标不应是单一的，一般要包括：

①赢利性，以公司营业额和利润为目标；

②扩展业务范围，提高市场占有率；

③改善公司资金结构，如增加员工持股比例，减少长期负债等；

④增强公司实力，增添人员和设备（包括软件）；

⑤提高员工工资与福利；

⑥履行社会责任，如建立基金会、提高社会知名度等。

2. 采取科学决策机制

任何公司的人力、物力都是有限的，管理层作出的战略决策，实质是把公司的全部资源以最优的配置来实现公司的目标。为此决策要科学，要考虑下列因素：

①市场分析与预测；

②公司在特定项目中已占有的份额；

③公司的声誉、特长以及和竞争者相比较具有的优势和弱点；

④扩展业务的机会与风险。

3. 明确实施步骤

实现公司的发展目标，必须采取有力的措施和步骤。例如一个咨询公司想在某一业务领域确立自己的领先地位，可采用下列步骤：

①在一地区（或国家）设立办事机构，以扩大公司的影响，并通过在当地的业务活动，取得新的项目机会；

②将业务开发相对集中在这一领域，以获得更多的客户，特别是一些有影响的客户；

③对新客户采取低收费策略，着眼于长远利益；

④聘用更多的在这一领域有经验和资格的专业人员，以便能够高质量地完成咨询任务；

⑤在有发展前景的地区，考虑成立合资公司，进一步增强竞争力。

三、国际工程咨询公司的业务开发

在激烈的市场竞争中，积极有效地开发业务是国际工程咨询公司实现其发展战略的前提条件，业务开发应以公司的专业特长和实力为基础。其过程通常可分为几个相互衔接的步骤，如图 2－2 所示。

图 2－2　业务开发程序

①首先，由公司市场部以尽可能多的渠道搜集项目信息，确定可能的目标市场，详细了解这一目标市场的政治形势、经济状况、发展前景、工程建设项目的实施计划等。目标市场应选择多个，便于比较，选择前景较好的市场。

②为选择适合公司业务领域和专长的服务项目，公司专业部门应进一步对项目信息进行分析。分析的主要方面：客户需要提供的咨询服务项目的内容和要求；是否采用国际竞争性招标方式；本公司参与竞争的技术能力；需要采取的商务竞争策略以及咨询项目的风险分析等。通过分析研究对项目进行对比与筛选，确定公司准备参与的项目。

通过对项目的分析与筛选，可以避免投标的盲目性，减少执行项目的风险；同时，通过项目选择，体现和贯彻公司的经营战略。

③在项目选定之后，应立即组织项目投标小组，并做好以下工作。

i. 以书面形式向客户表达本公司对该项目的兴趣。

ii. 编写好宣传本公司技术水平、工作经验和人员配备的材料，如公司的能力声明文件等，让客户充分了解公司的实力。

iii. 广泛搜集与该项目有关的信息，充分了解项目的背景、自然条件以及工程所在国的政治、经济状况等。

iv. 组织少数人员到项目所在地进行现场考察及与客户会晤。一方面可以获得项目现场情况的第一手资料，直接了解客户对项目和咨询任务的想法；另一方面可以当面向客户宣传自己公司的实力，加深客户对公司的了解，增加中标的机会。

④编写咨询服务项目的投标书——建议书，并按规定日期递交给客户。这一内容将在 2.5 节作详细阐述。

2.4 国际工程咨询的招标

工程咨询在项目建设中起着至关重要的作用。为了科学地进行工程项目的实施，提高项目的成功度，获得预期的投资效益，必须选聘高水平的咨询公司（咨询专家）提供咨询服务。

一、招标方式

国际上通行的咨询公司（咨询专家）的选聘方式有三种：指定招标、国际竞争性招标和有限竞争性招标。

1. 指定招标

指定招标也称谈判招标（Negotiated Bidding），是由客户直接选定一家公司通过谈判达成协议，为其提供咨询服务。这种选聘方式通常在一些特定情况下采用，例如：

①客户需要咨询公司承担严格保密的军事工程咨询任务，直接聘用有资格的相关公司；

②客户需要某些咨询公司独家拥有的专利技术，直接聘用这家公司；

③某咨询公司曾为客户进行过项目立项决策阶段的研究工作，并建立了良好的信誉，客户认为这个公司具有从事以后阶段的设计咨询任务的技术水平和能力，考虑到工作的连续性，节约再次选聘的时间和费用，仍然继续聘用该公司承担后续的工作任务。

2. 国际竞争性招标

国际竞争性招标（Unlimited Competitive Open Bidding）也称公开招标，是指在世界范围内公开招标选择工程咨询公司。采用这种方式可以为一切有能力的咨询公司提供一个平等的竞争机会，客户也可以从众多的咨询公司中挑选一个比较理想的公司为其提供高质量和高效益的咨询服务。

目前国际工程咨询项目，特别是世界银行、亚洲开发银行等国际金融组织的资助或贷款项目大都要求采用国际竞争性招标，并为此专门制定了选择咨询公司的规章、制度、办法和程序。例如世界银行制定的《世界银行借款人以及世界银行作为执行机构使用咨询人员指南》（*Guidelines on Consultants by World Bank Borrowers and by the World Bank as Executing Agency*）和亚洲开发银行制定的《亚洲开发银行及借款人聘用咨询人员指南》（*Guidelines on the Use of Consultants by Asian Development and Its Borrowers*）。

3. 有限竞争性招标

有限竞争性招标（Limited Competitive Selected Bidding）也称邀请招标，是客户利用自己的经验和调查研究获得的资料，根据咨询公司的技术力量、仪器设备、管理水平、过去承担类似项目的经历和信誉等选择数目有限的几家咨询公司发出投标邀请函，进行项目竞争。被邀请的公司数目通常为3～4家。

采用这种招标方式，参与竞争的公司数量少，招标工作量小，可以节约时间和费用，比较适合工作内容相对不太复杂、金额不大的咨询项目。

二、国际竞争性招标程序

根据国际惯例，采用国际竞争性招标方式选择咨询公司的过程大致可划分为7个步骤，如图2－3所示。以下分别介绍各个步骤实施的具体内容与做法。

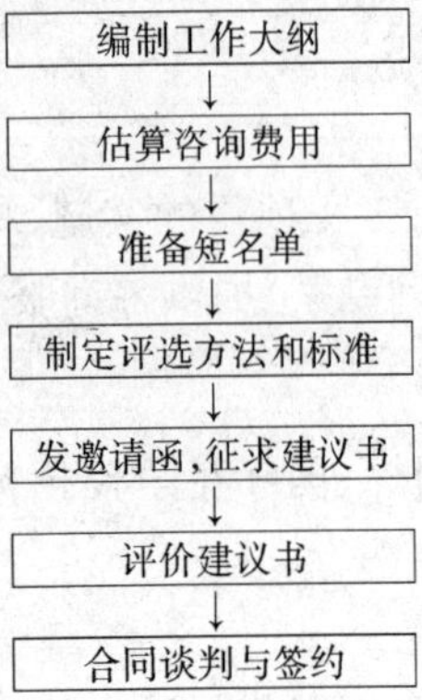

图2-3 国际竞争性招标程序

1. 编写工作大纲

工作大纲(Terms of Reference, TOR)也称职责范围,是客户要求咨询公司完成的咨询任务的详细说明文件。

典型的工作大纲包括以下内容。

(1)概述

简述项目情况、项目的由来及其他有关背景资料。

(2)目标

说明该项目计划达到的目标。

(3)工作范围

详细说明咨询公司应当完成的咨询任务和具体要求。

(4)培训要求

如果需要人员培训,说明咨询公司在人员培训方面应做的工作。

(5)进度与报告

关于咨询工作进度计划和工作进展情况报告的要求。

(6)客户的义务

客户向咨询工作人员提供的有关资料、人员配合、设施和服务等支持的说明。

2. 估算咨询费用

咨询服务费用的估算是以工作大纲中拟定的工作量和预期成果目标为依据的,估算完成咨询任务所需要的人力、物力、时间和费用。

费用估算对于客户和咨询公司都是必不可少的。客户需要了解为进行此项任务而支出的费用,列入项目预算,也可以通过费用估算对工作大纲中拟定的工作内容进一步理解,使之更为合理与符合实际;咨询公司需要从被聘用的角度,针对具体任务拟定咨询服务的工作方案和人员配备,通过估算费用,进行合理报价。关于咨询服务费用的估算方法,将在2.6节中专门介绍。

3. 准备短名单

为保证选出最理想的咨询公司,采取逐步遴选的方法。首先在大范围内征求与咨询任务的专业要求对口的咨询公司,形成一个数目较多的候选名单,称之为长名单(Long List),例如,有30~40家公司或更多。这些公司可以是从国际金融组织设立的注册公司数据库中选出的公司,或者是客户熟悉和了解的公司,也可以是对该项咨询任务感兴趣的其他公司。

然后对长名单进行筛选。根据掌握的各公司的资料,审查若干因素,淘汰不理想的公司,选出所需专业领域内具有较丰富工程经验的公司5~7家,形成所谓短名单(Short List)。

确定短名单时考虑的主要因素和条件包括:

①公司完成类似项目的工作经验;

②公司在项目所在的类似地区的工作经验;

③公司的技术水平和综合实力等。

一般来说,如果一家公司在一年内已经两次中标,就不能第三次列入短名单。来自一个国家或地区的公司不能超过两家。如果是国际金融组织的贷款项目,通常希望短名单中有一家来自发展中国家的公司和一家借款国的公司,或者有他们参加的联营公司。短名单准备好之后，如果是国际金融组织的贷款项目，还要将短名单提交其审查，经过批准，才能最后确定。

4. 制定评选方法和标准

在短名单准备好之后,应制定出咨询公司的评选方法和评选标准。常用的方法称为“双封制”(Two Envelope System),即咨询公司投标时,同时递交分别包装密封的“技术建议书”和“财务建议书”。评审时,先打开技术建议书进行评价,按评价结果排出咨询公司的名次,并首先邀请排名第一的公司进行合同谈判。财务建议书在谈判时才被打开,作为谈判的一项内容,如果谈判达成协议,则其他公司的财务建议书将被原封退回。

评价标准通常是以咨询公司及其工作人员的资历和经验、技术建议书的水平和质量、客户对咨询公司的信任程度和相互关系为主要考虑因素,而以咨询服务费为次要考虑因素,这与工程承包的评价标准是不相同的。

5. 给短名单上的公司发邀请函,征求建议书

客户向短名单中的每一家咨询公司发出邀请函(Letter of Invitation, LOI),介绍咨询任务的具体内容和要求,邀请其以建议书的方式投标。邀请函一般包括以下内容:

①咨询任务简介;

②附件,包括工作大纲、合同草案、背景资料等;

③咨询公司评选方法与程序;

④关于预期工作量按人月数表示的说明;

⑤有关该任务的外部资助的细节和状况;

⑥要求咨询公司提供费用估算的资料;

⑦要求中标的公司在项目中仅限于咨询工程师的角色;

⑧有关当地的法律资料;

⑨被邀请投标的咨询公司的名单;

⑩建议书编制使用的语言、提交的份数和截止日期;

⑪合同谈判与工作开始日期;

⑫建议书的有效期;

⑬要求被邀请的公司以电传的方式确认已收到邀请函,并答复是否愿意提交建议书;

⑭关于咨询公司访问客户的执行机构、进行实地考察的说明;

⑮客户提供的支持、生活设施和服务等。

在邀请函中对建议书的编制内容提供具体的要求,咨询公司按要求编写技术建议书和财务建议书。2.5 节将详细介绍两份建议书的编制细节。

6. 评价建议书

评价建议书的目的是选择理想的咨询公司。在技术建议书的评价中,一般要审查评价 3 个方面的内容,并根据不同的咨询项目的特点分别给予不同的权重。这些内容和评价权重的取值范围如下:

咨询公司的资历和经验	10% ~30%
为完成咨询任务拟采用的方法和途径	20% ~40%
参加该项咨询服务的人员	40% ~70%
总权重	100%

由此可以看出，公司资历和经验的权重小于其他两项内容的权重。这是因为在确定短名单时，已着重考虑过这项因素。客户在评价建议书时，更重视咨询公司为完成咨询任务拟采取的方法和途径以及咨询人员的配备，尤其强调咨询专家的经验和水平。因为咨询任务是否能够顺利进行和圆满完成，在很大程度上取决于现场咨询人员的努力，而在所有的咨询专家中，组长的人选又是成功的关键。在对项目组人员配备进行评审时，主要从3个方面考虑：

①一般资历；

②是否适合承担该项目中的工作；

③在该地区的工作经验与语言能力。

技术建议书的评价工作由专门的评价委员会负责，根据事先制定的评价标准，进行逐项评估打分。为了实际操作方便，根据项目的性质和具体情况，将上述3个方面内容细分为若干个因素及相应的权重，编制成综合评价表，其格式详见表2－1。

表2－1　综合评价表

选择评价因素	权重	公司A		公司B		公司C	
		评定分数	加权得分	评定分数	加权得分	评定分数	加权得分
1. 咨询公司的资历和经验（10%～30%） a. 在类似项目中的经验 b. 在类似地域的经验 c. 其他因素 2. 咨询服务方法和途径（20%～40%） a. 对项目目标的理解 b. 方法的质量水平 c. 革新（合理化建议） d. 工作计划 e. 所需人月数 f. 对客户提供的设施要求 g. 建议书的表述 3. 参加该项目的人员（40%～70%） a. 项目组长 b. 专业领域Ⅰ或其专家 c. 专业领域Ⅱ或其专家 ⋮							
总　计	100%						

表2－1为综合评价表示例，其中三组因素如何划分以及各项因素规定多大的权重应根据具体项目而定，这些都应事先经过讨论并确定下来。评价时，每位评委应对综合评价表中的各因素逐项独立打分，并乘以该项因素对应的权重，得到该因素的权重评分，然后再进行汇总得出3个方面内容的分数和总分数。对于综合评价表中参加项目人员的评价，应根据建

议书中咨询人员的履历表打分。通常考虑 3 个方面的因素：①一般资历；②与项目相关的经验；③语言及其他能力。将以上因素分别评分，然后加权汇总得出每个人的评定分数，再填入表 2－1 中。

当每位评委对所有技术建议书的评价和比较完成之后，评价委员会在规定的日期内召开会议，讨论每份建议书的评估情况，通过讨论取得一致意见。以此为根据，对短名单中的公司进行排名，技术建议书最好的公司排在第一名。名次排定之后，评价委员会将通知排名第一的公司，提出建议书的不足之处，要求进行修改、补充和澄清，然后进行合同谈判。考虑到谈判也可能达不成协议，也可以要求排名第二的公司修改建议书的不足之处，做好谈判的准备。

7. 合同谈判与签约

谈判通知通常用电传或电报发出，确认谈判的时间，规定谈判的地点。参加谈判的咨询公司代表必须具有公司的书面授权书，证明他代表该公司进行谈判以达成具有法律效力的协议。合同谈判依据的材料是技术建议书和财务建议书。谈判前应准备好合同草本，例如 FIDIC 编写的《客户/咨询工程师标准服务协议书》(*Conditions of the Client/Consultant Model Services Agreement*)、世界银行和亚洲开发银行的《咨询服务合同》(*Contract for Consulting Services*)等，并可以在此基础上加以补充和修改制定。

合同条件一般由标准条件和特殊应用条件组成，包括以下基本内容：

①合同中有关名词的定义及解释；

②咨询工程师的义务，包括正常的、附加的和额外的服务及行使职权的条款；

③客户的义务，包括提供为完成任务所需的资料、设备设施和人员支持；

④职员，包括关于咨询专家和客户支持人员、各方代表、人员更换的条款；

⑤责任和保险，包括关于双方的责任、赔偿与保险的条款；

⑥协议书的开始、完成、变更与终止的条款；

⑦有关支付的条款；

⑧一般规定，包括协议书的语言、遵循的法律、转让和分包合同、版权、专利等条款；

⑨争端的解决，包括对损失或损害的索赔与仲裁条款。

谈判双方在各方面达成一致后，即可签订协议书。如果与排名第一的公司谈判不成功，则邀请排名第二的公司进行谈判，依此类推，直至与一家公司签约。一旦与一家公司签约，应立即通知短名单中其他的公司，并将他们的财务建议书原封退还。

三、个人咨询专家的选聘

国际工程咨询工作具有多样性，有时需要咨询专家以个人身份承担咨询任务。例如，审查、补充、修改可行性研究报告；协助某部门(行业)制定发展规划；协助贷款银行执行某项具体任务，等等。若某项咨询任务符合下述条件，就可以聘请个人咨询专家(Individual Consultant)：不需要聘请咨询小组；不需要另外更多的专业支持；特别需要这名专家的经验和知识。

个人咨询专家的选聘程序与咨询公司的选聘程序大致相同。候选者名单可以利用国际金融组织的个人咨询专家注册资料(Data on Individual Consultant，DOIC)，也可以由其他渠道获取资料。选聘的评价依据主要是咨询专家个人的资历、从事过的类似咨询工作的经验、类似工作地区的经验和工作业绩，将上述条件进行排序，择优聘用。

2.5 国际工程咨询的投标

一、投标准备

如果工程咨询公司准备参加一项咨询项目的投标,就应做好投标前的准备工作,主要是组织咨询投标班子和编写公司能力声明文件,争取被列入短名单中。

1. 组织咨询项目的投标班子

组织一个好的投标班子是争取获得咨询项目的基本保证,在一定程度上,咨询公司要通过投标班子编制一系列的文件,表现本公司的实力和水平,以赢得客户的信任。投标班子应由相应的技术人员、经济人员和法律人员组成,必要时也应有商务人员参加。这个班子的负责人应具备比一般人员更全面的知识和更丰富的工作经验,善于管理,能使全体成员充分发挥自己的积极性,同时,还应具备勇于开拓与不断进取的精神。

投标班子在项目咨询招标初期应做好以下工作:

①编制并主动向客户提交本公司能力声明文件和有关宣传资料,让客户了解公司,积极争取列入短名单中;

②通过与客户加强联系和其他渠道,搜集项目信息资料;

③深入调查了解项目所在国家和地区的政治、经济、文化、法律、自然条件等情况;

④研究确定是否需要与当地公司或其他公司联合投标,如果需要应积极联系,促成合作。

2. 公司能力声明文件

公司能力声明文件(Capability Statement)是介绍自己公司情况的材料。通过这份材料向客户宣传本公司的服务范围、专业特长、科技水平、综合实力,特别是在以往咨询项目中取得的业绩。它可以使新客户开始了解本公司,使老客户了解本公司新的进步和成果,为进入短名单创造条件。

公司能力声明文件应包括以下内容。

①公司的背景与机构,即公司的历史和背景、参加国际组织及注册情况、产权结构、内部组织机构(包括分支机构)等。

②公司的资源情况:公司的人力资源,包括人员和专业构成、工作经验、主要咨询人员的业务简历;公司拥有的设备及设施,包括勘测设备、计算机、绘图仪器等;公司的财产状况等。

③公司的业务与经验:公司的业务领域和服务范围,完成的咨询项目的情况,包括独立或合作承担的咨询项目,并说明项目的业主和地点,规模和特点,提供咨询服务的类型、内容及完成时间等。

④公司的荣誉和信誉:介绍公司在科技进步和提高投资效益等方面的成果,曾获得国际机构、政府、客户的表彰和奖励的情况。

文件中列举的数字、图表、照片应真实可靠,印刷精美,以维护公司的信誉和形象。

二、建议书的编制

咨询公司应根据客户的邀请函和工作大纲编制建议书,建议书分为技术建议书和财务建议书。

(一)技术建议书的编制

技术建议书可参照下述结构形式和内容编制。

1. 概述

介绍本公司(包括合作者)名称、注册地址等;说明建议书的结构与主要内容;简述本公司的优势,所建议的技术方案的先进性。

2. 公司概况

简要叙述本公司的情况,相当于公司能力声明文件的摘要。如果与其他公司联合投标,则还应介绍其他公司的情况,说明联营体结构和每个成员之间的分工、协作方式。

3. 咨询公司的经验

介绍本公司工作资历和工作经验,重点介绍在类似项目、类似国家和地区完成咨询任务的情况。表明本公司的水平、经验和承担该咨询项目的优势。

4. 对本项目的理解

阐述项目的背景及其对所在地区和行业发展的影响;项目的特征、技术指标与环境条件;影响本项目的关键和敏感性因素等。

5. 对工作大纲的理解与建议

阐述对工作大纲的每项工作的范围与深度的理解,澄清不确切之处,提出改进意见和合理化建议。

6. 完成任务的方法与途径

详细描述为完成各项任务拟采取的方法和步骤,其中包括:完成咨询任务的总体方案与计划、各子项任务的划分、工作标准、技术措施、质量保证体系、提交成果的方式、内容和时间。本部分内容为建议书的核心。

7. 工作进度计划

在充分考虑项目所在国家和地区的自然条件、法律法规、宗教信仰、风俗习惯等因素的基础上,编制切实可行的工作进度计划,以文字、图表等形式表明项目的总体进度安排,各子项任务开始与结束的时间及相互衔接。

8. 咨询人员工作安排

介绍项目组组长和成员的配备、主要咨询人员资历和经验简述、公司对项目的支持、项目组每个人的分工及工作时间安排计划,可用横道图(Bar Chart)表示。它可作为财务建议书中费用估算的依据。

9. 需要客户提供的支持

为完成咨询任务,需要客户提供的支持包括:免费提供有关文件、资料,协助提供仪器、设备、人员配合,帮助办理咨询专家的入境、出境手续以及有关仪器设备进出关手续等。

10. 附件

附件包括:邀请函和工作大纲,公司从事类似咨询项目实例(按邀请函附件格式),项目组咨询人员和公司支持人员简历(按邀请函附件格式),公司能力声明文件,公司的其他材料。

(二)财务建议书的编制

财务建议书的内容通常应包括:

①咨询费用估算方法及财务建议书的编制说明;

②咨询服务费用总金额,包括咨询人员的酬金、可报销费用和不可预见费;

③咨询人员酬金的估算明细(详见2.6节);

④可报销费用估算明细(详见2.6节);

⑤不可预见费估算,通常按③、④两项费用之和的5%~10%估算;

⑥由注册会计师审计的公司资产负债表和损益表。

三、合同谈判

工程咨询公司在接到客户的谈判邀请通知后,应准时派出谈判小组前往指定地点参加合同谈判。谈判小组一般应由编写建议书的负责人、财务与法律人员、项目组组长等人组成,谈判小组组长应持有公司最高负责人签署的授权书。谈判的主要内容在上一节中已作了介绍,不再赘述。但从咨询公司的角度进行合同谈判,应特别注意下列问题:

①区分合同生效期和咨询服务开始日期,明确"不可抗力"的具体含义以及在不可抗力出现时咨询公司应采用的对策和应得到的合理补偿;

②咨询公司需要客户提供的帮助应详细开列出来;

③明确支付的细节,如支付方式、时间、外汇支付方式和比例、延期支付的补偿等;

④明确在税务、保险等方面双方的责任和义务;

⑤明确仲裁规则,争取写明一旦出现争端并需要仲裁解决时,仲裁地点为国际仲裁机构或双方认可的第三国。

双方通过谈判达成一致并签署协议之后,咨询工作就进入准备实施阶段。

2.6 国际工程咨询费用的计算

一、咨询服务计费方法

对于不同性质和内容的咨询项目,其服务费可以采用不同的计费方法和支付方式,签订不同类型的合同,以方便管理。常见的计费方法有以下6种。

1. 人月费单价法

人月费(Man Months Rate)单价法是用咨询人员每个人每个月所需费用乘以其相应的工作月数,再加上其他非工资性开支来计算咨询服务费的方法。这种方法广泛应用于工程项目的一般性计划、可行性研究、工程设计、建设监理和项目管理等任务,是国际竞争性咨询投标中常用的费用计算方法。本节后面将详细介绍这种计费方法。

2. 按日计费法

按日计费(Perdiem)法是按咨询人员的工作日数计算所需费用的计费方法,即以每日费率乘以相应的工作日数,其他非工资性工作支出,如差旅费、办公费等,由客户直接补偿。计算工作日时,应按每日8小时计算,并应包括咨询人员为执行咨询任务所付出的全部时间,如旅途时间等。对于加班工作时间应相应地提高费率。

3. 成本加固定酬金法

成本加固定酬金(Cost Plus Fixed Fee)是在经双方讨论同意的估算成本的基础上,再加一笔固定数目的报酬金额的计费方法。这里所说的成本包括咨询人员的工资与各种社会福利、公司管理费和可报销费用,而固定酬金主要用于不可预见费、投资利息、奖金和利润。酬金因素需要单列出来并依照日程表或进度目标支付。如果咨询人员与客户双方商定需要增加人员以便按原定期限完成任务，则通常应增付给他们的只是成本费用，而不增加酬金或利润。

4. 总价法

总价（Lump Sum）法是咨询公司与客户针对一项咨询任务经商定同意以总价计算咨询费用的方法。根据咨询任务的具体情况和双方协议，其又可分为固定总价和调值总价等形式。

固定总价是指双方一旦就总支付费用达成协议，支付费用的总金额就被固定下来，不因实际执行的咨询任务比预计的工作量大而增加费用。如果原计划咨询任务有较大变更或增加新的内容，工作量增加的部分应另外协商计算费用。

调值总价常用于服务时间较长（如一年以上）的咨询任务，在合同条款中双方商定：如果在合同执行过程中出现通货膨胀、汇率变化并达到某一限度时，合同总价应作相应的调整。

5. 工程造价百分比法

工程造价百分比（Percentage of Construction Cost）法是按工程项目建设总投资的某个百分比计算咨询费用。一般情况下，工程造价低的项目取费百分比高一些，工程造价高的项目取费百分比低一些；工程难度大、技术复杂的项目取费标准高于工程难度小、技术不复杂的项目。

这种计费方法在工程设计中应用较多。世界银行不赞成这种方法，认为不利于在设计中革新和降低工程项目的造价。

6. 顾问费法

顾问费（Returner Fee）法是客户以支付顾问费的方式聘用个人咨询专家或咨询公司在一段时间内提供咨询服务。这同企业聘用顾问、律师类似，适用于持续时间较长、又随时可能需要咨询专家提供咨询的项目。

顾问费的数额高低与咨询服务的性质、工作内容和价值有关，也与咨询专家的经验、专业知识和技术水平有关。顾问费的支付方式可以采取按月支付，也可按双方事先商定的其他方式支付。

二、人月费单价法

人月费单价法是目前国际上广泛采用的一种工程咨询费用的估算方法。估算费用由酬金、可报销费用和不可预见费 3 部分组成。

（一）酬金

咨询人员的酬金数额等于人月费率乘以人月数（即以月数计算的工作时间）。

1. 人月费率

人月费率也称月酬金，由咨询人员的基本工资、社会福利费、公司管理费、利润及海外津贴与艰苦地区津贴组成。

（1）基本工资

咨询公司付给咨询人员的月工资，不包括其他额外收入。

（2）社会福利费

咨询公司为工作人员支付的社会保障费及其他福利和津贴费，主要有：

①退休基金；

②休假日工资（包括公共假日、每年公司规定的休假、病假等）；

③各种津贴费，如住房津贴、交通津贴、生活津贴等；

④奖金；

⑤社会保险费；

⑥健康和医疗费;

⑦其他。

(3)公司管理费

这项费用是公司用于行政管理和业务活动方面的费用,一般以公司的年度费用支出为依据。根据一些国际金融组织的规定,社会福利费、公司管理费可分别按与基本工资的比例关系计算,所占比例要根据上年度(世界银行规定为前3年)的公司损益表、公司社会福利费明细表和公司管理费明细表中的实际数据确定。因此,在财务建议书中报价时,应附有经过会计师事务所审计的公司损益表、福利明细表和管理费明细表作为证明材料。

(4)利润

利润是指税前利润,以基本工资、社会福利费和公司管理费之和的百分比来计算。

(5)海外津贴与艰苦地区津贴

这是公司发给在海外或艰苦地区执行咨询任务的工作人员的补助费,其数额根据不同的国别和地区以及生活条件的艰苦程度来确定。

以上5部分相加就得出咨询人员的人月费率。

由于咨询人员来自不同的国家,本身的技术水平和职务不同,咨询项目的复杂程度不同,人月费率的数额彼此相差很大,其取值范围一般为2 000~25 000美元。来自美国、加拿大等发达国家的咨询专家的人月费率较高,而来自印度、马来西亚等发展中国家的咨询专家的人月费率较低。

我国的咨询专家在海外执行咨询任务,按国际惯例计算人月费率时,必须考虑到我国基本工资包含的内容和国外不同,不宜报价过低,以免影响公司的收益,并且容易造成误解,认为我国咨询专家水平低。

例2.1 某国际工程咨询公司在一个条件比较艰苦的国家承担某公路项目初步工程经济可行性研究。计算该公司参加项目咨询人员的人月费率,在公司本部工作时,海外津贴为零。人月费率计算明细如表2-2所示。

表2-2 人月费率计算明细表 单位:美元

专家姓名	职务	(1) 月基本工资	(2) 社会福利费 (1)×41.5%	(3) 管理费 (1)×105%	(4) 前三项总和 (1)+(2)+(3)	(5) 利润 (4)×15%	(6) 本月人月费率 (4)+(5)	(7) 海外津贴 (1)×60%	(8) 现场人月费率 (6)+(7)
A	项目经理、高速公路工程师	5 102	2 117	5 357	12 576	1 886	14 462	3 061	17 523
B	交通专家	3 485	1 446	3 659	8 590	1 289	9 879	2 091	11 970
C	桥梁工程师	4 471	1 855	4 695	11 021	1 653	12 674	2 683	15 357
D	规划师	4 471	1 855	4 695	11 021	1 653	12 674	2 683	15 357
E	交通经济师	4 471	1 855	4 695	11 021	1 653	12 674	2 683	15 357
F	排水专家	5 102	2 117	5 357	12 576	1 886	14 462	3 061	17 523
G	工程师	2 000	830	2 100	4 930	740	5 670	1 200	6 870

2. **人月数的计算**

根据工作大纲对咨询任务所作的说明,可确定预期的咨询工作类型和范围、工作深度和进度,编制详细的作业计划、专业分工与人员配备以及相应的进度计划。这些计划通常以简单直观的“横道图”表示,作为计算咨询人员人月数的依据。由此可以很容易地得到每个咨询人员的人月数。将已求出的人月费率和人月数相乘,就可以计算出咨询人员的酬金。

(二)可报销费用

可报销费用(Out of Pocket Expenses)是为执行咨询服务任务而发生的工作费用,包括:

①国际与国内交通旅行费;

②食宿费(世界银行、亚洲开发银行规定每一类地区有对应的食宿标准);

③通信费;

④各种资料的编制、打印、复印、传递费;

⑤办公设备、用品费;

⑥为当地提供的设施和服务所付的费用。

以上各项花费为可报销费用,由客户按实际开支给予报销。

(三)不可预见费

不可预见费(Contingency)是指在酬金和可报销费用之外,在执行咨询任务的过程中发生的额外费用。如由于工作量额外增加而导致的咨询专家酬金的增加;由于通货膨胀、汇率波动而引起的成本费用的增加,等等。该项费用相当于客户的备用金,通常取酬金和可报销费用之和的 5% ~15%,如果不发生上述情况,则咨询公司不能得到这笔费用。

按以上方法估算出咨询人员的酬金、可报销费用和不可预见费并相加,即得出按人月费单价法计算的咨询服务费用的估算值。

第3章 国际工程承包招标与投标

本章首先简要阐述了国际工程承包中常见的合同类型、国际工程承包招标的方式和程序，较为详细地介绍了国际工程招标中的资格预审、招标文件的内容及通用格式，同时还对评标、决标和授标的过程进行了说明；接着介绍国际工程投标报价的程序，重点阐述标价计算前的准备工作与标价的基本组成、各类基础单价的计算以及单价分析和标价汇总，分析报价的技巧与决策；最后给出投标报价的实例。

3.1 概 述

一、合同类型

按计价方式的不同，国际承包工程合同可以分为总价合同、单价合同和成本加酬金合同3种类型，参见图3-1。

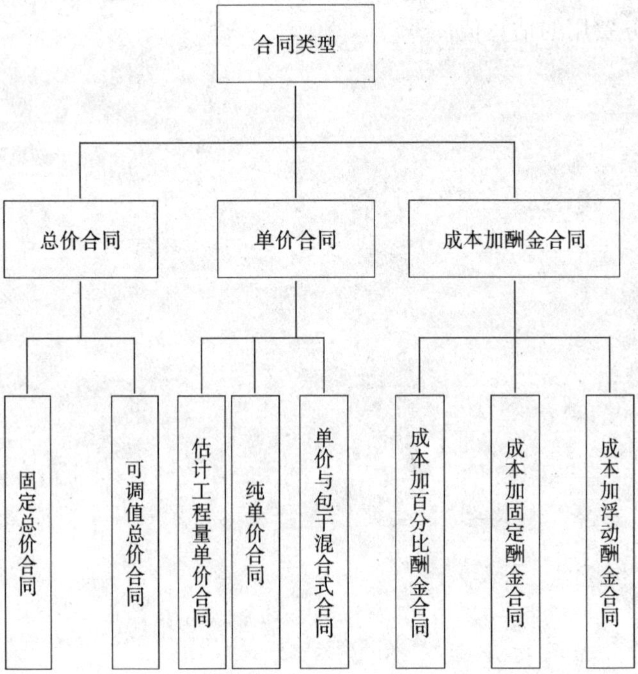

图3-1 按计价方式不同划分的合同类型

(一)总价合同

总价合同(Lump Sum Contract)是指支付给承包商的款项在合同中是一个总价,在招投标时,要求投标人按照招标文件的要求报出总价,并完成招标文件中规定的全部工作。采用总价合同,业主应能够提供详细的规划、图纸和技术规范;提供足够的有施工专长的监督人员(自有的或雇用的均可);拥有从事规划、预算、施工方案研究的雇员或咨询人员;具有良好的财务能力及对该项目支付的能力。

采用总价合同的主要优点是:

①由于承包商投入的资金存在风险,承包商会努力降低成本;

②选择承包商的程序比较简单;

③选定承包商的原则比较客观,通常采用最低标价法;

④投标时可确定最终价格(假设不发生图纸和规范的变更或不可预见的情况);

⑤会计与审计的费用较低。

总价合同分为固定总价合同和可调值总价合同。

1. 固定总价合同

固定总价合同(Firm-Lump Sum Contract)是指业主和承包商以有关资料(图纸、有关规定、规范等)为基础,就工程项目协商一个固定的总价,这个总价一般情况下不能变化,只有当设计或工程范围发生变化时,才能更改合同总价。

对于这类合同,承包商要承担设计或工程范围内的工程量变化和一切超支的风险。

2. 可调值总价合同

可调值总价合同(Escalation-Lump Sum Contract)中的可调值是指在合同执行过程中,由于通货膨胀等原因造成的费用增加,可以对合同总价进行相应的调整。可调值总价合同与固定总价合同的不同在于:固定总价合同要求承包商承担设计或工程范围内的一切风险,而可调值总价合同则对合同实施过程中出现的风险进行了分摊,即由业主承担通货膨胀带来的费用增加,承包商一般只承担设计或工程范围内的工程量变化带来的费用增加。

(二)单价合同

单价合同(Unit Price Contract)是国际工程承包中最常用的一种计价方式,其特点是根据合同中确定的工程项目所有单项的价格和工程量计算合同总价。通常根据估计工程量签订单价合同。单价合同适用于工程项目的内容和设计指标不十分确定或工程量可能出入较大的情况。

单价合同的主要优点有以下几点:

①可减少招标准备工作,缩短招标准备时间;

②能鼓励承包商通过提高工效等手段节约成本;

③业主只按工程量表项目支付费用,可减少意外开支;

④结算时程序简单,只需对少量遗漏单项在执行合同过程中再报价;

⑤对于一些不易计算工程量的项目,采用单价合同会有一些困难。

单价合同主要有估计工程量单价合同和纯单价合同两类。

1. 估计工程量单价合同

估计工程量单价合同是由业主委托咨询公司按分部分项工程列出工程量表及估算的工程量,适用于可以根据设计图纸估算出大致工程量的项目。

2. 纯单价合同

纯单价合同是在设计单位还来不及提供设计图纸,或出于某种原因,虽有设计图纸,但不能计算工程量时,可采用这种合同。采用这种合同时,招标文件只向投标人提供各分部分项工程的工作项目、工程范围和说明,不提供工程量。

(三)成本加酬金合同

成本加酬金合同(Cost Plus Fee Contract)是一种以工程的实际成本加上一笔支付给承包商的酬金作为工程报价的合同方式。采用成本加酬金合同时,业主向承包商支付实际工程成本中的直接费,再按事先议定的方式为承包商的服务支付酬金,即管理费和利润。

这种合同方式适用于某些急于建设而设计工作并不深入的工程项目,由于不具备计算工程单价或总价的条件,只能以估算的工程成本为基础加额外补偿来计价,尤其是一些灾后(或战后)重建工程、涉及承包商专有技术的工程等。采用成本加酬金合同主要的优点:可在规划完成之前开始施工;适用于由于不能确定工作范围或规模等原因无法确切定价的工程。

采用该方式时应注意以下问题:项目开始施工时,最终成本不能确定;需要业主的雇员、工程师进行较多的控制成本、记账及审计工作;业主与工程师应挑选一个熟悉这种合同类型的总承包商,有作为项目组成员进行管理工作的经验,并有良好的会计工作水平;如果设计发生大的变化,过早的开工会导致延误和额外的开支。

成本加酬金合同,根据其酬金的确定方法不同可分为如下几种形式。

1. 成本加百分比酬金合同

这种合同方式是指承包商除收回工程实际成本外,还可得到按实际成本的百分比计取的酬金;这个百分比是双方在签订合同时共同商定的。

2. 成本加固定酬金合同

这种合同方式是指按工程实际成本加上一个双方事先商定的固定不变的数额作为酬金的计价方法。与前一种不同的是,采用这种方式时,酬金不随成本的增减而变动。

3. 成本加浮动酬金合同

这种合同方式是指按一定条件计算浮动酬金的计价方法,即业主与承包商事先商定预期酬金水平:当实际成本等于预期成本时,按预期酬金水平支付;当实际成本低于预期成本时,增加酬金;当实际成本高于预期成本时,减少酬金。这种合同方式与前两种方式相比的最大优点是可以促使承包商降低工程成本。

由于成本加酬金合同方式的竞争性差,而且业主很难控制投资,因此,在国际工程承包中较少被采用。

二、国际工程招标分类与方式

(一)国际工程招标分类

国际工程招标根据其招标范围的不同可分为以下几种。

1. 全过程招标

这种方式通常是指"交钥匙"工程招标,招标范围包括整个工程项目实施的全过程,其中包括勘察设计、材料与设备采购、工程施工、生产准备、竣工、试车、交付使用与工程维修。

2. 勘察设计招标

招标范围为完成勘察设计任务。

3. 材料、设备招标

招标范围为完成材料、设备供应及设备安装调试等工作任务。

4. 工程施工招标

招标范围为完成工程施工阶段的全部工作；可以根据工程施工范围的大小及专业不同实行全部工程招标、单项工程招标、分项工程招标和专业工程招标等。

(二)国际工程招标方式

国际工程招标方式主要有以下几种。

1. 公开招标

该方式也称为无限竞争性招标(Unlimited Competitive Open Bidding)，即由业主在国内外主要报纸、有关刊物上发布招标公告，公开进行招标，凡对此招标项目感兴趣的承包商都可以购买资格预审文件，参加资格预审，资格预审合格者均可以购买招标文件进行投标。

这种方式可为所有有能力的承包商提供一个平等竞争的机会，业主有较大的选择余地挑选一个比较理想的承包商，这有利于降低工程造价，提高工程质量和缩短工期，但由于参与竞争的承包商可能很多，资格预审和评标的工作量较大。

2. 邀请招标

该方式也称为有限竞争性选择招标(Limited Competitive Selected Bidding)，它是一种由业主根据自己积累的经验和资料或根据工程咨询公司提供的承包商情况，选择若干家有实力的承包商，邀请其来参加投标的方式。一般邀请5~10家前来投标，这些被邀请者应具有承担过类似项目的经验和资历，在技术力量、设备能力、资金和管理水平等方面满足招标工程的要求，特点是选择范围小，节省了资格预审工作的时间和经费；但可能会有一定的片面性，漏掉一些在技术上、报价上有竞争力的承包商。

3. 谈判招标

谈判招标(Negotiated Bidding)也称为议标或指定招标。它是由业主直接选定一家或几家承包商进行协商谈判，确定承包条件及标价的方式。该方式的特点是节约时间，容易达成协议，迅速开展工作，但无法获得有竞争力的报价。该方式是一种非竞争性招标的方式，适用于工程造价较低、工期紧、专业性强的工程或军事保密工程。

除以上3种常见的招标方式外，目前国际上采用的还有两阶段招标，这种招标方式通常适用于大型、复杂的工程项目，要求投标人先投“技术标”，技术标评标通过者，才允许继续参加第二阶段投标——财务标。这种招标方式较耗时费力，只在必要时才采用。

三、公开招标程序

招标程序可以分3大步骤：对投标人的资格预审；投标人得到招标文件和递交投标文件；开标、评标、合同谈判和签订合同。3大步骤依次连接就是整个投标的全过程。FIDIC 1994年编制并推荐使用的工程招标程序流程图如图3-2所示，后面几节将进行详细的解释。

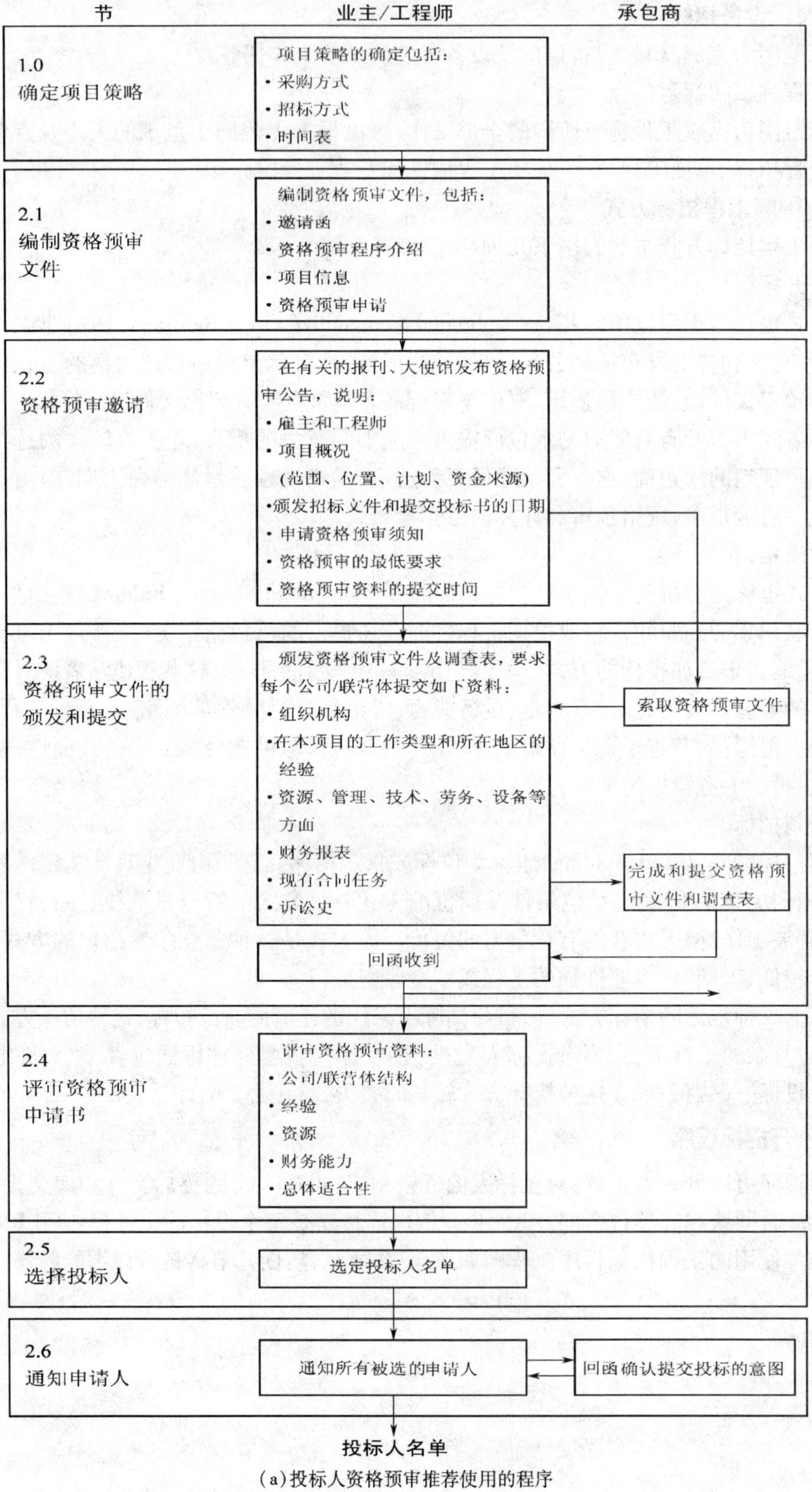

(a)投标人资格预审推荐使用的程序

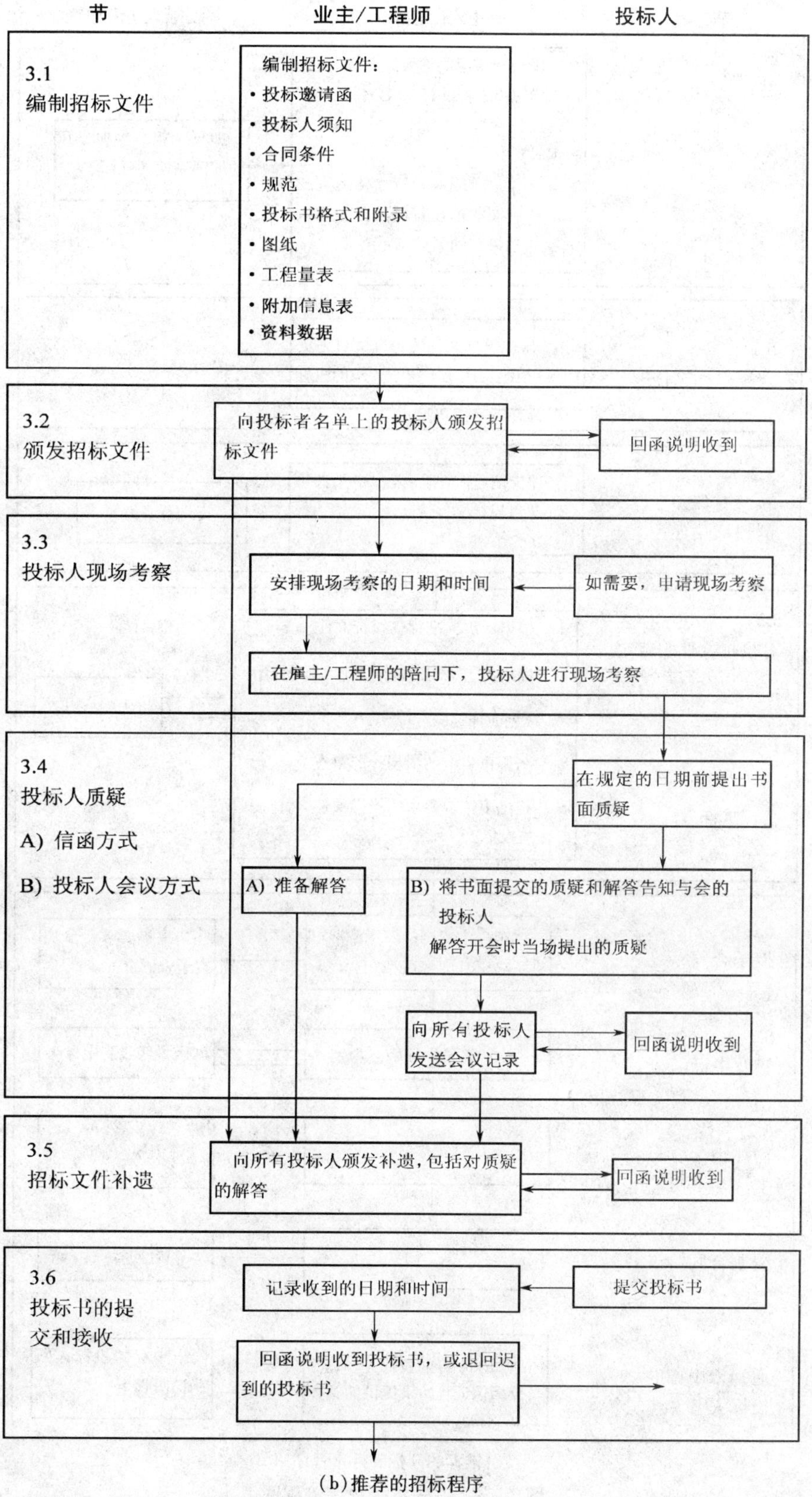
节
业主/工程师
投标人
3.1
编制招标文件
编制招标文件：
• 投标邀请函
• 投标人须知
• 合同条件
• 规范
• 投标书格式和附录
• 图纸
• 工程量表
• 附加信息表
• 资料数据
3.2
颁发招标文件
向投标者名单上的投标人颁发招标文件
回函说明收到
3.3
投标人现场考察
安排现场考察的日期和时间
如需要，申请现场考察
在雇主/工程师的陪同下，投标人进行现场考察
3.4
投标人质疑
A) 信函方式
B) 投标人会议方式
在规定的日期前提出书面质疑
A) 准备解答
B) 将书面提交的质疑和解答告知与会的投标人
解答开会时当场提出的质疑
向所有投标人发送会议记录
回函说明收到
3.5
招标文件补遗
向所有投标人颁发补遗，包括对质疑的解答
回函说明收到
3.6
投标书的提交和接收
记录收到的日期和时间
提交投标书
回函说明收到投标书，或退回迟到的投标书

(b)推荐的招标程序

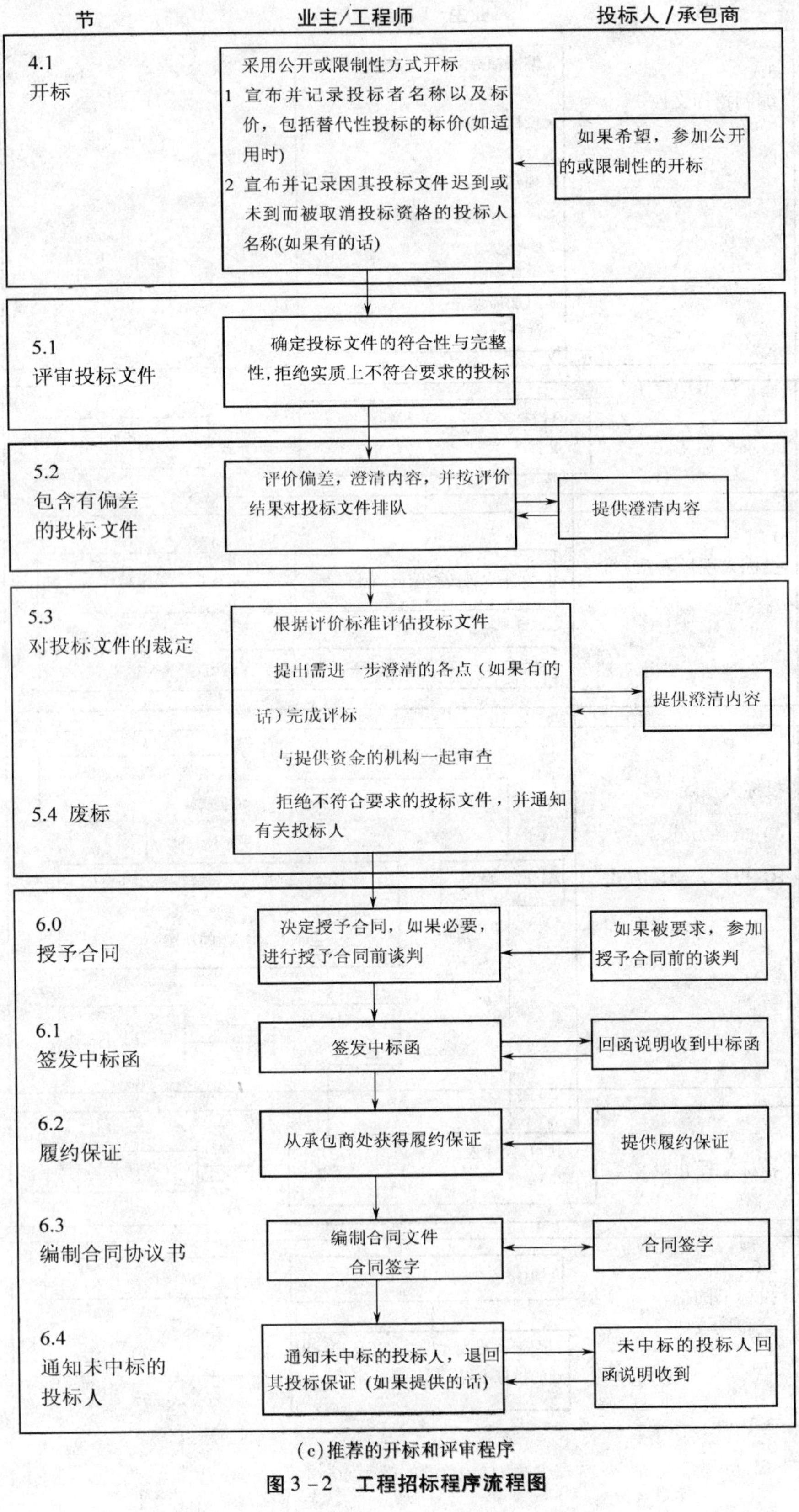

(c)推荐的开标和评审程序

图3－2　工程招标程序流程图

3.2 资格预审

一、资格预审的目的

通常公开招标采用资格预审,只有资格预审合格的投标人才准许参加投标;不采用资格预审的公开招标应进行资格后审,即在开标后进行资格审查。通过资格预审可以达到下列目的:

①了解投标人的财务状况、技术力量以及类似工程的施工经验,为业主选择优秀的承包商打下良好的基础;

②事先淘汰不合格的投标人,排除将合同授予不合格的投标人的风险;

③减少评标阶段的工作时间,减少评标费用;

④使不合格的投标人节约购买招标文件、现场考察和投标的费用。

二、资格预审程序

1. 编制资格预审文件

由业主组织有关专业人员编制,或委托招标代理机构编制。资格预审文件的主要内容有工程项目简介、对投标人的要求、各种附表等。资格预审文件应报请有关行政监督部门审查。

2. 刊登资格预审通告

资格预审通告应当通过国家指定的报刊、信息网络或者其他媒介发布,邀请有意参加工程投标的承包商申请投标资格预审。

资格预审通告的内容:工程项目名称,工程所在位置,工程概况和合同包含的工作范围,资金来源,资格预审文件的发售日期、地点和价格,递交资格预审文件的日期、地点等。

3. 出售资格预审文件

在指定的时间、地点开始出售资格预审文件。资格预审文件售价以收取工本费为宜。资格预审文件发售的持续时间为从开始发售至停止接受资格预审申请时间为止。

4. 对资格预审文件的答疑

在资格预审文件发售之后,购买资格预审文件的投标人可能对资格预审文件提出各种疑问,这种疑问可能是由于投标人对资格预审文件理解困难,也可能是资格预审文件中存在着疏漏或需进一步说明的问题。投标人应将这些疑问以书面形式(如信函、传真、电报等)提交招标人;招标人应以书面形式回答,并同时通知所有购买资格预审文件的投标人。

5. 报送资格预审文件

投标人应在规定的截止日期之前报送资格预审文件。在报送截止时间之后,不接受任何迟到的资格预审文件。已报送的资格预审文件在规定的截止时间之后不得作任何修改。

6. 澄清资格预审文件

招标人在接受投标人报送的资格预审文件后,可以找投标人澄清报送的资格预审文件中的各种疑点,投标人应按实情回答,但不允许投标人修改报送的资格预审文件的内容。

7. 评审资格预审文件

组成资格预审评审委员会,对资审文件进行评审。

8. 向投标人通知评审结果

招标人以书面形式向所有参加资格预审者通知评审结果,在规定的日期、地点向通过资格预审的投标人出售招标文件。

三、资格预审文件的内容

资格预审文件的内容应包括资格预审通告、资格预审须知和资格预审申请书的表格。

(一)资格预审通告

资格预审通告的内容包括以下几点。

①工程项目名称、建设地点、工程规模、资金来源。

②对申请资格预审投标人的要求。主要写明投标人应具备以往类似工程的经验和在施工机械设备、人员和资金、技术等方面有能力执行上述工程的令招标人满意的证明，以便通过资格预审。

③业主和招标代理机构(如果有的话)名称、工程承包的方式、工程招标的范围、工程计划开工和竣工的时间。

④要求投标人就工程的施工、竣工、保修所需的劳务、材料、设备和服务的供应提交资格预审申请书。

⑤获取进一步信息和资格预审文件的办公室名称和地址、负责人姓名、购买资格预审文件的时间和价格。

⑥资格预审申请文件递交的截止日期、地址和负责人姓名。

⑦向所有参加资格预审的投标人发出资格预审通知书的时间。

(二)资格预审须知

资格预审须知应包括以下内容。

1. 总则

在总则中分别列出工程业主名称、资金来源、工程名称和位置、工程概述(其中包括“初步工程量清单 ”中的主要项目和估计数量、申请人有资格执行的最小合同规模以及资格预审时间表等,可用附件形式列出)。

2. 要求投标人应提供的资料和证明

在资格预审通知中应说明对投标人提供资料内容的要求,一般包括如下几方面:

①申请人的身份及组织机构,包括该公司或合伙人或联营体各方的章程或法律地位、注册地点、主要营业地点、资质等级等原始文件的复印件;

②申请人(包括联营体的各方)在近3年(或按资格预审文件规定的年限)内完成的与本工程相似的工程的情况和正在履行的合同的工程情况;

③管理和执行本合同所配备主要人员的资历和经验;

④执行本合同拟采用的主要施工机械设备情况;

⑤提供本工程拟分包的项目及拟承担分包项目分包人的情况;

⑥提供近两年(或按资格预审文件规定的年限)经审计的财务报表,今后两年的财务预测以及申请人出具的允许招标人在其开户银行进行查询的授权书;

⑦申请人近两年(或按资格预审文件规定的年限)介入的诉讼情况。

3. 资格预审通过的强制性标准

强制性标准以附件的形式列入。它是通过资格预审时对列入工程项目一览表中各主要项目提出的强制性要求。其中包括:强制性经验标准(指主要工程一览表中主要项目的业绩要求);强制性财务、人员、设备、分包、诉讼及履约标准等。达不到标准的,资格预审不能通过。

4. 对联营体提交资格预审申请的要求

对于一个合同项目能凭一家的能力通过资格预审的，应当鼓励以单独的身份参加资格预审。但在许多情况下，对于一个合同项目，往往一家不能单独通过资格预审，需要两家或两家以上组成的联营体才能通过，因此在资格预审须知中应对联营体通过资格预审作出具体规定，一般规定如下。

①对于达不到联营体要求的，或企业单位既以单独身份又以所参加的联营体的身份向同一合同投标时，资格预审申请都应遭到拒绝。

②对每个联营体的成员的要求：联营体的每个成员必须各自提交申请资格预审的全套文件；通过资格预审后，投标文件以及中标后签订的合同，对联营体各方都产生约束力；联营体协议应随同投标文件一起提交，该协议要规定出联营体各方对项目承担的共同和各自的义务，并声明联营体各方提出的参加并承担本项目的责任和份额以及承担其相应工程的足够能力和经验；联营体必须指定某一成员作为主办人负责与业主联系；在资格预审结束后新组成的联营体或已通过资格预审的联营体内部发生了变化，应征得业主的书面同意，新的组成或变化不允许从实质上降低竞争力，包含未通过资格预审的单位和降低到资格预审所能接受的最低条件以下；提出联营体成员合格条件的能力要求，例如可以要求联营体中每个成员都应具有不低于各项资格要求的25%的能力，对联营体的主办人应具有不低于各项资格要求的40%的能力，所承担的工程应不少于合同总价格的40%；申请并接受资格预审的联营体不能在提出申请后解体或与其他申请人联合而自然地通过资格预审。

5. 对通过资格预审投标人所建议的分包人的要求

由于对资格预审申请者所建议的分包人也要进行资格预审，所以如果通过资格预审后申请人对其所建议的分包人有变更时，必须征得业主的同意，否则，其资格预审被视为无效。

6. 对通过资格预审的国内投标人的优惠

对于世界银行贷款项目，通过资格预审的国内投标人在投标时，若能够提出令招标人满意的符合优惠标准的文件证明，在评标时其投标报价可以享受优惠。一般享受优惠的标准条件：投标人在工程所在国注册；工程所在国的投标人持有绝大多数股份；分包给国外的工程量不超过合同价的50%。具备上述三个条件者，其投标报价在评标排名次时可享受7.5%的优惠。

7. 其他规定

包括递交资格预审文件的份数，送交单位的地址、邮编、电话、传真、负责人及截止日期；招标人要求申请人提供的资料要准确、详尽，并有对资料进行核定和澄清的权利，对于弄虚作假、不真实的介绍可拒绝其申请；对于资格预审者的数量不限，并且有资格参加投一个或多个合同的标；资格预审的结果将以书面的形式通知每一位申请人，申请人在收到通知后的规定时间内（如48小时）回复招标人，确认收到通知。随后招标人将投标邀请函送给每一位通过资格预审的申请人。

8. 附件

资格预审须知的有关附件应包括如下内容。

(1)工程概述

工程概述的内容：项目的环境，如地点、地形与地貌、地质条件、气象与水文、交通和能源及服务设施等；工程概况，主要说明所包含的主要工程项目的情况，如结构工程、土方工程、合同标段的划分、计划工期等。

(2)主要工程一览表

用表格的形式将工程项目中各项工程的名称、数量、尺寸和规格用表格列出,如果一个项目分几个合同招标,应按招标的合同分别列出。

(3)强制性标准一览表

对于各工程项目通过资格预审的强制性要求用表格的形式全部列出,并要求申请人填写满足或超过强制性标准的详细情况。因此,该表一般分为三栏:第一栏为提出强制性要求的项目名称;第二栏是强制性业绩要求;第三栏是申请人满足或超过业绩要求的项目评述。

(4)资格预审时间表

表中列出发布资格预审通告的时间、出售资格预审文件的时间、递交资格预审申请书的最后日期和通知资格预审合格的投标人名单的日期等。

(三)资格预审申请书的表格

为了使资格预审申请人按统一的格式递交申请书,在资格预审文件中按通过资格预审的条件编制成统一的表格,让申请人填报,这对于申请人公平竞争和对其进行评审是非常重要的。申请书的表格通常包括如下内容。

1. 申请人表

申请人表主要包括申请人的名称、地址、电话、电传、传真、成立日期等。如系联营体,应首先列明牵头的申请人,然后是所有合伙人的名称、地址等,并附上每个公司的章程、合伙关系的文件等。

2. 申请合同表

如果一个工程项目分为几个标段招标,应在申请合同表中分别列出各标段的编号和名称,以便让申请人选择申请资格预审的标段。

3. 组织机构表

组织机构表包括公司简况、领导层名单、股东名单、直属公司名单、驻当地办事处或联络机构名单等。

4. 组织机构框图

组织机构框图主要用框图表述申请者的组织机构、与母公司或子公司的关系、总负责人和主要人员。如果是联营体,应说明合作伙伴关系及在合同中的责任划分。

5. 财务状况表

财务状况表包括的基本数据:注册资金、实有资金、总资产、流动资产、总负债、流动负债、未完成工程的年投资额、未完成工程的总投资额、年均完成投资额(近 3 年或按资格预审文件规定的最近年限)、最大施工能力等;近 3 年年度营业额和为本项目合同工程提供的营运资金,现在正进行的工程估价,今后两年的财务预算,银行信贷证明;并随附由审计部门审计或由省、市公证部门公证的财务报表,包括损益表、资产负债表及其他财务资料。

6. 公司人员表

公司人员表内容:管理人员、技术人员、工人及其他人员的数量;拟为本合同提供的各类专业技术人员及其从事本专业工作的年限。对于公司主要人员,应提供他们的一般情况和主要工作经历。

7. 施工机械设备表

施工机械设备表包括拟用于本合同的自有设备、拟新购置设备和租用设备的名称、数量、型号、商标、出厂日期、现值等。

8. 分包商表

分包商表包括拟分包工程项目的名称，占总工程价的百分数，分包人的名称、经验、财务状况、主要人员、主要设备等。

9. 业绩——已完成的同类工程项目表

它包括项目名称、地点、结构类型、合同价格、竣工日期、工期、业主和监理工程师的地址、电话、电传等。

10. 在建项目表

在建项目表包括正在施工和准备施工的项目名称、地点、工程概况、完成日期、合同总价等。

11. 介入诉讼事件表

介入诉讼事件表详细说明申请人或联营体内合伙人介入诉讼或仲裁的案件。

应该注意对于每一张表格都应有授权人的签字和日期，对于要求提供的证明附件应附在表后。

四、资格预审文件的填报

对投标人来说，填好资格预审文件是购买招标文件、进行投标的第一步，因此，填写资格预审文件一定要认真细心，严格按照要求逐项填写，不能漏项，每项内容都要填写清楚。投标人应特别注意根据所投标工程的特点，有重点地填写，对在评审内容中可能占有较大比重的内容多填写，有针对性地多报送资料，并强调本公司的财务、人员、施工设备、施工经验等方面的优势。对报送的预审文件内容应简明准确，装潢美观大方，从而给招标人一个良好的印象。

要做到在较短的时间内填报出高质量的资格预审文件，平时要做好公司财务、人员、施工设备和经验等各方面原始资料的积累与整理工作，分门别类地存在计算机中，随时可以调用和打印出来。例如：公司施工经验方面应详细记录公司近5～10年来所完成和目前正在施工的工程项目名称、地点、规模、合同价格、开工时间、竣工时间；业主名称、地址，监理单位名称、地址；在工程中本公司所担任的角色是独家承包还是联合承包，是联营体负责人还是合伙人，总承包人还是分承包人；公司在工程项目实施中的地位和作用等。

上述资料应不断充实，这可反映出公司信息管理的水平。

五、资格预审评审

由评审委员会进行资格预审评审工作。评审委员会一般由招标机构负责组织，参加人员有业主代表、招标机构、设计咨询单位等部门的人员，其中应包括有关专业技术、财务经济方面的专家。

（一）评审标准

资格预审是为了检查、评估投标人是否具备能令人满意地执行合同的能力。只有表明投标人有能力胜任，公司机构健全，财务状况良好，人员技术管理水平高，施工设备适用，有丰富的类似工程经验，有良好信誉，才能被认为是资格预审合格。

（二）评审方法

1. 资格预审文件的审查

首先对收到的资格预审文件进行整理，看是否对资格预审文件作出了实质性的响应，即是否满足资格预审文件的要求。检查资格预审文件的完整性,并检查资格预审强制性标准的合格性。例如投标申请人(包括联营体成员)营业执照和授权代理人授权书应有效;投标申请人(包括联营体成员)企业资质和资信登记等级应与拟承担的工程标准和规模相适应;以联营体形式申请资格预审,应提交联营体协议,明确联营体主办人;如果有分包,应满足主体工程限制分包的要求;投标申请人提供的财务状况、人员与设备情况及履行合同的情况应满足要求。

只有对资格预审文件作出实质性响应的投标人的申请才有资格进一步评审。

2. 对资格预审文件进行评审

一般情况下资格预审都采用评分法进行,按一定评分标准逐项进行打分。评选按淘汰法进行,即先淘汰明显不符合要求的申请人,对于满足填报资格预审文件要求的投标人按组织机构与经营管理、财务状况、技术能力、施工经验四个方面逐项打分。只有每项得分均超过最低分数线,而且四项得分之和高于60分(满分为100分)的投标人才能通过资格预审。

最低合格分数线应根据参加资格预审的投标人的数量来决定,如果申请投标人的数量比较多,则适当提高最低合格分数线,这样可以多淘汰一些水平较低的投标申请人,使通过资格预审的投标人的数量不致太多。

资格预审文件评审时,上述评分的4个方面的任一方面还可以进一步细分为若干因素分别打分,经常引用的打分因素如下。

(1)组织机构与经营管理(10分)

组织机构与经营管理包括:

①公司管理机构情况;

②经营方式;

③以往履约的情况,如获得的各种奖励或处罚等;

④目前和过去涉及诉讼案件的情况。

(2)财务状况(30分)

财务状况包括:

①平均年营业额或合同额;

②财务投标能力;

③流动资金;

④信贷能力;

⑤流动资产与负债比值。

(3)技术能力(30分)

技术能力包括:

①现场主要管理人员的经验与胜任程度;

②现场专业技术人员的经验与胜任程度;

③施工机械的适用来源与已使用的年限;

④工程分包情况。

(4)施工经验(30分)

施工经验包括:

①类似工程的施工经验;

②类似现场条件下的施工经验;

③完成类似工程中特殊工作的能力；

④过去完成类似工程的合同额。

上述各个方面的各个因素所占评分权重应根据项目的性质以及它们在项目实施中的重要性而定。如系复杂的工程项目，人员素质与施工经验应占更大比重；一般的航道疏浚工程、道路土方工程等，则施工设备应占更大比重。

六、资格预审评审报告

资格预审评审委员会对评审结果要写出书面报告，评审报告的主要内容：工程项目概要、资格预审工作简介、资格预审评价标准、资格预审评审程序、资格预审评审结果、资格预审评审委员会名单、资格预审评分汇总表、资格预审分项评分表、资格预审评审细则等。

资格预审报告应上报招标管理部门审查。资格预审评审结果应在资格预审文件规定的期限内通知所有投标申请人，同时向通过资格预审的投标申请人发出投标邀请书。

七、资格后审

对于一些开工要求比较早、工程不复杂的工程项目，为了争取早日开工，有时不预先进行资格预审，而进行资格后审。

资格后审是在招标文件中加入资格审查的内容。投标人在填报投标文件的同时，按要求填写资格审查资料。评标委员会在正式评标前先对投标人进行资格审查，对资格审查合格的投标人进行评标，对不合格的投标人不进行评标。

资格后审的内容与资格预审的内容大致相同，主要包括投标人的组织机构、财务状况、人员与设备情况、施工经验等方面。

对于某些大型或复杂的项目，招标的第一个重要步骤就是对投标人进行资格预审。业主发布工程招标资格预审通告之后，对该工程感兴趣的承包商会购买资格预审文件，并按规定填好表中的各项，按要求日期送给业主；业主经过对送交资格预审文件的所有承包商进行认真审核后，通知那些业主认为有能力实施本工程项目的承包商前来购买招标文件。

3.3　招　　标

招标文件的编制是招标准备工作中最为重要的一环。一方面招标文件是提供给投标人的投标依据，投标人根据招标文件介绍的工程情况、合同条款、工程质量和工期的要求等进行投标报价。另一方面，招标文件是签订工程合同的基础，几乎所有的招标文件内容均将成为合同文件的组成部分。尽管在招标过程中业主也有可能对招标文件进行补充和修改，但基本内容不会改变。

因此，招标文件的编制必须做到完整、系统、准确、明了，使投标人能够充分了解自己应尽的职责和享有的权益。

一、招标文件的编制原则

①应遵守国家的法律和法规，如招投标法、建筑法、合同法等多项有关的法律、法规。

②如果是国际组织贷款项目，应符合该组织的各项规定和要求。

③要注意公正地处理业主和承包商（或供货商）的利益，要使承包商（或供货商）能获得合理的利润，如果不恰当地将过多的风险转移给承包商一方，势必迫使承包商加大风险金，提高

投标报价,最终还是业主一方增加支出。

④招标文件应该正确地、详细地反映项目的客观情况，以使投标人的投标能建立在可靠的基础上,这样也可减少履约过程中的争议。

⑤招标文件包括的众多内容应力求统一,尽量减少和避免相互矛盾,招标文件的矛盾会为承包商创造索赔机会。招标文件用语应力求严谨、明确,以便在产生争端时易于根据合同条件判断解决。

二、招标文件的内容与通用格式

(一)投标邀请书

投标邀请书是用来邀请资格预审合格的投标人,按招标人规定的条件和时间前来投标。它一般应说明以下各点。

①业主单位,招标性质;

②资金来源;

③工程简况,分标情况,主要工程量,工期要求;

④承包商为完成本工程所需提供的服务内容,如施工、设备和材料采购、劳务等;

⑤发售招标文件的时间、地点、售价;

⑥投标文件送交的地点、份数和截止时间;

⑦提交投标保证金的规定额度和时间;

⑧开标的日期、时间和地点;

⑨现场考察和召开标前会议的日期、时间和地点。

以下是世界银行贷款项目招标文件范本中的投标邀请书格式。

投标邀请书格式

致__________(承包商名称)　　__________(日期)

__________(地址)

____

____

关于:世界银行贷款号、合同名称与招标编号

敬启者:

我们通知您,你们已经通过上述合同的资格预审。

1.我们代表业主__________(填入业主名称)邀请你们与其他资格审查合格的投标人,为实施并完成此合同递交密封的投标文件。

2.按下述地址你们可在我们的办公处所获取进一步的信息、查阅并取得招标文件:__________(邮政地址、电报、电话和传真)。

3.在交纳一笔不可退还的费用__________(填入金额和币别)后可购得一套完整的招标文件。

4.所有的投标文件均应有按招标文件规定的格式和金额递交的投标保证金,并且应于__________(时间和日期)之时或之前送至下述地点:__________(地址和准确地点)。开标仪式随即开始,投标人可派代表参加。

5. 请以书面形式(电报、传真或电传)立即确认已收到此函。如果您不准备参与投标,亦请尽快通知我们,我们将不胜感谢。

您真诚的,

授权代表签名:＿＿＿＿　　授权代表签名:＿＿＿＿

姓名和职务:＿＿＿＿　　姓名和职务:＿＿＿＿

采购代理:＿＿＿＿　　业主:＿＿＿＿

(二)投标人须知

投标人须知是招标文件的重要组成部分,它是业主或其委托的咨询公司为投标人如何投标所编制的指导性文件。下面介绍投标人须知的有关内容。

A. 总则(General)

1. 投标范围(Scope of Bid)

预期中标的投标人应从开工之日起在招标资料表和投标书附录中规定的时期内完成投标人须知所描述的及招标资料表所概述的工程。

2. 资金来源(Source of Funds)

业主招标项目的资金来源,如系国际金融机构(如世界银行)的贷款,应说明贷款机构名称及贷款支付使用的限制条件。

3. 合格的投标人(Eligible Bidders)

任何投标人都应满足以下几个条件:

①投标人不得与在本工程或作为本项目组成部分的工程的准备阶段已向业主提供有关工程的咨询服务的公司或实体有关系,同时也不应与已被业主雇用或拟被雇用作为本合同的工程师有关系。

②投标人必须是得到业主通知已通过资格预审者。

③投标人不属于本须知发布的具有腐败和欺诈行为之列。

④当业主提出合理的要求时,投标人应提供令业主继续满意其资格的证明材料。

4. 合格的材料、工程设备、供货和服务

国际金融组织贷款项目要求为工程所提供的全部材料、工程设备、供货和服务必须来源于合格的国家。

5. 投标人的资格(Qualification of the Bidder)

①作为投标文件的一部分,投标人应同时递交一份投标人委托签署投标书的书面授权书;此外,投标人应更新所有随资格预审申请书递交的且已经变更的资料,务必更新在招标资料表中指明的资料,而且应使这些资料继续满足资格预审文件中规定的最低要求。

②对于联营体,递交的投标文件应满足以下要求:

i. 投标文件中应包括上述①中指明的所有资料;

ii. 投标文件和中标后的协议书应予以签署,以使所有联营体成员均受法律约束;

iii. 应推荐一家联营体成员作为主办人,且应提交一份由所有联营体成员的合法代表签署的授权书;

iv. 应授权联营体主办人代表任何和所有联营体成员承担责任和接受指示,而且整个合同的实施(包括支付)应全部由联营体主办人负责;

v. 在上述的授权书、投标文件和协议书中应声明所有联营体成员为实施合同所共同和分别承担的责任；

vi. 应随同投标文件同时提交一份联营体各成员签署的联营体协议。

6. 一标一投(One Bid per Bidder)

每个投标人只能自己单独或作为联营体的成员投一个标。

7. 投标费用(Cost of Bidding)

一般国际惯例规定无论投标结果如何，投标人应承担其投标文件准备与递交所涉及的一切费用，业主不负担此类费用。

8. 现场考察(Site Visit)

建议投标人对工程现场和周围环境进行考察，以便获取有关投标准备和签署合同所需的资料。考察现场的费用和人身及财产损失由投标人自己负责。

B. 招标文件(Bidding Documents)

9. 招标文件的内容(Content of Bidding Documents)

招标文件包括下列格式与内容：

第一卷 商务条款

第一章 投标邀请书

第二章 投标人须知

第三章 招标资料表

第四章 合同通用条件

第五章 合同专用条件

第二卷 技术规范

第六章 技术规范

第三卷 投标文件

第七章 投标书、投标书附录和投标保函的格式

第八章 工程量清单

第九章 协议书格式、履约保函格式、预付款保函格式

第十章 辅助资料表

第四卷 图纸

第十一章 图纸

10. 招标文件的澄清(Clarification of Documents)

投标人在收到招标文件时应仔细阅读和研究，如发现有遗漏、错误、词义模糊等情况，应按招标文件中规定的地址以书面或电报、电传、传真等方式向业主质询，否则后果自负。招标文件中应规定提交质询的日期限制(如投标截止日 28 天以前)。业主将书面答复所有质询的问题的附本交给所有已购买招标文件的投标人。

11. 招标文件的修改(Amendment of Bidding Documents)

在递交投标文件以前的任何时候，业主可能以补遗书的方式对招标文件进行修改。所有补遗书均将构成招标文件的一个组成部分，投标人应以电报方式尽快确认收到每份补遗书。

为了使投标人在准备投标书时能有合理的时间将补遗书的内容考虑进去，业主应酌情延长递交投标书的截止时间。

C. 投标文件的编制(Preparation of Bids)

12. 投标文件的语言(Language of Bid)

投标文件及投标任何业主之间的与投标有关的来往函电和文件,均应使用规定的语言(Ruling Language)。投标人递交的证明材料和印刷品可以是另外一种语言,但其中相关段落应配有上述规定语言的准确译文,且投标文件的解释将以此译文为准。

13. 投标文件的组成(Documents Comprising the Bid)

投标人递交的投标文件应包含下列文件:正确填写的投标书格式和投标书附录、投标保函、已报价的工程量表、被邀请提供的替代方案。

如果招标资料表中有规定,将此合同与其他合同组成一个包投标的投标人应在投标文件中予以声明,并且给出授予一个以上合同时所提供的任何折扣。

14. 投标价格(Bid Prices)

投标价格是指以投标人提交的工程量表中的单价和工程量为依据,计算得出的工程总标价。投标人未填报单价和价格的项目的费用将被视为已包含在工程量表的其他单价和价格中,业主在执行期间将不予以支付。

所有根据合同或由于其他原因,截止到投标截止日前28天,由投标人支付的关税、税费和其他捐税都要包含在投标人呈报的单价、价格和总投标报价中。

投标人填报的单价和价格在合同执行期间将根据合同条件的规定予以调整。投标人应在投标书附录中为价格调整公式填写价格指数和权重系数,并随投标文件递交证明材料。

15. 投标货币与支付货币(Currencies of Bid and Payment)

在投标报价时和在以后工程实施过程中结算支付时所用的货币种类可以选择以下两个方案之一。

①投标人报价时完全采用工程所在国的货币表示,若投标人预计有来自工程所在国以外的工程投入会产生其他币种的费用("外汇需求"),投标人应在投标书附录中列出其外汇需求占投标价格(除暂定金额外)的百分比(%),投标人应在投标书附录中列明外汇需求和采用的汇率。

业主可能会要求投标人澄清其外汇需求,此时,投标人应递交一份详细的外汇需求表。

②采用两种报价,即对于在工程所在国应支付的费用,如当地劳务、当地材料、设备、运输等的费用以当地货币报价,而对在工程所在国以外采购所需费用则以外币报价。

16. 投标文件的有效期(Bid Validity)

投标文件应在招标资料表中规定的期限内保持有效,如果有特殊情况,业主可在原投标有效期结束前,以书面和电报形式要求投标人延长一个写明的期限。投标人可拒绝这种要求,业主不得以此为理由没收其投标保证金。同意延期的投标人将不得要求在此期间修改其投标文件,但需要相应延长投标保证金的有效期,并符合下一条有关投标保证金的所有要求。

对于固定总价合同,若投标有效期延长超过8周,则对于应付给未来中标人的当地货币和外币的金额,将按招标资料表或要求延期函中为超过8周的期限所定的系数分别对当地货币和外币部分进行调价。评标时仍以投标价为依据,不考虑上述的价格调整。

17. 投标保证金(Bid Security)

为了对业主进行必要的保护,招标文件要求投标人投标必须提供投标保证金。根据投标人的选择,投标保证金可以是保兑支票、信用证或由在投标人选择的任一合格国家的有信誉的银行出具的保函。银行保函的格式应符合招标文件的要求,其有效期应为直至投标文件有效期满后的第 28 天,或根据业主要求的延期时间。

未能按要求提供投标保证金的投标文件,业主视其为不响应投标而予以拒绝。联营体应以联营体的名义提交投标保证金。

未中标的投标人的投标保证金在最迟不超过投标有效期满后的 28 天退还。中标人的投标保证金将在其签约并按要求提供了履约保证金后予以退还。

如果投标人在投标有效期内撤回投标文件,或中标人未能在规定的期限内签署协议并提供履约保证金,则投标保证金将被没收。

18. 投标人的选择报价(Alternative Proposals by Bidders)

如果明确邀请投标人报出选择工期,则应在招标资料表中进行说明,同时应规定评审不同工期的办法。

若允许投标人对工程的某些指定部分提供技术选择方案,则应在招标文件的"技术规范"中进行说明;除此情况之外,对于希望提供满足招标文件要求的技术选择方案的投标人,应首先按招标文件描述的业主的设计报价,然后再向业主提供为了全面评审其技术选择方案所需的全部资料。如有技术选择方案,只有符合基本技术要求且评标价最低的投标人递交的技术选择方案,业主才予以考虑。

19. 标前会议(Pre-Bid Meeting)

召开标前会议的目的是为了澄清投标人对招标文件的疑问,解答问题。如果举行标前会议,投标人的指定代表可按照招标资料表中规定的时间、地点出席会议。业主不能以不出席标前会议作为投标人不合格的理由。

投标人应尽可能在会议召开前一星期,以书面形式或电报向业主提交问题,迟交的问题可能无法在会上回答,但所有问题和答复(包括会上回答的和会后准备的答复)将以会议纪要的形式提供给所有投标人。

对由于标前会议而产生的对招标文件的任何修改,只能由业主按照本须知第 11 条的规定,以补遗书的方式进行,而不以标前会议纪要的形式发出。

20. 投标文件的形式和签署(Format and Signing of Bid)

招标文件中应规定投标需提供的正本和副本的份数。正本是指投标人填写所购买的招标文件的表格以及投标人须知中所要求提交的全部文件和资料,副本是正本的复印件。正本与副本有不一致时,以正本为准。

投标文件应由投标人正式授权的一个人或几个人签署,对于有增加或修正的地方,均应由一位或几位投标文件的签字人进行小签。

D. 投标文件的递交(Submission of Bids)

21. 投标文件的密封与标志(Sealing and Marking of Bids)

投标人应将正本和副本分别封装在信封(内信封)中,并在信封上标明"正本"和"副本",所有这些信封都应密封在一个外信封中。内、外信封上均应标明业主的地址、合同名称、合同号、开标时间及开标日期前不得启封等字样;此外,内信封还应标明投标人的名称和地址,以使业主能在不开封的情况下将迟到的投标文件退回投标人。

如果未按规定书写和密封,业主对由此引起的一切后果概不负责。

22. **投标截止日期**(Deadline for Submission of Bids)

投标文件应由业主在规定的地址、不迟于招标资料表中规定的日期和时间收到。在特殊情况下,业主可自行以补遗书的形式延长投标截止日期。

23. **迟到的投标文件**(Late Bids)

业主在规定的投标截止日期以后收到的任何投标文件,将原封退给投标人。

24. **投标文件的修改、替代与撤回**(Modification, Substitution and Withdrawal of Bids)

投标人在递交投标文件截止日期前,可以通过书面形式通知业主,对已提交的投标文件进行修改、替代或撤回。

E. 开标与评标(Bid Opening and Evaluation)

25. **开标**(Bid Opening)

业主按照招标资料表规定的时间、日期和地点开标(Bid Opening)。

标明"撤回"和"替代"的信封将首先开封并宣布投标人的名称。已递交了可接受的撤回通知函的投标文件将不予开封。

开标时,将宣读投标人的名称、投标报价(包括任何选择报价或偏离)、折扣、投标文件修改和撤回、投标保证金是否提供及其他业主认为合适的内容。标明"修改"的信封将被开封,其中的适当内容将被宣读。除迟到的投标文件外,开标时不应废除任何投标文件。以上宣布的内容都将记录在开标记录中。

26. **过程保密**(Process to be Confidential)

开标后,评标过程应对与评标工作无关的人员和投标人严格保密。投标人对业主评审或授标工作施加影响的任何努力都可能导致其投标文件被拒绝。

27. **投标文件的澄清**(Clarification of Bids and Contacting the Employer)

为有助于投标文件的审查、评价和比较,业主可要求任何投标人澄清其投标文件。有关澄清的要求与答复应以书面或电报方式进行。但不应寻求、提出或允许对价格或实质性的内容进行更改。

28. **投标文件的检查与响应性的确定**

在详细评标前,业主要检查各投标文件是否做到如下几点:被适当签署,提供了符合要求的投标保证金,对招标文件的要求作出了实质性的响应,提交了业主要求提供的、确定其响应性的澄清材料和(或)证明文件。

业主会拒绝没有对招标文件作出实质性响应的投标书。

29. **错误的修正**(Correction of Errors)

对那些对招标文件作出实质性响应的投标文件,可按照一定原则修改投标文件中存在的计算错误、书写错误和数字表示与文字表示不一致的错误。修改后,在征得投标人同意的情况下,修正后的金额对投标人起约束作用。若投标人不接受修正后的金额,则其投标将被拒绝,并且其投标保证金将被没收。

30. **为评标换算为单一的货币**

为比较各投标书,应将投标报价换算为单一货币。

①对于第15条中所列的第①种方案,应首先根据投标人在投标书附录中写明的汇率,将投标报价换算为不同支付币别的相应金额;然后将投标报价中应支付的各种货币按照招标资料表中指定的机构在规定的日期公布的卖出价汇率,换算为业主所在国的货币;或者是将外币

支付部分的金额按招标资料表中规定的国际报刊在规定的日期公布的卖出价汇率，换算成为一种招标资料表中指定的国际贸易中广泛使用的货币，将业主所在国的货币按照指定的机构在规定的日期公布的卖出价汇率也换算成那种广泛使用的货币。

②对于投标人须知第 15 条中所列的第②种方案，可将投标报价中应支付的各种货币的金额，根据指定的机构在规定的日期公布的卖出价汇率，换算为业主所在国的货币；或者先将外汇需求部分根据规定的国际报刊在规定的日期公布的卖出价汇率，换算成为一种指定的国际贸易中广泛使用的货币，再将业主所在国货币根据规定的机构在规定的日期公布的卖出价汇率换算成为那种广泛使用的货币。

31. **投标文件的评价与比较**(Evaluation and Comparison of Bids)

对于实质上符合招标文件要求的投标文件，在评价与比较时，业主对投标价格进行以下调整，以确定每份投标文件的评标价格：

①修正投标人须知第 29 条中提及的错误；

②在工程量汇总表中扣除暂定金额，但应包括具有竞争性标价的计日工；

③将以上两项金额按第 30 条的规定换算为单一货币；

④对具有满意的技术和(或)财务效果的其他可量化、可接受的变更、偏离或其他选择报价，其投标价应进行适当的调整；

⑤若招标资料表中允许并规定了调价方法，应对投标人报的不同工期进行调价；

⑥如果本合同与其他合同被同时招标，投标人为授予一个以上合同而提供的折扣应计入评标价。

业主保留接受或拒绝任何变更、偏离或选择性报价的权利。凡超出招标文件规定的变更、偏离或其他因素在评标时将不予考虑。在评标时，对适用于合同执行期间的价格调整因素不予考虑。

若最低评标价的投标文件出现明显的不平衡报价，业主可要求投标人对工程量表的任何或所有细目提供详细的价格分析，并视分析的结果考虑采取保护措施。

32. **国内优惠**(Preference for Domestic Bidders)

国际金融组织，如世界银行的贷款项目规定，贷款国的投标人在符合下列所有条件时，在与其他投标人按投标报价排列顺序时，可享受 7.5% 的优惠。

①在工程所在国注册。

②工程所在国公民拥有大部分所有权。

③分包给国外公司的工程量不大于合同总价(不包括暂定金额)的 50%。

④满足招标资料表中规定的其他标准。

对于工程所在国承包商与国外承包商组成的联营体，在具备以下条件时，也可获得优惠：

①国内的一个或几个合伙人分别满足上述优惠条件，或

②国内合伙人能证明其在联营体中的收入不少于 50%；

③国内合伙人按所提方案，至少应完成除暂定金额外的合同价格 50% 的工程量，并且这 50% 不应包括国内合伙人拟进口的任何材料或设备；

④满足招标资料表中规定的其他标准。

评标时，将投标人分为享受优惠和不享受优惠两类，在不享受优惠的投标人报价上加上 7.5%，再统一排队、比较。

F. 合同授予(Award of Contract)

33. 授标(Award)

授标是指业主将合同授予投标文件实质上响应招标文件要求,并经审查认为有足够能力和资产来完成本合同,满足上述各项资格要求,而且投标报价最低的投标人。

34. 业主接受投标和拒绝任何或所有投标的权利

业主在授予合同前的任何时候均有权接受或拒绝任何投标、宣布投标程序无效或拒绝所有投标。

35. 中标通知书(Notification of Award)

在投标有效期截止前,业主将以电传、传真或电报的形式通知中标人,并以挂号信的形式寄出正式的中标通知书。中标通知书将成为合同的组成部分。

36. 合同协议书的签署(Signing of Agreement)

业主通知中标人中标的同时,还应寄去招标文件中所提供的合同协议书格式。在收到合同协议书28天内,中标人应签署此协议书,并连同履约保证金一并送交业主。此时,业主应通知其他未中标者,他们的投标文件没有被接受,并尽快退还其投标保证金。

37. 履约保证(Performance Security)

在接到中标通知书28天内,中标人应按招标资料表和合同条件中规定的形式向业主提交履约保证。

若中标人不遵守投标人须知的规定,将构成对合同的违约,业主有理由废除授标,没收投标保证金,并寻求可能从合同中得到的补偿。业主可以寻求将合同授予名列第二的投标人。

38. 争端审议委员会(Disputes Review Board)

应在招标资料表中规定争端解决的办法。如果选择的办法是争端审议委员会或争端审议专家,指定的人选将在招标资料表中明确,投标人如果不同意,应在其投标文件中指出。如果业主和中标人不能就最初指定的委员任命达成一致,任何一方可要求合同专用条款指定的“任命机构”作出此项任命。

39. 腐败和欺诈行为(Corrupt or Fraudulent Practices)

拒绝将合同授予有“腐败行为”“欺诈行为”的投标人。

(三)招标资料表

招标资料表(Bidding Data)是招标文件的一个重要组成部分,招标资料表应与投标人须知中的有关各条相对应,为投标人提供具体资料、数据、要求和规定。投标人须知中的文字和规定不允许修改,只能在招标资料表中对之进行补充和修改。招标资料表中的内容与投标人须知不一致时则以招标资料表为准。表3-1列出的是世界银行土建工程国际竞争性招标文件中的招标资料表格式(已作删减)。

表3－1 招标资料表

投标人须知条款号	内 容
1.1	工程说明：
1.1	本款第一句应由下述文字代替：招标资料表和投标书附录所定义的业主和采购代理（下称业主和采购代理），在投标资料表中，所有“业主”一词均应由“业主和代表业主的采购代理”代替
1.1	业主名称和地址：
	采购代理的名称和代理：
1.1	业主对采购代理的授权范围（根据业主与招标代理之间的有关协议）
1.2	工期：
2.1	借款人：
2.1	项目名称及其描述、世界银行贷款的金额和类型：
5.1	应更新的资审材料：
9.1	此条款应由下述条款完全替代： 招标文件的内容 招标文件包含下述文件，它们应与按投标人须知第11条发布的补遗共同阅读：（文件名称略）
12.1	投标语言：英语
13.2	指明此合同是否与其他合同以组合标的形式同时招标：
13.2	在第13.2款末增加下述段落： 当几个合同（段）同时招标时，下述规定将适用： 评标将针对每个合同（段）单独进行，合同将授予整体成本最低的标或组合标。投标人必须至少对一个完整的合同（段）进行投标。如果被授予一个以上的合同时，投标人提供的折扣将在评标时予以考虑 应注意，只有在开标时已被宣读的并且在评标报告中写明的折扣才予以考虑
14.4	指明合同是否调价：
15.1	指明投标货币是选择第15条的①
15.2	业主国别：
15.2	业主国货币：
16.1	投标有效期：
16.3	外币部分调价的年百分比（%）： 当地货币部分调价的年百分比（%）
17.1	投标保证金的金额： 投标保证金的有效期应到投标书有效期截止日前的第30天

续表

投标人须知条款号	内　容
17.3	删除最后一句并代之以:"联营体的投标保证金,应以递交投标文件的所有联营体成员的名义出具"
18.1	投标可在最短______天和最长______天之间进行工期的选择报价,对它的评标办法在投标人须知中作出了规定。中标人提出的竣工时间将作为合同的竣工工期
19.1	标前会的时间、地点:
20.1	投标文件副本的份数:
21.2	递交投标文件的地点:
21.2	合同编号:
22.1	投标截止日期:
25.1	开标时间、地点:
30.2	为换算而选择的货币: 汇率来源: 汇率日期:
31.2(e)	竣工期的选择报价将以下述方式进行评审:
32.1	指明国内投标人在评标时是否享受国内优惠:是:_____否:_____
37	业主可接受的履约保函的格式和金额:
38	争端解决方式: 业主建议的争端审议委员会成员或争端审议专家:
38	A. 如果争端发生于业主和国内承包商之间,争端应按业主所在国法律解决; B. 如果争端发生于业主和国外承包商之间,按业主所在国法律解决或按照UNCITRAL(联合国国际贸易法委员会)规则(除非投标人在递交投标文件时已提出)解决

注:如果不适用,应在相应栏中注明"不适用"。任何对投标人须知的修改均应在招标资料表后的"修改清单"中反映,并保持原条款号不变。

(四)合同条件

合同条件一般也称合同条款,它是合同中商务条款的重要组成部分。合同条件主要是论述在合同执行中,当事人双方的职责范围、权利和义务,监理工程师的职责和授权范围,遇到各类问题(诸如工程进度、质量、检验、支付、索赔、争议、仲裁等)时,各方应遵循的原则及采用的措施等。目前在国际上,由于承、发包双方的需要,根据多年积累的经验,已编写了许多合同条件模式,在这些合同条件中有许多通用条件几乎已经标准化、国际化,无论在何处施工都能适应承发包双方的需要。

国际上通用的工程合同条件一般分为两大部分,即"通用条件"和"专用条件"。前者不分具体工程项目,项目所在国别均可适用,具有国际普遍适应性;而后者则是针对某一特定工程项目合同的有关具体规定,用以将通用条件加以具体化,对通用条件进行某些修改和补充。这种将合同条件分为两部分的做法，既可以节省业主编写招标文件的工作量，又可以方便投标人投标。

FIDIC 编制的系列合同条件，不仅 FIDIC 成员采用，世界银行、亚洲开发银行的贷款项目也采用。各成员可以稍加修改后用于国内。因此，在熟悉了 FIDIC 的各种合同条件后，对于编制自己的合同条件和投标都是十分有用的。

四种新版本 FIDIC 合同条件（1999 年第 1 版），继承了以往合同条件的优点，并根据多年来工程实践中取得的经验以及专家、学者和相关各方的建议，在内容、结构和措辞等方面作了较大调整。四种新版本 FIDIC 合同条件如下。

1.**《施工合同条件》**（*Conditions of Contract for Construction*）

推荐用于由雇主或其代表（工程师）设计的建筑或工程项目，主要用于单价合同。在这种合同形式下，通常由工程师负责监理，由承包商按照雇主提供的设计施工，也可以包含由承包商设计的土木、机械、电气和构筑物的某些部分。

2.**《生产设备和设计——施工合同条件》**（*Conditions of Contract for Plant and Design-Build*）

推荐用于电气和（或）机械设备供货和建筑或工程的设计与施工，通常采用总价合同。由承包商按照雇主的要求，设计和提供生产设备和（或）其他工程，可以包括土木、机械、电气和建筑物的任何组合进行工程总承包，也可以对部分工程采用单价合同。

3.**《设计采购施工（*EPC*）/交钥匙工程合同条件》**（*Conditions of Contract for EPC/Turnkey Projects*）

适用于以交钥匙方式提供工厂或类似设施的加工或动力设备、基础设施项目或其他类型的开发项目，采用总价合同。这种合同条件下，项目的最终价格和要求的工期具有更大程度的确定性；由承包商承担项目实施的全部责任，雇主很少介入，即由承包商进行所有的设计、采购和施工，最后提供一个设施配备完整、可以投产运行的项目。

4.**《简明合同格式》**（*Short Form of Contract*）

适用于投资金额较小的建筑或工程项目。根据工程的类型和具体情况，这种合同格式也可用于投资金额较大的工程，特别是较简单的或重复性的或工期短的工程。在此合同格式下，一般都由承包商按照雇主或其代表——工程师提供的设计实施工程，但对于部分或完全由承包商设计的土木、机械、电气和（或）构筑物的工程，此合同也同样适用。

我国住房和城乡建设部、交通运输部、国家电力公司等部门在各自编制的“招标文件范本”中，考虑了国际上通用的合同条件的编写方法，结合我国的特点，将“合同条件”划分为“通用条件”和“专用条件”两部分，因而具有普遍适用性。

（五）技术规范

技术规范即指工程技术要求说明文件，它是招标文件中一个非常重要的组成部分，技术规范和图纸两者反映了业主对工程项目应达到的技术要求，也是施工过程中承包商控制质量和监理工程师检查验收的主要依据。严格按规范施工与验收才能保证最终获得合格的工程产品。

技术规范、图纸和工程量清单三者都是投标人在投标时必不可少的资料，因为依据这些资料，投标人才能拟定施工规划，包括施工方案、进度计划、施工工艺等，并据之进行工程估价和确定投标价。因此在拟定技术规范时，既要满足设计要求，保证工程的施工质量，又不能过于苛刻。因为太苛刻的技术要求必然导致投标人提高投标价格。

编写技术规范时一般可引用国家有关各部正式颁布的规范,同时往往还需要由咨询工程师再编制一部分具体适用于本工程的技术要求和规定。正式签订合同之后,承包商必须遵循合同列入的规范要求。

技术规范一般包含下列内容:工程的全面描述;工程所采用材料的要求;施工质量要求;工程计量方法;验收标准和规定;其他规定。技术规范可分为总体规定和各项规定两部分。

1. 总体规定

总体规定通常包括工程范围及说明、水文气象条件、工地内外交通、开工日期、完工日期、对承包商提供材料的质量要求、技术标准、工地内供水与排水、临建工程、安全、测量工作、环境卫生、仓库及车间等。下面就某些内容作一些说明。

①工程范围和说明。它包括工程总体介绍,分标情况,本合同工作范围,其他承包商完成工作范围,分配给各承包商使用的施工场地、生活区和交通道路等。

②技术标准。即为已选定的适用于本工程的技术规范,总体规定中应列出编制规范的部门和名称。

③一般现场设施。它包括施工现场道路等级、对外交通、桥梁设计、工地供电电压范围和供电质量、供水、生活及服务设施、工地保卫、照明通信、环保要求等。

④安全防护设施。对承包商在工地应采取的安全措施作出规定,安全措施包括安全员的任用、安全规程的考核和执行、安全栏网的设置、防火、照明、信号等有关安全设施。

⑤水土保持与环境。由于工程的大量土石方开挖,破坏了植被,影响了环境的美化,为此应提出有关水土保持和环境保护的要求。

⑥测量。监理工程师应向承包商提供水准基点、测量基线以及适当比例的地形图等,并应对这些资料的正确性负责。日常测量、放样均由承包商承担,承包商应对现场测量放样精度、现场控制点设置与保护、人员、设备配备等负责。

⑦实验室与试验设备。按照国际惯例,土建工程的试验工作(包括材料试验等)多由承包商承担,因此在规范中对要求进行试验的项目、内容及要求等应作出明确的规定;并对实验室的仪器设备等提出要求,以便投标人在投标报价中考虑到这一笔费用,对试验费的支付也应有明确的规定。

2. 各项规范

根据设计要求,各项规范应对工程每一个部位的材料和施工工艺提出明确的要求。

各项技术规范一般按照施工内容和性质来划分,例如一般土建工程包括临时工程、土方工程、基础处理、模板工程、钢筋工程、混凝土工程、污工结构、金属结构、装修工程等;水利工程还包括施工导流、灌浆工程、隧洞开挖工程;港口工程则有基床工程、沉箱预制、板桩工程等。

各项技术规范中应对计量要求作出明确规定,因为这涉及实施阶段计算工程量与支付问题,以避免和减少争议。

(六)图纸

图纸是招标文件和合同的重要组成部分,是投标人拟定施工方案、确定施工方法以及提出替代方案、计算投标报价必不可少的资料。

图纸的详细程度取决于设计的深度与合同的类型。详细的设计图纸能使投标人比较准确地计算报价。但实际上,常常在工程实施中需要陆续补充和修改图纸,这些补充和修改的图纸均须经监理工程师签字后正式下达,才能作为施工及结算的依据。

图纸中所提供的地质钻孔柱状图、探坑展视图等均为投标人的参考资料，它提供的水文、气象资料也属于参考资料。投标人根据上述资料作出自己的分析与判断，据之拟定施工方案，确定施工方法。

（七）工程量清单

工程量清单就是对合同规定要实施的工程全部项目和内容按工程部位、性质等列在一系列表内。每个表中既有工程部位需实施的各个分项，又有每个分项的工程量和计价要求（单价与合价或包干价）以及每个表的总计等，后两个栏目留给投标人填写。

工程量清单的用途之一是投标人报价，它为投标人提供了一个共同的竞争性投标的基础。投标人根据施工图纸和技术规范的要求以及拟定的施工方法，通过单价分析并参照本公司以往的经验，对表中各栏目进行报价，并逐项汇总为各部位以及整个工程的投标报价；用途之二是工程实施过程中，每月结算时可按照表中已实施的项目的单价和价格计算应付给承包商的款项；用途之三是在工程变更增加新项目或索赔时，可以选用或参照工程量清单中的单价确定新项目或索赔项目的单价和价格。

工程量清单和招标文件中的图纸一样，随着设计深度的不同而有粗细程度的不同，利用施工详图，就可以编得比较细致。

工程量清单中的计价办法一般分为两类。一类是按"单价"计价，如模板每平方米多少钱，土方开挖每立方米多少钱等，投标文件中此栏一般按实际单价计算。另一类按"项"包干计价，如竣工场地清理费；也有将某一项设备的安装作为一"项"计价的，如闸门采购与安装（包括闸门、预埋件、起闭设备、电器操作设备及仪表等的采购、安装和调试）。编写这类项目时要在括号内把有关项目写全，最好将所采用的图纸号也注明，方便承包商报价。

工程量清单一般包括前言、工程细目表、计日工表和汇总表。

1. 前言

前言中应说明下述有关问题。

①应将工程量清单与投标人须知、合同条件、技术规范、图纸和图表资料等综合起来阅读。

②工程量清单中的工程量是业主估算的和临时性的，只能作为投标报价时的依据。付款的依据是实际完成的工程量和工程量清单中确定的费率。实际完成的工程量可由承包商计量，监理工程师核准，或按规定的其他方式。

③除合同另有规定外，工程量清单中填入的单价和合价必须包括全部施工设备、劳务、管理、损耗、燃料、材料、安装、维修、保险、利润、税收以及风险费等全部费用。

④每一行的项目内容中，不论写入工程数量与否，投标人均应填入单价或价格，对于没有填写单价或价格的项目的费用，则认为已包含在工程量清单的其他项目之中。

⑤工程量清单不再重复或概括工程和材料的一般说明，在编制工程量清单的每一项的单价和合价时，应参考合同文件中有关章节对有关项目的描述。

⑥测量已完成的工程数量用以计算价格时，应以业主选定的工程测量标准计量方法为准。所有工程量均为完工以后测量的净值。

2. 工程细目表

编制工程细目表时要注意将不同等级要求的工程区分开；将同一性质但不属于同一部位的工作区分开；将情况不同、可能进行不同报价的项目分开。

编制工程细目表划分项目时要做到简单明了，使表中所列的项目既具有高度的概括性，条目简明，又不漏掉项目和应该计价的内容。例如港口工程中的沉箱预制，是一件混凝土方量很大的项目，在沉箱预制中有一些小的预埋件（如小块铁板、塑料管等），在编制工程量清单时不要单列，而应包含在一个项目内，即沉箱混凝土浇注（包含××号图纸中列举的所有预埋件）。一份概括很好的工程量清单反映了咨询工程师的编标水平。按上述原则编制的工程量清单既不影响报价和结算，又大大地节省了编制工程量清单、计算标底、投标报价的时间，特别是节省了工程实施过程中每月结算和最终工程结算的工作量。表3－2为某土方工程工程量清单举例。

表3－2　工程量清单

序号	内　　容	单 位	数 量	单价(元)	合价(元)
201	开挖表土(最深25 cm)废弃不用	m^3	50 000		
202	开挖表土(25～50 cm)储存备用，最远距离1 km	m^3	45 000		
206	从批准的取土场开挖土料用于回填，运距1 km，堆积备用	m^3	258 000		
207	岩石开挖(任何深度)、弃渣	m^3	15 000		
208	其他				

合计：

3. 计日工表

在招标文件中一般有劳务、材料和施工机械三个计日工表。

计日工是指在工程实施过程中，业主有一些临时性的或新增加的项目需要按计日（或计时）使用人工、材料和施工机械时，则应按承包商投标时在上述三个表中填写的费率计价。未经监理工程师书面同意，任何工程不得按计日工施工计价。

在编制计日工表时需对每个表中的工作费用应该包含哪些内容以及如何计算时间作出说明和规定。计日工劳务的工时计算是由到达工作地点并开始从事指定的工作算起，到返回原出发地点为止的时间，扣去用餐和工间休息时间。

承包商可以得到用于计日工劳务的全部工时的支付，此支付应按“计日工劳务单价表”中所填报的基本单价计算，加上一定百分比的管理费、税金、利润等附加费。下面列出一份计日工劳务单价表，如表3－3所示。

计日工材料费的支付，应按“计日工材料单价表”中所列的基本单价计算，加上一定百分比的管理费、税金、利润等附加费。

按计日工作业的施工机械费用的支付，应按“计日工施工机械单价表”中所列的单价计算，该单价应包括施工机械的折旧、维修、保养、零配件、保险、燃料和其他辅助材料的费用，加上相关的管理费、税金和利润等附加费用。

有的计日工表中将管理费、税金和利润等附加费不单列而统一包含在上述单价中。

4. 汇总表

将各个区段、分部工程中的各类施工项目报价表的总额汇总就是整个工程项目的总的计算标价。

表 3－3　计日工劳务单价表

项目编号	说　明	单　位	估计数量	基本单价	合价
D100	工长	h	500		
D101	普工	h	5 000		
D102	瓦工	h	500		
D103	木工	h	500		
D104	钢筋工	h	500		
D113	卡车司机	h	1 000		
D114	装载机或起重机司机	h	500		
D115	推土机或松土机司机	h	500		
D116	其他				
小　计					
加承包商的上级管理费、税金、利润等					
总　计					

(八)投标书格式和投标保函格式

1. 投标书格式

投标书是由投标人充分授权的代表签署的一份投标文件。投标书是对业主和承包商双方均有约束力的合同的一个重要组成部分。

投标书包含投标书及其附录，一般都是由业主或咨询工程师拟定好固定的格式，由投标人填写。

下面列举的投标书及其附录，投标人应填写其中的所有空白。

投标书格式

合同名称：……………………………………………………

致：……………………………………………………

……………………………………………………(填入业主名称)

先生们：

1. 按照合同条款、技术规范、工程量表和第____号____第____号补遗书，我方愿以……………………………………………………(以数字和文字形式填入金额)的总价承担上述工程的施工、建成和维修工作。

2. 我方确认投标书附录是我方投标的组成部分。

3. 如果贵方接受我方投标，我方保证在接到工程师开工令后尽快开工，并在投标书附录中规定的期限内完成并交付合同规定的全部工程。

4. 我方同意在从规定的递交投标文件截止之日起的___天内遵守本投标，在期满前本投标对我方始终有约束力，并可随时被接受。

5. 在正式合同协议制定和签署之前，本投标书连同贵方的中标通知书应成为约束贵、我双方的合同。

6. 我方理解，贵方不一定接受最低标价的投标或其他任何你们可能收到的投标。

7. 与此投标书和授予合同的履行相关的应付给代理的佣金或报酬如下所列：

代理的名称和地址	金额和货币	给予佣金或报酬的目的
________	________	________
________	________	________
________	________	________

（如没有，注明“无”）

日期：________年____月____日

签名：________________

以________________资格

经授权代表：________________签署投标文件

地址：________________________________

证人：________________________________

地址：________________________________

职务________________________________

投标书附录

（填入协议条款号）

履约保证金	合同价的______%
银行保函金额	合同价的______%（5%）
履约担保书金额	合同价的______%（10%）
提交进度计划	在______天内
发出开工令的时间	签订合同协议书后____天内
工期	______天
误期赔偿费金额	______/天
误期赔偿费限额	最终合同价的______%
提前工期奖励	______/天（如不适用填入0）
提前工期奖励限额	合同价的______%
缺陷责任期	______天（年）
中期支付证书的最低金额	____________
拖期支付利率	______%/年
保留金	________________
动员预付款金额	合同价的______%
动员预付款开始回扣时间	____________

指定争端审议委员会或专家机构 ________________

仲裁语言 ________________

投标单位:(盖章)

法定代表人:(签字 盖章)

日期:______年____月____日

2. 投标保函格式

在国际工程承包中,当事一方为避免因对方违约而遭受经济损失,一般都要求对方提供可靠的第三方保证。这里的第三方保证是指第三者(如银行、担保公司、保险公司或其他金融机构、商业团体或个人)应当事一方的要求,以其自身信用,为担保交易项下的某种责任或义务的履行而作出的一种具有一定金额、一定期限、承担其中支付责任或经济赔偿责任的书面付款保证承诺。

与工程项目建设有关的保证主要有投标保证、履约保证和动员预付款保证等,履约保证和动员预付款保证将稍后介绍。常用的保证形式有两种:一种是由银行提供的保函(Bank Guarantee);另一种是由担保公司(Surety Company)或保险公司提供的担保(Bond)。

投标保函的主要目的是担保投标人在业主定标前不撤销其投标。投标保函通常为投标人报价总金额的 2.5%,有效期与报价有效期相同,一般为 90 天。下面是投标保函的格式。

投标保函格式

(银行保函)

鉴于________________(投标人名称)(以下称"投标人")已于____________(日期)递交了建设____________(合同名称)的投标文件(下称"投标文件")。

兹宣布,我行,______(银行的国家)的____________(银行名称)注册于____________(下称"银行")向业主____________(业主名称)(下称"业主")立约担保支付____________的保证金,本保函对银行及其继承人和受让人均有约束力。

加盖本行印章,于____年____月____日

本保证责任的条件是:

(1)如果投标人在投标文件中规定的投标文件有效期内撤回投标文件;或

(2)如果投标人拒绝接受对其投标文件错误的修正;或

(3)如果投标人在投标文件有效期内业主发出中标通知书后:

(a)未能或拒绝根据投标人须知的规定,按要求签署协议书;或

(b)未能或拒绝按投标人须知的规定提供履约保证金。

我行保证在收到业主第一次书面要求后,即对业主支付上述款额,无须业主出具任何证明,只需在其书面要求中说明索款是由于出现了上述条件中的一种或两种,并具体说明情况。

本保证书在投标人须知规定的有效期后的 28 天内或在业主要求延期的时限(此延期通

知无须通知银行)内保持有效,任何索款要求应在上述日期前交到银行。

日期:＿＿＿＿＿＿＿＿＿＿　　银行签署:＿＿＿＿＿＿＿＿＿＿

证人:＿＿＿＿＿＿＿＿＿＿　　盖　章:＿＿＿＿＿＿＿＿＿＿

(签名、名称、地址)

(九)辅助资料表

辅助资料表是招标文件的一个组成部分,其目的是通过投标人填写招标文件中统一拟定好格式的各类表格,得到所需要的相当完整的信息。通过这些信息既可以了解投标人的各种安排和要求,便于在评标时进行比较,又便于在工程准备和施工过程中做好各种计划和安排。

常用的各类补充资料表介绍如下。

①项目经理简历表;

②主要施工管理人员表;

③主要施工机械设备表;

④项目拟分包情况表;

⑤劳动力计划表;

⑥现金流动表;

⑦施工方案或施工组织设计;

⑧施工进度计划表;

⑨临时设施布置及临时用地表;

⑩其他。

(十)合同协议书

合同协议书是由工程承发包双方共同签署,确定双方在工程实施期间所应承担的权利、责任和义务的共同协定。协议书的文字通常很简洁,目前国际工程承包中都采用标准格式打印,最后由双方代表正式签字。下面所附的是世界银行贷款项目招标文件范本中推荐的合同协议书格式。

协　议　书

本协议书是以＿＿＿＿＿＿(下称"招标代理")和＿＿＿＿＿＿(下称"业主")为一方,以＿＿＿＿＿＿(以下称"承包商")为另一方,于＿年＿月＿日共同达成并签署的。

鉴于业主拟修建并维修下列有关工程,即＿＿＿＿＿＿(合同名称),并接受了承包商对于实施本工程的投标,本协议书签署如下:

1. 本协议中的单词和用语应同下文提到的合同条件中有关词语具有相同的含义。

2. 下列文件构成协议书的组成部分,供阅读和解释。即:

(1)中标通知书;

(2)投标书和投标书附录;

(3)合同条件第二部分(A和B);

(4)合同条件第一部分;

(5)技术规范;

(6)图纸;及

(7)已报价的工程量表;

(8)在投标书附录中列明的其他文件。

3. 考虑到业主应按下条规定给承包商付款,承包商特此同业主立约,保证在所有方面按合同条件的规定,承担本工程的施工、建成和修复缺陷。

4. 作为对工程的施工、建成和修复缺陷的报酬,业主特此立约,保证按合同规定的时间和方式,向承包商支付合同价或根据合同条件可能支付的其他款项。

为此,立约双方代表在本协议项各自签字并加盖公章以资证明,并自签字之日起生效。

签字并盖章

姓名:__________　　　　姓名:__________

代表招标代理　　　　代表承包商

姓名:__________

代表业主

(十一)履约保函与动员预付款保函

1. 履约保函

履约保函的目的是担保承包商按照合同规定正常履约,防止承包商中途毁约,以保证业主在承包商未能圆满实施合同时能得到资金赔偿。履约保函通常为合同额的10%,有效期到缺陷责任期结束。

如前文所述,履约保证也有履约担保和银行履约保函两种形式,而履约担保的含义与银行履约保函的含义是不同的。在使用范围上,担保远大于保函。提供担保的担保公司不仅承担支付的责任,而且要保证整个合同的履行。一旦承包商违约,业主在要求担保公司承担责任之前,必须证实投标人或承包商确已违约。这时担保公司可以采取以下措施之一:

①按照原合同的要求继续完成该工程;

②另选承包商与业主签订新合同完成此工程,在原合同价之外所增加的费用由担保公司承担,但不能超过规定的担保金额;

③按业主要求支付给业主款额,但款额不超过规定的担保金额。

由前述可知,银行保函作用更类似于保险,可保证某一方免受某种风险所造成的损失。而担保的作用则是保证某种特定合同义务的履行。

由于保函与担保保证的含义不同,其保证金额也不同。通常均按合同总价的百分比计算。担保金额的比例通常要大得多。在美洲,履约担保金额能达到合同金额的50%以上,在中东地区的一些国家,履约担保金额甚至达到合同金额的100%。

银行履约保函有两种类型。一种称为无条件(Unconditional or On Demand)银行保函。其保证的含义是:如果业主在任何时候提出声明,认为承包商违约,而且提出的索赔日期和金额在保函有效期和保证金额的限额之内,银行即无条件履行保证,对业主进行支付。另一种是有条件(Conditional)银行履约保函。其保证的含义是:在银行支付之前,业主必须提出理由,指出承包商执行合同失败、不能履行其义务或违约,并由业主或工程师出示证据,提供所受损失的计算数值等。赔偿的最大金额为保函的投保金额。相对第一种形式的保函来说,第二种保函的特点是赔偿金额的支付不是一次性的,而是按照按价赔偿的原则进行,从而能更好地保护承包商的利益。

银行履约保函(无条件的)格式

致:______________________________(业主名称)

______________________________(业主地址)

鉴于__________(承包商名称与地址)(以下称"承包商")已保证按______合同(____年____月____日签约)的规定实施__________(合同名称和工程简述)(下称"合同")。

鉴于你方在上述合同中提到,承包商必须按规定金额提交一份业经认可的银行保证函,作为履约担保。

我们因此同意作为保证人,并代表承包商以支付合同价款所用的货币种类和比例,向你方承担总额________(保证金额)________(大写金额)。银行在收到业主第一次书面付款要求后,不挑剔、不争辩,即在上述担保的金额范围内,向你方支付______(保证金数额)。你方无须出具证明或陈述提出要求的理由。

在你方向我方提出索款要求之前,我们并不要求你方应先对承包商就上述付款进行说明。

我方还同意任何业主与承包商之间可能对合同条件的修改,对规范和其他合同文件进行变动补充,都丝毫不能免除我方按本保证书所应承担的责任,因此,有关上述变动、补充和修改无须通知我方。

本保证书在根据合同规定从签约到发放接收证书之后二十八天内一直保持有效。

保证人签字盖章:______________

银行名称:______________

地址:______________

日期:______________

2. 动员预付款保函

一般在合同的专用条件中均注明承包商应向业主呈交动员预付款保函(也称预付款保函),主要目的是担保承包商按照合同规定偿还业主垫付的全部动员预付款,防止出现承包商拿到动员预付款后卷款逃走的情况发生。动员预付款的担保金额与业主支付的预付款等额,有效期直到工程竣工(实际在扣完动员预付款后即自动失效)。

动员预付款银行履约保函格式

致:______________________________(业主名称)

______________________________(业主地址)

先生们:

根据上述合同中合同条件第60.14和60.15款("预付款")的规定,__________(承包商名称与地址)(下称"承包商")应向__________(业主名称)业主支付一笔金额为__________(担保金额)__________(大写金额)的银行保证金,作为其按合同条件履约的担保。

我方__________(银行或金融机构),受承包商的委托,不仅作为保人而且作为主要负责人,无条件地和不可改变地同意在收到业主提出因承包商没有履行上述条款规定的义务,而要求收回动员预付款的要求后,向业主__________(业主名称)支付数额不超过__________(保证金数额)__________(大写金额)的担保金,并按上述合同价款向业主担保,不管我方是否有任何反对的权利,也不管业主享有从本合同承包商索回全部或部分动员预付款的权利。我方还同意,任何__________(业主名称)与承包商之间可能对合同条件的修改,对规范或其他合同文件进行变动补充,都丝毫不能免除我方按本担保书应承担的责任,因此,有关上述变动、补充和修改无须通知我方。

只有在我们收到你们已按合同规定将上述预付款支付给承包商的通知后,你们才可能从本保函中进行扣款。

本保函从动员预付款支出之日起生效,直到__________(业主名称)收回承包商同样数量的全部款项为止。

签字盖章:__________

银行或金融机构的名称:__________

地址:__________

日期:__________

三、开标、评标

(一)开标

所有投标文件必须按规定的日期、地点与要求寄送到指定的投标地点。

开标是指在规定的日期、时间、地点由招标机构当众一一唱读所有投标人送来的投标书中的投标人名称和每个投标的报价以及任何替代投标方案的报价(如果要求或允许报替代方案的话),使全体投标人了解各家标价和自己在其中的顺序,开标时不解答任何问题。

任何装有替换、修改或撤回投标内容的信封均应予以审读,包括读出关键细节,例如价格的变化。若未能读出这些信息,并且未将其写入开标记录可导致该标不能进入评标。如某投标已被撤回,仍应将其读出,并且在撤标通知的真实性被确认之前,不应将该标退回投标人。开标后任何投标人均不允许更改其投标内容和报价,也不允许再增加优惠条件。对未在规定日期收到的投标文件应被视为废标而予以原封未拆退还投标人。开标后即转入评标阶段。

(二)评标

1. 评标组织

通常在招标机构中设置由招标机构组织的专门评标委员会和评审小组进行评标工作。由于选定中标者不能仅从其报价的高低来判定,还要审查投标报价的一些细目价格的合理性,审查承包商的计划安排、施工技术、财务安排等,因此,评标委员会或评标小组要聘请有关专家参加。为了得到更广泛的评审意见,还应当邀请咨询设计公司和工程业主的有关管理部门派人参加评标。

有些招标机构可能采取多途径评标的方式,即将所有投标文件轮流分别送给咨询公司、工程业主的有关管理部门和专家小组，由其各自独立地评审，并分别提出评审意见；而后由招标机构的评审委员会和评标小组进行综合分析，写出评审对比的分析报告，交评标委员会讨论决定。

一般情况下，评标委员会和评审小组的权限仅限于评审、分析比较和推荐。决标和授标的权利属于招标机构和工程项目的业主。

2. 评标原则

在公开开标后到中标的投标人被通知授予合同之前，与投标审核、澄清及评估有关的信息不得泄漏给投标人或其他与评标过程无关的人。在个别情况下，如业主需要，应以书面的形式，要求投标人对其标书中含糊不清和不一致的地方进行澄清。

在评标阶段，投标人可能会频繁尝试与业主直接或间接地接触，以质询评标进展情况，提供非经征询的澄清或对其竞争对手提出批评。收到该类信息应仅答复收悉。业主必须以相应的投标文件所提供的信息为依据进行评标，不过所提供的附加信息可能有助于提高评标的精确性、快速性或公正性，但无论如何不允许改变投标报价或实质内容。

3. 评标程序与内容

下面详细介绍工程采购项目的评标程序与内容。

(1)行政性评审

对所有的投标文件都要进行行政性评审，其目的是从众多的投标文件中筛选出符合最低要求标准的合格投标文件，淘汰那些基本不合格的投标，以免浪费时间和精力去进行技术评审和商务评审。

1)投标人的合格性检查

若为国际金融组织的贷款项目，投标人必须是合格成员国的公民或合法实体；若是联营体，则其中的各方均应来自合格的成员国，并且联营体也应注册在一个合格的成员国。此外，根据世界银行贷款项目的评标规则，若投标人(包括一个联营体的所有成员和分包商)与为项目提供过相关咨询服务的公司有隶属关系，或如投标人是业主所在国的一个缺乏法律和财务自主权的公有企业，该投标人可被认定无资格投标。

2)投标文件的有效性

有效的投标文件应具备必要的条件，例如：投标人必须已通过资格预审；总标价必须与开标会议宣布的一致；投标保证金必须与招标文件中规定的一致；投标书必须有投标人的法定代表签字或盖章；若投标人是联营体，必须提交联营协议；如果投标人是代理人，应提供相应的代理授权书等。

3)投标文件的完整性

投标文件必须包括招标文件中规定的应提交的全部文件。例如除工程量表和报价单外，还应该按要求提交工程进度表、施工方案、现金流动计划、主要施工设备清单等。随同投标文件还应提交必要的证明文件和资料，例如，除招标中有关设备供货可能要求提供样本外，还要提供该设备的性能证明文件，诸如设备已在何时何地使用并被使用者证明性能良好，或制造者提供的性能实验证书等。除此之外，投标文件正本缺页会导致废标。

4)报价计算的正确性

各种计算上的错误包括分项报价与总价的算术错误过多，至少说明投标人是不认真和不注意工作质量的，不但会给评审委员留下不良印象，而且可能在评审意见中提出不利于中标的结论。对于报价中的遗漏,则可能被判定为“不完整投标”而被拒绝。

5)投标书的实质性响应

对于招标文件提出的要求应当在投标时“有问必答”,还要避免“答非所问”,这就是投标文件的实质性响应。所谓实质性响应是指投标文件与招标文件的全部条款、条件和技术规范相符,无重大偏差。这里的重大偏差是指有损于招标目的的实现或在与满足招标文件要求的投标进行比较时有碍公正的偏差。判断一份投标文件是否有重大偏差的基本原则是要考虑对其他投标人是否公平。在其他投标人没有同等机会的情况下,如果默认或允许一份投标文件的偏差可能会严重影响其他投标人的竞争能力,则这种偏差就应被视为重大偏差。

重大偏差的例子有:固定价投标时提出价格调整;未能响应技术规范;合同起始、交货、安装或施工的分段与所要求的关键日期或进度标志不一致;以实质上超出所允许的金额和方式进行分包;拒绝承担招标文件中分配的重要责任和义务,如履约保证和保险范围;对关键性条款表示异议或例外(保留),如适用法律、税收及争端解决程序;那些在投标人须知中列明的可能导致废标的偏差。

若投标文件存在重大偏差,则存在两种处理方式:其一是以世界银行为代表的处理方式,即业主对存在重大偏差的投标将予以拒绝,并且不允许投标人通过修改投标文件而使之符合招标文件的要求;其二是国际工程师联合会推荐的投标程序中规定的处理方法,即如果业主不接受投标人提出的偏差,则业主可通知投标人在不改变报价的前提下撤回此类偏差。

通常,行政性评审是评标的第一步,只有经过行政性评审,被认为是合格的投标文件,才有资格进入技术评审和商务评审;否则,将被列为废标而予以排除。

(2)技术评审

技术评审的目的是确认备选的中标人完成本工程的能力及其施工方案的可靠性。技术评审的主要内容有以下几方面。

1)技术资料的完备

应当审查是否按招标文件要求提交了除报价外的一切必要的技术文件资料,例如,施工方案及其说明、施工进度计划及其保证措施、技术质量控制和管理、现场临时工程设施计划、施工机具设备清单、施工材料供应渠道和计划等。

2)施工方案的可行性

对各类工程(包括土石方工程、混凝土工程、钢筋工程、钢结构工程等)施工方法的审查,主要是机具的性能和数量选择,施工现场及临时设施的安排,施工顺序及其互相衔接,等等。特别是要对该项目的最难点或要害部位的施工方法进行可行性论证。

3)施工进度计划的可靠性

审查施工进度计划是否满足业主对工程竣工时间的要求。如果从表面上可看出其进度能满足要求,则应审查其计划是否科学和严谨,是否切实可行,不管是采用线条法或网络法表示施工计划,都要审查其关键部位或线路的合理安排;还要审查保证施工进度的措施。

4)施工质量的保证

审查投标文件中提出的质量控制和管理措施,包括质量管理人员的配备、质量检查仪器设备的配置和质量管理制度。

5)工程材料和机器设备供应的技术性能符合设计技术要求

审查投标书中关于主要材料和设备的样本、型号、规格和制造厂家名称、地址等,判断其技术性能是否可靠和达到技术要求的标准。

6)分包商的技术能力和施工经验

招标文件可能要求投标人列出其拟指定的专业分包商,因此应审查这些分包商的能力和经验,甚至调查主要分包商过去的业绩和声誉。

7)审查投标文件中有何保留意见

审查投标文件中对某些技术要求有何保留性意见。

8)对投标文件中按招标文件规定提交的建议方案作出技术评审

这种评审主要对建议方案的技术可靠性和优缺点进行评价,并与原招标方案进行对比分析。

(3)商务评审

商务评审的目的,是从成本、财务和经济分析等方面评审投标报价的正确性、合理性、经济效益和风险等,估量授标给不同投标人产生的不同结果。商务评审的主要内容有以下几方面。

1)报价的正确和合理

①审查全部报价数据计算的正确性。包括报价的范围和内容是否有遗漏或修改;报价中每一单项价格的计算是否正确。

②分析报价构成的合理性。例如,从分析投标报价中有关前期费用、管理费用、主体工程和各专业工程价格的比例关系,可以判断投标报价是否合理,还可以判定投标人是否采用了严重脱离实际的"不平衡报价法"。

③从用于额外工程的日工报价和机械台班报价以及可供选择项目的材料和工程施工报价,可以分析其基本报价的合理性。

④审查投标人报价中的外汇支付比例的合理性。

2)投标文件中的支付和财务问题

①资金流量表的合理性。通常在招标文件中要求投标人填报整个施工期的资金流量计划。有些缺乏工程投标和承包经验的承包商经常忽略了正确填报资金流量表的重要性,比较草率地随意填报工程的资金流量计划。其实,在评审中的专家完全可以从资金流量表中看出承包商的资金管理水平和财务能力。

②审查投标人对支付工程款有何要求,或者对业主有何优惠条件。

3)价格调整问题

如果招标文件规定该项目为可调价格合同,则应分析投标人在调价公式中采用的基价和指数的合理性,估量调价方面的可能影响幅度和风险。

4)审查投标保证金

尽管在公开开标会议上已经对投标保证金作了初步的审查,在商务评审过程中仍应详细审查投标保证金的内容,特别是是否有附带条件。

5)其他条件

①评标货币。按投标人须知中的规定将投标报价中应支付的各种货币(不包括暂定金额)转换成单一币种货币。

②若在投标行政性评审时,允许通过将偏差折算成一个货币值在商务评审时计入标价作为"惩罚",从而使包含偏差的投标转变为具有实质性响应的投标,则此时应将偏差按评标货币折价计入标价中。

③国内优惠。如果在评标中,允许给国内投标人优惠,投标人须知中应注明并提供确定优惠合理性的具体程序及优惠金额的百分比。

④交叉折扣。在对同一投标人授予一个以上的合同或合同包时,这个投标人会提供有条件的折扣,此时,业主应在投标人满足资格条件的前提下,以总合同包成本最低的原则选择授标的最佳组合。

6)对建议方案的商务评审

应当与技术评审共同协调地审查建议方案的可行性和可靠性,应当分析对比原方案和建议方案的各方面利弊,特别是接受建议方案在财务方面可能发生的潜在风险。

(4)澄清投标书文件的问题

这里所指的澄清问题,是为了正确地作出评审报告,有必要对评审工作中遇到的问题,约见投标人予以澄清,其内容和规则包括:要求投标人补充报送某些报价计算的细节资料;要求特别对其具有某些特点的施工方案作出进一步的解释,证明其可靠性和可行性,澄清这种施工方案对工程价格可能产生的影响;要求投标人对其提出的新建议方案作出详细的说明,也可能要求其补充选用设备的技术数据和说明书;要求投标人补充说明其施工经验和能力,澄清对某些外国并不知名的潜在中标人的疑虑。

(5)投标评价和比较

投标评价的目的是从技术、商务、法律、施工管理等各方面对每份投标文件提出的费用予以分析评价,以便招标单位能在这个"评定费用"的基础上对全部投标进行比较。应当看到,经过评标后,招标单位认为最有利的投标应该是"评定费用"即评标价最低的投标,而不一定是"报价"最低的投标。因为"评标价"最低的投标是经过从技术和财务诸方面进行全面鉴别、比较以后得出的最经济合理又最有成效的投标。而有时候,那些在报价单上列出的费用最低的投标,在经过经济技术及商务上的比较后,并不一定是经济效益最高的投标。

在投标评审的最后,各评审小组对其评审的每一份投标文件都应提出评审报告;而评审委员会要在对所有投标文件进行评审后作出一份综合性报告,综述整个评审过程、进行对比分析和提出推荐意见。

四、资格后审

对于正式招标前未经过资格预审的,评标时要进行资格后审,其评审内容和方式如3.2节所述。

五、决标和授标

决标即最后决定中标人;授标是指向最后决定的中标人发出通知,接受其投标书,并将由项目业主与中标人签订承包该项工程的合同。决标和授标是工程项目招标阶段的最后一项非常重要的工作。

1.决标

通常由招标机构和业主共同商讨决定中标人。如果业主是一家公司,通常由该公司董事会根据评标报告决定中标人;如果是政府部门的项目招标,则政府会授权该部门首脑通过召开会议讨论决定中标人;如果是国际金融机构或财团贷款建设的项目招标,除借款人作出决定外,还要报送贷款的金融机构征询意见。贷款的金融机构如果认为借款人的决定是不合理或不公平的,可能要求借款人重新审议后再作决定。如果借款人与国际贷款机构对中标人的选择有严重分歧而不能协调，则可能导致重新招标。

2. **授标**

在决定中标人后，业主向投标人发出中标通知书。中标通知书也称中标函，它连同承包商的书面回函（如果对投标书已作修订）对业主和承包商都具有约束力。中标函会直接写明该投标人的投标书已被接受，授标的价格是多少，应在何时、何地与业主签订合同。有时在中标函之前有一意向书，在意向书中业主表达了接受投标的意愿，但又附有限制条件。意向书只是向投标人说明授标的意向，但之后取决于业主和该投标人进一步谈判的结论。

投标人中标后即成此项工程的承包商，按照国际惯例，承包商应立即向业主提交履约保证，用履约保证换回投标保证金。

在向中标的投标人授标并商签合同后，对未能中标的其他投标人，也应发出一份未能中标的通知书，不必说明未中标的原因，但应注明退还投标人投标保证金的方法。

3. **拒绝全部投标**

在招标文件中一般规定业主有权拒绝所有投标，但绝不允许为了压低标价再以同样的条件招标。

一般在下述三种情况下，业主可以拒绝全部投标：

①具有响应性的最低标价大大超过标底（超过20%以上），业主无力接受招标；

②投标文件基本上不符合招标文件的要求；

③投标人过少（不超过3家），没有竞争性。

当发生上述情况之一时，业主应研究发生原因，采取相应的措施，如扩大招标公告范围，或与最低标价的投标人进行谈判等。按照国际惯例，若准备重新招标，必须对原招标文件的项目、规定、条款进行审定修改，将以前作为招标文件补遗颁发的修正内容和（或）对投标人的质疑的解答包括进去。

3.4　工程施工投标报价

一、投标报价工作程序

国际工程施工投标报价是国际工程承包过程中的一个决定性环节，承包商要承揽国际工程项目，就要按照一定的程序进行投标报价。承包商要想通过投标战胜众多竞争对手而获得工程项目承包权，除了具备强大的实力，良好的信誉外，在很大程度上取决于能否提出有竞争力的报价。所谓有竞争力的报价，是指该投标报价合理，既能被业主接受，又能在中标后顺利地完成合同获得合理的利润。但是，工程报价不是简单的数量计算，而是根据工程范围和性质、技术规范、工期要求、拟采用的施工方案、进度计划，所需人工、材料、机械设备直接费价格，各种管理费和利润等间接费价格算出的投标价格。因此，投标报价是一项重要且又复杂、影响因素众多的工作。工程施工投标报价程序如图3－3所示。

二、投标组织

对于一个公司进行成功的工程投标，组织一个强有力的、内行的投标班子是至关重要的。一个好的投标班子的成员应由经济管理类人才、专业技术类人才、商务金融类人才以及合同管理类人才组成。所谓经济管理类人才，是指直接从事费用计算的人员，他们不仅熟悉本公司在

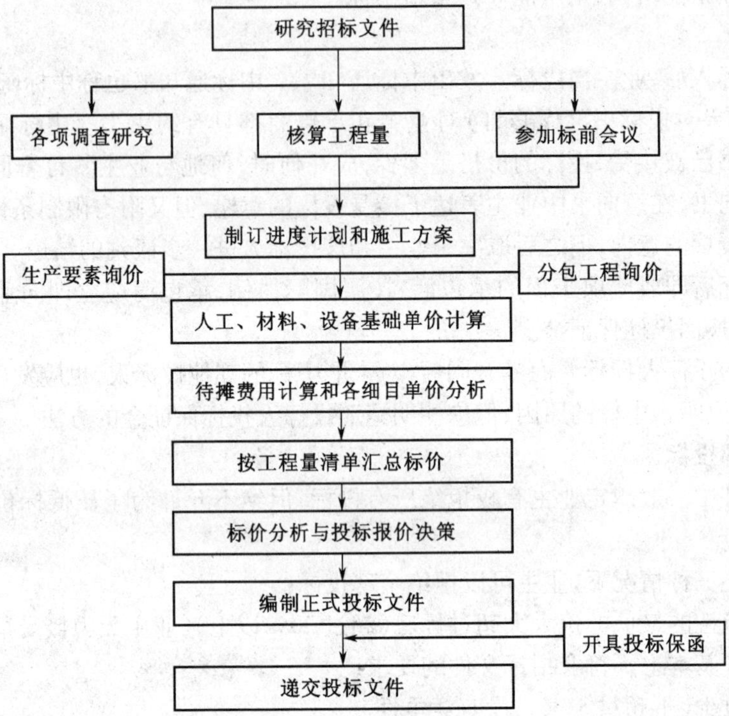

图3－3 投标报价程序

各类分部分项工程中的工料消耗标准和水平，而且对本公司的技术特长与不足之处有客观的分析和认识，掌握生产要素的市场行情，了解竞争对手的情况，能运用科学的调查、分析、预测的方法，使投标报价工作建立在可靠的基础上。所谓专业技术人才，是指工程设计和施工中的各类专业技术人才，他们掌握本专业领域内的最新技术知识，具有较丰富的工程经验，能从本公司的实际技术水平出发，选择最经济合理的施工方案。所谓商务金融类人才，是指具有从事金融、贷款、保函、采购、保险等方面工作经验和知识的专业人员。所谓合同管理类人才，是指熟悉经济合同相关法律、法规，熟悉合同条件并能进行深入分析，提出应特别注意的问题，具有合同谈判和合同签订经验，善于发现和处理索赔等方面的敏感问题的人员。总之，投标班子应由方方面面的人才组成，同时要注意保持班子成员的相对稳定，积累和总结以往经验，不断提高其素质和水平，以形成一个高效率的工作集体，从而提高本公司投标报价的竞争力。

对于那些规模庞大、技术复杂的工程项目，可由几家工程公司联合起来投标，这样可以发挥各公司的特长和优势，补充技术力量的不足，增大融资能力，提高整体竞争能力。

联合投标可以是同一个国家的公司相互联合，也可以是国际性的联合，即来自不止一个国家的公司的联合。这类联合组织有许多形式，通常有以下几种。

①合资公司。由两个或两个以上公司共同出资正式组成一个新的法人单位，进行注册并进行长期的经营活动。

②联合集团。各公司单独具有法人资格，但联合集团不一定以集体名义注册为一家公司，它们可以联合投标和承包一项或多项工程。

③联营体。专门为特定的工程项目组成一个非永久性团体，对该项目进行投标和承包。

联合投标和承包，有利于各公司相互学习、取长补短、相互促进、共同发展，但需要拟定完善的合作协议和严格的规章制度，并加强科学管理。

三、投标报价前的准备工作

（一）研究招标文件

招标文件规定了承包人的职责和权利，必须高度重视，认真研读。招标文件内容虽然很多，但总的来说不外乎商务条款、标的工程内容条款和技术要求条款。下面就其各方面应注意的问题予以阐述。

1. 关于合同条件方面

①要核准下列日期：投标截止日期和时间；投标有效期；由合同签订到开工允许时间；总工期和分阶段验收的工期；工程保修期等。

②关于误期赔偿费的金额和最高限额的规定；提前竣工奖励的有关规定。

③关于保函或担保的有关规定、保函或担保的种类、保函额或担保额的要求、有效期等。

④关于付款条件。应搞清是否有动员预付款，其金额和扣还时间和办法；永久设备和材料预付款的支付规定；付款的方法；自签发支付证书至付款的时间；拖期付款是否支付利息；扣留保留金的比例、最高限额和退还条件。

⑤关于物价调整条款，应搞清有无对于材料、设备和工资的价格调整规定，其限制条件和调整计算公式如何。

⑥关于工程保险和现场人员事故保险等的规定，如保险种类、最低保险金额、保期和免赔额等。

⑦关于不可抗力造成损害的补偿办法和规定、中途停工的处理办法和补救措施。

⑧关于争端解决的有关规定。

2. 关于承包商责任范围和报价要求方面

①应当注意合同是属于单价合同，还是总价合同或成本加酬金合同，不同的合同类型，承包人的责任和风险不同。

②认真落实要求投标的报价范围，不应有含糊不清之处。例如，报价是否含有勘察设计补充工作，是否包括进场道路和临时水电设施，有无建筑物拆除及清理现场工作，是否包括监理工程师的办公室和办公、交通设施等。总之，应将工程量清单与投标人须知、合同条件、技术规范、图纸等共同认真核对，以保证在投标报价中的不错报，不漏报。

③要认真核算工程量。核算工程量，不仅是为了便于计算投标价格，而且工程量清单也是今后在实施工程中核对每项工程量的依据，同时也是安排施工进度计划、选定施工方案的重要依据。投标人应结合招标图纸，认真仔细地核对工程量清单中的各个分项，特别是工程量大的细目，力争做到这些细目中的工程量与实际工程中的施工部位能“对号入座”，数量平衡。当发现工程量清单中的工程量与实际工程量有较大差异时，应向招标人提出质疑。

3. 技术规范和图纸方面

①工程技术规范是按工程类型来描述工程技术和工艺的内容和特点，对设备、材料、施工和安装方法等所规定的技术要求，有的则是对工程质量（包括材料和设备）进行检验、试验和验收所规定的方法和要求。在核对工程量清单的过程中，应注意对每项工作的技术要求及采用的规范，因为采用的规范不同时，施工方法和控制指标将不一致，有时可能对施工方法、采用的机具设备和工时定额有很大影响，忽略这一点不仅会对投标人的报价带来计算偏差，而且还

会给未来的施工工作造成困难。

②要特别注意技术规范中有无特殊施工技术要求,有无特殊材料和设备的技术要求,有无允许选择代用材料和设备的规定,若有,则要分析其与常规方法的区别,合理估算可能引起的额外费用。

③图纸分析要注意平、立、剖面图之间尺寸、位置的一致性,结构图与设备安装图之间的一致性,当发现矛盾之处应及时提请招标人予以澄清并修正。

(二)进行各项调查研究

开展各项调查研究是标价计算之前的一项重要准备工作,是成功投标报价的基础。主要内容包括以下方面。

1. 市场政治经济环境调查

(1)关于工程所在国的政治形势

工程所在国的政治形势包括以下4个方面:

①政局的稳定性;

②该国与周边国家的关系;

③该国与我国的关系;

④政策的开放性与连续性。

(2)关于工程所在国的经济状况调查

对工程所在国的经济状况调查应包括以下4个方面:

①经济发展情况;

②金融环境,包括外汇储备、外汇管理、汇率变化、银行服务等;

③对外贸易情况;

④关于保险公司的情况。

(3)关于当地的法律、法规

对于当地的法律、法规,需要了解的至少应包括:建筑法、招投标法、合同法、公司法、劳动法、环境保护法、有关税收的法律法规等。

2. 施工现场自然条件调查

施工现场自然条件的调查,包括以下4个方面:

①气象资料,包括年平均气温、年最高和最低气温、风向与风力、年平均降雨(雪)量和最大降雨(雪)量,其中尤其要分析全年不能和不宜施工的天数等;

②水文资料,包括地下水位、潮汐、风浪等;

③地震、洪水及其他自然灾害情况等;

④地质情况,包括地质构造及特征,承载能力,地基是否有大孔土、膨胀土,冬季冻土层厚度等。

3. 现场施工条件调查

现场施工条件调查包括以下6个方面:

①工程现场的用地范围、地形、地貌、地上或地下障碍物,现场的“三通一平”情况;

②工程现场周围的道路、进出场条件,有无特殊交通限制(如单向行驶、夜间行驶、转弯方向限制、货载重量、高度、长度限制等规定);

③工程现场场地情况,包括施工临时设施、施工机具、材料等现场安排的可能性;

④工程现场的水、电、通信等基础设施情况；

⑤当地政府有关部门对施工现场管理的一般要求、特殊要求及规定，是否允许节假日和夜间施工等；

⑥现场附近各种服务设施情况，如当地的医疗、公共交通、文化娱乐设施情况，有无特殊的地方病、传染病等。

4. 工程所在国生产要素市场调查

工程所在国生产要素市场的调查，包括以下 4 个方面：

①主要建筑材料的采购渠道、质量、价格、供应方式；

②施工机械的采购与租赁渠道、型号、性能、价格以及零配件的供应情况；

③当地劳务的技术水平、工作态度与工作效率、雇用价格与手续等；

④当地的生活费用指数、食品及生活用品的价格、供应情况。

5. 工程项目业主的调查

工程项目业主的调查包括以下 4 个方面：

①本工程的资金来源、额度、落实情况；

②本工程各项审批手续是否齐全；

③业主的工程建设经验，是否第一次搞建设项目，对承包人的态度和信誉，是否及时支付工程款、合理对待承包人的索赔要求；

④监理工程师的资历和水平，工作方式和习惯，对承包人的基本态度，当出现争端时能否站在公正的立场上，提出合理解决方案等。

6. 竞争对手的调查

竞争对手的调查，包括以下 3 个方面：

①有多少家公司获得本工程的投标资格、购买了投标文件，有多少家公司参加了标前会议和现场勘察，从而分析可能参与投标的公司；

②了解参与投标竞争的本国和外国公司的有关情况，包括规模与实力、技术特长、管理水平、经营状况等；

③这些竞争对手是否在工程所在国已经承包过类似工程，国内公司是否享受标价优惠政策。

（三）参加标前会议和勘察现场

1. 标前会议

标前会议也称投标预备会，是招标人给所有投标人提供的一次答疑的机会，有利于加深对招标文件的理解，凡是想参加投标并希望获得成功的投标人，都应认真准备和积极参加标前会议。

在标前会议之前应事先深入研究招标文件，并将在研究过程中发现的各类问题整理成书面文件，寄给招标人要求给予书面答复，或在标前会议上提出并要求予以解释和澄清。参加标前会议时应注意以下几点：

①对工程内容范围不清的问题，应提请解释、说明，但不要提出任何修改设计方案的要求；

②如招标文件中的图纸、技术规范存在相互矛盾之处，可请求说明以何者为准，但不要轻易提出修改技术要求；

③对含糊不清、容易产生理解上歧义的合同条款，可以请求给予澄清、解释，但不要提出任

何改变合同条件的要求；

④应注意提问的技巧，注意不使竞争对手从自己的提问中获悉本公司的投标设想和施工方案；

⑤招标人或咨询工程师在标前会议上对所有问题的答复均应发出书面文件，并作为招标文件的组成部分，投标人不能仅凭口头答复来编制自己的投标文件。

2. 现场勘察

现场勘察一般是标前会议的一部分，招标人会组织所有投标人进行现场参观和说明。投标人应准备好现场勘察提纲并积极参加这一活动。派往参加现场勘察的人员事先应认真研究招标文件的内容，特别是图纸和技术文件，同时应派经验丰富的工程技术人员参加。现场勘察中，除与施工条件和生活条件相关的一般性调查外，应根据工程专业特点有重点地结合专业要求进行勘察。

现场勘察费用可列入投标报价中，不中标则投标人得不到任何补偿。

（四）编制施工规划

在进行计算标价之前，首先应制定施工规划，即初步的施工组织计划。招标文件中要求投标人在报价的同时要附上其施工规划。施工规划内容一般包括工程进度计划和施工方案等。招标人将根据这些资料评价投标人是否采取了充分和合理的措施，保证按期完成工程施工任务。另外，施工规划对投标人自己也是十分重要的，因为进度安排是否合理，施工方案选择是否恰当，均与工程成本和报价有密切关系。制定施工规划的依据是设计图纸、规范、经过复核的工程量清单、现场施工条件、开工与竣工的日期要求、机械设备来源、劳动力来源等。

编制一个好的施工规划可以大大降低标价，提高竞争力。编制的原则是在保证工期和工程质量的前提下，尽可能使工程成本最低、投标价格合理。

1. 工程进度计划

在投标阶段编制的工程进度计划不是工程施工计划，可以粗略一些，一般用横道图表示即可，除招标文件专门规定必须用网络图以外，不一定采用网络计划，但应考虑和满足以下要求。

①总工期符合招标文件的要求，如果合同要求分期、分批竣工交付使用，应标明分期、分批交付使用的时间和数量。

②表示各项主要工程的开始和结束时间。例如房屋建筑中的土方工程、基础工程、混凝土结构工程、屋面工程、装修工程、水电安装工程等的开始和结束时间。

③体现主要工序相互衔接的合理安排。

④有利于基本上均衡地安排劳动力，尽可能避免现场劳动力数量急剧起落，这样可以提高工效和节省临时设施。

⑤有利于充分有效地利用施工机械设备，减少机械设备占用周期。

⑥便于编制资金流动计划，有利于降低流动资金占用量，节省资金利息。

2. 施工方案

制定施工方案要从工期要求、技术可行性、保证质量、降低成本等方面综合考虑，其内容应包括下列几个方面。

①根据分类汇总的工程数量和工程进度计划中该类工程的施工周期以及招标文件的技术要求，选择和确定各项工程的主要施工方法和适用、经济的施工方案。

②根据上述各类工程的施工方法，选择相应的机具设备，并计算所需数量和使用周期；研

究确定是采购新设备,还是调进现有设备或在当地租赁设备。

③研究决定哪些工程由自己组织施工,哪些分包,提出分包的条件设想,以便询价。

④用概略指标估算直接生产劳务数量,考虑其来源及进场时间安排。可根据所需直接生产劳务的数量,结合以往经验估算所需间接劳务和管理人员的数量,并可估算生活临时设施的数量和标准等。

⑤用概略指标估算主要的和大宗的建筑材料的需用量,考虑其来源和分批进场的时间安排,从而可估算现场用于存储、加工的临时设施。如果有些建筑材料,如砂、石等拟就地自行开采,则应估计采砂、石场的设备、人员,并计算自采砂、石的单位成本价格。如有些构件拟在现场自制,应确定相应的设备、人员和场地面积,并计算自制构件的成本价格。

⑥根据现场设备、高峰人数和一切生产和生活方面的需要,估算现场用水、用电量,确定临时供电和供、排水设施。

⑦考虑外部和内部材料供应的运输方式,估计运输和交通车辆的需要和来源。

⑧考虑其他临时工程的需要和建设方案,例如进场道路、停车场地等。

⑨提出某些特殊条件下保证正常施工的措施。例如采取降低地下水位以保证基础或地下工程施工的措施,冬季、雨季施工措施等。

⑩其他必需的临时设施的安排。例如临时围墙或围篱、警卫设施、夜间照明、现场临时通信联络设施等。

如果招标文件规定承包商应当提供建设单位现场代表和驻现场监理工程师的办公室、车辆、测试仪器、办公家具、设备和服务设施时,可以根据招标文件的具体要求,将其作为一个相对独立的子项工程报价。如果招标文件对此并无特殊规定,则可将其包括在承包商的临时工程费用中,一并在工程量清单的项目中摊销。应注意上述施工方案中的各种数字都是按汇总工程量和概略定额指标估算的,在计算标价过程中,需要按后续计算得出的详细数字予以修正和补充。

四、投标报标的计算

(一)标价构成分析

投标报价的费用构成主要有直接费、间接费、计划利润、税金以及不可预见费等。直接费是指在工程施工中直接用于工程实体上的人工、材料、设备和施工机械使用费等费用的总和;间接费是指组织和管理工程施工所需的各项费用,主要由施工管理费和其他间接费组成;利润和税金是指按照国家有关部门的规定,工程施工企业在承担施工任务时应计取的利润以及按规定应计入工程造价内的营业税、城市建设维护税等税金;不可预见费是工程项目的风险费。

为了便于计算工程量清单中各个分项的价格,进而汇总整个工程标价,通常将工程费用分为直接费、待摊费用及其他可单列项的费用,如图3-4所示。待摊费用的概念是工程项目实施所必需的,但在工程量清单中没有单列项的项目费用,需要将其作为待摊费用分摊到工程量清单的各个报价分项中去。

(二)各项费用的计算

1. 直接费基础单价

(1)人工工资单价

工日基价是指国内派出的工人和在工程所在国招募的工人,每个工作日的平均工资。一般来说,在分别计算这两类工人的工资单价后,再考虑功效和其他一些有关因素以及人数,加权平均即可算出工日工资基价。

国内派出人员费用包括以下几方面。

①国内工资，标准工资一般可按建筑安装工人平均4.5级计算。

②派出工人的企业收取的管理费，目前的一般做法是根据项目规模和报价预算等情况经与派出工人的单位商定。

- 总标价
  - 直接费
    - 人工费
    - 材料费
    - 施工机械费
  - 待摊费
    - 施工管理费
      - 施工管理人员费
      - 差旅费
      - 办公和生活器具费
      - 办公费（日常办公用品、通信、水、电费）
      - 文娱宣教费
      - 劳动保护费
      - 试验费
      - 后勤车辆使用费
      - 其他直接费
      - 小型工具费
      - 会议及招待费
    - 临时设施费
    - 保险费
    - 税金
    - 贷款利息
    - 保函手续费
    - 上级单位管理费
    - 经营业务费
    - 投标费
    - 物价上涨费
    - 计划利润
    - 不可预见费（风险费）
  - 开办费
  - 分包费 = 分包商报价 + 主包管理费
  - 暂定金额（招标人备用金）

图3－4　工程标价构成

③置装费，按热带、温带、寒带等不同地区发放。

④国内旅费，包括工人出国和回国时往返于国内工作地点之间的旅费。

⑤国际旅费，包括开工前出国、完工后回国及中间回国探亲所开支的旅费。

⑥国外零用费及艰苦地区的补贴，按各公司的规定计算。

⑦国外伙食费，按各公司情况参照有关规定计算。

⑧人身意外保险费和税金，不同保险公司收取的费用不同，如业主没有规定投保公司时，应争取在国内办理保险。发生在个人身上的税收一般即个人所得税，按当地规定计算。

⑨加班费和奖金。

雇用当地人员费用包括以下几方面。

①日基本工资。

②带薪法定节假日、带薪休假日工资。

③夜间施工或加班应增加的工资。

④按规定应由雇主支付的税金、保险费。

⑤招募费和解雇时须支付的解雇费。

⑥上下班交通费等。

(2)材料和设备基价

国际承包工程中材料、设备的来源有三种渠道，即当地采购、国内采购和第三国采购。在实际工作中，采用哪一种采购方式要根据材料设备的价格、质量、供货条件及当地有关规定等确定。国外采购物资的特点是供应商多、商业性强、价格差别大。投标者应向多家询价，货比三家，确定自己的材料设备单价。在这三种采购方式中，后两种的价格计算方法类似，现分别介绍如下。

①当地采购的材料、设备单价计算。如果当地材料商供货到现场，可直接用材料商的报价作为材料设备单价；如果自行采购，可用下列公式计算：

材料、设备单价 = 市场价 + 运杂费 + 运输费 + 采购保管损耗

②我国和第三国采购材料、设备单价，可用以下公式计算：

材料、设备单价 = 到岸价 + 海关税 + 港口费 + 运杂费 + 保管费 + 运输保管损耗 + 其他费用

上述各项费用如果细算，包括海运费、海运保险费、港口装卸费、提货费、清关费、商检费、进口许可证费、关税、其他附加税、港口到工地的运输装卸费、保险和临时仓储费、银行信用证手续费以及材料设备的采购费、样品费、试验费等。

从我国采购材料、设备，利用开展国际工程承包业务带动材料设备出口，既可以降低成本，增加外汇收入，还可以推动国内建材、机械工业的发展。

(3)施工机械台班单价

施工机械台班单价一般由下列费用组成：

①基本折旧费；

②安装拆卸费及场外运输费；

③维修保养费；

④保险费；

⑤燃料动力费；

⑥机上人工费。

2. 待摊费用的计算

(1)施工管理费

施工管理费是由于施工组织与管理工作而发生的各种费用，费用项目较多，主要包括下列几方面。

①管理人员费，按生产和辅助生产劳务数量的比例并结合管理岗位计算管理人员数量，按他们的平均日工资计算管理人员的工资和费用。

②办公费，包括复印、打字、文具纸张、邮电、办公家具以及水电、空调、采暖等开支。

③差旅交通费，包括因公出差费用、交通工具使用费、养路费、牌照费等。

④文体宣教费，包括报纸、学习资料、图书、电影、电视以及体育和文娱活动的费用。

⑤生活设施费,如现场人员卧具、厨房设施、卫生设施等的费用。

⑥劳动保护费,购置公用或大型劳保用品,如安全网等发生的费用。个人的劳保用品等费用可以计入此项,也可以计入人工费中。

⑦检验试验费,包括材料、半成品的检验、鉴定、测试等的费用。

⑧工具、用具使用费,指小型工具(如人力推车)、消防器材、工人常用低值易耗用品、用具等的费用。

⑨固定资产使用费,指办公使用的房屋、设备,办公和生活使用的交通车辆等的折旧摊销、维修费、租赁费等。

⑩广告宣传、会议及招待费。

(2)其他待摊费用

其他待摊费用包括以下几方面。

①临时设施工程费,包括生活用房、生产用房和室外工程等临时房屋的建设费,施工临时供水、供电、通信等设施的费用。有的招标文件将一些临时设施作为独立的工程分列入工程量清单,则应按要求单独报价,这对承包商是有利的,可以较早得到这些设施的进度支付。

②投标期间开支的费用,包括购买资格预审文件与招标文件的费用、投标期间的差旅费、标书编制费等。

③保函手续费,包括投标保函、履约保函、预付款保函、维修保函等的费用,可按估计的各项保证金数额乘以银行保函年费率,再乘以各种保函有效期(以年计)即可。

④保险费,承包工程中的保险项目一般有工程保险、第三方责任险、人身意外保险、施工机械设备保险、材料设备运输保险等,其中后三项保险费已分别计入人工、材料、施工机械的单价,此处不再考虑。

⑤税金,按照国家有关规定应交纳的各种税费和按当地政府规定的收费。

⑥经营业务费,包括为监理工程师在现场工作和生活而开支的费用(如监理工程师的办公室、交通车辆等)以及法律顾问费等。有的招标文件对监理工程师具体开支项目有明确规定,投标人可以单独列项报价;如果招标文件没有规定单列,则这笔费用可计入业务费摊销。

⑦贷款利息,是指承包商为启动和实施工程常常需要先垫付一笔流动资金,以补充工程预付款的不足,这笔资金大部分是承包商从银行借贷的,因此,应将流动资金的利息计入工程报价中。

⑧上级单位管理费,是指上级管理部门或公司总部对现场施工项目经理部收取的管理费。

⑨计划利润,可按工程总价的某一个百分数计取。

⑩风险费,指工程承包过程中由于各种不可预见的风险因素发生而增加的费用。通常由投标人经过对具体工程项目的风险因素分析之后,确定一个比较合理的工程总价的百分数作为风险费。

3. 开办费

有些招标项目的报价单中有开办费(或称初期费用)一项,这里指正式工程开始之前的各项现场准备工作所需的费用,有的招标文件规定这些内容可以单独列成分项。如果招标文件没有规定单列,则所有开办费都应与其他管理费用一起摊入工程量表的各计价分项中。它们究竟是单列还是摊入工程量其他分项价格中,应根据招标文件的规定办理。

开办费在不同的招标项目中包括的内容可能不相同,一般可能包括以下内容。

①现场勘察费。业主移交现场后，应进行补充测量或勘探者，可根据工程场地的面积计算。

②现场清理费，包括清除树木、旧有建筑构筑物等，可根据现场考察实际情况估算。

③进场临时道路费。如果需要时，应考虑其长度、宽度和是否有小桥、涵洞及相应的排水设施等计算，并考虑其经常维护费用。

④业主代表和现场工程师设施费。如招标文件规定了具体内容要求，则应根据其要求计算报价。

⑤现场试验设施费。如招标文件有具体规定，应按其要求计算；可按工程规模考虑简易的试验设施，并计算其费用，如混凝土配料试块、试验等。而其他材料、成品的试验可送往附近的研究试验机构鉴定，考虑一笔试验费用即可。

⑥施工用水电费。根据施工方案中计算的水电用量，结合现场考察调查，确定水电供应设施，例如水源地、供水设施、供水管网、外接电源或柴油发电机站、供电线路等，并考虑水费、电费或发电的燃料动力费用。

⑦施工机械费。在前面“基础单价的计算”中，已算出施工机具设备的使用费基价，一般可将机具设备的折旧费和安装拆卸费计入本项中。至于燃料动力、操作人工和维护修理等则计入机械台班费用中，摊入各工程单价中。

⑧脚手架及小型工具费。根据施工方案，考虑脚手架的需用量并计算总费用。

⑨承包商临时设施费。按施工方案中计算的施工人员数量，计算临时住房、办公用房、仓库和其他临时建筑物等，并按简易标准计算费用，还应考虑生活营地的水、电、道路、电话、卫生设施等费用。

⑩现场保卫设施和安装费用，按施工方案中规定的围墙、警卫和夜间照明等计算。

⑪职工交通费。根据生活营地远近和职工人数，计算交通车辆和职工由住地到工地往返费用。

⑫其他杂项。如恶劣气候条件下施工设施、职工劳动保护和施工安全措施（如防护网）等，可按施工方案估算。

（三）单价分析与标价汇总

单价分析就是对工程量清单中所列分项单价进行分析和计算，确定出每一分项的单价和合价。单价分析之前，应首先计算出工程中拟使用的劳务、材料、施工机械的基础单价，还要选择好适用的工程定额，然后对工程量清单中每一个分项进行分析与计算。单价分析通常列表进行。下面说明单价分析的方法与步骤。

1. 计算分项工程的单位工程量直接费 a

a 的计算公式如下：

$$a = a_1 + a_2 + a_3$$

式中：a_1 为单位工程量劳务费；a_2 为单位工程量的材料费；a_3 为单位工程量施工机械使用费。

各种材料、劳务、施工机械的单位工程量计价，均由基价乘以定额消耗量之积算出。材料费应根据市场行情预测考虑物价上涨系数，人工费可事先在工人工资计算中考虑工资上涨系数。

本分项工程直接费

$$A = \text{本分项工程的单位工程量直接费 } a \times \text{本分项工程量 } Q$$

2. 求整个工程项目的直接费

整个工程项目的直接费等于所有分项工程直接费之和,以 $\sum A$ 表示。

3. 整个工程项目总间接费 $\sum B$

$\sum B$ 应包含一个工程项目的所有间接费,即将本节第四部分中所列举的各项间接费分别计算,然后求出总和。

4. 计算分摊系数 β 和本分项工程分摊费 B

分摊系数等于整个工程项目的待摊费用之和除以所有分项的直接费之和。

$$\beta = \frac{\sum B}{\sum A} \times 100\%$$

其中,本分项工程分摊费

$$B = 本分项工程直接费用 A \times 分摊系数 \beta$$

本分项工程的单位工程量分摊费

$$b = 本分项工程的单位工程量直接费 a \times 分摊系数 \beta$$

5. 计算本分项工程的单价 U 和合价 S

本分项工程单价

$$U = a \times (1 + \beta)$$

即

$$\begin{aligned} U &= 本分项工程的单位工程量直接费 a + 本分项工程的单位工程量分摊费 b \\ &= 本分项工程的单位工程量直接费 a \times (1 + 分摊系数 \beta) \end{aligned}$$

本分项工程合价

$$\begin{aligned} S &= 本分项工程单价 U \times 本分项工程量 Q \\ &= 本分项工程直接费 A + 本分项工程分摊费 B \end{aligned}$$

6. 标价汇总

将工程量清单中所有分项工程的合价汇总,即可算出工程的计算标价。其计算公式如下:

$$总标价 = \sum 分项工程合价 + 备用金额$$

关于单价分析还应特别加以说明:有的招标文件要求投标人对部分项目要递交单价分析表,而一般招标文件不要求递交单价分析表。但是对于投标人自己来说,除了非常有经验和有把握的分项之外,都应进行单价分析,使投标报价建立在有充分依据、计算较为准确的基础上。

五、标价的评估与决策

由算标人员算出初步计算标价之后,应当对这个标价进行多方面的分析和评估,其目的是探讨标价的经济合理性,从而作出最终报价决策。标价分析评估应从以下几个方面进行。

(一)标价的对比分析

标价的对比分析是依据长期的工程实践中积累的大量经验数据,用类比的方法,从宏观上判断初步计算标价的合理性,可采用下列宏观指标和评审方法。

①分项统计计算书中的汇总数据,并计算其比例指标。以下以一般房屋建筑工程为例,介绍汇总数据的统计内容。

i. 统计建筑总面积与各单项建筑物面积。

ii. 统计材料费总价及各主要材料数量和分类总价;计算单位面积的总材料费用指标及各主要材料消耗指标和费用指标;计算材料费占标价的比重。

iii. 统计总劳务费及主要生产工人、辅助工人和管理人员的数量；算出单位建筑面积的用工数和劳务费；算出按规定工期完成工程时，生产工人和全员的平均人月产值和人年产值；计算劳务费占总标价的比重。

iv. 统计临时工程费用、机械设备使用费及模板脚手架和工具等的费用，计算它们占总标价的比重。

v. 统计各类管理费用，计算它们占总标价的比重；特别是计划利润、贷款利息的总数和所占比例。

②通过对上述各类指标及其比例关系的分析，从宏观上分析标价结构的合理性。例如，分析总直接费和总的管理费的比例关系，劳务费和材料费的比例关系，临时设施和机具设备费与总的直接费用的比例关系，利润、流动资金及其利息与总标价的比例关系，等等。承包过类似工程的有经验的承包商不难从这些比例关系判断标价的构成是否基本合理。如果发现有不合理的部分，应当初步探讨其原因。首先研究本工程与其他类似工程是否存在某些不可比因素，如果考虑了不可比因素的影响后，仍存在不合理的情况，就应当深入探讨其原因，并考虑调整某些基价、定额或分摊系数。

③探讨上述平均人月产值和人年产值的合理性和实现的可能性。如果从本公司的实践经验角度判断这些指标过高或过低，就应当考虑所采用定额的合理性。

④参照同类工程的经验，扣除不可比因素后，分析单位工程价格及用工、用料量的合理性。

⑤从上述宏观分析得出初步印象后，对明显不合理的标价构成部分进行微观方面的分析检查。重点是在提高工效、改变施工方案、降低材料设备价格和节约管理费用等方面提出可行措施，并修正初步计算标价。

（二）标价的动态分析

标价的动态分析是假定某些因素发生变化，测算标价的变化幅度，特别是这些变化对计划利润的影响。

1. 工期延误的影响

由于承包商自身的原因，如材料设备交货拖延、管理不善造成工程延误、质量问题造成返工等，承包商可能会增大管理费、劳务费、机械使用费以及占用的资金及利息，这些费用的增加不可能通过索赔得到补偿，而且还会导致误期罚款。一般情况下，可以测算工期延长某一段时间，上述各种费用增大的数额及其占总标价的比率。这种增大的开支部分只能用风险费和计划利润来弥补。因此，可以通过多次测算得知工期拖延多久，利润将全部丧失。

2. 物价和工资上涨的影响

通过调整标价计算中材料设备和工资上涨系数，测算其对工程计划利润的影响。同时切实调查工程物资和工资的升降趋势和幅度，以便作出恰当判断。通过这一分析，可以得知投标计划利润对物价和工资上涨因素的承受能力。

3. 其他可变因素的影响

影响标价的可变因素很多，而有些是投标人无法控制的，如贷款利率的变化、政策法规的变化等。通过分析这些可变因素，可以了解投标项目计划利润的受影响程度。

（三）标价的盈亏分析

初步计算标价经过宏观审核与进一步分析检查，可能对某些分项的单价作必要的调整，然后形成基础标价，再经盈亏分析，提出可能的低标价和高标价，供投标报标决策时选择。盈亏分析包括盈余分析和亏损分析两个方面。

盈余分析是从标价组成的各个方面挖掘潜力、节约开支,计算出基础标价可能降低的数额,即所谓"挖潜盈余",进而算出低标价。盈余分析主要从下列几个方面进行:

①定额和效率,即工料、机械台班消耗定额以及人工、机械效率分析;

②价格分析,即对劳务、材料设备、施工机械台班(时)价格三方面进行分析;

③费用分析,即对管理费、临时设施费等方面逐项分析;

④其他方面,如对流动资金与贷款利息、保险费、维修费等方面逐项复核,找出有潜可挖之处。

考虑到挖潜不可能百分之百实现,尚需乘以一个修正系数(一般取0.5~0.7),据此求出可能的低标价,即

低标价=基础标价-(挖潜盈余×修正系数)

亏损分析是分析在算标时由于对未来施工过程中可能出现的不利因素考虑不周和估计不足,可能产生的费用增加和损失。主要从以下几个方面分析:

①人工、材料、机械设备价格;

②自然条件;

③管理不善造成质量、工作效率等问题;

④建设单位、监理工程师方面的问题;

⑤管理费失控。

以上分析估计出的亏损额,同样乘以修正系数(0.5~0.7),并据此求出可能的高标价,即

高标价=基础标价+(估计亏损×修正系数)

(四)报价决策

报价决策是投标人招集算标人员和本公司有关领导或高级咨询人员共同研究,就上述初步计算标价结果、标价宏观审核、动态分析及盈亏分析进行讨论,作出有关投标报价的最后决定。

为了在竞争中取胜,决策者应当对报价计算的准确度、期望利润是否合适、报价风险及本公司的承受能力、当地的报价水平以及竞争对手优势的分析评估等进行综合考虑,这样才能决定最后的报价金额。在报价决策中应注意以下几个问题。

①决策的主要资料依据应当是本公司算标人员的计算书和分析指标。报价决策不是干预算标人员的具体计算,而是由决策人员同算标人员一起,对各种影响报价的因素进行分析,并作出果断和正确的决策。

②各公司算标人员获得的基础价格资料是相近的,因此从理论上分析,各投标人报价同标底价格都应当相差不远。之所以出现差异,主要是由于以下原因:各公司期望盈余(计划利润和风险费)不同;各自拥有不同优势;选择的施工方案不同;管理费用有差别,等等。鉴于以上情况,在进行投标决策研讨时,应当正确分析本公司和竞争对手的情况,并进行实事求是的对比评估。

③报价决策也应考虑招标项目的特点,一般对于下列情况报价可高一些:施工条件差、工程量小的工程;专业水平要求高的技术密集型工程,而本公司在这方面有专长、声望高;支付条件不理想的工程等。如果与上述情况相反且投标对手众多的工程,报价应低一些。

3.5　国际工程投标报价的实例

一、招标项目工程简介

(一)工程内容

某国某城市近郊新建一条“城市型”公路,长18 km,总宽30 m,其中街心岛宽3 m,每侧汽车道各9 m,路侧石及雨水坡0.5 m,人行道各4 m,即总宽为:3 + (9 × 2) + (0.5 × 2) + (4 × 2) m。公路结构:车行道为压实土上铺大块碎石基础层,再铺碎石次面层,而后浇铺有钢筋网的水泥混凝土。人行道为压实土上铺碎石垫层,再做沥青混凝土面层。

路侧有雨水进水井,经钢筋混凝土管流向铺在街心岛下面的钢筋混凝土干管,人行道外有排水明沟。但道侧的给水管和消火栓,街心岛下的电缆和照明灯柱等,均不属报价范围。

在10 km处,有小桥一座,跨度为15 m,钢筋混凝土“T”形梁,梁上现浇钢筋混凝土板。另外,还有双孔涵洞1处,单孔涵洞12处。

公路沿线多系农田和丘陵,因此填方较多,除部分挖方可用于道路的填方外,尚需借土填方。所有填方工程必须分层压实。

(二)招标文件概要

招标文件中有招标书、投标须知、合同条件、工程量表、技术说明书和工程详图等。

合同文件有如下规定:应在投标的同时递交投标保函,其价值为投标者报价的2%,有效期为90天。要求签订合同后60天以内开工,开工后22个月竣工。履约保函值为合同价的10%,预付款也为合同价的10%,按同样的比例从每月工程进度付款中扣除。每次付款尚需扣除保留金10%,但保留金总额不超过合同总价的5%,保留金在竣工验收合格后退还,但须递交一份为期一年的相当于合同总价3%的维修期保函。工程材料到达现场并经化验合格后可支付该项材料款的60%,每月按工程进度付款,凭现场工程审定的付款单在30天以内支付。工程罚款为合同总价的0.05%/天,限额不超过总价的5%,为加快进度,经批准后允许两班制工作。按实测工程量付款,单价不予调整。无材料涨价或货币贬值的调价条款或补偿条款。施工机具设备可以允许临时进口,应提交银行出具的税收保函(保函值为进口设备值的20%),以保证竣工后机具设备运出境外。各种工程材料均不免税。公司应按政府规定缴纳各种税收,包括合同税、个人所得税和公司所得税等。

(三)现场调查简况

1. 国情调查

工程所在国系发展中国家,政局基本稳定,无战争或内乱迹象,与我国关系基本上是友好的。经济形势基本稳定,货币贬值每年不超过10%,货币基本上可以自由兑换,金融基本上也是稳定的。交通运输方便,工程所在地区距海运港口仅数十公里。

2. 自然条件

气候属于湿热带,除雨季(11月至第二年3月)外均可施工,雨季时较少有连续降雨天气,可间断施工。

3. 地区条件

公路在城市近郊,生活条件较好。对于当地工人可以不建生活营地。材料运输方便,附近可供应砂石。公路基层的土壤在填方区需供土,运距约 5 km。

4. 其他条件

当地税收较多,因无免税条件,须缴纳合同税,相当于合同价的 4%;公司利润税较高,约 35%。工程保险和人身意外险及第三方责任险必须在当地保险公司投保。当地原则上不允许使用外籍劳务。除非特殊工种在当地招聘不到,可向劳工部门和移民局事先申请,获得批准后外籍技术劳务才能入境。外籍高级技术人员较易获得签证入境。

5. 商情调查

经过多种渠道询价或调查,用于公路建设的主要材料决定在当地采购,但应根据工期考虑一定的涨价系数。当地施工机具比较短缺,考虑到租赁费高,决定自境外调入或购置。

当地劳务价格不高,引进外籍劳务不仅工资偏高,且须解决工人生活营地问题和入境限制,因此,决定基本上采用当地劳务,甚至包括机械操作手也在当地招募。当地工程技职人员工资不高,平均工资在 400 ~ 500 美元/月。

二、标价计算前的数据准备

(一)核算工程量

原招标文件有主要工程数量表,经按图纸和说明书校核,业主提供的工程量基本上是正确的,可以作为报价的依据。其中,有三项属于可供选择的报价,应单独列出:提供土壤及材料试验设备,也可以利用承包商的自备设备,不另报价;提供监理工程师办公设施和两套住宅(两年租赁);监理工程师用的卧车一辆、四轮驱动越野车一辆以及两年的维修和司机服务。为保证报价的完整性,决定对可供选择项目也予以报价。

(二)确定主要施工方案

1. 按主要工程量考虑粗略的工程进度计划

①下达开工命令后立即进入现场,合同规定签合同后两个月内开工。应当争取时间在两个月内准备好施工机具,进入现场后用一个月进行临时工程建设,同时利用已到机具开始推土方和清除填方区表土层。

②为便于集中使用不同类型的设备,先集中处理土方工程,时间约 12 个月,而后集中进行垫层和混凝土面层施工,时间约 8 个月(其中与土石方工程交错 2 个月)。桥梁工程从第 7 个月开始,包括预制构件等用一年时间完成。其他工程如人行道铺砌、护坡等可在主路工程后期根据劳动力安排交错完成。

③最后保留一个月作为竣工移交的时间,并进行可能发生的局部维修工作。

2. 施工方法和施工设备的选择

主要工程量采用机械施工,大致选择方案如下。

(1)土方挖方

采用 120 ~ 140 马力的推土机推土,能就地回填者直接用推土机回填,余土用 1.5 ~ 1.9 m^3 装载机装入自卸汽车运至填土区用于填方。公路部分的挖方为 251 664 m^3,可用于就地填方约 1/4,其余须运至远处填方区。填方量为 3/4 × 251 664 = 188 748 m^3。全部填方需土 340 568 m^3,因此,尚须从别处借土方 340 568 − 188 748 = 151 820 m^3,这部分土方也需使用推土机。

因此,推土机总的推土方量应为 251 664 + 151 820 = 403 484 m^3。

按定额取每台班推土 420 m^3,采用每日两个台班,每月工作日按 25 天计。

$$\frac{403\ 484(m^3)}{2(台班/天)\times 12(月)\times 25(天/月)\times 420(m^3/台班)}=1.6\ 台$$

推土机台数(理论值)拟采用 2 台,利用系数 1.6/2 =80%。为挖沟方便,另采用小型挖掘机 1 台。

(2)土方运输

按以上类似方法计算采用 8 ~10 t 自卸汽车运输。总填方量 340 568 m^3,其中用推土机就地填方量 1/4 ×251 664 =62 916 m^3;需运送土方 340 568 −62 916 =277 652 m^3;运距平均5 km时,运输定额按每台班 60 m^3 计,用上述方法计算自卸汽车台数(理论值)为 7.7 台,拟采用 10 台,使用系数 77%。

(3)装载设备

装载设备采用 1.5 ~1.9 m^3 装载机 3 台。在土方工程基本完成后,尚可抽调用于混凝土搅拌站。

(4)碾压设备

碾压设备采用 15 t 振动压路机 1 台,10 t 钢轮压路机 2 台。

(5)平整设备

平整设备采用平地机 1 台。

(6)混凝土搅拌站

实际采用 30 m^3/h 的搅拌站 1 套,包括水泥立式存储仓 1 个,另加 1 台 400 L 的自带动力式搅拌机,以备在工地需要时作小型流动搅拌站设备使用。

(7)混凝土运输设备

采用混凝土搅拌汽车(搅拌罐 4 ~6 m^3)2 台。为配合 400 L 搅拌机工作,另增加小型翻斗车 3 台。

(8)其他设备

为吊装混凝土管道和桥用 T 形梁等,选用 10 t 汽车吊一台,小型机具如各种振捣器、砂浆搅拌机等适当配备。工程量表中钢筋加工量约 570 t,可选用钢筋拉直机和钢筋切断机各一台,测量用经纬仪和水平仪各两台。

考虑到仅桥梁墩基需要打桩,拟委托当地专业公司分包打桩工程。沥青混凝土面层也向外分包。

3. 临时工程

①建立混凝土搅拌站。选择在公路中段,并靠近桥梁工地附近。经化验,小河的水可用于搅拌混凝土。

②工地指挥部也设在搅拌站附近,设工地办公室及实验室(临时板房)共 200 m^2,仓库及钢筋加工棚 500 m^2,驻场技职人员临时住房 100 m^2,其他临时房屋(食堂、厕所、浴室等)150 m^2。

③工地设相应的临时生产设施,如预制构件场地、机具停放场和维修棚、临时配电房、水泵站及高位水箱、进场道路、通信设施、临时水电线路、简易围墙及照明和警卫设施等。

(三)基础价格计算

1. 工日基价

雇用当地工人。按当地一般熟练工月工资150美元,机械操作手月工资200美元。两年内考虑工资上升系数每年上升10%。另考虑招募费、保险费、各类附加费和津贴(不提供住房,适当贴补公共交通费)、劳动保护等加20%。故工日基价为:

一般熟练工　150×1.3÷25=7.8美元/工日;

机械操作手　200×1.3÷25=10.4美元/工日。

2. 材料基价

基本上均从当地市场采购,根据其报价和交货条件统一转换计算为施工现场价。以水泥价计算举例说明如下。

材料品名:水泥(普通水泥相当于我国标号450号)

出厂价:60美元/t

运输费:水泥厂运输部用散装水泥车运送　0.2美元/(t·km)×40 km=8美元/t

装卸费:3美元/t

运输、装卸损耗:3%×(60+8+3)=2.13美元/t

采购、管理及杂费:2%×(60+8+3+2.13)=1.46美元/t

水泥到现场价:74.6美元/t

按此例计算得出的材料基价见表3-4。

表3-4　主要材料基价表

序号	材 料 名 称	单　位	运到现场基价(美元)
1	水泥(散装)	t	74.60
2	碎石6 cm以上,用于基础垫层	m^3	4.50
3	碎石2~4 cm,用于次表层	m^3	5.50
4	砾石(用于混凝土)	m^3	6.00
5	中砂,粗砂	m^3	4.50
6	钢筋 $\phi6\sim10$	t	430.00
7	变截面钢筋 $\phi12\sim22$	t	450.00
8	预制钢筋混凝土管 $\phi450$	m	8.50
	预制钢筋混凝土管 $\phi600$	m	12.00
	预制钢筋混凝土管 $\phi900$	m	20.00
9	锯材(模板用)	m^3	400.00
10	沥　青	t	210.00
11	柴　油	kg	0.40
12	水	m^3	0.05

续表

序号	材　料　名　称	单　　位	运到现场基价(美元)
13	电	kW·h	0.12
14	铁　钉	kg	1.20

3. 设备基价

(1)设备原价和折旧

设备原价按到达工程所在国港口价计算，设备折旧如表3－5所示。

表3－5　机具设备及折旧费表

序号	名称	规格	数量	设备状况	到港价(美元)	折旧率(%)	本工程摊销设备值(美元)
1	推土机	120HP	1	新购	85 370	50	42 685
2	推土机	120HP	1	调入旧设备	25 000	100	25 000
3	装载机	1.5 m^3	2	新购	106 000	50	53 000
4	装载机	1.9 m^3	1	旧有设备	20 000	100	20 000
5	小型挖土机	0.5 m^3	1	旧有设备	25 000	100	25 000
6	平地机		1	新购	29 200	50	14 600
7	振动压路机	15 t	1	新购	56 000	50	27 000
8	钢轮压路机	10 t	2	旧有设备	52 000	100	52 000
9	手扶夯压机		2	新购	6 000	50	3 000
10	自卸汽车	10 t	5	新购	150 000	50	75 000
11	自卸汽车	10 t	5	旧有设备	75 000	80	60 000
12	汽车吊	10 t	1	旧有设备	27 500	80	22 000
13	混凝土搅拌站	30 m^3/h	1	旧有设备	150 000	80	120 000
14	混凝土搅拌机	400 L	1	新购	7 000	50	3 500
15	混凝土搅拌车	6 m^3	2	新购	67 000	50	33 500
16	钢筋拉直机		1	旧有设备	4 000	80	3 200
17	钢筋切断机		1	旧有设备	5 000	80	4 000
18	发电机	50 kV·A	1	新购	7 000	50	3 500
19	空压机	9 m^3	1	新购	8 000	50	4 000
20	水泵	4 m^3	1	新购	2 000	50	1 000
21	水车	5 m^3	1	旧车改装	12 000	100	12 000
22	测量仪器		2	旧有设备	6 000	50	3 000
23	小翻斗车		3	新购	9 000	50	4 500
	合计				934 070		611 485

另外,关于小型工器具费用,可在计算标价时增加一定的系数,不另算设备折旧费。

(2)设备台班基价及台时价

机具设备的台班基价除应包括上述折旧费外,尚应将下述费用全部摊入本工程的机具设备使用费中,包括:设备的清关、内陆运输、维修、备件、安装、退场等,另外再加每一台班的燃料费。现以推土机的机械台班使用费为例计算如下。

新购推土机进口手续费、清关、内陆运输、安装拆卸退场等,按设备原值的5%计,为85 370×5% =4 268.5美元。

备件及维修二年按20%计,为17 074美元。

本工程可能使用台班为12月×25天/月×2班/天×0.8(使用系数)=480台班,故每台班应摊销

$$\frac{42\ 685+4\ 268.5+17\ 074}{480}=133.4\text{ 美元}$$

另加每台班燃料费0.4美元/kg×73 kg×1.2(系数)=35美元

故本台推土机台班使用费为168.4美元,或每小时为21美元。

用同样方法可算出另一台旧有推土机的台班费为

$$\frac{25\ 000\times 1.25}{480}+35.0\ =100\text{ 美元}$$

两台推土机平均使用台班费为(168.4+100)/2=134.2美元,可取134美元/台班或16.8美元/工时(均未计人工工资)。

由于各种小型机具设备难以在每个单项工程中计算其使用时间,根据前述机具设备折旧费用表中所列可知,小型机具设备应摊销的费用约28 000美元(表3-5第18~23项),占大型机具设备摊销的折旧费的比重为28 000/(611 485-28 000)=0.048≈0.05,故不必细算小型机具设备的台班费,可在作工程内容的单价分析时,在计算大型机具台班费使用费后再增加5%即可。

根据上述方法,并考虑各种设备在本工程中可能使用的台班数的不同及其燃料消耗的不同,算出不同设备的台班基价列出如表3-6供计算标价用。

如果业主要求列出按工日计价的机械台时费,可在上述台班基价上,另加人工费及管理费和利润即可,现一并计算出列于表3-6。

表3-6 机具设备使用台班基价表

单位:美元

序号	名称	规格	单位	设备台班基价(台班)(用于算标)	机具设备使用台时价(用于报价单的日工价)
1	推土机	120HP	每台	134	25.5
2	装载机	1.5~1.9 m^3	每台	98	19.5
3	挖土机		每台	95	18.5
4	平地机		每台	85	17.0

续表

序号	名称	规格	单位	设备台班基价(台班)(用于算标)	机具设备使用台时价(用于报价单的日工价)
5	振动压路机	150 t	每台	85	17.0
6	钢轮压路机	100 t	每台	73	14.0
7	手扶式夯压机	10 t	每台	20	4.0
8	自卸汽车	100 t	每台	90	18.0
9	汽车吊	100 t	每台	110	21.5
10	混凝土搅拌站	30 m^3/h	每台	190	36
11	混凝土搅拌机	400 L	每台	20	4.0
12	混凝土搅拌车	6 m^3	每台	100	20.0
13	水车	5 m^3	每台	90	18.0
14	小翻斗车		每台	20	4.0

4. 分摊费用及各种计算系数

(1)管理人员费用

①公司派出的管理人员10人,其中,项目经理1人,副经理兼总工程师1人,工程技术人员4人(道路工程师及测量、材料、试验人员各1人),劳资财务2人,翻译2人。除住房外的生活补贴费用成本按400美元/人月计算。

400美元/人月×10人×24月=96 000美元

②聘用当地技职人员6人(道路工程师及测量、试验、劳资、秘书、材料人员各1人),勤杂员4人(司机2人,服务人员2人)。技职人员平均工资500美元/人月,勤杂服务人员按250美元/人月计算。

(6×500×24)+(4×250×24)=96 000美元

③管理人员住房,公司派出人员租用住宅(4居室独立式住宅2套),每套每月800美元,另加水、电、维修费用等按20%计。

2×800×24(月)×1.2=46 080美元

以上合计为238 080美元。

(2)业务活动费用

①投标费,按实际估算约2 500美元。

②业务资料费,按实际估计约4 500美元。

③广告宣传费,暂计4 000美元。

④保函手续费,按合同总价约1 000万美元估算,各类保函银行手续费按0.75%/年计,投标保函金额为投标报价的2%(一次性),预付款保函金额和履约保函各为报价的10%(二

年)，维修保函为3%(一年)，设备临时进口税收保函金额为设备价的20%。因此，保函手续费总值为：

$$\{[1\,000\text{万}\times(2\%+10\%\times2+10\%\times2+3\%)]+(86.7\text{万}\times20\%\times2)\}\times0.75\%$$
$$=(450\text{万}+34.68\text{万})\times0.75\%=36\,351\text{美元}$$

⑤合同税，按4%，计为400 000美元。

⑥各类保险费包括工程一切险、第三方责任险及人身事故伤害险等，按当地保险公司提供的费率计算为110 000美元。

⑦当地法律顾问和会计师顾问费，按当地公司的一般经验，两年内聘用费共20 000美元。

⑧其他税收：根据当地的所得税规定，暂按利润率为6%，税收为35%计算，暂列入1 000万×6%×35%=210 000美元。

以上①~⑧项合计为787 351美元。

(3)行政办公费及交通车辆费

可以按粗略估算方法计算如下。

①一般办公费用、邮电费用按管理人员计算，20人×20美元/人月×24月=9 600美元。

②办公器具配置费(一次性摊销)20 000美元。

③交通车(两辆越野车、一辆小卧车)按当地市价购置，摊销50%，购置费共42 000美元，摊销于本项目21 000美元。

④油料、交通车辆维修及其他活动费开支：油料按每台车两年内行车30 000 km，维修备件按原值25%计，其他活动费按每月200美元计，共20 700美元。

行政办公开支合计71 300美元。

(4)临时设施费

①工地生活及生产办公用房，按当地简易标准平均35美元/m^2计，35美元/m^2×950 m^2=33 250美元。

②生产性临时设施，包括临时水电、进场道路、混凝土搅拌站及预制场地、为修小桥须筑一条长850 m(宽5 m，土路)的便道，按当地简易标准的实际价格计算共计148 000美元。临时工地实验室仪器(按50%折旧)及经常性试块、土壤等试验费用(每月100美元)共42 400美元。

以上各项临时设施费合计223 650美元。

(5)其他待摊费用

①利息、流动资金虽有付款，由于购置机具设备及有偿占用旧有设备的资金和初期发生的银行保函、保险、合同税、暂设工程等，肯定不敷支出。再加上材料费和工资等，估计总的自筹流动资金至少需120万美元，按年利率10%，用粗略的资金流量预测，利息支出约132 000美元。

②代理人佣金按当地协议应付	115 000美元
③上层机构管理费用按2%计	200 000美元
④利润按6%暂计	600 000美元
⑤另计不可预见费用1.5%	150 000美元

其他待摊费用共计　　　　　　　　　　1 197 000 美元

以上总计待摊费用共为 2 517 380 美元。其中,有的费用(如保函手续费、合同税、保险费等)是假定合同价为 1 000 万美元条件下估算的,有待算出投标报价总价后修正。

以上待摊费用约为总价的 25.17%,为直接费用的 $\frac{2\ 517\ 380}{10\ 000\ 000-2\ 517\ 380}=33.64\%$。

在下面计算各单项工程内容的单项时,可以先按此系数计算摊销费用。待第一轮计算得出投标总价后,再根据情况适当调整。

(6)其他系数的确定

1)材料上涨系数

前面提出的材料基价是按投标时调查的价格列出的,并未考虑两年工期内价格的上涨因素。从施工方案中的计划进度分析,可以预计到大量值钱的材料如水泥、钢材等,都是在工期的后半段才使用,其实际采购价格肯定会受到汇率和通货膨胀的影响使价格上涨。按当地的实际调查,材料涨价率可能为每年 10% 左右,因材料一般是陆续采购进场的,并集中于中后期,故材料涨价系数可确定为

$$\frac{10\%\times 2\text{年}}{2}\times 1.2(\text{调整系数})=12\%$$

式中的分母"2",是指两年内均衡进料的平均系数。"1.2"是指材料进场偏于中后期而使用的调整系数。

2)风险和降价系数

由于该标竞争激烈,暂不考虑这一系数,待标价算出后分析和权衡中标的可能性再研究确定。

三、单价分析和总标价的计算

1. 单价分析

对工程量表中每一个单项均需作单价分析。影响此单价最主要的因素是采用正确的定额资料。在缺乏国外工程经验数据的条件下,可利用国内的定额资料稍加修正。

这里只以水泥混凝土路面单价分析为例列表计算,详见表 3-7。

表 3-7　单价分析计算表

工程量表中分项编号	316	工程内容:水泥混凝土路面		单位:m^3		数量:74 115
序号	工料内容	单位	基价(美元)	定额消耗量	单位工程量计价(美元)	本分项计价(美元)
1	2	3	4	5	6	7
I	材料费					
1-1	水泥	t	74.6	0.338	25.21	
1-2	碎石	m^3	6	0.89	5.34	

续表

工程量表中分项编号	316	工程内容：水泥混凝土路面	单位：m^3		数量：74 115	
1－3	砂	m^3	4.5	0.54	2.43	
1－4	沥青	kg	0.21	1	0.21	
1－5	木材	m^3	400	0.002 12	0.85	
1－6	水	m^3	0.05	1.18	0.06	
1－7	零星材料		–	–	–	1.7
	小计				35.8	
	乘上涨系数 1.12 后材料价				40.1	2 972 011.5
Ⅱ	劳务费					
2－1	机械操作手	工日	10.4	0.41	4.26	
2－2	一般熟练工	工日	7.8	0.62	4.84	
	劳务费小计				9.1	674 446.5
Ⅲ	机械使用费					
3－1	混凝土搅拌站	台班	190	0.005 2	0.99	
3－2	混凝土搅拌车	台班	100	0.01	1	
	小　计				1.99	
	小型机具费 机械费合计				0.10 2.09	154 900.4
Ⅳ	直接费用（Ⅰ+Ⅱ+Ⅲ）				51.29	
Ⅴ	分摊间接费		33.64%		17.25	1 278 483.7
Ⅵ	计算单价				68.54	
Ⅶ	考虑降价系数（暂不计）					
	拟填入工程量计价单中的单价					68.54 美元/m^3
	本分项总价　68.54×74 115＝5 079 842.10 美元					

水泥混凝土路面（工程量表编号 316）是一项接近本工程标价一半的主要分项。参照采用国内公路定额，并采用前面计算的工日、材料和设备摊销基价算出直接费用每立方米为 51.29 美元，按前述应分摊间接费用占直接费的 33.64% 计算，最后每立方米路面混凝土为 68.54 美元。根据搜集到的当地一般结构混凝土价格，与此相近。因此，可以判断这一计算是基本正确的。

采用同样方法，就工程量表中每一项工程内容列一张如表 3－7 所示的单价分析计算表，即可算出所有单项工程的价格。

2. 汇总标价

（1）工程价格

将上述所有单价分析表中的价格汇总，即可得出第一轮算出的标价（不包括供选择的项目报价及暂定备用金）。用这个标价的总价回头复算各项管理费用中的特殊费用，特别是那些与总价有关的待摊费用，例如保函手续费、合同税、保险费、税收以及贷款利息、佣金、上级管理费、利润和不可预见费等，并对管理待摊费用比例作适当调整，用来作第二轮计算。

按第一轮计算的总标价，计算各项管理费用占总标价的比例为 24.80%。由此算出管理费用占直接费的比例为$\frac{24.80}{100-24.80}=32.98\%$。在第二轮计算中，将表 3-7 中第 V 项相应修改为 32.98%，再行计算。依据最后的调整计算结果，可得出汇总的标价及报价单(表 3-8)。

表 3-8 工程量表及报价单

(以下是经删略的工程量表，按大的分项汇总列出作为示例)

项目编号	工程内容	单位	数量	价格(美元)	
				单 价	总 价
	(一)道路部分				
100	场地清理	m^2	539 615.00	0.12	64 753.80
105	道路及管道土方开挖	m^3	149 997.00	2.10	314 993.70
106	结构土方开挖	m^3	101 667.00	2.30	233 834.10
107-1	填方(利用本工程挖方)	m^3	188 748.00	2.40	452 995.20
107-2	借土填方	m^3	151 820.00	4.50	683 190.00
108	路基垫层(上基层)	m^3	159 945.00	8.70	1 391 521.50
200	路基垫层(基础面)	m^3	125 175.00	7.49	937 560.75
316	水泥混凝土面层	m^3	74 115.00	68.20	5 054 643.00
406	钢筋(用于路面)	t	494.25	606	299 515.50
413-1	ϕ450 钢筋混凝土管道	m	14 077.00	13.20	185 816.40
413-2	ϕ600 钢筋混凝土管道	m	11 230.00	18.20	204 386.00
413-3	ϕ900 钢筋混凝土管道	m	17 987.00	29.40	528 817.80
500	路侧石、雨水坡	m	73 050.00	7.836	572 419.80
502	浆砌石护坡	m^3	2 207.00	18.30	40 388.10
506-1	雨水干管人孔	个	360.00	160	57 600.00
506-2	雨水次干管人孔	个	719.00	98.2	70 605.80
511	安全护栏	m	930.00	17.24	16 033.20
601-1	双孔涵洞	个	1	4 500	4 500.00
601-2	单孔涵洞	个	12	2 500	30 000.00
700	人行道面层(沥青混凝土)	m^2	146 100.00	1.6	233 760.00
	道路部分小计				11 377 334.65

续表

项目编号	工程内容	单位	数量	价格(美元)	
				单 价	总 价
	(二)桥梁部分				
106-1	结构部分土方(挖方)	m^3	882.00	2.10	1 852.20
106-2	结构挖方(硬土)	m^3	421.00	2.30	968.30
106-3	结构挖方(石头)	m^3	130.00	7.60	988.00
110	基础回填	m^3	26.00	4.90	127.40
402-1	试验桩	m	58.00	40.00	2 320.00
402-2	左岸混凝土桩	m	120.00	40.00	4 800.00
402-3	右岸混凝土桩	m	120.00	40.00	4 800.00
405-1	桥梁混凝土	m^3	703.00	68.20	47 944.60
405-2	钢筋(用于桥梁)	t	73.82	635.8	46 934.76
406	栏杆	m	120.00	30.00	3 600.00
500	浆砌石护坡	m^3	453.00	18.30	8 289.90
	桥梁部分小计				122 625.16
	工程量价格总计				11 499 959.81

(2)可供选择的项目报价

对于可供选择的项目报价,因为它们属于一种服务性质,可以在询价基础上,仅增加极少量的必不可少的管理费后报价。这样可使全部报价总数显得相应低些,有利于竞争。

1)试验设备和仪器

按招标书中的要求,其设备和仪器与承包商自备的工地实验室相近,因此,此项报价可以免去,仅注明:"免费利用承包商自设工地实验室的设备和仪器",并列出工地实验室的设备仪器清单,表明完全符合标书要求。

2)工程师办公和居住设施

按标书要求,工程师办公室可采用带空调设备的活动房屋两套,并附办公家具等共24 500美元,租赁独立式住宅两套,带家具,并使用两年计28 800美元,两项合计53 300美元。

3)工程师所用车辆及服务

按标书要求的车辆在当地询价,增加维修和司机服务共45 600美元。

以上报价均已考虑了必需的管理费,例如合同税、佣金、利息、保函手续费和保险费等的增加,但未计利润和不可预见费及其他各项管理费(计入的管理费约10%)。

(3)暂定备用金

暂定备用金完全按标书规定列入。这笔费用是由业主和工程师掌握,用于今后工程变更的备用金。本标为250 000美元。

(4)最后汇总标价

按招标文件的格式填写工程报价汇总表,见表3-9。

表3-9　工程报价汇总表

项目号	名称	价格(美元)
报价单Ⅰ	工程部分	11 499 959.81
	其中,道路部分	11 377 334.65
	桥梁部分	122 625.16
报价单Ⅱ	可供选择项目	98 900
	其中,试验仪器设备	免费使用工地实验室
	工程师办公、居住设施	53 300.00
	工程师用车辆及服务	45 600.00
备用金	暂定备用金	250 000.00
总价		11 848 859.81

此外,如果招标文件还规定必须填报计日工单价(机械设备台时价),则可将表3-6中最后一栏摘出填表。

第4章　国际工程设备材料招标与投标

本章介绍国际工程设备材料采购的含义、重要性和采购方式，阐述工程设备材料招标的程序、招标文件的编制、评标方法，并给出工程设备投标评标实例。

4.1　国际工程设备材料采购

一、国际工程设备材料采购的含义

从有关国家和国际组织的法律、法规、条约、协议等的规定看，将国际工程项目采购的标的分为工程、货物(物资)和服务，已成为一种通常做法。一般来说，货物对于建设工程而言是指工程建设所需要的设备和材料，其中工程设备包括将要安装在工程上的机械、仪表和其他类似设备等。

国际工程设备材料采购一般是指国际工程项目业主一方(买方)通过招标、询价等形式选择合格的供货商(卖方)，购买国际工程项目建设所需要的设备和材料的过程。设备材料采购不仅包括单纯的采购工程设备、材料等货物，还包括按照工程项目的要求进行设备、材料的综合采购(包括购买、运输、安装、调试等)以及交钥匙工程(即工程设计、土建施工、设备采购、安装调试等实施阶段全过程的工作)。总之，国际工程项目中的设备材料采购是一项复杂的系统工程，它不但应遵守一定的采购程序，还要求采购人员或机构了解和掌握市场价格情况和供求关系、贸易支付方式、保险、运输等贸易惯例与商务知识，以及与采购有关的法律、法规与规定等。

二、国际工程设备材料采购的重要性

国际工程设备材料采购在国际工程项目实施中具有举足轻重的地位，是国际工程项目建设成功的关键因素之一。从某种意义上讲，设备材料采购工作是工程项目的物质基础，其重要性可概括为以下几个方面。

①能否经济有效地进行采购，直接关系到能否降低项目成本，也关系到项目建成后的经济效益。这是因为在一个项目中，设备、材料等费用通常占整个项目费用的主要部分。健全的设备材料采购工作，要求采购前对市场情况进行认真调查分析，制定的预算切合实际并留有一定余地，方可有效避免费用超支。同时避免留下隐患，因为低质的材料设备必然给项目建成后的运行和维护造成沉重的经济负担。

②整个项目的计划和规划必须体现工程物资供应的内容。周密、严谨的采购计划不但可以保证供货商按时交货，而且为工程项目其他部分的顺利实施提供了有力保障。反之，可能由于关键路径上某一项物资供应的延迟而导致整个工程项目的延误。

③设备材料采购工作的优劣直接影响到工程建设的质量。如果采购到的设备、材料不符

合项目设计或规范要求,必然降低项目的质量,甚至导致整个项目的失败。

④良好的采购工作可以有效避免在设备材料制造、运输、移交、检验等过程中各种纠纷的发生,也为业主和供货商树立良好的信誉和形象。

⑤由于国际工程项目的设备材料采购往往涉及巨额资金和复杂的横向关系,如果没有一套严密而周全的程序和制度,可能会出现浪费,甚至贪污、受贿等腐败现象,而严格周密的采购程序与管理可以从制度上最大限度地抑制此类不良现象的发生。

三、国际工程设备材料采购的方式

设备材料采购的方式应依据标的物的性质、特点及供货商的供货能力等方面的条件来选择,一般采用下列 3 种方式。

(一)招标采购

采用公开招标或邀请招标方式选择供货商一般适用于购买大宗建筑材料或订购大型设备,且标的金额较大、市场竞争激烈的情况。

(二)询价采购

询价采购是向几个国外或国内的供货商(通常至少 3 家)就采购设备材料的标的物进行询价,将他们的报价加以比较后,选择其中一家签订供货合同。询价单上应注明设备材料的说明、数量以及要求的交货时间、地点及交货方式等。报价可以采用电传或传真的形式进行。这种方式类似于议标,其优点是无须经过复杂的招标程序,大大节约了选择供货商的时间。但由于报价的竞争性差,不便于公众监督,容易导致非法交易,一般仅适用于采购价值较小的建筑材料、设备和标准规格产品。

(三)直接订购

直接订购方式由于不进行产品的质量和价格比较,属于非竞争性采购方式。一般适用于如下几种情况:

①为保证设备或零配件标准化,以便和现有设备相配套,向原供货商增加供货品种或数量;

②所需设备或材料具有专卖性,只能从某一家供货商获得;

③负责工艺设计的单位要求从指定供货商处采购关键性部件,并以此作为保证工程质量的条件;

④在特殊情况下(如对付自然灾害),急需采购某些材料、小型工具或设备。

四、国际工程设备材料招标

(一)招标方式

1. 公开招标

公开招标也称竞争性招标,即由招标人在公共媒体上刊登招标广告,吸引众多供货商参加投标,招标人从中择优选择中标人的招标方式。它极大地提高了竞争的公平性和透明度,并有利于降低报价,因此成为国际上最为提倡的工程设备材料采购形式。但下列情况的设备材料采购可不进行公开招标:

①只有个别专门公司才能制造的高度专业化设备;

②如公开招标将会危害买方国国家机密和安全;

③采购数量低于要求公开招标的下限额(若有规定);

④由未预料到的事件(诸如大规模人为灾害或自然灾害)所造成的极端紧急情况;

⑤在反复尝试公开招标之后仍未收到回应时;

⑥其他适于用公开招标以外的方式采购的情况;

⑦即使在非公开招标的情况下,设备材料采购仍然应尽量争取实现资金的充分利用和有效的竞争。

2. 邀请招标

邀请招标也称有限竞争性招标,即由招标人选择一定数目的供货商并向其发出投标邀请函邀请其参加投标的方式。邀请招标选择的供货商以5~10家为宜,但不应少于3家。这种方式不利于充分竞争,但在下述情况下可以使用这种方式招标:

①低于公开招标限额的设备材料采购(若有规定);

②仅有某些投标人具有投标资格;

③涉及少数专业化公司所制造的高度专门化设备;

④不适宜公开招标的项目经有关部门批准,可以进行邀请招标。

(二)招标投标须遵循的原则

招标投标活动应当遵循公开、公平、公正和诚实信用的原则。

①公开是指以刊登招标广告或发投标邀请函的方式使公众或事先选定的潜在投标人都获得招标信息,这样一来所有感兴趣的投标人都可以了解招标的条件和要求以及开标和公开宣布的结果,从而使每一个参加投标的投标人都将得到同样的信息。

②公平是指招标人将给所有的供货投标人以平等的待遇,以使他们享受平等的权利并要求他们尽同样的义务。招标人不应以不合理的条件限制或排斥潜在投标人,不得对潜在投标人实行歧视待遇。

③公正是指在评标时将招标文件中规定的标准公平地应用于所有的供货投标人,客观考虑所有有关因素,准确地评价每一份投标文件,选择最佳的投标人并授予合同。

④诚实信用是指招标人和供货投标人之间应相互信任,以法律为基础参与招投标活动,并在中标后严格履行协议和合同条款。

(三)国际工程设备材料采购招标分标

国际工程设备材料采购招标分标的宗旨是有利于吸引更多的投标人参加投标,以发挥各个供货商的专长,降低设备材料价格,保证供货时间和质量,从而保证工程项目的进度和质量,同时要考虑到便于招标工作的管理。

国际工程设备材料采购招标分标和工程施工招标分标不同,一般是将一个工程有关的设备、材料等分为若干个标,即将国际工程设备材料采购招标内容按工程性质或设备材料性质划分为若干部分,并编制若干个独立的招标文件。

设备材料采购分标时考虑的主要因素如下。

1. 招标项目的规模

根据工程项目中各设备、材料之间的关系,预算金额的大小等来分标。每一个标如果分得太大,则只有技术力量强大的供货商才能投标或由他来组织投标,一般中小供货商则无力问津,因此投标人数量会减少,从而可能引起投标报价增加。反之,如果标分得比较小,虽然可以吸引众多的中小供货商,但如分得太小则很难引起大供货商的兴趣,同时招标评标工作量要加大。因而分标要大小恰当,以吸引更多的供货商,有利于降低价格,便于买方挑选。

2. 设备材料性质和质量要求

如果分标时考虑性质和种类相同或类似的设备材料由同一厂商制造供货，或按行业划分（例如大型起重机械可划分为一个标），则可减少招标工作量，吸引更多竞争者。有时考虑到某些技术国内完全可以达到，则可单列一个标的向国内招标，而将国内制造有困难的设备单列一个标的向国外招标。

3. 工程进度与供货时间

如一个工程所需供货时间较长，而在项目实施过程中对各类设备、材料的需求时间不同，则应从资金、运输、仓储等条件综合考虑进行分标，以降低成本。

4. 供货地点

如果一个工程地点分散，则所需设备材料的供货地点也势必分散，因而应考虑到国外供货商、当地供货商的供货能力、运输、仓储等条件来进行分标，以利于保证供应和降低成本。

5. 市场供应情况

买方应考虑国际市场供应和价格波动情况并结合设备材料需求计划合理地分标，有时（如价格有上涨趋势时）应采用一次性大规模采购，有时（如价格有下降趋势时）则需要分期分批采购，以便节约开支，降低工程造价。

6. 贷款来源

如果买方是由一个以上单位贷款（如国际、国内金融机构共同为一个项目贷款），各贷款单位对采购的限制条件有不同的要求，则应考虑各项采购要求进行合理分标，以满足采购工作的要求，便于更多的供货商参加投标。

4.2　国际工程设备材料招标程序

一、招标流程图

招标是工程项目业主（买方或招标人）选择供货商（卖方或投标人）的过程，而投标则是投标人力争获得设备材料采购合同的竞争过程。为了规范国际工程市场的行为，招标人和投标人均须遵循国际上通行的有关法律、法规进行招标投标活动。图 4－1 所示为招标流程图。

二、招标工作的主要内容

招标过程按照工作特点的不同，可粗略地划分为招标准备阶段、招标投标阶段和决标成交阶段依次进行的 3 个阶段。下面分别予以介绍。

（一）招标准备阶段

1. 准备招标条件

国际工程设备材料采购是一项复杂的工作，要把采购工作做好，购货方首先应清楚地了解所需采购货物的种类、性能规格、质量、数量、要求及投入使用的时间，要了解国内外市场价格、供求情况、货物来源、外汇市场、支付方式以及国际贸易惯例等。因此，有必要建立一个完善的市场信息机制，并制定一个完整的货物采购清单和计划。

世界银行贷款项目的货物采购大部分或部分是在国外市场上获得。因此，要对国外相关货物的市场进行广泛的调查和分析，掌握拟采购货物的最新国内、国际行情，了解采购货物的来源、价格、货物和设备的性能参数及可靠性等，建立记录不同供货方所能供应货物的技术指

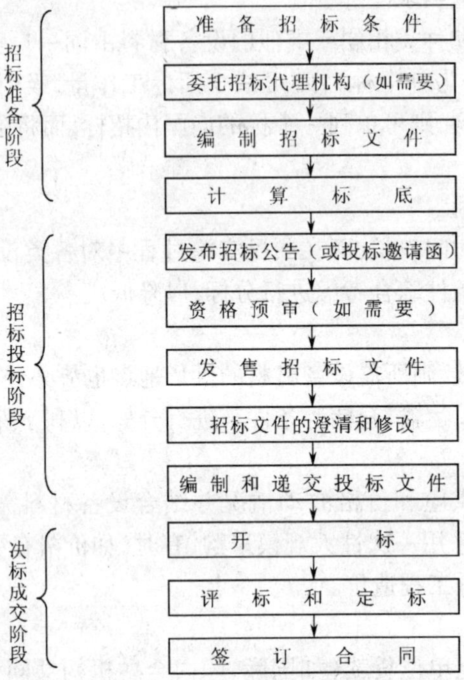

图4-1 国际工程设备材料采购招标程序

标的货物来源档案；建立同一类货物的价格目录，并提出切实可行的采购清单和计划，为采购方式的选择和分标提供比较可靠的依据。

一般来说，货物采购计划应考虑以下几方面的因素。

①采购货物的种类、数量、具体的技术规范、性能要求。尽量根据需要选用国际通用的标准和规范。

②所采购货物预计投入使用时间，考虑贷款成本、集中采购与分批采购的利弊等因素。

③根据市场结构、供货能力以及竞争性质确定采购的批量安排以及如何分标，分几个标，每个标中包含哪些内容。分标的基本原则是尽量吸收更多的投标者参加投标，以发挥各供货商的专长，降低货物价格，保证供货时间和质量。

④采购工作的协调。协调管理多批、多项、不同性质、不同品目的采购是一项复杂的系统工程，需要建立强有力的管理机构。

2. 委托招标代理机构（如需要）

如果业主有能力自己招标的，可以自行招标，同时向买方国有关行政监督部门备案。项目建设单位缺乏专门的招标能力或由于其他原因不能自己招标的，可以委托有相应资质的招标代理机构进行招标。承担设备材料采购招标的单位应当具备下列条件：

①在买方国已经注册；

②有组织国际工程物资供应工作的经验；

③具有编制招标文件和组织评标的相应专业力量；

④具有对投标人进行资格审查的能力。

3. 编制招标文件

招标人或招标代理机构将根据对设备材料的需求编制招标文件。招标文件应包括拟采购设备材料的技术要求、对投标人资格审查的标准、投标报价的要求、评标标准和拟签订合同的主要条款等所有实质性要求和条件,是投标和评标的主要依据。按照工程项目复杂、难易程度,招标文件的内容、篇幅也有很大区别。例如,单项机电设备的招标文件比较简单,有的为几页至十几页文件,大型工程成套设备的招标文件则可能长达几百页。招标文件的内容应当做到完整、准确,所提招标条件应当公平、合理,符合有关规定。

4. 计算标底

招标人应编制或由招标代理机构编制并由招标人确认拟采购设备材料的标底价格,它是招标人筹集资金和评标人员评价投标报价的主要依据。准确、可行的标底价格应建立在市场调查的基础上,根据所需设备材料品种、性能、适用条件,同时参考最近一段时期内相似的工程设备材料的市场供应价格来确定。标底必须严格保密。

(二)招标投标阶段

1. 发布招标公告(或投标邀请函)

凡是采用国际竞争性招标方式进行招标的,招标人应在出售招标文件之前通过国际公开的报刊、信息网络或其他媒介发布招标公告,以保证所有有能力参加投标的供货商都能够获得平等的投标竞争机会。在邀请招标的情况下,招标人应直接向预先选中的若干家供货商发出投标邀请函。招标公告和投标邀请函的内容至少应包括:

①招标人和招标代理机构的名称和地址;

②工程项目名称和地址;

③资金来源;

④招标设备材料的名称、数量及范围等的简要描述;

⑤购买招标文件的时间和地点;

⑥购买招标文件的费用;

⑦投标文件递交的地点和截止日期。

2. 资格预审(如需要)

当招标采购的设备为大型、技术复杂的设备时,通常设置资格预审程序。如果没有进行资格预审,一般在招标文件中包含资格审查的内容,在评标时进行资格后审。资格预审的内容一般包括:

①营业执照(复印件);

②银行出具的资信证明;

③制造厂家的授权书(在拟提供设备不是由投标人自己生产时提供);

④生产许可证(复印件);

⑤产品鉴定证书(复印件);

⑥产品获得过的国际认证证书(复印件);

⑦制造厂家的情况调查表,包括工厂规模、资产负债表、生产能力(包括不是自己生产的主要零部件从何处获得)、产品在国外的销售情况、近3年的年营业额、易损件供应商的名称和地址等;

⑧投标人最近3年涉及的主要诉讼案件;

⑨资格预审需要提供的其他证明材料。

资格预审文件由招标人或招标代理机构负责编制。参与编制资格预审文件及评审投标人资格的机构不得参加投标。

参加资格预审的潜在投标人应在规定的时间内提交正确填写的资格预审文件并附上所要求的全部调查材料。要求投标人提供的文件和信息应该是确定资格预审合格条件所必需的文件和信息,而不应要求过多的文件和手续,以免为公平竞争造成不必要的阻碍。招标人应邀请所有通过资格预审的潜在投标人参加投标,而不应对通过资格预审的潜在投标人数目加以限制。资格预审结束后,招标人应尽快将资审评审结果通知所有参加资格预审的厂商。

3. 发售招标文件

招标文件的出售和发送应尽量做到公平对待每一个投标人。在招标公告(投标邀请函)中规定标书出售和发送日期和地点,由招标人或招标代理机构将招标文件发售给带有委托书或证明书的投标人代表。这样,每个投标人从接到招标文件直至投标截止日止有相同时间编制投标文件。

招标文件的价格不宜定得过高,以免影响潜在投标人购买招标文件的积极性。收费的目的是为了确保有诚意的潜在投标人获得招标文件,并补偿复制费用和邮资,而不是为了收回编制招标文件的费用或作为创收的手段。

4. 招标文件的澄清和修改

任何购买了招标文件的潜在投标人都可以在规定时间内请求招标人就招标文件的内容进行澄清。对招标文件的澄清采用书面通知或会议的形式进行。澄清的问题均应形成书面文件,并作为招标文件的组成部分。如需要,招标人可在招标文件售出后对其进行补充和修改。对原招标文件的任何澄清或修改,均应在投标截止日期前至少15日送达所有招标文件的购买者,以留出足够的时间使其能采取适当的行动。为了让潜在的投标人在其投标文件中考虑这样的澄清或修改,招标人可在必要时适当延长投标截止日期。

5. 编制和递交投标文件

任何符合招标文件规定的资质要求的或经资格预审合格的潜在投标人均可参加单独投标或联合投标,但与招标人或招标代理机构有经济关系(财务隶属关系或股份关系)的单位及工程设计单位不能参加投标。同样,评标委员会的成员以及任何其他参与评标的人员不得以任何方式与任何投标人有任何经济关系。

投标人拟在中标后将采购项目的部分非主体、非关键性工作进行分包的,应在投标文件中载明。采取联合投标,联营体各成员单位的责任和义务应当以联合投标协议形式加以确定,并在投标文件中予以说明。对于同一专业的单位组成的联营体,招标人应按资质等级较低的单位确定其资质等级。

投标人应按照投标人须知并利用招标文件提供的格式编写并提交其投标文件。投标文件的基本内容包括:

①投标书;

②填好的投标价目表和要求的其他价格信息;

③偏差一览表(如果有要求);

④投标企业法人代表授权书;

⑤投标保证金;

⑥证明投标人资质和业绩的文件；

⑦制造商的授权书(在投标人不是设备的制造供货商的情况下,需要提供主要设备制造供货商的授权书)；

⑧银行信誉证明；

⑨招标文件要求的与投标文件一起提交的其他文件。

投标保证金的主要目的是确保投标文件在招标文件规定时间内的有效性。投标保证金通常为投标报价的 2% 并由招标人可接受的一家银行以招标文件所示的格式出具,且通常在投标有效期期满之后 28 天内保持有效。未按要求提交投标保证金的投标文件将被拒绝。投标人不应以他人名义投标或者以其他方式弄虚作假,骗取中标。

(三)决标成交阶段

1. 开标

开标应按招标文件规定的时间和地点以公开的方式进行。开标会议由招标人或招标代理机构主持,邀请评标委员会、招标人、全体投标人和其他有关部门的代表出席,并可邀请公证部门对开标全过程进行公证。开标时,首先由投标人代表检查其投标文件的密封情况,也可由公证机构检查并公证。经确认密封完好后,由工作人员当众拆封,宣读投标人名称、投标报价以及其他投标文件的主要内容。唱标内容应作记录,存档备查。

在对复杂设备进行采购的两阶段招标中,开标分两步进行。第一步开标是介绍设备规格、性能和其他特性但不包含价格的技术标;第二步开标是包含投标报价的商务标。

2. 评标和定标

(1)评标委员会

评标工作由招标人组建的评标委员会负责。评标委员会应由招标人和招标代理机构的代表以及聘请的技术、经济、法律等方面的专家组成,成员人数应为 5 人以上的奇数,其中技术、经济等方面的专家不应少于成员总数的三分之二。与投标人有任何联系或对评标结果有任何直接或间接利益关系的人没有资格加入评标委员会。评标委员会应对评标情况严格保密。

(2)投标文件的初审

初审是对所有投标文件进行符合性审查,审查的要点为:i. 投标文件是否有计算上的错误;ii. 是否已提供要求的各项保证金;iii. 投标文件是否按规定签名、盖章;iv. 投标文件是否完整;v. 是否提出了招标人无法接受或违背招标文件的保留条件。

经审查,投标文件在实质上与招标文件不符时,可作为废标处理。对于基本符合招标文件要求,但在某些方面存在含糊之处的投标文件,应作记录和标记。评标委员会可要求投标人对这些含糊不清的地方进行澄清。有关澄清的要求和答复均采用书面形式,且澄清不得超出投标文件的范围或对投标文件实质性内容作任何更改。这种澄清与答复将成为投标文件的一部分。初审结束后,评标委员会将对通过初审的投标文件作进一步详细评价。

(3)详细评标

详细评标包括技术评标和商务评标两方面内容。技术评标侧重于设备材料性能、质量、技术经济指标、可靠性、使用寿命和检修条件等方面的评价;商务评标主要从设备材料报价、供货范围、付款方式和付款条件,以及运输、保险、税收、技术服务和人员培训等费用计算方面进行评价。根据技术和商务评标的结果,由评标委员会对全部投标文件进行综合评价与比较,提出中标候选人顺序。应当注意,最佳投标不一定是报价最低的标,而是实质上响应招标文件规定、能最大限度地满足招标文件中的各项综合评价标准且报价又较低的投标。具体的评标方法将在4.4节作详细介绍。

(4)评标报告

评标完成后,评标委员会应准备评标报告,其内容包括以下3个方面。

①评标情况介绍,包括项目简况、招投标过程概述、投标人名册、开标记录、评标过程概述等;

②评标意见,包括对每份投标文件的符合性审查,有关技术、经济资料的分析和比较,评标结果和对中标单位的推荐意见等;

③作为分析依据的各种计算明细表等资料。

如为国际金融组织贷款项目,评标报告还要报请有关金融组织批准。

(5)定标

通常由招标人根据评标报告和推荐的中标候选人决定中标人。招标人也可授权评标委员会直接确定中标人。如为国际金融组织贷款项目,中标决定还要报有关金融组织征询意见。在确定中标人后,招标人应尽快向其发出"中标通知书",同时将中标结果通知所有未中标的投标人。中标通知书对招标人和中标人具有法律效力。中标通知书发出后,招标人改变中标结果的,或者中标人放弃中标项目的,应依法承担法律责任。接到中标通知书后,中标人应在规定时间内向招标人递交履约保证金,其金额一般为合同价的10%,并由招标人可接受的银行以银行保函的形式出具。

(6)拒绝全部投标和重新招标

招标文件中一般规定,在出现了下述情况之一时,招标人有权拒绝全部投标:

①所有投标文件均不符合招标文件要求;

②最低投标报价大大超过标底(一般20%以上),招标人无力接受投标;

③投标人数量过少(不超过3家),明显缺乏竞争力。

如果决定重新招标,在此之前应仔细分析本次招标失败的原因。问题往往会出在有缺陷的技术规范或过于苛刻的商务或其他条件上。在这种情况下,必须对招标文件作相应修改,以免同样情况再次出现。

3. 签订合同

在接到中标通知书后,中标人应在规定时间和地点与招标人签订合同。合同应以招标文件和中标人的投标文件为准,不能有实质性背离。合同签订的时间不应迟于发出中标通知书后30日。如果中标人未能按规定签订合同并交纳履约保证金,招标人有权没收其投标保证金。而后,招标人将从投标文件依然有效的投标人中顺序考虑评标结果中的下一个作为中标人。

合同在双方代表签字且招标人收到了中标人的履约保证金后生效。之后,招标人应把投标保证金退还给中标人,同时向未中标人发出"未中标通知书"并退还其投标保证金。

中标人按照合同约定或经招标人同意,可以将中标项目的部分非主体、非关键性工作分包给他人完成。接受分包的人应当具备相应的资格条件,并不得再次分包。

4.3 国际工程设备材料招标文件编制

一、编制招标文件的准备工作

设备材料采购招标文件编制的主要准备工作如下：

①工程设计，一般要求达到初步设计深度或相当于技术设计深度，才能确定设备材料采购要求；

②分标和分包，按照设计要求确定是单纯设备材料采购、按工程项目进行综合采购还是按交钥匙工程要求进行采购，从而决定如何分标和分包；

③确定需要技术服务的项目以便列入招标范围，这些技术服务项目包括培训、赴生产厂审查及质量检验、安装监督、调试等；

④落实资金来源；

⑤确定交货进度要求、交货地点以及考虑有关运输等问题；

⑥确定对供货商进行资格预审还是资格后审。

二、招标文件的内容

下面以世界银行贷款项目货物采购国际竞争性招标文件的条款为框架，详细介绍国际工程设备材料采购招标文件的主要内容。

设备材料采购招标文件一般包含8个方面的内容，即投标邀请书、投标人须知、投标资料表、通用合同条款、专用合同条款及资料表、货物需求一览表、技术规范、格式范例。

（一）投标邀请书

投标邀请书是买方向投标人发出的投标邀请，号召供货商对项目所需的设备材料进行密封式投标。

在投标邀请书中一般说明如下事项：买方单位，招标性质，资金来源，工程简况，分标情况，投标人需提供的服务，买方回答投标人质询的地址、电传、传真，投标文件送交的地点、截止日期和时刻，开标的时间、地点等。以下是世界银行贷款项目货物采购国际竞争性招标文件中的投标邀请书格式。

投标邀请书

日期：..............................

贷款/信贷号：..............................

招标编号：..............................

1. ....（借款人名称）已向/从国际复兴开发银行和/或国际开发协会（以下简称世界银行）申请/获得一笔以多种货币计算的贷款/信贷，用于支付..............................项目的费用，并计划将一部分贷款/信贷用于..............................合同项下的合格支付。

2. ....（采购代理名称）受..............................（项目单位名称）（买方）委托，邀请合格投标人就下列货物和有关服务提交密封投标：

....

....

3. 有兴趣的合格投标人可在下述办公室________(采购代理名称)(发售招标文件和询问有关招标文件事项的办公室的通信地址,电报、电传和/或传真号码)得到进一步的信息和查阅招标文件。

4. 有兴趣的投标人可从____年____月____日起每天(节假日除外)上/下午____时(买方国标准时间)在下述地址购买招标文件,本招标文件每套售价____美元(或买方国货币),售后不退。

5. 投标人须知和通用合同条款中的条文是世界银行标准货物采购招标文件中的条文。

6. 所有投标文件都应于____年____月____日(买方国标准时间)____时之前递交到上述地址,并须附有________(固定金额或投标金额的某一百分比)的投标保证金。

7. 兹定于____年____月____日(买方国标准时间)____时,在________(地点)公开开标。届时请参加投标的代表出席开标仪式。

采购代理名称:________________

详细地址:________________

电传:________________

电话:________________

传真:________________

(二)投标人须知

投标人须知是招标文件的重要组成部分之一,是招标人为投标人编制和递交投标文件提供的指导性文件。下面介绍其具体内容。

1. 总则

(1)资金来源

说明买方的资金来源。如系国际金融组织贷款,应说明金融机构的名称以及贷款支付时的限制条件。

(2)合格的投标人

凡是来自世界银行采购指南规定的合格来源国的投标人均为合格投标人。投标人不得直接或间接地与买方为采购本投标邀请书所述的货物进行设计、编制规范和其他文件而雇佣的咨询公司或其附属机构过去或现在还有任何联系。买方所在国的政府所拥有的企业只有在法律上和财务上独立,并且按照商业法运作并独立于买方机构才能参加投标。

(3)合格的货物和服务

合同中提供的所有货物及其服务,均应来自世界银行采购指南规定的合格来源国,本合同的支付也仅限于这些货物和服务。来源地系指设备材料开采、生长或生产或提供有关服务的来源地。设备材料是指制造、加工或实质上装配了主要部件而形成的货物。商业上公认的产品是指在基本特征、性能或功能上与部件有着实质性区别的产品。

(4)投标费用

不论投标结果如何,"投标资料表"中所述的买方在任何情况下均无义务和责任承担这些费用。

2. **招标文件**

(1)招标文件的构成

招标文件包括以下内容。

①投标邀请书；

②投标人须知；

③投标资料表；

④通用合同条款；

⑤专用合同条款及资料表；

⑥货物需求一览表；

⑦技术规范；

⑧投标函格式和投标报价表；

⑨投标保证金格式；

⑩合同格式；

⑪履约保证金格式；

⑫预付款银行保函格式；

⑬制造厂家授权书格式；

⑭资格文件；

⑮买方开具的信用证样本。

(2)招标文件的澄清

投标人可以用书面形式或电报要求买方对招标文件进行澄清。买方应书面答复所有质询的问题，并将其送达所有投标人，但不涉及问题的由来。

(3)招标文件的修改

无论出于何种原因，买方均可在投标截止日期前对招标文件作出修改，所有此类修改均应以书面形式送交全部投标人。如有必要，买方可酌情延长投标截止日期。

3. **投标文件的编制**

(1)投标的语言

投标人提交的投标文件以及投标人与买方就有关投标的所有来往函电均应使用“投标资料表”中规定的语言书写。投标人提交的支持文件和印制的文献可以用另一种语言，但相应内容应附有“投标资料表”中规定语言的翻译本，在解释投标文件时以翻译本为准。

(2)投标文件的构成

投标文件应包括下列部分：

①填好的投标书格式和投标报价表；

②资格证明文件；

③证明设备材料的合格性和符合招标文件规定的文件；

④投标保证金。

(3)投标书格式

投标人应完整地填写招标文件中提供的投标书格式和投标报价表，说明所提供的设备材料名称、设备材料简介、来源地、数量和价格等。

(4)投标报价

投标价格分两种情况:i.买方本国供应的设备材料,报工厂交货价、仓库交货价、展室交货价或货架交货价;ii.从国外进口的设备材料,报CIF价或CIP价。无论采用哪种方式,报价必须包括制造和装配货物所使用的材料、部件及货物本身的关税、产品税、销售税和其他税。如果"投标资料表"中有规定,可以按FOB、FCA等其他国际贸易术语解释通则规定的报价。

(5)投标货币

除非"投标资料表"中另有规定,投标人从买方本国提供的货物和服务应该用买方国家的货币报价;从买方本国境外提供的货物和服务可以用任何世界银行成员国的货币报价。

(6)证明投标人合格和资格的文件

投标文件中应包括投标人有资格参加投标和中标后有能力履行合同的文件,投标人按招标文件提交的资格证明文件应使买方满意。

(7)证明设备材料的合格性和符合招标文件规定的文件

投标人证明其拟提供设备材料及服务符合招标文件规定的证明文件应包括投标报价表中的对设备材料和服务的来源地声明,并在装运时出具来源地证书。这些证明文件可以是文字资料、图纸和数据,而且投标人必须提供:

①设备材料主要技术性能的详细描述;

②买方正常使用一定期间内所需的备件、特种工具等的清单;

③逐条对买方要求的技术规范进行评议,指出所提供的设备材料和服务是否作出实质性响应,或逐条填写规格响应表。

应当注意,买方在技术规范中指出的工艺、材料和设备的标准以及参照的牌号或分类号仅起说明作用,并没有任何限制性,投标人可以选用替代标准、牌号或分类号,但这些替代要实质上优于或相当于原技术规范并使买方满意。

(8)投标保证金

投标人应提交一笔符合"投标资料表"规定的投标保证金,并作为其投标文件的一部分。未包含投标保证金的投标文件将被拒绝。未中标人的投标保证金将在投标有效期期满后30天内退还;中标人的投标保证金将在其签订合同并交纳了履约保证金后退还。当投标人在投标有效期内撤回投标或中标后未按规定签订合同并交纳履约保证金时,其投标保证金将被没收。

(9)投标有效期

所有投标应从开标之日起,在"投标资料表"中规定的投标有效期内有效。投标有效期的期限应能满足评标和签订合同所需时间。在特殊情况下,买方可要求投标人同意延长投标有效期。投标人可以拒绝这种要求而不被没收投标保证金。同意延长的投标人不能修改其投标文件,且要相应延长其投标保证金的有效期。

(10)投标文件的式样和签署

投标人应按要求准备一份投标文件正本和"投标资料表"中规定数目的副本。一旦正本和副本不符,以正本为准。正本、副本的每一页均应由投标人正式授权的代表签字确认。授权书应附在投标文件中。如对错误之处进行删减、增加或修改时,同样要由授权代表签字。

4. 投标文件的递交

(1)投标文件的密封和标记

投标文件的正本和每一份副本都应分别包装,而且要求用内、外两层信封包装和密封。外信封上写明送达的买方地址,并注明投标项目名称及开标之日前不得启封的字样。内信封是准备将迟到的投标文件退还投标人时用的,所以要写上投标人的地址和姓名。如果未按规定书写和密封,买方对由此引起的一切后果概不负责。

(2)投标截止日期

买方收到投标文件的时间不得迟于"投标资料表"中规定的截止时间。在延长投标截止日期的情况下,买方和投标人的有关权利和义务将顺延至新的截止日期。

(3)迟交的投标文件

买方将拒绝并原封退回在投标截止日期后收到的任何投标文件。

(4)投标文件的修改和撤回

投标人可以修改或撤回已递交的投标文件,但买方必须在投标截止日期之前收到书面通知。该修改或撤回通知书应按递交投标文件的有关规定编制、密封、标记和发送,并在内层信封上加注"修改"或"撤回"字样。在投标截止日期之后,投标人不得对其投标文件作任何修改。在投标截止日到投标有效期期满之间的时间内,投标人不得撤回其投标,否则将被没收投标保证金。

5. 开标与评标

(1)买方开标

买方将在"投标资料表"中规定的时间和地点组织公开开标,投标人应派代表参加,并签名报到以证明其出席。买方将做开标记录。

(2)投标文件的澄清以及与买方的联系

买方认为必要时可要求投标人对其投标文件中的有关内容进行澄清。有关澄清的要求和答复均应采用书面形式,但不得对投标价格或实质性内容作任何更改;如果投标人希望递交其他资料给买方以引起买方的注意,则应以书面形式提交。

(3)投标文件的初审

开标后,买方将审查投标文件是否实质上响应了招标文件的要求、有无计算上的错误等。实质上响应是指投标文件应与招标文件的全部条款、条件和规格相符,没有重大偏离或保留。没有实质上响应招标文件要求的投标文件不允许修正,并将被拒绝。若投标文件有计算上的错误,买方将进行修正;若数字和文字不符,以文字为准;若单价与数量的乘积和总价不符,以单价为准。投标报价以修正后的报价为准,并对投标人有约束力。

(4)转换为单一货币

为了便于评标和比较,买方将把用各种货币表示和支付的投标价转换为买方本国的货币或者国际贸易广泛使用的货币(如美元)。

(5)投标文件的评价和比较

买方将只对被确定为实质上响应的投标文件进行评价和比较。评标以投标报价为基础,并按招标文件的规定考虑下列因素:交货期、付款条件的偏差、设备部件与备件和服务费用、售后服务、运营费和维护费、设备的性能和生产率等以及内陆运费、保险及其他伴随的服务费用,以及"投标资料表"所列的其他因素。

(6)国内优惠

如果"投标资料表"中有国内优惠条款,买方可以给予在买方国内制造的设备材料享受评标国内优惠。

(7)与买方接触

从开标之日起至授予合同期间,投标人不得就与其投标文件有关的事项与买方联系。

6. 授予合同

(1)资格后审

一般情况下,如果没有进行资格预审,买方将根据投标人须知列出的标准确定最低评标价的投标人是否有能力满意地履行合同义务,授标决定将考虑投标人的财务、技术和生产能力,其依据是投标人提交的证明文件和买方认为必要的其他资料。若审查通过,则合同授予该投标人;若审查没通过,买方将拒绝其投标并对下一个最低评标价的投标人作类似审查。

(2)合同授予标准

除买方拒绝所有投标外,合同将授予被确定为实质上响应的、能满意地履行合同义务的最低评标价的投标人。

(3)买方授标时有更改采购设备材料数量的权利

买方在授予合同时有权在"投标资料表"规定的幅度内调整"货物需求一览表"中规定的设备材料和服务数量。

(4)买方接受和拒绝任何或所有投标的权利

买方有权在授标前任何时候接受或拒绝任何投标、宣布招标程序无效或拒绝所有投标,并无须做出解释或向受影响的投标人承担任何责任。

(5)中标通知书

在投标有效期期满之前,买方将向中标人发出中标通知书并构成合同的一部分。中标人提交履约保证金后,买方应迅速通知未中标的投标人并按规定退回其投标保证金。

(6)签订合同

买方在发中标通知书的同时,将把招标文件中提供的合同格式连同双方达成的协议寄给中标人。中标人应在收到中标通知书和合同格式后30天内,在合同上签字并注明日期退给买方。

(7)履约保证金

在收到中标通知后,中标人应在规定的30天内按合同条款要求以招标文件规定的格式或其他买方接受的格式提交履约保证金。若中标人未按规定签订合同并提交履约保证金,买方有权取消中标决定并没收其投标保证金。在此情况下,买方可将标授予下一个最低评标价的投标人或者重新招标。

(8)腐败和欺诈行为

如果世界银行认为所建议的中标人在本合同的竞争中有腐败或欺诈行为,则拒绝该授标建议。如果世界银行在任何时候认为某公司在世界银行贷款合同的竞争和实施过程中有腐败或欺诈行为,则该公司在世界银行贷款合同中永远不能中标或在一段时间内不能中标。

(三)投标资料表

"投标资料表"是招标文件的一个重要组成部分。"投标资料表"的内容是对投标人须知的具体补充和修改,为投标人提供具体数据、要求和规定。投标人须知中的文字和规定一般不允许修改,只能在投标资料表中对其进行补充和修改。若投标资料表中的内容与投标人须知不一致,则以投标资料表为准。表 4－1 是世界银行贷款项目货物采购国际竞争性招标文件中的投标资料表格式(部分内容说明文字省略,并注明:此处说明略去)。

表 4－1　货物采购投标资料表

条款号	内　　容
总　则	
1.1	借款人名称:
1.1	贷款/信贷号: 贷款/信贷金额: (如适用)
1.1	项目名称:
1.1	合同名称: (此处说明略去)
4.1	买方名称: 采购代理名称:
6.1	买方地址、电话、电传、传真号: 采购代理地址、电话、电传、传真号:
8.1	投标语言:(此处说明略去)
投标报价和货币	
11.2(a)(iii)、(iv) (可选项)	投标报价为:　　　　(注:从买方本国供应的货物) (规定报出厂价以及说明是否在出厂价之外还要报内陆运输费和伴随服务费)
11.2(b)	投标报价为:　　　　(注:从买方国外供应的货物) (此处说明略去)
11.5	投标报价为固定价或可调整价 (删去不适用的选择)
12.1(a)	(对从买方国内提供的货物和服务,如果投标人可以用外币报价和支付,删除 12.1(a)条,说明如下:) 12.1(a)不适用,12.1(b)适用于所有货物和服务,“从买方国外”这几个字不适用
编制和递交投标文件	
13.3(d)	资格要求: (此处说明略去)
14.3(b)	运行　　年所需的备件
15.1	投标保证金金额: (此处说明略去) 投标保证金应在投标有效期截止日后 30 天内保持有效
16.1	投标有效期:　　天 (此处说明略去)
17.1	副本的份数:
18.2(a)	投标文件递交至:
18.2(b)	投标邀请书的标题和编号:
19.1	投标截止日期:

续表

条款号	内　　容
22.1	开标日期：　　　　　时间： 地点： （此处说明略去）
评　　标	
25.2	为了转换为单一货币而选择的货币： （规定当地货币或一种可转换的货币，如美元） 汇率来源： 汇率日期： （此处说明略去）
26.4	评标标准： （此处说明略去）
26.5(a)	从出厂地点/进口口岸/边境地点至　　　　（项目现场名称）的内陆运输、保险和伴随服务。投标人应提供： * 每件包装箱的估计的尺寸和运输重量 * 每件包装箱的出厂价（EXW），到岸价（CIF），“运费、保险付至……价”（CIP） （此处说明略去）
26.5(b) 方案(i) 方案(ii) 方案(iii)	交货计划 所选方案的相应参数： 按百分比调整；或 按评标货币的某一数量来调整；或 按某一百分比（%）调整。 （此处说明略去）
26.5(c)(ii)	付款计划偏差 年利率：
26.5(d)	备件费用 （此处说明略去）
26.5(e)	买方国内的备件和售后服务设施 （规定最少的服务设施和部件库存或参考技术规范。）
26.5(f)	决定运行和维护费用 计算使用寿命成本的因素：（以下各因素的说明略去） (i)使用寿命的年数； (ii)运行费； (iii)维护费；和 (iv)用于将上述(ii)和(iii)条计算的全部未来每年费用贴现至现值的百分率。 或参考技术规范或招标文件的其他部分规定的方法
26.5(g)	设备性能和生产率 （此处说明略去）
26.5(h)	详细的评标方法或参照技术规格
26.5 备选方案	规定评标因素 （此处说明略去）
27	适用国内优惠 或 国内优惠不适用 （删去不适用的选择）

续表

条款号	内　　容
授予合同	
31.1	数量增减变更：　　　% （只有在适当的情况下才使用选择性条款。一般不超过 15%。）
仲裁	(a) 买方国国内投标人：按买方国仲裁法进行仲裁。买方建议的仲裁委员会是：　　　，除非卖方建议另外的仲裁机构并为买方所接受。 (b) 买方国国外投标人：除非投标时要求联合国国际贸易法委员会的仲裁条例（UNCITRAL）仲裁，一般应按照买方国的仲裁法进行仲裁。

（四）通用合同条款

通用合同条款详细列明了买卖双方在合同实施期间的权利、责任和义务，是投标人投标报价和买卖双方履约的主要依据。它包含以下内容。

1. 定义

对合同中专用的、基本的名词进行定义，如"合同""合同价""货物""服务""通用条款""专用条款""买方""买方国家""卖方""项目现场""天"等。这里一般不列技术专用名词的定义。

2. 适用性

通用合同条款适用于没有被本合同其他部分的条款所取代的范围。

3. 来源地

来源地内容与"投标人须知"中的说明相同。

4. 标准

所交设备材料的技术规范应与招标文件规定的技术规范相一致。如果没有提及适用标准，则应符合货物来源国适用的最新官方标准。

5. 使用合同文件和资料、世界银行的检查和审计

没有买方事先书面同意，卖方不得将由买方或代表买方提供的有关合同或任何合同条文、规范、计划、图纸、模型、样品或资料提供给卖方雇用于履行本合同以外的任何其他人。即使向本合同的雇员提供，也应注意保密并限于履行合同必需的范围。如果世界银行要求，卖方应允许世界银行检查卖方与实施本合同有关的账户和记录，并由世界银行指定的审计人员对其进行审计。

6. 专利权

卖方应保证买方在使用该设备材料或其任何一部分时，免受第三方提出侵犯其专利权、商标权或工业设计权的起诉。

7. 履约保证金

卖方应在收到中标通知书后 30 天内，向买方提交专用条款规定金额的履约保证金，其金额应能补偿买方因卖方不能完成其合同义务而蒙受的损失。

8. 检验和测试

买方或其代表应有权检验和（或）测试货物，以确认货物能符合合同规格的要求，并且不承担额外的费用。检验和测试可以在卖方或其分包人的驻地、交货地点和（或）货物的最终目的地进行。如果任何被检验或测试的货物不能满足规格的要求，买方可以拒绝接受该货物，卖

方应更换被拒绝的货物,或者免费进行必要的修改以满足规范的要求。

9. 包装

卖方应提供货物运至合同规定的最终目的地所需的包装,以防止货物在转运中损失或变质。包装、标记和包装箱内外的单据应严格符合合同要求,包括专用条款规定的要求以及买方后来发出的指示。

10. 交货和单据

卖方应按照"货物需求一览表"规定的条件交货。卖方应提供的装运细节和(或)其他单据在专用条款中有具体规定。

11. 保险

本合同中提供的货物应对其在制造、购置、运输、存放及交货过程中的丢失或损失按专用条款规定的方式,用一种可以自由兑换的货币进行全面保险。

12. 运输

如果合同要求卖方以离岸价(FOB)交货,卖方应负责办理、支付直至将货物在指定的装船港装上船的一切事项,有关费用包括在合同价中。如果合同要求卖方以货交承运人(FCA)价交货,卖方应负责办理、支付将货物在买方指定地点或其他同意的地点交由承运人包管的一切事项,有关费用应包括在合同价中。

如果合同要求卖方以到岸价(CIF)或运费和保险付至……价(CIP)交货,卖方应负责办理、支付将货物运至目的港或本合同中指定的买方国内的其他目的地的一切事项,有关费用应包括在合同价中。

如果合同要求卖方将货物运至买方国内指定的目的地某一项项目现场,卖方应负责办理货物运至买方国指定的目的地,包括合同规定的保险和储存在内的一切事项,有关费用应包括在合同价中。

13. 伴随服务

卖方可能被要求提供下列服务中的任一或所有服务:i. 实施或监督所供货物的现场组装和(或)启动;ii. 提供货物组装和(或)维修所需的工具;iii. 为所供货物的每一适当的单台设备提供详细的操作和维修手册;iv. 在双方商定的一定期限内对所供货物实施运行或监督或维修或修理,但前提条件是该服务并不能免除卖方在合同保证期内所承担的义务;v. 在卖方厂家和(或)在项目现场就所供货物的组装、启动、运行、维护和(或)修理对买方人员进行培训。

14. 备件

卖方应向买方提供买方从卖方选购的备件。在备件停止生产的情况下,卖方应事先将要停止生产的计划通知买方,使买方有足够的时间采购所需的备件。并且在停止生产后,如果买方要求,卖方应向买方免费提供备件的蓝图、图纸和规格。

15. 保证

卖方应保证合同项下所供货物是全新的、未使用过的,并且是最新或目前的型号,除非合同另有规定,货物应含有设计上和材料的全部最新改进。本保证在货物或其中任一部分交运到合同指明的最终目的地并验收后的 12 个月内有效,或在货物从货源国装运口岸或地点启运日期后 18 个月内有效,哪一种情况早发生就以哪一种情况为准。

买方应尽快以书面形式向卖方提出本保证期内所产生的索赔。卖方收到通知后应在专用条款规定的时间内以合理的速度免费维修或更换有缺陷的货物或部件,被修理或更换的货物或部件从出厂地或进口港至最终目的地的内陆运费由买方承担。

16. 付款

卖方应书面向买方提出付款要求，并附上对已递交的货物和已履行的服务的发票和单证，以及合同规定的其他义务已经履行的证明。买方应及时进行支付，任何情况下都不得晚于卖方提交发票或提出要求后60天。

17. 价格

除了专用条款中允许的价格调整之外或者在卖方要求延长投标有效期的情况下，卖方在本合同项下提交货物和履行服务收取的价格应该是卖方在投标文件中所报的价格。

18. 变更指令

买方可以在任何时候书面向卖方发出以下指令：i. 如果货物是专为买方制造时，变更图纸、设计或规格；ii. 运输或包装的方法；iii. 交货地点；和/或 iv. 卖方提供的服务。如果上述变更使卖方履行合同义务的费用或时间增加或减少，合同价或交货时间或两者将进行公平的调整，同时相应修改合同。卖方根据本条件进行调整的要求必须在收到买方的变更指令后30天内提出。

19. 合同修改

任何对合同条件的变更或修改均需双方签订书面的修改书。

20. 转让

除买方事先书面同意外，卖方不得部分转让或全部转让其应履行的合同义务。

21. 分包

如投标文件中没有明确分包合同，卖方应书面通知买方其在本合同中所分包的全部分包合同，无论原投标文件中的还是后来的分包通知均不能解除卖方履行本合同的责任和义务。

22. 卖方履约延误

卖方应按照“货物需求一览表”中买方规定的时间表交货和提供服务。在履行合同过程中，如果卖方及其分包人遇到妨碍按时交货和提供服务的情况时，应及时以书面形式将拖延的事实、可能拖延的时间和原因通知买方。买方在收到卖方通知后，应尽快对情况进行评价，并确定是否酌情延长交货时间以及是否收取误期赔偿费。延期应通过修改合同的方式由双方认可。

23. 误期赔偿费

除非受不可抗力事件影响，若卖方没有按时交货和提供服务，买方可从货款中扣除误期赔偿费而不影响合同规定的其他补救方法。合同应规定误期赔偿费的扣除方法和最高限额。一旦扣除金额达到最高限额，买方可考虑终止合同。

24. 违约终止合同

在下述情况下，买方可向卖方发出书面通知，终止部分或全部合同：

①卖方未能在合同规定的期限或买方同意延长的期限内提供部分或全部设备材料；或

②卖方未能履行合同规定的其他义务；或

③买方认为卖方在合同的竞争或实施中有腐败和欺诈行为。

若终止了全部或部分合同，买方可自行购买与未交设备材料类似的设备材料，由此导致的超出的费用由卖方负责。若部分终止合同，卖方应继续执行合同中未终止的部分。

25. **不可抗力**

“不可抗力”是指那些当事人无法控制、不可预见的事件,但不包括卖方的违约或疏忽。如果因不可抗力而使卖方延误实施合同或不能履行合同义务,其不应被没收履约保证金,也不应承担误期赔偿或终止合同的责任。发生不可抗力事件后,受影响一方应及时书面通知另一方,双方经协商延长履行合同期限或解除合同。

26. **因破产而终止合同**

如果卖方破产或无清偿能力,买方可以书面通知卖方终止合同而不给卖方补偿。

27. **因买方的便利而终止合同**

有的设备材料采购合同(如世界银行贷款项目国内竞争性招标文件)包含了便利终止合同条款,在这种情况下,买方可在任何时候出于自身的便利向卖方发出书面通知全部或部分终止合同。对由此给卖方带来的损失以及卖方已完成的供货和服务,买方应给予适当的补偿。

28. **争端的解决**

执行合同过程中发生的争端,双方应通过友好协商解决。协商不能解决时,双方应将争端提交仲裁或诉讼解决,裁决将是最终的。争端的具体解决方式应在合同中明确规定。

29. **主导语言**

本合同应用专用条款中规定的语言书写,用规定语言书写的合同版本为主导版本。双方交换的与合同有关的信件和其他文件应用主导语言书写。

30. **适用法律**

除非专用条款另有规定,本合同应按照买方国家的法律进行解释。

31. **通知**

一方给对方的通知应用书面形式或电报、电传或传真送到专用条款中规定的对方的地址,电报、电传或传真要经书面确认。通知以送到日期或通知书的生效日期为生效日期,两者中以晚的一个日期为准。

32. **税和关税**

买方国国外的卖方应对买方国家以外征收的一切税、印花税、许可证费和其他税费负全部责任。买方国国内的卖方应对合同货物递交给买方以前所征收的一切税、关税、许可证费等负全部责任。

(五)专用合同条款及资料表

专用合同条款是对通用合同条款的补充,如果专用合同条款与通用合同条款有矛盾,专用合同条款将取代通用合同条款的相关规定。

(六)货物需求一览表

为了使投标人对所需货物及有关采购要求一目了然,需将它们单列出来,其格式如表4-2所示。用周(月)表示的交货计划时间表中的交货日期是指在以下地点的交货日期:

①出厂价合同在制造厂家交货;或

②离岸价(FOB)或到岸价(CIF)合同在启运港交给承运人;或

③(FCA)或“运费和保险费付至……”价(CIP)合同交给承运人。

表 4-2　货物需求一览表

序　号	货物名称	数　量	交货期 从____起____周(月)

(七)技术规范

技术规范与图纸(如果有的话)共同构成买方对设备材料的技术要求以及技术服务的要求,这是投标人在投标时应遵循的主要条件。技术规范文件一般由总则、说明和评标准则、技术要求和检验等部分构成。

如果允许提供规格不同或有一定偏差的产品,也应在这里说明,同时指出容许的偏差范围和出现偏差时的评标标准。

(八)格式范例

1. 投标书格式

投标书格式如下所示。

投标书格式

日期:

贷款号:

招标编号:

致:______________________(买方名称和地址)

先生们和/或女士们:

在审阅了招标文件包括确已收到的第____号补遗(插入编号),我方下述签字人将按照招标文件的规定提供总价______(用文字和数字表示的投标总价)或者按照作为本合同一部分的投标报价表确定的其他金额的______(货物和服务说明)。

如果我们中标,我们将按照货物需求一览表中规定的交货期交货。

如果我们中标,为了履行合同,我们将用买方所规定的格式办理总额相当于合同价百分之______的履约保证金银行保函。

我们同意本投标文件在投标人须知第 22 条规定的开标日期起____天有效,并对我方具有约束力。我方投标在有效期期满之前均有可能中标。

根据投标人须知第 2 条规定,我方承诺,在过去或现在与买方聘请的为此项目提供咨询服务的公司及任何附属机构均无联系,我方不是买方的附属机构。

在正式合同准备好和签字前,本投标文件及贵方的书面中标通知书将构成约束我们双方的合同。我方为本投标和中标后的合同实施已付和要付给代理机构的佣金和报酬如下(如果有的话):

代理的名称和地址　　数量和货币　　佣金或报酬的目的

……………………　　……………………　　……………………

……………………　　……………………　　……………………

（如果没有，则注明“无”）

我们完全理解贵方不一定要接受最低报价的投标或收到的任何投标。

出具日期：……………………

签字：……………………　职务：……………………

代表：……………………（卖方）

公章：……………………

2. 国外供货投标报价表

国外供货投标报价表见表4－3。

表4－3　国外供货的投标报价表

投标人名称________　招标编号________　第____页 共____页

1	2	3	4	5	6	7	8
品目号	货物名称	原产地	数量	装货港或地点（注明口岸和地点）（FOB）或（FCA）单价	进口港（注明口岸）（CIF）或指明地点（注明边境口岸或目的地）（CIP）单价	每项（CIF）或（CIP）总价（4×6）	至最终目的地内陆交货单价和其他伴随服务单价

3. 投标保证金格式

投标保证金“银行保函格式”如下所示。

银行保函格式

鉴于……………………（投标人名称）（以下简称“投标人”）于……………………（递交投标文件日期）递交了提供……………………（货物名称和说明）的投标文件（以下简称投标文件）。

在……………………（国家名称）……………………（银行地址）注册的……………………（银行名称）（以下简称本行）于……年……月……日在此盖章声明，保证并约束本行及其后继者承担向……………………（买方名称）（以下简称“买方”）支付总额……………………的责任。

本支付责任的条件是：

（1）如果投标人在其投标函中所述投标有效期内撤回其投标；或如果

（2）投标人在投标有效期内收到买方发出的中标通知书后：

(a)未能或拒绝与买方签订合同,如果要求签合同;或

(b)未能或拒绝按照投标人须知的规定提交履约保证金。

在收到买方第一次书面要求后,只要买方说明要求支付的原因是由于上述两个条件的一个或两个,并说明出现的情况而不需要证明,本行就向买方支付上述金额。

本保函自开标之日起到投标有效期期满后30天有效,有关上述支付的要求必须在上述截止日期前送达本行。

银行签字:______________________________

公章:______________________________

4. 合同格式

合同格式如下所示。

合同格式

本合同于____年__月__日由________(买方国家)的____________(买方名称)(以下简称"买方")为一方和__________(卖方国家和城市)的__________(卖方名称)(以下简称"卖方")为另一方,按下述条款和条件签署。

鉴于买方为获得以下货物和伴随服务,即(货物和服务简介)而邀请投标,并接受了卖方以总金额______________________(用文字和数字表示的合同价)(以下简称"合同价")提供上述货物和服务的投标。

本协议在此声明如下。

1. 本协议中的词语和术语的含义与合同条款中定义的相同。
2. 下述文件是本协议的一部分,并与本协议一起阅读和解释:

(1)投标人提交的投标函和投标报价表;

(2)货物需求一览表;

(3)技术规范;

(4)通用合同条款;

(5)专用合同条款包括的资料表;

(6)买方的中标通知书。

3. 考虑到买方将按照本规定向卖方支付,卖方在此保证全部按照合同的规定向买方提供货物和服务,并修补缺陷。

4. 考虑到卖方提供的货物和服务并修补缺陷,买方在此保证按照合同规定的时间和方式向卖方支付合同价或其他按合同规定应支付的金额。

双方在上述日期根据各自的法律签署本协议。

买方签字、盖章______________　　卖方签字、盖章______________

(买方授权代表姓名)　　(卖方授权代表姓名)

买方证明人＿＿＿＿＿＿＿＿ 卖方证明人＿＿＿＿＿＿＿＿
（买方证明人姓名） （卖方证明人姓名）

5. **履约保证金格式**

履约保证金的银行保函格式如下所示。

银行保函格式

致：＿＿＿＿＿＿＿＿＿＿＿＿（买方名称）

鉴于＿＿＿＿＿＿＿＿（卖方名称）（以下简称“卖方”）根据＿＿＿年＿＿月＿＿日签订的＿＿＿号合同向买方提供＿＿＿＿＿＿＿＿（货物和服务描述）（以下称为“合同”）。

根据贵方在合同中规定卖方应向贵方提交由一家信誉良好的银行出具的在合同中规定的金额的银行保函作为卖方履行合同义务的保证金。

我行同意为卖方出具此保函：

我行特此承诺，我行作为保证人并以卖方的名义向贵方出具总额为＿＿＿＿＿（以大写和数字表示的保证金金额）的保函。我行在收到贵方第一次书面宣布卖方违反了合同规定之后，就无条件地向贵方支付保函限额之内的一笔或数笔款项，而贵方无须证明或说明要求的原因和理由。

本保函在＿＿＿年＿＿月＿＿日前一直有效。

银行签字，盖章：＿＿＿＿＿＿＿＿＿＿＿＿

日期：＿＿＿＿＿＿＿＿＿＿＿＿

地址：＿＿＿＿＿＿＿＿＿＿＿＿

6. **预付款银行保函格式**

预付款银行保函格式如下所示。

预付款银行保函格式

致：＿＿＿＿＿＿＿＿＿＿＿＿（买方名称）

＿＿＿＿＿＿＿＿＿＿＿＿（合同名称）

先生们和/或女士们：

根据修正通用合同条款第16条的专用合同条款中的支付规定，＿＿＿＿＿＿＿＿（卖方名称、地址）（以下简称“卖方”）要得到预付款，必须向买方提交总额为＿＿＿＿＿＿＿＿＿＿（以文字和数字表示的保证金金额）的银行保函，以保证其正确和忠实地履行所述的合同条款。

我行＿＿＿＿＿＿＿＿＿＿（银行名称）根据卖方的要求，无条件地和不可撤销地同意作为主要责任人而不仅仅作为保证人，保证在收到买方的第一次要求就支付给买方不超过＿＿＿＿＿＿＿＿＿＿（以文字和数字表示的保证金金额）的金额，我行无权反对和不需要先向卖方索赔。

我行进而同意，要履行的合同条件或买卖双方签署的其他合同文件的改变、增加或修改，无论如何均不能免除我行在本保函下的任何责任。我行在此表示不要求接到上述改变、增加或修改的通知。

本保函从卖方收到合同预付款起直至＿＿＿年＿＿月＿＿日前一直有效。

保证人签字、盖章：＿＿＿＿＿＿＿＿＿＿＿＿＿＿＿＿

＿＿＿＿＿＿＿＿＿＿＿＿＿＿＿＿

（银行名称）

＿＿＿＿＿＿＿＿＿＿＿＿＿＿＿＿

（地址）

＿＿＿＿＿＿＿＿＿＿＿＿＿＿＿＿

（日期）

7. 制造厂家授权书格式（如果投标人按合同提供的货物不是自己制造的）

制造厂家授权书格式如下所示。

制造厂家的授权书

致：＿＿＿＿＿＿＿＿＿＿＿＿＿＿＿（买方名称）

位于＿＿＿＿＿＿＿＿＿＿＿＿（制造厂家地址）＿＿＿＿＿＿＿＿＿＿＿＿＿（制造厂家名称）是有声望的制造＿＿＿＿＿＿（货物名称描述）的制造者，在此授权＿＿＿＿＿＿＿＿＿＿（代理机构名称和地址）就第＿＿＿号招标（见投标邀请书）用我厂制造的货物递交投标文件，与你方进行后续合同谈判和签订合同。

我方在此保证为上述公司响应本次招标而提供的货物按照通用合同条款第15条和专用合同条款第12条的规定提供全部质量保证。

＿＿＿＿＿＿＿＿＿＿＿＿＿＿

（制造厂家代表签字）

8. 资格证明文件

资格证明文件包括：

格式1　资格声明；

格式2　制造厂家资格声明；

格式3　贸易公司（作为代理）的资格声明；

格式4　证书。

格式1 资格声明

致：________________

资格声明

亲爱的先生：

为响应你方____年__月__日的第____号投标邀请书，下述签字人愿意参与投标，提供货物需求一览表中规定的________________（货物品目号和名称），提交下述文件并证明全部说明是真实的和正确的。

(1) 由________________（制造厂家名称）为提供________________（货物品目号和名称）的授权书1份正本，3份副本，我方代表该制造厂家并受其约束（投标人是作为代理的贸易公司时）。

(2) 我方和制造厂家的资格声明，各有1份正本，3份副本。

(3) 下述签字人在证书中证明本资格文件中的内容是真实的和正确的，同时附上我方银行（银行名称）出具的资信证明。

制造厂家或贸易公司的名称和地址：

授权签署本资格文件的授权人的签字

________________ （姓名）	________________ （打印的姓名）
________________ （地址）	________________ （职务）
________________ （电传/传真号）	________________ （电话号码）

格式2 制造厂家资格声明

1. 名称及其他情况：

(1) 制造厂家名称：________________

(2) 总部地址：________________

电传/传真/电话号码：________________

(3) 成立和/或注册日期：________________

(4) 实收资本：________________

(5) 近期资产负债表（到____年____月____日止）

①固定资产：________________

②流动资金：________________

③长期负债：________________

④短期负债：________________

⑤净值：________________

(6) 主要负责人姓名（可选填）：________________

(7) 制造厂家在买方国的代表的姓名和地址（如有的话）：________________

2. 制造投标货物的设施及其他情况：

(1) 关于制造投标货物的设施及其他情况：

工厂名称地址	生产的项目	年生产能力	职工人数
……	……	……	……
……	……	……	……

(2) 本制造厂家不生产，而需从其他制造厂购买的主要零部件：

制造厂家名称和地址	主要零部件名称
……	……

3. 制造厂家生产此投标货物的经验(年数)(包括项目业主、额定容量、系统电压、初始商业运作日期等)：

……

……

4. 近 3 年该货物主要销售给国内、外主要客户的名称地址：

名称和地址	销售项目
……	……
……	……

出口销售额：……

5. 近 3 年的年营业额：

年份	国内	出口	总额
……	……	……	……
……	……	……	……

6. 易损件供应商的名称和地址：

部件名称	供应商
……	……
……	……

7. 最近 3 年直接或通过贸易公司向买方国提供的投标货物：

合同编号：

签字日期：

项目名称：

数量：

合同金额：

8. 有关开户银行的名称和地址：……

9. 制造厂家所属的集团公司(如有的话)：

10. 其他情况：……

兹证明上述声明是真实、正确的，并提供了全部能提供的资料和数据，我们同意遵照贵方要求出示有关证明文件。

制造商名称：……

授权代表签字：________________

授权代表的职务：______________

日期：__________

传真/电传/电话号码：____________________

格式3　贸易公司（作为代理）的资格声明

1. 名称及其他情况：

(1) 制造厂家名称：____________________________

(2) 总部地址：__________________________________

电传/传真/电话号码：________________________

(3) 成立和/或注册日期：__________________________

(4) 实收资本：__________________________________

(5) 近期资产负债表（到____年____月____日止）

①固定资产：______________________

②流动资金：______________________

③长期负债：______________________

④短期负债：______________________

⑤净值：__________________________

(6) 主要负责人姓名（可选填）：______________________________

(7) 制造厂家在买方国的代表的姓名和地址（如有的话）：________________

2. 最近3年的年度总营业额：

年份	国内	出口	总额
__________	__________	__________	__________
__________	__________	__________	__________

3. 最近3年投标货物主要销售给国内及国外用户名称及地址：

	名称和地址	销售的项目
(1) 出口销售：		
	__________	______________
	__________	______________
(2) 国内销售：		
	__________	______________
	__________	______________

4. 同意为投标人制造投标货物的制造厂（附制造厂资格声明）：

制造项目和数量	制造厂名称和地址
________________	________________
________________	________________

5. 由其他制造厂家供应和制造的部件（如果有的话）：

制造项目	制造厂名称和地址

....　　................................

....　　................................

6. 最近 3 年中与各贸易公司成交的此种投标货物(如果有的话):
　年合同额:................................
7. 有关开户银行的名称和地址:................................
8. 其他制造厂家所属的集团公司(如有的话):
9. 其他情况:................................

兹证明上述声明是真实、正确的,并提供了全部能提供的资料和数据,我们同意遵照贵方要求出示有关证明文件。

日期:................................
授权代表签字:................................
授权代表姓名:................................
授权代表的职务:................................
传真/电传/电话号码:................................

格式 4　证书

下述签字人证明本资格文件和要求的格式中的说明是真实的和正确的。

下述签字人在此授权并要求任一银行提供买方要求的任何有关资料,买方认为这些资料对验证本声明或我方能力和一般信誉是必要的,同时附上从我方银行................(银行名称)出具的资信证明。

下述签字人知道,买方可能要求提供进一步的资格材料并同意按买方要求提交。

制造厂家或贸易公司的名称和地址	授权签署本资格文件的授权人的签字
.... (姓名)	.... (打印的姓名)
.... (地址)	.... (职务)
.... (传真/电传号)	.... (电话号码)

4.4　国际工程设备材料评标方法

与国际工程施工评标不同的是,设备材料采购评标在通常情况下不仅要看投标报价的高低,还要综合考虑其他多种因素。例如,买方在设备材料运抵现场过程中可能要支付的运费和保险费,设备在评审预定的寿命期内可能投入的运行和维护费,等等。国际工程设备材料采购评标通常采用两类方法,即评标价比较法和评分法。

一、评标价比较法

评标价比较法以国际工程设备材料采购的费用为基础,对所有投标文件进行评审和比较,按照标的物性质和特点的不同,又可分为最低报价法、综合评标价法和寿命期费用评标价法三种。

(一)最低报价法

采购简单商品、半成品、原材料以及其他技术规范简单的货物,由于它们的性能、质量相同或容易进行比较,评标仅以投标报价作为唯一尺度,即将合同授予报价最低的投标人。

价格计算分两种情况:若拟采购的货物由买方国国内生产,则投标报价应为工厂交货价、仓库交货价、展室交货价或货架交货价;若拟采购的货物从国外进口,则报价使用包括货款、保险费、运费的CIF价(适用于水上运输)或CIP价(适用于包括多式联运在内的各种运输方式)。无论采用哪种方式,报价都包括制造和装配货物所使用的材料、部件及货物本身已支付或将支付的关税、产品税、销售税和其他税款。

(二)综合评标价法

综合评标价法是综合考虑投标报价以外的各种评标因素,并将这些因素用货币表示,然后在投标报价的基础上增加或减掉这些费用得到综合评标价,评标价最低者中标。采购机组、车辆等大型设备时,多采用这种方法。综合评标价的计算有一定难度,主要依靠评标成员的经验和水平。除投标报价外,尚需要考虑以下因素。

1. 国内运费和保险费

在一般情况下,对每份投标文件而言,设备材料从国内工厂(出厂价情况下)或目的港(CIF价情况下)到达最终目的地的距离不同、运输条件各异,因而国内运费、保险费及其他有关费用也就不尽相同。这部分费用一般由买方承担,应在每份投标文件的评审中区别对待。将它们换算为评标价格时,可按照运输(铁路、公路、水运)部门、保险公司以及其他有关部门公布的取费标准,计算设备材料运抵最终目的地将要发生的费用。

2. 交货期

招标文件规定的交货期一般都有一个幅度。因提前交货而使买方获益者,除非另有规定,一般在招标文件中规定不给予评标优惠。投标文件提出的交货期超过招标文件规定的最迟日期时,其标书一般都被拒绝。交货期在允许的幅度以内的投标文件,应相互比较,并按一定标准将各标书不同交货期的差别及其给买方带来的不同效益影响作为评标因素之一,计入标价。例如,以所允许幅度范围内最早交货期为准,每迟交货一个月,按投标价的某一百分比(一般为2%)计算折算价,将其加到投标报价上去。

3. 支付条件

在一般国际工程设备材料采购中,招标文件都规定在签订合同、装船或交货、验收时分别支付货款的一部分,投标人在报价时应考虑规定的付款条件。如果投标文件对此有较大偏离且令买方无法接受,则可视为非响应性投标而予以拒绝。反之,如果投标文件对付款条件的偏离在可接受的范围内,应将因偏离而给买方增加的费用(资金利息等),按招标文件中规定的贴现率换算成评标时的净现值,作为评标价的一部分加到报价之上。

4. 零配件和售后服务

零配件的评价以设备运行期一定时间内各类易损配件的获取途径和价格作为评标要素。售后服务的评价内容一般包括安装监督、设备调试、提供备件、负责维修、人员培训等工作,评价提供这些服务的可能性和价格。

评标时如何对待这两笔费用,要视招标文件的规定区别对待。若这些费用已要求投标人包括在投标报价之内,则评标时不再考虑这些因素;若要求投标人在投标报价之外单报这些费用,则应将其加到报价上。如果招标文件中没有作出上述任何一种规定,则评标时应按投标文件技术规范附件中由投标人填报的备件名称、数量计算可能需购置的总价格,以及由招标人自行安排的售后服务价格,然后将其加到投标报价上去。

5. 性能、质量及生产能力

投标设备应具有招标文件技术规范中规定的性能和生产效率。如所提供设备的性能、生产能力等某些技术指标没有达到技术规范要求的基准参数,则每种参数同基准参数相比每降低 1%,或相差一个计量单位,应在投标报价上增加若干金额。为了减少制定技术标准和评标时的工作量,实际操作中往往只将若干主要性能参数作为评标时应考虑的因素。

将以上各项评审价格加到投标报价上去后,累计金额即为该投标文件的综合评标价。

(三)寿命期费用评标价法

这种方法是在综合评标价的基础上,进一步加上一定运行年限内的费用作为评标价格。采购生产线、成套设备、车辆等运行期内各种后续费用(零配件、油料、燃料、维修等)较高的货物时,可采用寿命期费用评标价法。评标时应首先确定一个统一的设备评审寿命期,然后再根据各投标文件的实际情况,在投标报价上加上该寿命期内所发生的各项运行和维护费用,再减去寿命期末设备的残值。计算各项运行和维护费用及残值时,都应按招标文件中规定的贴现率折算成净现值。这些以贴现值计算的费用包括以下 3 个方面。

①估算寿命期内所需的燃料、油料、电力和热能等消耗费。

②估算寿命期内所需零配件及维修费用。所需零配件及维修费用可按投标人在技术规范附件中提供的担保数字,或过去已用过、可作参考的类似设备实际消耗数据为基础,以运行时间来计算。

③估算寿命期末的残值。

以上在综合评标价法和寿命期费用评标价法中得出的评标价,仅在评标时作为投标比较、排名之用,以便选择中标人,而在签订合同时仍以原投标报价为准。

二、评分法

评分法是将各评分因素按其重要性确定权重(所占百分比),再按此权重分别对各投标文件的报价和各种服务进行评分,累计得分最高者中标。

设备材料采购评价投标文件优劣的因素包括:

①投标价格;

②在买方将设备材料由买方国国内工厂或目的港运至最终目的地过程中发生的运费、保险费和其他费用;

③投标文件中所报的交货期;

④偏离招标文件规定的付款条件;

⑤备件价格;

⑥技术服务和培训费;

⑦设备的性能、质量、生产能力;

⑧买方国国内提供所报设备备件及售后服务情况。

评分因素确定后,应依据采购标的物的性质、特点以及各因素对买方总投资的影响程度具体划分权重和评分标准,应分清主次,不能一概而论。最后,由评标人对各因素进行评分,累计得分最高的投标人即为中标人。下面是世界银行贷款采购项目通常采用的权重分配比例,以供参考。

设备材料投标报价	60~70 分
标准备件价格	0~20 分
技术性能、维修及运行费	0~20 分
服务和备件的提供	0~20 分
设计标准化等	0~20 分
总计	100 分

评分法的好处是简便易行,评标考虑因素更为全面,可以将难以用金额表示的各项要素量化后进行比较,从中选出最好的投标文件。缺点是各评标人独立给分,受评标人主观随意性的影响可能比较大。为了保证评标的准确性,要求评标人具有较高的专业水平和广博的知识。另外,加工订购设备材料招标时,投标人提供的设备材料型号、规格各异,难以合理确定不同技术性能的有关权重和每一性能应得的分数,有时甚至会忽视某一投标人设备材料的一些重要指标。若采用评分法评标,评分因素和各因素的权重分配均应在招标文件中加以说明。

4.5 国际工程设备招投标实例

一、采购项目背景及相关信息

南亚某国电厂在建设中需要采购以下设备:i. 两台汽轮发电机;ii. 两台热蒸汽发电机;iii. 一台蒸汽发电机。

二、项目采购的评标

该项目是亚洲开发银行的贷款项目,招标工作由项目业主严格按照亚洲开发银行的“采购指南”的规定进行。评标时按照招标文件中设定的标准,由咨询专家进行评议。

招标人共收到 4 份投标,投标人及其投标价格如表 4-4 所示。

表 4-4 投标人及其投标价格

投标人	公司所在国家	价格（卢比 PRs）	价格（百万美元）
A 公司(316.32 MW)	美国/中国	4 674 227 586	188.49(623.24 $/kW)
B 公司(302.45 MW)	法国	7 140 106 512	287.70(951.22 $/kW)
C 公司(372.20 MW)	日本/德国	7 558 957 407	304.82(818.31 $/kW)
D 公司(397.44 MW)	德国	7 680 194 598	309.71(778.63 $/kW)

以上所有投标人对合同条件以及技术规范都递交了补充修正条款,与原招标文件存在一

定偏差。各公司的投标简介如下。

A 公司

A 公司提供美国通用电器公司的汽轮发电机，比利时 NEW 公司或 CMI 生产的热蒸汽发电机和美国通用电器公司生产的蒸汽发电机。冷却塔、管道、变压器和电力分配系统的 35% 将由中国提供。

A 公司投标文件提出许多偏差条款，在投标保证金数额、履约担保的期限、关于设备的物理化学试验的费用以及一些技术规范方面存在偏差。

项目执行单位和专家组一致认定 A 公司的投标为非响应性投标。

B 公司

B 公司提供的设备除了热力电机外均为本公司制造，蒸汽涡轮发电机在法国制造。B 公司投标在合同条件中也提出了一些偏离条款，如工程安全的责任、保险等方面，认为投标人对工程、设备、原材料的责任到工程交付为止。

在评标阶段，投标人被邀请参加澄清会议，B 公司没有参加，递交了书面澄清报告，专家和项目执行单位将 B 作为非响应标，因为以上的重大偏差已经没有必要再考虑 B 公司的投标。

剩下的 C 公司和 D 公司符合招标文件的要求。

C 公司

C 公司提供的汽轮发电机由 ABB 公司生产，热蒸汽发电机来自德国的 DBE 公司和 CMI 公司，平衡设备来自 GECA 公司。

C 公司曾经在土耳其和巴基斯坦类似的发电厂建设中作为项目监理，其公司有资格和能力实施这项工程。

专家认为，该公司投标文件中的技术和合同条件偏差最小。C 公司提供的整个技术偏差价值为 443 779 000 卢比，加上商业偏差，总数达 606 164 839 卢比。

D 公司

与其他几家投标人相比，D 公司投标的设备的生产能力最高（397 440 kW）和热效率最高（7 406.6 kJ/(kW·h)）。热蒸汽发电机将由德国的 DBE 公司制造，其他设备将由 D 公司自己制造。

投标者因为在泰国、土耳其和巴基斯坦建造过类似的工程，有这方面的经验。

D 公司提出的主要商业偏差使 D 在投标报价中加上 44 580 051 卢比，所有商业偏差和技术偏差共计加上 331 658 536 卢比。

三、评标价格

因为 A 公司的投标文件属于实质性不响应投标，所以没有必要对该公司进行进一步评价。项目执行单位认为根据评审报告，B 公司虽然也属于不完全响应投标，但项目执行机构的部分成员不同意完全排除 B 公司。这样进入最后评标的有 B、C 和 D 公司。评标根据招标文件中技术规范的公式 $\frac{2Pt}{Kh+Kl}+2.5Ht(\text{PRs/kW})$，其中：$Pt$ 为评估标价；Kh 为设备最高净产出；Kl 为设备最低净产出；Ht 为设备最高热效率。得出每千瓦评标价格如表 4－5 所示。

表4-5 每千瓦评标价格

名称	B公司	C公司	D公司
设备净产出 Kt(kW)	302 450	372 196	397 440
设备净热效率 Ht(kJ/(kW·h))	7 625	7 536	7 406
投标价格(卢比 PRs)	7 140 106 512	7 558 957 407	7 680 194 598
商业和技术误差价格	—	606 164 839	331 658 536
单位耗损	—	51 500 000	—
评估标价 Pt(PRs)	7 140 106 512	7 685 457 404	8 011 853 137
$2Pt/(Kh+Kl)+2.5Ht$(PRs/kW)	42 670.06	41 623.67	41 409.61

四、决标

①按照招标文件要求,应将合同授予有实质性响应且每千瓦评标价格最低的D公司。项目执行机构同意给予A公司一些考虑,因为该公司在财务报价上有一定的优势,项目执行机构建议亚洲开发银行同意其与A进行谈判。谈判目的:i. 取消不可接受的合同条件偏差;ii. 降低额外价格,使其标价在一个合理的水平。否则,项目执行机构要求选择D公司。

②亚洲开发银行官员审查了项目执行单位的建议,提出如下意见。

i. A公司提出的商业和技术偏差都是项目执行单位认为不能接受的。经过审查,银行官员认为A公司的投标应当视为实质上不响应的投标,应当被拒绝。

ii. 每千瓦评标价格比较的结果,D公司为最低评估标,银行官员同意项目执行机构的建议,将标授予D公司。

③采购委员会决定:

i. 拒绝A公司的投标,因为这是非实质性响应的投标;

ii. 同意项目执行机构将标授予最低评估标价的D公司,标价为423 826 871德国马克,再加上1 271 678卢比。

第5章 FIDIC合同条件

在雇主编制的招标文件以及随后和承包商签订的合同中,合同条件都是最核心、最重要的内容。合同条件既是投标者投标报价的基础,更是在签订合同之后,合同双方履行合同最重要的依据。FIDIC各种标准合同条件因其标准化、规范化、权威性而被广泛采纳。本章首先对FIDIC进行简单的介绍,并对1999年FIDIC最新推出的合同条件进行了比较和分析,然后,重点介绍了新版FIDIC“生产设备和设计—施工合同条件”“简明合同格式”和“雇主与咨询工程师标准服务协议书”。

5.1 FIDIC简介

国际咨询工程师联合会(Fédération Internationale des Ingénieurs Conseils,法文缩写FIDIC)1913年由欧洲几个国家独立的咨询工程师协会创立。1948年英国咨询工程师组织加入FIDIC,1959年美国、加拿大、澳大利亚等国相继加入。至今,FIDIC的成员来自全球60多个国家和地区,中国在1996年正式加入FIDIC。FIDIC代表了世界上大多数独立的咨询工程师,是最具有权威性的咨询工程师组织,它推动了全球范围内的高质量的工程咨询服务业的发展。FIDIC举办各类研讨会和其他活动,目的在于实现其职业目标:坚持高水平的道德与职业标准;交流观点和信息;讨论成员协会和国际金融机构代表共同关心的问题;促进发展中国家工程行业的发展。

FIDIC下属有两个地区成员协会,即FIDIC亚洲及太平洋地区成员协会(ASPAC)和FIDIC非洲成员协会集团(CAMA)。FIDIC下设许多专业委员会,如雇主咨询工程师关系委员会(CCRC)、合同委员会(CC)、执行委员会(EC)、风险管理委员会(RMC)、仲裁/裁决/调解审查委员会(ARB/MED/ADJ RC)、环境委员会(ENVC)、质量管理委员会(QMC)和21世纪工作组(Task Force 21)。

FIDIC是国际工程咨询业的权威性行业组织,与世界银行等国际金融组织有着密切的联系。FIDIC的各种文献和出版物,包括各种合同、协议标准范本,各项工作指南以及工作惯例建议等,得到了世界各有关组织的广泛承认和实施,是工程咨询行业的重要指导性文献。

FIDIC专业委员会编制了许多规范性文件,这些文件不仅FIDIC成员采用,世界银行、亚洲开发银行、非洲开发银行的招标样本也常常采用。目前经常采用的有FIDIC“土木工程施工合同条件”“电气和机械工程合同条件”,另外还有其“雇主与咨询工程师标准服务协议书”以及“设计—建造与交钥匙工程合同条件”和“土木工程施工分包合同条件”等。上述合同条件均有正式中文译本,并在国内各种书籍上被较为广泛地介绍,尤其是FIDIC“土木工程施工合同条件”。FIDIC还专门出版了“招标程序”(Tendering Procedure),成为一般FIDIC项目采购管理所遵循的程序文件,并被世界银行所采纳。

一、FIDIC 编制的各类合同条件的特点

1. 国际性、通用性和权威性

FIDIC 编制的各种合同条件是在总结各方面的经验、教训的基础上制定的，并且不断地吸取各方意见加以修改完善。如 FIDIC"土木工程施工合同条件"第 1 版制定于 1957 年，随后于 1963 年、1977 年、1987 年分别出了 2、3、4 版。对 1987 年第 4 版在 1988 年和 1992 年又作了两次修订，1996 年又作了增补。在起草第 3 版时，吸收了各大洲承包商协会的代表参加起草工作；在第 4 版的编写工作中，欧洲国际承包商会（EIC）受国际承包商联盟（CICA）委托，并得到美国承包商总会（AGC）的帮助，提出了不少意见和建议。由此可见，FIDIC 的合同条件是在总结各个国家和地区的雇主、咨询工程师和承包商各方的经验的基础上编制出来的，是国际上一个高水平的通用性文件。我国有关部委编制的合同条件或协议书范本也都把相应的 FIDIC 合同条件作为重要的参考文本。一些国际金融组织的贷款项目，也在项目采购和实施过程中采用 FIDIC 合同条件。

2. 公正合理、职责分明

FIDIC 合同条件的各项规定具体体现了雇主、承包商的义务、职责和权利以及咨询工程师的职责和权限。由于 FIDIC 大量地听取了各方的意见和建议，因而其在条件中的各项规定也体现了在雇主和承包商之间风险合理分担的精神，并且在合同条件中倡导合同双方以一种坦诚合作的精神去完成项目。合同条件中对有关各方的职责既有明确的规定和要求，也有必要的限制，这一切对项目的实施都是非常有利和重要的。

3. 程序严谨，易于操作

FIDIC 合同条件中对处理各种问题的程序都有严谨的规定，特别强调要及时处理和解决问题，以避免由于任一方拖延而产生新问题，另外还特别强调各种书面文件及证据的重要性。这些规定使各方均有规可循，并使条款中的规定易于操作和实施。

4. 通用合同条件和专用合同条件的有机结合

FIDIC 合同条件一般都分为两个部分。第一部分是"通用合同条件"；第二部分是"特殊应用条件"，也可称为"专用合同条件"。

通用合同条件是指对某一类工程项目都通用，如 FIDIC 的"土木工程施工合同条件"对于各种类型的土木工程（如工业厂房、公路、桥梁、水利、港口、铁路和房屋建筑等）均适用。

专用合同条件则是针对一个具体的项目，考虑到国家和地区的法律、法规的不同，项目特点和不同雇主对项目实施的要求不同，而对通用合同条件进行的具体化、修改和补充。FIDIC 编制的各类合同条件的专用合同条件中，有许多建议性的措词范例，雇主与他聘用的咨询工程师有权决定采用这些措词范例或另行编制自己认为合理的措辞来对通用合同条件进行修改和补充。凡专用合同条件和通用合同条件不同之处均以专用合同条件为准。专用合同条件的条款号与通用合同条件一般相同，通用合同条件中没能包括的内容还可以在专用合同条件中另行增加。这样通用合同条件和专用合同条件共同构成一个完整的合同条件，形成全部合同文件的核心内容。

二、如何运用 FIDIC 编制的合同条件

1. 国际金融组织贷款和一些国际项目直接采用

在世界各地，凡是世界银行、亚洲开发银行、非洲开发银行贷款的工程项目以及一些国家

的工程项目招标文件中,都全文采用FIDIC合同条件。因而参与项目实施的各方都必须了解和熟悉FIDIC合同条件,才能保证项目的执行并根据合同条件行使自己的职权和保护自己的权利。在我国,凡亚洲开发银行贷款施工类型的项目,全文采用FIDIC"土木工程施工合同条件",一些世界银行贷款项目也采用FIDIC合同条件,如我国的小浪底水利枢纽工程。

2. 对比分析采用

许多国家都有自己编制的合同条件,但这些合同条件的条目、内容和FIDIC编的合同条件大同小异,只是在处理问题的程序规定以及风险分担等方面有所不同。FIDIC合同条件在处理雇主和承包商的风险分担和权利义务时是比较公正的,各项程序是比较严谨完善的,因而在掌握了FIDIC合同条件之后,可以作为一把尺子用来与项目管理中遇到的其他合同条件逐条对比,分析和研究,由此可以发现风险因素,以便制定防范或利用风险的措施,也可以发现索赔的机会。

3. 合同谈判时采用

因为FIDIC合同条件是国际上权威的文件,在招标过程中,如承包商感到招标文件有些规定明显不合理或不完善,可以用FIDIC合同条件作为"国际惯例",在合同谈判时要求对方修改或补充某些条款。但这种情况一般仅限于议标时使用。

4. 局部选择采用

当咨询工程师协助雇主编制招标文件时,或是总承包商编制分包项目招标文件时,可以局部选择FIDIC合同条件中的某些部分、条款、思路、程序或某些规定。也可以在项目实施过程中借助于某些思路或程序去处理遇到的实际问题。

FIDIC还对"土木工程施工合同条件""电气和机械工程合同条件""雇主/咨询工程师标准服务协议书"和"设计—建造与交钥匙工程合同条件"分别编制了"应用指南"。在"应用指南"中除介绍了招标程序、合同双方及咨询工程师的职责外,还对每一条款进行了详细的解释和讨论,这对使用者深入理解合同条款很有帮助。

三、合同文件的标准化

合同文件是项目采购管理的核心内容,FIDIC各类标准合同条件为合同文件的标准化作出了重大贡献。无论在技术上还是管理上,标准化都是一种保证圆满实施许多商业项目的理想方法。无论是占大多数的建筑工程、土木工程、化学工程、电气工程、机械工程或任何联合工程,主体工程常常是复杂的,随之出现的合同条件也越来越复杂。因此,合同条件基于一个标准化合同格式就显得越来越重要。因为该标准化格式对合同的双方、项目相关各方和金融机构来说都是熟悉的,同时它还在各方的不同目标之间保持一个公正和合理的平衡,从而可以公正地分配风险和责任。

在大部分情况下,合同各方都会赞同这样一个标准格式的合同,因为它将在很大程度上减少履约不完善、费用增加及产生争议的可能性。投标者对其不熟悉的合同条件的后果评估起来可能有些困难,因而有了按可接受的标准格式编制的合同后,投标者就会减少对不熟悉的合同条件作资金方面的准备。广泛采用标准的条款对合同管理人员的培训提供了一个稳定的基础,从而使他们不需要与一直在变化的合同条款打交道。

5.2 1999年新版FIDIC系列合同条件的特点与比较

1999年10月,FIDIC正式出版的4种新合同条件是:“施工合同条件(Conditions of Contract for Construction)”“生产设备和设计—施工合同条件(Conditions of Contract for Plant and Design-Build)”“设计、采购、施工(EPC)交钥匙工程合同条件(Conditions of Contract for EPC Turnkey Projects)”和“简明合同格式(Short Form of Contract)”。

这4种新的标准合同条件是FIDIC经过多年的调查研究与准备后才出台的。随着国际上工程项目规模的逐步扩大以及雇主方对项目管理模式要求的多样化,FIDIC感到其原有的几种合同条件已经不能完全适应形势的要求。于是FIDIC委托英国里丁大学对其“土木工程施工合同条件”(1987第4版,1992年修正版)在全球各地的使用情况进行了调查研究,调查对象包括雇主、承包商、咨询公司、金融机构等相关各方。而后以调查结果和里丁大学提出的建议为依据,经过多位专家研究,制定了上述4种新版的FIDIC合同条件。相信这一套新的合同条件将会被一些国际金融组织和许多国家的国际工程项目广泛采用。

一、新版FIDIC合同条件的特点

1. 在编排格式上统一化

FIDIC早期版本的“土木工程施工合同条件”脱胎于英国的ICE合同条件,因此直到第4版,其许多条款的顺序、标题、内容甚至编号都与ICE合同条件雷同。新版合同条件跳出了这个框框,“施工合同条件”“生产设备和设计—施工合同条件”“EPC交钥匙工程合同条件”都采用了FIDIC 1995年出版的“设计—建造与交钥匙工程合同条件”的基本模式:通用合同条件部分均分为20条,条款的标题以至部分条款的内容能一致的都尽可能一致;定义均分6大类编排,条理清晰,能一致的定义内容也尽量一致。这就使得合同条件作为一个整体更为标准化、系统化,也更加便于使用者学习、理解、记忆和运用(由于篇幅的限制5.3节仅选取“生产设备和设计—施工合同条件”作重点介绍)。FIDIC新版合同条件均标明1999年第1版,以示与过去版本的区别。

2. 条款适用的项目种类更加广泛

这4种合同条件的使用范围大大拓宽。如“施工合同条件”不只是用于土木工程施工,还可运用于机械、电气等多类工程的施工;“生产设备和设计—施工合同条件”、“EPC交钥匙工程合同条件”可用于“设计—建造”或“EPC(设计—采购—施工)交钥匙”等总承包类型的工程项目;而“简明合同格式”则可用于各类中小型工程。这样,这4种合同条件就可适用于目前国际上较通用的大多数类型的项目采购管理模式。

3. 条款的内容作了较大的改进和补充

“施工合同条件”与“土木工程施工合同条件”比较,完全采用“土木工程施工合同条件”内容的只有33款,对条款的内容作了补充或较大改动的有68款,而新编写的则有62款。又如“施工合同条件”对关键词的定义增加到58个(“土木工程施工合同条件”只有32个),其中有30个是“土木工程施工合同条件”没有定义的。

4. 在编写思想上也有了一些变化

以前的版本将并非每个用户都要用到的内容都编入了专用合同条件,而新版本则尽可能

地在通用合同条件中作出比较全面而细致的规定，如关于预付款、调价公式、有关劳务的某些具体规定均被写入了通用合同条件。FIDIC 的编写者认为，如果这些规定不适用，用户可以将其从通用合同条件中删去。这样做要比让用户在需要时在专用合同条件中自行编写这些规定更为方便。

5. 条款的规定更为严格明确

新版本对雇主、承包商双方的职责、义务以及工程师的职权都作了更为严格而明确的规定，提出了更高的要求。

6. 表述语言更简明，易读易懂

新版合同条件在语言上比以前的老版本简明，其英文版中很少出现以前那些陈旧拗口的古英语用词，句子的结构也相对简单清楚，因此更易读、易懂。

二、四种新版 FIDIC 合同条件的比较

以下从适用范围和雇主的参与程度、合同管理方式、质量管理、风险的分担和价格方式等 5 个方面对上述 4 种合同条件作一简单比较。

1. 适用范围和雇主的参与程度

“施工合同条件”适用于主要由雇主方（或委托工程师）进行设计，承包商基本只负责施工（可能也会做少量的设计工作）的工程项目。这种形式下雇主方（依靠其雇用的工程师）对项目的管理工作参与较多，对项目从头到尾都要进行较细致的控制和监督。

“生产设备和设计—施工合同条件” 适用于由承包商作设计并进行施工的总承包项目。如果采用这种合同方式，雇主只需在“雇主的要求”中说明工程的目的、范围和设计等方面的技术标准，由承包商按照此要求进行设计、提供设备并进行施工，完成的工作只有符合“雇主的要求”才会被雇主接收。雇主对项目进行中的工作参与较少，主要是要把好工程完工后的检验关。这种合同方式目前主要运用于包括电力和（或）机械工程的项目。

“EPC 交钥匙工程合同条件” 适用于在交钥匙的基础上进行的工厂或电厂的实施以及其他相关设施的提供，或基础设施项目和其他类型的开发项目的实施。如果雇主对项目的最终造价和施工时间的确定性要求很高，往往采用这种 EPC 交钥匙合同模式。“EPC 交钥匙工程合同条件”中规定承包商要负责实施所有的设计、采购和施工工作，即在“交钥匙”时，要提供一个设施配备完整、可以投产运行的项目。由于此种合同模式出现时间不长，许多管理上的做法还不统一，雇主在项目进行过程中参与的程度也不尽相同，但总的趋势是向着雇主只进行总体控制的方向发展。

“简明合同格式” 适用于投资相对较低的、一般不需要分包的建筑或工程项目，但是对于投资较高的工程，如果其工作内容简单、重复，或建设周期较短，此格式也同样适用。此合同条件最为灵活，既可由雇主或其代表——工程师提供设计，也可由承包商提供部分或全部设计。条款数比其他 3 种少得多，文字也简明得多。

2. 合同管理方式

在“施工合同条件”和“生产设备和设计—施工合同条件”中，均由工程师负责合同管理工作。工程师的地位相对独立，他享有的权利和应履行的职责在合同中都有明确的规定或可由合同必然推得，他作出的决定必须符合合同的规定并应努力做到公正。

在“EPC 交钥匙工程合同条件”中，则没有独立的工程师这一角色，而由“雇主的代表”管理合同。他代表着雇主的利益，所享有的权力和应履行的职责都由雇主分派。与“施工合同

条件”模式下的工程师相比，他的权力较小，有关延期和追加费用方面的问题一般都由雇主决定；也不要求其像工程师那样必须公正地作出决定。

“简明合同格式”中规定可由雇主指派一人进行合同管理，或委托一个公司或个人作为雇主的代表履行某些管理职责，也可请独立的工程师进行项目管理。

3. 质量管理

“施工合同条件”对工程质量的控制是通过对工程的检验进行的，包括施工期间的检验和竣工试验。如果专用合同条件中有规定，对工程某些部分还要进行竣工后的检验。工程被雇主接收后，在缺陷通知期内，承包商应负责解决由其工作不当引起的质量问题。

“生产设备和设计—施工合同条件”中对施工期间检验的规定与“施工合同条件”完全相同，但因为设计由承包商进行，工程项目中设备安装和调试又往往占很大比例，因此非常注重竣工试验。承包商要先依次进行试车前的测试、试车测试、试运行，而后才能通知工程师进行包括性能测试在内的竣工试验以确认工程是否符合“雇主的要求”及“性能保证表”的规定。此外“生产设备和设计—施工合同条件”还将竣工后的检验也作为单独的一条列入通用条件中。

“EPC交钥匙工程合同条件”对质量的控制也是通过施工期间的检验、竣工试验和竣工后的检验进行的。并且为了证实承包商提供的工程设备和仪器的性能及其可靠性，“竣工试验”通常会持续相当长的一段时间。

“简明合同格式”在通用合同条件中仅对施工期间的检验作了扼要的规定，如果雇主计划在接收工程前进行任何测试，则须在规范中说明。

4. 风险的分担

“施工合同条件”划分工程实施过程中的责任和风险的原则是：一般由雇主承担政治风险（如战争、军事政变等）、社会风险（如罢工、内乱等）、经济风险（如物价上涨、汇率波动等）、法律风险（如立法的变更）和外界（包括自然）风险等，以及不可抗力出现时承包商的直接损失，而其余风险则由承包商承担。

“生产设备和设计—施工合同条件”分担风险的原则与“施工合同条件”基本一致，只是因为承包商要负责进行设计，所以自然承担了由此产生的风险。

而在“EPC交钥匙工程合同条件”中，项目的绝大部分风险都是由承包商承担的，如“施工合同条件”合同模式中的外界风险、经济风险、设计风险以及雇主在“雇主的要求”中说明的其他风险都由承包商承担。因此投标者在报价中计入的风险费往往也会很高，对风险的管理也就成为最终能否赢盈利、赢利多少的重要决定因素。雇主支付的价格较高，但保证了工程最终造价的确定性。

“简明合同格式”将雇主的责任总结为16条，其风险分担原则与“施工合同条件”相似，当然雇主可以通过其他合同文件进一步明确或改变这种安排。

5. 支付方式

“施工合同条件”采取传统的单价合同，并在通用合同条件中规定了调价公式。

“生产设备和设计—施工合同条件”采用总价合同方式。但如果适用法规发生变化或工程费用出现涨落，合同价格将随之作出调整。如果工程的某些部分要根据提供的工程量或实际完成的工作来进行支付，其测量和估价的方法应在专用合同条件中进行规定。

“EPC交钥匙工程合同条件”也采用总价合同方式，但是和“生产设备和设计—施工合同条件”比较,其最终价格更为固定,只有在某些特定风险(如政治风险、社会风险和法律风险)出现时,雇主才会花费超过合同价格的款额,这也正是 EPC 合同模式最初形成的根本原因。

“简明合同格式”则没有规定计价的方式,到底采用总价方式、单价方式还是其他方式,应在附录中列明。

此外,“简明合同格式”没有专用合同条件部分,只是在备注中提供了一些在特殊情况下可选用的范例措辞。所有必要的附加规定、要求和资料都应在协议书附录中给出。当然,考虑到项目的实际情况,如果要修改或增加某些条款,用户也可自行编制“专用合同条件”部分。

5.3 新版 FIDIC“施工合同条件”

FIDIC“施工合同条件”也称“新红皮书”,其内容包括:“通用条件”,“专用条件编写指南”以及投标函、合同协议书和争端裁决协议书格式等。下面列出“通用条件”各条及附件目录,并对“通用条件”的内容进行介绍。

通用条件

1. 一般规定
2. 雇主
3. 工程师
4. 承包商
5. 指定分包商
6. 职员和劳工
7. 生产设备、材料和工艺
8. 开工、延误和暂停
9. 竣工试验
10. 雇主的接收
11. 缺陷责任
12. 测量和估价
13. 变更和调整
14. 合同价格和支付
15. 雇主提出终止
16. 承包商提出暂停和终止
17. 风险和责任
18. 保险
19. 不可抗力
20. 索赔、争端和仲裁

附录　争端裁决协议书一般条件

附件　程序规则专用条件编写指南

附件　保证函格式(附件 A、B 附于投标人须知,附件 C 至 G 附于专用条件)

附件 A　母公司保函范例格式

附件 B　投标保函范例格式

附件 C　履约担保函—即付保函范例格式

附件 D　履约担保函—担保保证范例格式

附件 E　预付款保函范例格式

附件 F　保留金保函范例格式

附件 G　雇主支付保函范例格式

投标函、合同协议书、争端裁决协议书格式

1　一般规定

1.1　定义

在合同条件,包括专用条件和通用条件中,下列词语和措辞应有以下所述的含义。除上下文另有要求外,人员或当事各方等词语包括公司和其他合法实体。

1.1.1　合同

本款给出 10 个定义。首先定义合同(Contract)由合同协议书、中标函、投标函、本合同条件、规范、图纸、资料表以及在合同协议书或中标函中列明的其他的文件组成。

接着给出合同协议书(Contract Agreement)、中标函(Letter of Acceptance)、投标函(Letter of Tender)、规范(Specification)、图纸(Drawings)、资料表(Schedules)、投标文件(Tender)、投标函附录(Appendix to Tender)、工程量表(Bill of Quantities)和计日工计划(Daywork Schedule)的定义。

1.1.2　当事各方和当事人

一方(Party)、雇主(Employer)、承包商(Contractor)、工程师(Engineer)、承包商的代表(Contractor's Representitive)、雇主的人员(Employer's Personnel)、承包商的人员(Contractor's Personnel)、分包商(Subcontractor)、争端裁决委员会(DAB)、菲迪克(FIDIC)。

1.1.3　日期、试验、期限和竣工

基准日期(Base Date)、开工日期"(Commencement Date)、竣工时间(Time for Completion)、竣工试验(Tests on Completion)、接收证书(Taking-Over Certificate)、竣工后的试验(Tests after Completion)、缺陷通知期(Defects Notification Period)、履约证书(Performance Certificate)、日(Day)。

1.1.4　款项和付款

中标合同金额(Accepted Contract Amount)、合同价格(Contract Price)、费用(Cost)、最终支付证书(Final Payment Certificate)、最终报表(Final Statement)、外币(Foreign Currency)、期中支付证书(Interim Payment Certificate)、当地币(Local Currency)、支付证书(Payment Certificate)、暂定金额(Provisional Sum)、保留金(Retention Money)、报表(Statement)。

1.1.5　工程和货物

承包商的设备(Contractor's Equipment)、货物(Goods)、材料(Materials)、永久工程(Permanent Works)、生产设备(Plant)、区段(Section)、临时工程(Temporary Works)、工程(Works)。

1.1.6　其他定义

承包商的文件(Contractor's Documents)、工程所在国(Country)、雇主的设备(Employer's Equipment)、不可抗力(Force Majeure)、法律(Laws)、履约保证(Performance Security)、现场(Site)、不可预见(Unforeseeable)、变更(Variation)。

1.2　解释

在合同中,如无其他规定,则认为:表示性别的词包括所有的性别;词语均包括单数、复数含义;涉及“同意”“达成一致”或“协议”等,均需有书面记载,书面系指手写、打字、印刷或电子制作,并形成永久性的记录。解释本合同条件时,不应考虑旁注和其他标题。

1.3　通信联络

在合同条件中,不论何场合发出或颁发批准书、证明、同意函、决定、通知和要求,均应采用书面形式,由人面交并取得收据,通过邮寄或由信使送达,或按投标书附录中所列的、任何商定的电子传输方式,递交、邮寄或传输到投标书附录中规定的收件人地址。如果收件人发出了更改地址的通知,随后的信息应发送到新的地址;如果一方要求对方给予批准或同意时,在信件中没有作出说明,可按此函发出的地址发送。

批准书、证书、同意函及决定不得无故被扣压或拖延。给一方颁发证书时,签发者应向另一方送交一份复印件。当另一方或工程师向一方发出通知时,亦应根据情况向工程师或另一方送交复印件。

1.4　法律和语言

合同应受投标函附录中规定的国家(或其他管辖区域)的法律的制约。

如果合同使用一种以上语言编写,以投标函附录中规定的主导语言编写的版本优先。往来信函应使用投标函附录中规定的语言。

1.5　文件的优先次序

构成合同的各个文件应被视作互为说明,各文件的优先次序如下:

(a)合同协议书(如有时);

(b)中标函;

(c)投标函;

(d)专用条件;

(e)本通用条件;

(f)规范;

(g)图纸;

(h)资料表以及其他构成合同一部分的文件。

1.6　合同协议书

除非双方另有协议,否则双方应在承包商收到中标函后的28天内签订合同协议书。

1.7　转让

任一方都不得转让整个或部分合同或转让根据合同应得的利益或权益。但一方:

(a)经另一方的事先同意可以转让整个或部分合同,决定权完全在于另一方,及

(b)可将其按照合同对任何到期或将到期的金额所享有的权利,以银行或金融机构作为受益人,作为抵押转让出去。

1.8　文件的保管和提供

规范和图纸应由雇主保管。除非合同另有规定,雇主应向承包商提供两套合同文本和后续图纸,承包商可自费复制或要求提供更多份。

在移交给雇主之前,每份承包商的文件都应由承包商来保管。除非合同另有规定,否则承包商应向工程师提供6套承包商的所有文件。

承包商应在现场保留一整套合同文件、规范中提到的所有出版物、承包商的文件、图纸、变更文件以及其他往来信函。雇主的人员有权在任何合理的时间查阅和使用这些文件。

如果一方发现文件中有技术性错误或缺陷,应立即通知另一方。

1.9 拖延的图纸或指示

如果任何图纸或指示未能在合理的特定时间内签发给承包商,从而可能引起工程延误或中断,承包商应通知工程师。通知中应包括所必需的图纸或指示的详细内容、应签发的详细理由和时间,以及如果迟发可能造成的延误或中断的性质和程度。如果因此导致承包商延误和(或)招致费用增加,承包商应向工程师再发出通知,同时可以按照第 20.1 款[承包商的索赔]规定的程序提出工期索赔和费用索赔,并可计入合理的利润。

如果工程师未能及时提供图纸或指示是由承包商的错误或延误引起的,则承包商无权要求上述索赔。

1.10 雇主使用承包商的文件

由承包商编制的承包商的文件和其他设计文件,其版权和其他知识产权归承包商。

应认为,承包商通过签订合同给予了雇主无限期的和可转让的免费复制、使用及传输承包商的文件的“许可”,包括修改和使用修改后的文件,此“许可”不具有排他性。

如果承包商的文件采用计算机程序和其他软件形式,允许其在现场和合同中涉及的其他地点的计算机上使用。

未经承包商同意,雇主不得在本款规定外,为其他目的复制、使用承包商的文件或传输给第三方。

1.11 承包商使用雇主的文件

雇主对其编制的规范、图纸和其他文件保留版权和其他知识产权。承包商可为合同之目的,自费复制、使用及传输上述文件。除非因履行合同需要,未经雇主同意,承包商不得复制、使用或传输上述文件。

1.12 保密事项

为证实承包商是否遵守合同,承包商应向工程师透露合理需要的保密事项和其他内容。

1.13 遵守法律

履行合同时,承包商应遵守适用的法律。除非在专用条件中另有规定:

(a)雇主已经(或将要)获得永久工程的规划、区域划分和其他类似许可,以及规范中所述的其他许可;雇主应保障承包商不受其未得到上述许可的后果的侵害;且

(b)对于法律中要求的与实施、完成工程和修补缺陷有关的各项事宜,应由承包商发出通知,支付税款、关税和费用,并获得所有的许可、许可证和批准;承包商应保障雇主免受未能完成上述工作带来的损失。

1.14 共同的与各自的责任

如果承包商是由两个或两个以上当事人组成的联营体、联合集团或其他团体,这些当事人应被认为对雇主负有履行合同的共同的和各自的责任;这些当事人应向雇主通知他们的负责人,此负责人有权管理承包商及其中每个当事人;未经雇主的事先同意,承包商不得改变其组成或法律地位。

2 雇主

2.1 进入现场的权利

雇主应在投标书附录中注明的时间内给予承包商进入和占用现场的权利。但是在收到履约保证之前，雇主可暂不给予此类权利。如果投标书附录中未注明上述时间，雇主应根据承包商按照第8.3款［进度计划］提交的进度计划，给予承包商进入现场和占用现场的权利。

如果雇主未能及时给予承包商进入和占用现场的权利，致使承包商延误了工期和(或)增加了费用，承包商应向工程师发出通知，并依据第20.1款[承包商的索赔]的规定，提出工期索赔和费用索赔，并可计入合理的利润。工程师在收到此通知后，应按照第3.5款[决定]的规定，对上述事项进行商定或决定。

但是，如果雇主的违约是由于承包商的某些错误或延误造成的，则承包商无权索赔。

2.2 许可、执照或批准

雇主应根据承包商的请求，对以下事宜向承包商提供合理的协助：

(a)获得与合同有关的但不易取得的工程所在国的法律的副本；

(b)申请法律所要求的许可、执照或批准，包括：依据第1.13款［遵守法律］的规定，承包商需要的；为了货物的运送，包括清关所需的，以及当承包商的设备运离现场出口时所需的。

2.3 雇主的人员

雇主有责任保证现场的雇主的人员和雇主的其他承包商，依照第4.6款[合作]的规定，为承包商的工作提供合作；并根据第4.8款[安全措施](a)、(b)和(c)项以及第4.18款[环境保护]的规定，采取与承包商相类似的行动。

2.4 雇主的资金安排

雇主应在接到承包商的要求28天内提供合理的证据，表明他已作出了资金安排，能够按照第14条[合同价格和支付]的规定支付合同价的款额。如果雇主欲对其资金安排作出任何重要变更，应将其变更的详细情况告知承包商。

2.5 雇主的索赔

如果雇主认为根据合同的规定有权索赔某些款项和(或)要求延长缺陷通知期，则雇主或工程师应向承包商发出通知和详细说明。但对于按照第4.19款[电、水和燃气]、第4.20款[雇主的设备及免费提供的材料]的规定，承包商应支付给雇主的款额或因承包商要求而提供的其他服务应支付给雇主的款项，则雇主或工程师无须发出上述通知。

当雇主意识到某事件或情况可能导致索赔时，应尽快地发出通知。关于缺陷通知期延长的通知，应在缺陷通知期期满前发出。

在详细说明中应列出索赔根据的条款或其他依据，包括雇主按照合同认为他自己有权获得的索赔金额和(或)延期时间的证据。工程师应依据第3.5款[决定]商定或决定：雇主有权获得由承包商支付的款额；依据11.3款[缺陷通知期的延长]给予缺陷通知期的延长。可以从合同价格和支付证书中扣除雇主的索赔额，或依据本款向承包商另外提出索赔。

3 工程师

3.1 工程师的职责和权力

雇主应任命工程师，该工程师应履行合同中赋予他的职责。工程师的职员应包括具有适当资质的工程师以及有能力履行相应职责的其他专业人员。

工程师无权修改合同。

工程师可行使合同中明确规定的或必然隐含的赋予他的权力。如果雇主对工程师的某些权力有限制,则应在专用条件中注明。

每当工程师行使需经雇主批准的权力时,则被认为雇主处已经批准。

当工程师履行职责或行使合同中明确规定的或隐含的权力时,应视为是在为雇主工作。

工程师无权解除雇主和承包商依照合同具有的任何责任、义务或职责。

工程师的任何批准、审查、证书、同意、检查、检验、指示、通知、建议、要求、测试或类似行为(包括没有否定),不能解除合同规定的承包商的任何职责,包括对其错误、疏漏、误差以及未能遵守合同的责任。

3.2 工程师的委托

工程师可以随时将他的职责和权力委托给助理人员,并可以撤回。这些助理人员包括驻地工程师和(或)指定的对设备和(或)材料进行检查和(或)检验的独立检查人员。此类委托或撤回应用书面形式,并在双方收到副件后生效。

但工程师不能将其按照第3.5款[决定]决定任何事项的权力授予助理人员,除非合同双方同意。

被委托职责或授予权力的每个助理人员,只能在其被授权范围内对承包商发布指示。由助理人员按照授权作出的任何批准、审查、证书、同意、检查、检验、指示、通知、建议、要求、检验或类似行为,应与工程师作出的具有同等的效力。

未对任何工作、生产设备或材料提出否定意见并不等于批准,也不影响工程师对此决定的权力。

如果承包商对助理人员的任何决定或指示提出质疑,承包商可将此事项提交工程师,工程师应及时对该决定或指示加以确认、撤销或更改。

3.3 工程师的指示

工程师可以按照合同的规定(在任何时候)向承包商签发指示以及为实施工程和修补缺陷所需要的附加的或修改的图纸。承包商只应遵照工程师或根据本条款获得授权的助理人员的指示。如果某一指示构成了变更,则适用于第13条[变更和调整]的规定。

承包商必须执行工程师或授权助理人员对有关合同的任何事项所发出的指示。只要有可能,这些指示均应用书面形式。如果工程师或授权助理人员发出口头指示,则承包商应在接到口头指示后2个工作日内,将自己接受的口头指令的文字记录提交工程师确认,如果工程师在接到后2个工作日内未发出书面拒绝和(或)指示作为回复,则承包商提交确认的文字记录便成为工程师或其授权助理人员的书面指示。

3.4 工程师的撤换

如果雇主准备替换工程师,则应在期望替换日期42天前通知承包商,并说明拟聘用的工程师的名称、地址及相关经历。如果承包商通知雇主,对替换人选提出反对正当理由,并附详细依据,则雇主不能用该人选替换原来的工程师。

3.5 决定

每当合同条件要求工程师按照本款规定对某一事项作出商定或决定时,工程师应与合同双方协商并尽力达成一致。如达不成协议,工程师应按照合同规定,在对所有有关情况考虑后作出公正的决定。

工程师应将每一项协议或决定向双方发出通知,并附详细依据。各方均应遵守该协议或决定,除非按照第20条[索赔、争端和仲裁]规定作出了修改。

4 承包商

4.1 承包商的一般义务

承包商应按照合同的规定以及工程师的指示,设计、施工和竣工,并修补工程中的任何缺陷。承包商应提供合同规定的生产设备和承包商的文件,提供设计、施工及修补缺陷所需的人员、货物和服务。

承包商应对所有现场作业和施工方法的完备性、可靠性和安全性负责。承包商应对所有承包商的文件、临时工程和按照合同规定对每项生产设备和材料所做的设计负责,但不应对永久工程的设计或规范负责,除非合同有明确规定。

当工程师要求时,承包商应提交为实施工程拟采用的安排和方法的细节。事先未通知工程师,不得对这些安排和方法进行重大修改。

如果合同中明确规定由承包商设计部分永久工程,则:

(a)承包商应按照合同中说明的程序向工程师提交该部分工程的承包商文件;

(b)承包商的文件必须符合规范和图纸,并使用第1.4款[法律和语言]规定的语言编写,还应包括工程师为了协调各方设计所需要的附加资料;

(c)承包商应对该部分工程负责,并且该部分完工后,应符合合同中规定的应达到目标;

(d)承包商在竣工试验之前,应按照规范规定向工程师提交竣工文件以及《操作维修手册》,且应足够详细,以使雇主能够操作、维修、拆卸、重新安装、调整和修理该部分工程。在将这些文件提交之前,不能认为该部分已按第10.1款[对工程和区段的接收]的规定竣工和验收。

4.2 履约保证

承包商应自费按照投标函附录中规定的金额和币种办理履约担保,以保证其严格履约。

承包商应在收到中标函后28天内将此履约担保提交给雇主,并向工程师提交一份副本。该保证应由雇主在批准的国家(或地区)内的实体颁发,并采用专用条件附件中的格式或雇主批准的其他格式。

承包商在工程竣工和修补任何缺陷之前,应保证履约保证持续有效。如果该履约保证的条款明确规定了期满日期,且承包商在有效期期满之前的28天前仍无权拿到履约证书,他应将履约保证的有效期延长到工程竣工和修复完缺陷为止。

雇主不能按照履约保证提出索赔,但下列情况雇主按照合同有权获得款额:

(a)承包商未能按照上一段的说明,延长履约担保的有效期,此时雇主可对履约保证的全部金额进行索赔;

(b)承包商未能在双方商定或工程师决定后42天内,按照承包商同意的或依据第2.5款[雇主的索赔]或第20条[索赔、争端和仲裁]的规定,向雇主支付应付的款额;

(c)承包商在接到雇主要求补救违约的通知后42天内,未能补救;

(d)按照第15.2款[雇主提出终止]的规定,雇主有权终止合同的情况,无论是否发出了终止通知。

如果雇主在无权对履约保证索赔的情况下提出索赔,由此导致的承包商的损害赔偿费、损失和开支(包括法律费用和开支),均由雇主承担。

雇主应在接到履约证书副本后 21 天内将履约保证退还给承包商。

4.3 承包商的代表

承包商应任命承包商的代表,并授予他代表承包商在按照合同工作时的一切必要的权力。除非合同中已注明承包商代表的姓名,否则承包商应在开工日期前,将其准备任命的代表姓名及详细资料提交工程师,以取得同意。如果工程师不同意或随后撤销了同意,或任命的人员不能担任承包商代表,则承包商应同样地提交另一合适人选的姓名及详细资料,以获得批准。

没有工程师的事先同意,承包商不得撤销对承包商代表的任命或对其进行更换。

承包商的代表应以其全部时间努力完成承包商的履约责任。如果承包商代表在工程实施期间暂时离开现场,应事先取得工程师同意,任命一名合适的替代人员,随后通知工程师。

承包商代表应代表承包商按照第 3.3 款[工程师的指示]的规定接受指示。

承包商的代表可将其权力和职责委托给任何胜任的人员,并可随时撤销任何此类委托。但此类委托或撤销必须事先通知工程师才能生效,承包商代表签发的通知中应说明人员姓名、委托或撤销权力和职责。

承包商代表及其委托人应能流利地使用第 1.4 款[法律和语言]中规定的语言进行交流。

4.4 分包商

承包商不得将整个工程分包出去。

承包商应将分包商、分包商的代理人或雇员的行为或违约视为承包商自己的行为或违约,并为之负全部责任。除非专用条件中另有说明。

(a)承包商在选择材料供应商或向合同中已注明的分包商进行分包时,无须征得同意;

(b)其他拟雇用的分包商应得到工程师的事先同意;

(c)承包商应至少提前 28 天通知工程师各分包商计划开始分包工作的日期、开始现场工作的日期;

(d)每个分包合同应包含一条规定,即雇主有权按照第 4.5 款[分包合同权益的转让]或按照第 15.2 款[雇主提出终止]中的规定终止合同,将分包合同转让给雇主。

4.5 分包合同利益的转让

如果分包商的义务在缺陷通知期的期满之日尚未结束,工程师可在期满日前指示承包商将此分包合同的权益转让给雇主,承包商应照办。除非另有规定,在转让生效后对分包商实施的工程,承包商对雇主不负责任。

4.6 合作

承包商应按照合同的规定或工程师的指示,为下述人员进行工作提供一切适当的条件:

(a)雇主的人员;

(b)雇主雇用的任何其他承包商;

(c)任何合法公共机构的人员。

这些人员可能被雇用于现场或在现场附近从事合同中未包括的工作。

如果工程师的指示使承包商增加了不可预见的费用,则构成了变更。为这些人员和其他承包商的服务包括:使用承包商的设备、临时工程以及为他们进入现场所做的安排。

如果按照合同规定,要求雇主按照承包商的文件,允许承包商占用基础、结构、生产设备或采用通行手段,承包商应按照规范中规定的时间和方式向工程师提交此类文件。

4.7 放线

承包商应根据合同中规定的或工程师通知的原始基准点、基准线和基准标高进行工程放线。承包商应对工程各部分的正确定位负责，并且纠正工程的位置、标高、尺寸或基准线的任何差错。

雇主应对他给定的或通知的基准数据的任何差错负责，但承包商在使用这些数据前应认真复核以证实其准确性。

如果由于这些基准数据的差错而导致了实施工程的延误和(或)费用的增加，并且作为一个有经验的承包商无法合理发现此类差错并避免有关延误和(或)费用，则承包商应向工程师发出通知，有权根据第20.1款[承包商的索赔]的规定，要求：

(a)根据第8.4款[竣工时间的延长]的规定，如果竣工已经或将被延误，对此延误给予延长工期；

(b)支付任何有关费用加上合理利润，并将之加入合同价格。

工程师在接到此类通知后，应按照第3.5款[决定]的规定，进行商定或作出决定：(i)差错是否不能被合理发现，以及在多大程度上不能被合理发现；(ii)与该程度相关的上面(a)、(b)项中描述的事项。

4.8 安全措施

承包商应该：

(a)遵守所有适用的安全规章；

(b)照料有权进入现场的一切人员的安全；

(c)努力保持现场井然有序，清除障碍物，以避免对这些人员造成伤害；

(d)在工程竣工前，提供工程的围栏、照明、防护及看守，并按照第10款[雇主的接收]进行移交；

(e)在工程实施中，应为公众和毗邻区域的所有人和使用人的便利和安全，提供必要的任何临时工程，包括道路、人行道、防护及围栏等。

4.9 质量保证

承包商应建立质量保证体系，表明其遵守合同的各项要求。该体系应符合合同的详细规定。工程师有权审查该体系任何方面的内容。

在每一设计和实施阶段开始之前，承包商均应将具体的所有工作程序和执行文件提交工程师，供其参考。任何技术性的文件发给工程师时，该文件上应有承包商本人已经事先批准的明确标识。

遵守该质量保证体系不应解除合同规定的承包商的任何义务和责任。

4.10 现场数据

雇主应将自己掌握的一切现场地下、水文条件及环境方面的有关数据，在基准日期之前提供给承包商。雇主同样应将其在基准日期后得到的所有此类数据提供给承包商。承包商应负责解释所有这些数据。

在费用和时间允许的情况下，承包商应被认为已取得了可能对投标文件或工程产生影响或作用的有关风险、意外事故及其他情况的全部必要的资料。同样，承包商也被认为在提交投标文件之前已对现场及其周围环境、上述数据及提供的其他资料进行了调查与审核，并对所有相关事宜满足要求，包括(但不限于)：

(a)现场地形与地质条件,包括地下条件;

(b)水文及气候条件;

(c)为实施、完成工程和修补任何缺陷的工作范围、工作性质以及所需的各类物资;

(d)工程所在国的法律、程序和雇用劳务的习惯做法;

(e)承包商要求的进入、食宿、设施、人员、电力、交通、水及其他服务。

4.11 中标合同金额的充分性

承包商应被认为:

(a)已完全理解了中标合同金额的适宜性和充分性;

(b)该中标合同金额是建立在第 4.10 款[现场数据]提到的数据、解释、必要的资料、调查、审核和对所有相关事宜满足要求的基础上的。

除非合同中另有规定,中标合同金额应包括承包商根据合同应承担的全部义务(包括根据暂列金额应承担的义务,如有时)以及为恰当地实施和完成工程并修补任何缺陷必需的全部工作。

4.12 不可预见的外界条件

本款中,"外界条件"是指承包商在实施工程中遇见的外界自然条件及人为的条件和其他外界障碍和污染物,包括地下和水文条件,但不包括气候条件。

如果承包商遇到了在其看来是无法预见的外界条件,应尽可能快地通知工程师。此通知应描述该外界条件,以便工程师审查,并说明承包商无法预见的理由。承包商在此情况下采取适当的措施继续施工,并且应该遵守工程师发布的任何指示。如果指示构成了变更,应按第 13 条[变更和调整]处理。

如果承包商遇到了不可预见的外界条件,发出了通知,且因此遭到了延误和(或)导致了费用,承包商有权依据第 20.1 款[承包商的索赔]进行此类工期和费用的索赔。

工程师在接到此类通知并对此外界条件进行审查和(或)检查以后,应按照第 3.5 款[决定]的规定,商定或决定是否同意理赔及理赔的数量。

然而,工程师在最终商定或决定理赔费用之前,还应审查在工程类似部分(如有时)其他外界条件是否比承包商在提交投标文件时合理预见的更为有利。如果在一定程度上承包商遇到了此类更为有利的条件,工程师应按照第 3.5 款[决定]的规定,商定或决定因此条件而减扣的费用,并且(作为减扣)计入合同价格和支付证书中。但减扣除的费用不得超过理赔的费用。

工程师可以考虑承包商提交投标文件时提供的预见外界条件的任何证据,但不受这些证据的约束。

4.13 道路通行权和设施

承包商应自费获得包括进入现场在内的所需专用和(或)临时的道路通行权。承包商还应自担风险和费用,获得为工程目的所需要的现场以外的任何附加设施。

4.14 避免干扰

承包商不应不必要地或不适当地干扰:

(a)公众的方便;或

(b)进入、使用和占用所有道路和人行道,不论这些道路和人行道是公共的或是雇主或其他人的。

承包商应保障并使雇主免于因上述不必要或不适当的干扰招致的损害、损失和开支(包括法律费用和开支)。

4.15　进场路线

承包商应被认为对其选用的进场路线的适宜性和可用性感到满意。承包商应付出合理的努力,防止这些道路或桥梁因为承包商的交通运输或承包商的人员而遭受损坏。这些努力包括适当地使用合适的运输工具和路线。

除合同条件中另有规定外:

(a)承包商应该(就双方而言)负责其使用的进场道路的必要的维护;

(b)承包商应提供所有进场道路必需的标志或方向指示,并应为使用此类进场路线、标志和方向指示,取得有关部门的批准;

(c)雇主不对由于任何进场路线的采用或其他原因引起的索赔负责;

(d)雇主不保证进场路线的适宜性和可用性;

(e)因承包商所需的使用的进场路线的不适宜性或不可用性而导致的费用,由承包商承担。

4.16　货物运输

除非专用条件中另有说明,否则:

(a)承包商应在任何生产设备或其他主要货物运到现场日期前不少于 21 天通知工程师;

(b)承包商应对工程所需的所有货物和其他物品的包装、装载、运输、接收、卸货、保存和保护负责;

(c)承包商应保障并使雇主免于因为货物运输的损坏而遭受损害、损失和开支(包括法律费用和开支),并应协商及支付由于运输所导致的索赔。

4.17　承包商的设备

承包商应对所有承包商的设备负责。所有承包商的设备运至现场后,都应视为专门用于该工程的专用设备。不经工程师的同意,承包商不得将任何主要的承包商的设备移出现场。但负责将货物或承包商的人员运离现场的运输工具,不必经过同意。

4.18　环境保护

承包商应采取合理措施保护现场内外的环境,并限制因其施工作业引起的污染、噪声及其他后果对公众和财产造成的损害和妨碍。

承包商应保证因其施工而产生的排放物不超过规范中规定的数值,也不能超过适用法律规定的数值。

4.19　电、水和燃气

除以下说明外,承包商应对其所需的所有电力、水及其他服务的供应负责。

为工程之目的,承包商有权使用现场已有的电、水、燃气和其他服务,其详细规定和价格在规范中给出。承包商应自担风险和支付费用,并负责提供计量仪器测定消耗量。

此类服务所消耗的数量和应支付的款额,应由工程师按照第 2.5 款[雇主的索赔]和第 3.5 款[决定]的规定,与双方商定或自行决定。承包商应向雇主支付此类款项。

4.20　雇主的设备和免费提供的材料

雇主应按规范中说明的细节、安排和价格,在实施工程中向承包商提供雇主的设备(如有时)。雇主应对自有的设备负责,规范中另有规定的除外。但是,当承包商的任何人员在操作、驾驶、指挥、占用或控制雇主的设备时,承包商应对该项雇主的设备负责。

工程师应对使用雇主的设备的合适数量及应支付的款额(按规定的价格),按照第2.5款[雇主的索赔]和第3.5款[决定]的规定,与双方商定或自行决定。承包商应向雇主支付该项款额。

如果规范中规定,雇主向承包商免费提供的材料,雇主应自担风险和自付费用,按照合同中规定的时间和地点提供这些材料。然后,承包商应对材料进行目测检查,并应将这些材料的任何短缺、缺陷或损坏通知工程师。除非双方另有协议,否则雇主应立即补齐任何短缺、修复任何缺陷或损坏。

在目测检查后,此类免费提供的材料将归承包商照管、监护和控制,承包商有检查、照管、监护和控制的义务,不应解除雇主对此材料目测检查时难以发现的短缺、缺陷或损坏所负有的责任。

4.21 进度报告

除非专用条件中另有说明,承包商应编制月进度报告,并将6份副本提交工程师。第一次报告所包含的期间应从开工日期起至当月的月底止。此后每月应在该月最后一天之后的7天内提交月进度报告。

报告应持续到承包商完成了工程接收证书上注明的竣工日期时所有尚未完成的扫尾工作为止。进度报告应包括:

(a)设计(如有时)、承包商的文件、采购、制造、货物运达现场、施工、安装和调试的每一阶段进展情况的图表与详细说明,包括指定分包商(在第5款[指定分包商]中规定的)实施工程的这些阶段的情况;

(b)表明制造和现场进展状况的照片;

(c)每项主要生产设备和材料的制造商名称、制造地点、进度百分比以及以下各项的实际或预期日期:(i)开始制造,(ii)承包商的检查,(iii)检验,(iv)运输和到达现场;

(d)在第6.10款[承包商的人员和设备的记录]中描述的详细情况;

(e)若干份质量保证文件、材料的检验结果及证书;

(f)依据第2.5款[雇主的索赔]和第20.1款[承包商的索赔]发出的通知的清单;

(g)安全统计,包括涉及环境和公共关系方面的任何危险事件与活动的详情;

(h)实际进度与计划进度的对比,包括可能影响按照合同竣工的任何事件和情况的详情以及为消除延误而正在(或准备)采取的措施。

4.22 现场保安

承包商应负责阻止未获授权的人员进入现场;授权人员仅限于承包商的人员和雇主的人员,以及由雇主或工程师通知了承包商作为雇主的其他承包商允许进入现场的人员和其他人员。专用条件中另有规定的除外。

4.23 承包商的现场作业

承包商应将其工作限制在现场以及承包商可能得到并获得工程师同意作为工作区的任何附加区域。承包商应采取一切必要的预防措施以保证其人员与设备处在现场及此类附加区域之内,并避免其进入邻近区域。

在工程实施期间,承包商应使现场避免出现一切不必要的障碍物,存放并妥善处置承包商的任何设备或剩余材料。承包商应从现场清除并运走任何废料、垃圾或不再需要的临时工程。

在颁发接收证书后，承包商应立即从该接收证书涉及的那部分现场和工程中清除并运走承包商的所有设备、剩余材料、残留物、垃圾和临时工程。承包商应保持该部分现场和工程处于清洁和安全状况。但是，承包商可以在缺陷通知期间内，在现场保留为履行合同中规定的义务所需的物资。

4.24　化石

在工程现场发现的所有化石、硬币、有价值的物品或文物、建筑结构以及其他具有地质或考古价值的遗迹或物品，应处于雇主的看管和权限之下。承包商应采取合理的预防措施，防止承包商的人员或其他人员移动或损坏这些发现物。

一旦发现此类物品，承包商应立即通知工程师，工程师可发出关于处理上述物品的指示。如果承包商由于遵守该指示而引起延误和(或)导致了费用的增加，则应进一步通知工程师并有权依据第 20.1 款[承包商的索赔]，要求延长工期和支付任何有关费用。

在接到此进一步通知后，工程师应按照第 3.5 款[决定]的规定，对此事作出商定或决定。

5　指定分包商

5.1　指定分包商的定义

在合同中，“指定分包商”是指：

(a)合同中指明的指定分包商；

(b)工程师依据第 13 款[变更和调整]的规定，指示承包商雇用的分包商。

5.2　对指定的反对

如果承包商尽快通知工程师，并提交具体证明资料，说明其有反对指定分包商的理由，则承包商没有义务雇用该指定分包商。反对的合理的理由包括：

(a)有理由相信该分包商没有足够的能力、资源或资金；

(b)分包合同未规定，承包商不承担指定分包商及其代理人和雇员的任何疏忽或误用货物的责任；

(c)分包合同未作明确规定，指定分包商向承包商保证，如果其分包的工程(如有设计，也包括在内)出了问题，分包商要承担由此引起的一切责任和后果，而不应由承包商承担该项义务和责任。除非雇主同意保障承包商免于承担由于雇用该分包商产生的后果。

5.3　对指定分包商的支付

承包商应向指定分包商支付工程师证实的依据分包合同应支付的款额。该项款额加上其他费用应按照第 13.5 款[暂定金额](b)段的规定加入合同价格，但第 5.4 款[支付的证据]中提到的情况除外。

5.4　支付的证据

在颁发一份包括支付给指定分包商的款额的支付证书之前，工程师可以要求承包商提供合理的证据，证明在此以前已按支付证书向指定分包商支付了所有应支付的款额。除非承包商：(1)向工程师提交了合理的证据，或(2)以书面材料使工程师同意他有权扣留或拒绝支付该项款额；并向工程师证明已将扣款事宜通知了指定分包商，否则，雇主可自行决定直接向指定分包商支付部分或全部已被证实应支付给他的款额。承包商随后应向雇主偿还这笔由雇主直接支付给指定分包商的款额。

6 职员和劳工

6.1 职员和劳工的雇用

除非规范中另有规定,承包商应安排从当地或其他地方雇用所有的职员和劳工,并负责其报酬、住房、膳食和交通。

6.2 工资标准和劳动条件

承包商所付的工资标准及遵守的劳动条件不应低于其从事工作的地区同类工商行业现行的标准和条件。如果没有现成的标准或条件可适用,承包商的工资标准及劳动条件应不低于当地从事与承包商类似工作的工商行业雇主所付的一般工资标准和提供的劳动条件。

6.3 为他人提供服务的人员

承包商不应从雇主的人员中招收或试图招收职员或劳工。

6.4 劳动法

承包商应遵守所有适用于承包商的人员的相关的劳动法,包括有关此类人员的雇用、健康、安全、福利、入境和出境的法律,并保障他们享有法律规定的所有权利。

承包商应要求其雇员遵守所有适用的法律,包括有关安全工作的法律。

6.5 工作时间

在当地公共的节假日,或在投标函附录中规定的正常工作时间以外,不得在现场进行任何工作,除非:

(a)合同另有规定;

(b)工程师同意;

(c)为了抢救生命或财产,或为了工程的安全,无法避免或必须进行的工作,在此情况下,承包商应立即通知工程师。

6.6 为职员和劳工提供的设施

除非规范中另有规定,承包商应为其人员提供并维护所有必需的食宿和福利设施。承包商还应按规范的规定为雇主的人员提供设施。

承包商不得允许任何承包商的人员在构成永久工程部分的构筑物内保留任何临时或永久的居住场所。

6.7 健康和安全

承包商应采取合理的预防措施,以保证其人员的健康和安全。承包商应与当地卫生部门合作,自始至终在现场以及承包商和雇主的人员住地配备医务人员、急救设施、病房以及救护服务,并应提供所有必要的福利和卫生条件,防止传染病的发生。

承包商应在现场安排安全员,负责安全,防止发生事故。该人员应能胜任此责任,并有权发布指示和采取防范事故的措施。在工程的整个实施过程中,承包商应提供安全人员执行职务必需的各种条件。

一旦发生事故,承包商应及时向工程师报告通报事故详情。按工程师的合理要求,保持相关记录,提交有关人员的健康、安全和福利及财产损失的报告。

6.8 承包商的监督

在工程的整个实施过程中,承包商应提供一切对计划、安排、指示、管理、检查和检验工程必要的监督。

此类监督应有足够的人员执行,他们应能够使用日常交流语言,并具有为圆满和安全地实施工程的作业所需的足够知识（包括所需的方法和技术，可能遇到的危险以及预防事故发生的方法）。

6.9　承包商的人员

承包商的人员应是在他们各自行业或职业内有技术和经验的合格人员。工程师可以要求承包商撤换雇用于现场或工程中他认为有下列行为的任何人员，包括承包商的代表（项目经理）：

(a) 一贯行为不轨或不认真；

(b) 履行职责时不能胜任或玩忽职守；

(c) 不遵守合同的规定；或

(d) 经常作出有损健康与安全或环保的行为。

如果上述情况确实，承包商应随后指派合适的替代人员。

6.10　承包商的人员和设备的记录

承包商应向工程师提交说明现场各类的承包商的人员人数及设备的数量详细记录。按工程师批准的格式，每个月提交一次，直至承包商完成了在工程接收证书中注明的竣工日期时全部扫尾工作。

6.11　妨碍治安的行为

承包商应始终采取各种合理的预防措施，以防止其人员发生任何违法、动乱以及妨碍治安的行为，并保持其人员安定，保证现场及邻近地区人员和财产的安全。

7　生产设备、材料和工艺

7.1　实施方式

承包商应以下列方式进行生产设备的制造、材料的生产以及实施所有其他工程：

(a)以合同中规定的方法（如有时）；

(b)按照公认的良好惯例，以恰当、熟练和谨慎的方式；

(c)使用适当配备的设施以及安全材料，除非合同中另有规定。

7.2　样本

在工程中使用或作为工程材料之前，承包商应向工程师提交以下材料的样本以及有关资料，获得工程师同意：

(a)由承包商自费提供的制造商的材料标准样品和合同中规定的样品；

(b)工程师指示作为变更的附加样品。

每件样本都应标明其原产地以及在工程中的预期使用部位。

7.3　检查

雇主的人员有权在一切合理的时间内进入现场及获得天然材料的料场；有权在生产、制造和施工期间（在现场或其他地方），对材料和工艺进行审核、检查、测量与试验，并对生产设备的制造进度和材料的生产及制造进度进行审查。

承包商应向雇主的人员提供一切机会完成此类工作，包括提供通道、设施、许可及安全装备。但此类活动并不解除承包商的任何义务和责任。

当完成的工作在覆盖、掩蔽或包装以备储运或运输之前，承包商应及时通知工程师；工程师应随即进行审核、检查、测量或试验，不得无故拖延，或立即通知承包商无须进行上述工作。如果承包商未发出通知而工程师要求时，承包商应自费打开已覆盖的工程，供工程师检查，然后恢复原状。

7.4 试验

本款规定适用于合同中规定的所有试验，竣工后的试验（如有时）除外。

承包商应提供所有为有效进行试验所需的设施、协助、文件和其他资料、电力、燃料、消耗品、仪器、劳务、材料与适当资质和经验的人员。承包商应与工程师商定对任何生产设备、材料和工程其他部分进行规定试验的时间和地点。

工程师可以按照第13款的规定，变更规定试验的位置或细节，或指示承包商进行附加试验。如果此变更或附加试验证明被试验的生产设备、材料或工艺不符合合同规定，则此项变更的费用由承包商承担。

工程师应至少提前24小时将其参加试验的意图通知承包商。如果工程师未在商定的时间和地点参加试验，除非工程师另有指示，承包商可着手进行试验，此试验等同于工程师在场。

如果由于遵照工程师的指示或因雇主的原因而使承包商遭受了延误和（或）导致了费用，则承包商应通知工程师，有权依据第20.1款规定提出索赔要求，包括：获得工期的延长；支付有关费用和合理利润。

在接到此通知后，工程师应按照第3.5款［决定］的规定，对此事作出商定或决定。

承包商应立即向工程师提交正式试验的报告。当规定的试验通过后，工程师应在承包商的试验报告上批注认可，或向承包商颁发证书。如果工程师未能参加试验，应被视为对试验结果准确性的认可。

7.5 拒收

如果审核、检查、测量或试验的结果，发现任何生产设备、材料或工艺是有缺陷的或不符合合同其他规定，工程师可拒收此生产设备、材料或工艺，并通知承包商，同时说明理由。承包商应立即修复上述缺陷并保证使被拒收的项目符合合同规定。

若工程师要求对此生产设备、材料或工艺再度进行试验，则试验应按相同条款和条件重新进行。如果此类拒收和再度试验致使雇主产生了附加费用，则承包商应按照第2.5款［雇主的索赔］的规定，向雇主支付这笔费用。

7.6 补救工作

不论以前是否进行了任何试验或颁发了证书，工程师仍可以指示承包商：

（a）将工程师认为不符合合同规定的生产设备或材料从现场移走并进行替换；

（b）把不符合合同规定的任何其他工程移走并重建；

（c）实施因为事故、不可预见事件或是其他原因引起的、为保证工程安全而急需的工作。

承包商应在指示规定的期限内，或立即（如果是急需的）执行该指示。

如果承包商未能遵守该指示，则雇主有权雇用其他人来实施该工作，并予以支付。应按照第2.5款［雇主的索赔］的规定，向雇主支付因其未完成工作而导致的雇主支付的费用。

7.7 生产设备和材料的所有权

从下述较早的时间起，在符合工程所在国法律规定范围内，每项生产设备和材料均应成为雇主的财产，无任何留置权和其他限制：

（a）当运至现场时；

（b）当依据第8.10款［暂停时对生产设备和材料的支付］的规定，承包商有权获得相当于生产设备和材料的价值的付款时。

7.8　矿区使用费

除非规范中另有规定，承包商应为下列各项支付所有矿区使用费、租金或其他费用：

(a)从现场外获得的原材料；以及

(b)对拆除及开挖的材料和其他剩余材料（无论是天然的或合成的），但不包括合同中规定的现场内的废弃物处置区。

8　开工、延误和暂停

8.1　工程的开工

工程师应至少提前 7 天通知承包商开工日期。除非专用条件中另有说明，开工日期应在承包商接到中标函后的 42 天内。

承包商应在开工日期后合理可行的情况下尽快开始实施工程，随后应毫不拖延地进行施工。

8.2　竣工时间

承包商应在竣工时间内完成整个工程：

(a)通过竣工试验；

(b)按照合同第 10.1 款的规定，完成工程及其各组成部分的全部工作。

8.3　进度计划

在按照第 8.1 款[工程的开工]的规定接到通知后 28 天内，承包商应向工程师提交详细的进度计划。当原进度计划与实际进度或合同义务不符时，承包商还应提交一份修改的进度计划。进度计划应包括以下内容：

(a)承包商计划实施工程的顺序，包括设计（如有时）、承包商的文件、采购、生产设备的制造、运达现场、施工、安装和检验的各个阶段的预期时间；

(b)每个指定分包商实施工程的各个阶段；

(c)合同中规定的检查和试验的程序和时间；

(d)一份支持报告，包括：对实施工程中承包商准备采用的方法和主要阶段的总体描述，各主要阶段现场所需的各类人员和设备数量的估算说明。

除非工程师在接到进度计划后 21 天内通知承包商该计划不符合合同规定，否则承包商应按照此进度计划履行义务，但同时不能影响其他合同义务。雇主的人员可依据该进度计划安排他们的活动时间。

如果承包商认为可能发生对工程造成不利影响的、使合同价格增加或工程延期的事件，应及时通知工程师。工程师可要求承包商提交一份对未来事件预测影响的估计，和（或）按第 13.3 款[变更程序]提交一份建议书。

如果工程师通知承包商，指出其进度计划不符合合同规定，或与实际进度和承包商原定的计划不一致，无论何时，承包商均应按本款的规定向工程师提交一份修正的进度计划。

8.4　竣工时间的延长

如果由于下述任何原因致使承包商不能按时竣工，承包商可依据第 20.1 款[承包商的索赔]，要求延长竣工时间：

(a)工程变更或某项工程数量显著变化；

(b)根据本合同条件的某条款，有权获得延长工期的原因；

(c)异常不利的气候条件；

(d)由于传染病或政府行为导致无法预见的人员或货物的短缺；

(e)由于雇主、雇主人员或现场中雇主的其他承包商造成的的任何拖延、干扰或阻碍。

如果承包商认为他有权获得竣工时间的延长，承包商应按第20.1款[承包商的索赔]的规定，向工程师发出通知。工程师应考虑以前的延期决定，并可增加(但不应减少)总的延期时间。

8.5 由公共当局引起的延误

如果下列条件成立，即：

(a)承包商已努力遵守了工程所在国有关合法公共当局制定的程序，

(b)这些公共当局拖延或干扰了承包商的工作，

(c)拖延或干扰是无法预见的，

则此类拖延或干扰应被视为是属于第8.4款[竣工时间的延长]规定的延期原因。

8.6 进展速度

如果实际进度过于缓慢以致无法按竣工时间完工，和(或)进度已经(或将要)落后于第8.3款[进度计划]中规定的现行进度计划，除了由于第8.4款[竣工时间的延长]中所列的导致落后的原因，工程师可以指示承包商提交一份修改的进度计划，并附上赶工方法的说明。

除非工程师另有通知，承包商应自担风险和自费采取赶工措施，可能需要增加工作时间和(或)增加承包商人员和(或)货物。如果赶工导致雇主产生了附加费用，承包商还应按第2.5款[雇主的索赔]的规定，向雇主支付这笔附加费用。

8.7 误期损害赔偿费

如果承包商未能遵守第8.2款[竣工时间]，承包商应依据第2.5款[雇主的索赔]向雇主支付误期损害赔偿费。这笔误期损害赔偿费是指投标函附录中注明的金额，即自相应的竣工时间起至接收证书注明的日期止的每日支付款。但全部应付款额不应超过投标函附录中规定的最高限额。

除工程竣工之前根据第15.2款[雇主提出终止]发生终止事件的情况之外，此误期损害赔偿费是由于承包商违约所应支付的唯一损害赔偿费。此误期损害赔偿费并不解除承包商完成工程的义务，也不解除合同规定的其他职责和义务。

8.8 工程暂停

工程师可随时指示承包商暂停进行部分或全部工程。暂停期间，承包商应保护、保管以及保障该部分或全部工程免遭任何侵蚀、损失或损害。

工程师还应通知停工原因。如果已通知了原因，并且是由于承包商的责任所导致的，则下列第8.9款、第8.10款和第8.11款不适用。

8.9 暂停引起的后果

如果承包商遵守工程师工程暂停及复工的指示导致了工期拖延和(或)费用增加，承包商应通知工程师依据第20.1款[承包商的索赔]的规定，要求获得工期的延长以及支付任何相关费用，加入合同价格。

在接到此通知后，工程师应按照第3.5款[决定]的规定对此事作出商定或决定。

如果以上后果是由承包商错误的设计、工艺或材料引起的，或由于承包商未能按照第8.8款[工程暂停]的规定采取保护、保管及保障措施引起的，则承包商无权获得为修复上述后果所需的延期和费用补偿。

8.10 暂停时对生产设备和材料的支付

如果有关生产设备的工作或生产设备及材料的运送被暂停超过28天,并且承包商根据工程师的指示已将这些生产设备和材料标记为雇主的财产,则承包商有权获得未被运至现场的生产设备及材料的支付款。支付款额应为该生产设备及材料在暂停日的价值。

8.11 持续的暂停

如果第8.8款[工程暂停]所述的暂停已持续84天以上,承包商可要求工程师同意继续施工。若工程师在接到上述要求后28天内未给予许可,则承包商可以通知工程师,将按照第13款[变更和调整]的规定把暂停的工程视为删减。如果此类暂停影响到整个工程,则承包商可根据第16.2款[承包商提出终止]向雇主发出终止合同的通知。

8.12 复工

承包商在接到继续工作的许可或指示后,应和工程师一起检查受到暂停影响的工程、生产设备和材料。承包商应修复在暂停期间发生在工程、生产设备或材料中的任何侵蚀、缺陷或损坏。

9 竣工试验

9.1 承包商的义务

承包商在根据第4.1款[承包商的一般义务]提交文件后,应根据本款和第7.4款[检验]的规定进行竣工试验。

承包商应提前21天将准备好进行竣工试验的日期通知工程师。如果没有另外商定,试验应在该日期后14天内,在工程师指示的某日或数日内进行。

如果雇主在竣工试验前使用了工程的任何部分,则工程师在考虑竣工试验结果时,应考虑到因雇主的使用而对工程的性能造成的影响。一旦工程或某一部分通过了竣工试验,承包商应向工程师提交一份相关检验结果的报告。

9.2 延误的试验

如果雇主拖延了竣工试验,则第7.4款[检验]和(或)第10.3款[对竣工试验的干扰]的规定将适用。

如果承包商延误竣工试验,工程师可通知承包商要求其在收到该通知后21天内进行试验。承包商应在该期限内的某日或数日内进行试验,并将此日期通知工程师。

若承包商未能在21天的期限内进行竣工试验,雇主的人员可着手进行试验,其风险和费用均由承包商承担。此种竣工试验等同于承包商在场的情况下进行,承包商应接受检验的结果。

9.3 重新试验

如果工程或某区段未能通过竣工试验,则第7.5款[拒收]将适用,且工程师或承包商可以要求对未通过的试验的工程和相关工程按相同条款和条件重新进行检验。

9.4 未能通过竣工试验

当整个工程或某区段未能通过重复竣工试验时,工程师应有权指示按照第9.3款[重新试验]再进行一次重复的竣工试验。

如果由于工程中的缺陷基本上使雇主丧失了该工程或区段的使用价值,应拒收整个工程或该区段。在此情况下,雇主可以采取第11.4款[未能补救缺陷]规定的相同的补偿措施。

如果雇主要求工程师颁发一份接收证书,工程师可以照办。在此情况下,承包商应继续履行合同中规定的所有其他义务,并且对合同价格扣减,扣减的数额应能弥补由于缺陷给雇主造成的价值损失。

如果合同中没有规定与此类缺陷相关的扣减计算方法,雇主可以要求:以双方商定的数额减扣,并在颁发接收证书前支付给雇主;或者依据第 2.5 款[雇主的索赔]和第 3.5 款[决定]的规定,作出确定并支付。

10 雇主的接收

10.1 对工程和区段的接收

当工程根据合同已经完成,并通过了竣工试验,并且已经颁发或视为颁发了工程接收证书时,雇主应接收工程。

承包商可以在其认为工程即将完工并准备移交前 14 天内,向工程师发出申请接收证书的通知。如果工程分区段,则承包商应同样为每一区段申请接收证书。

工程师在收到承包商的申请后 28 天内,应给予答复:(a)如果同意,则应向承包商颁发接收证书,说明根据合同工程或区段完工的日期,同时列出少量尚未完成的不影响工程或区段按原定目的使用的扫尾工作和缺陷,但要求继续完成扫尾或修补好缺陷;(b) 如果不同意,则驳回申请,提出理由,并指出承包商尚需完成的工作。

若在 28 天期限内工程师既未颁发接收证书也未驳回承包商的申请,而工程或区段(视情况而定)基本符合合同要求,应视为在上述期限内的最后一天已经颁发了接收证书。

10.2 对部分工程的接收

根据雇主的决定,工程师可以为部分永久工程颁发接收证书。

只有工程师已颁发了接收证书,雇主才能使用该部分工程。但是,如果在接收证书颁发前雇主确实使用了工程的任何部分,该被使用的部分自被使用之日起,应视为已被雇主接收;承包商应从使用之日起停止对该部分的照管责任,此时,责任应转给雇主;如果承包商要求时,工程师应为此部分颁发接收证书。

工程师为此部分工程颁发接收证书后,应尽早给予承包商机会,以使其采取可能必要的步骤,完成任何尚未完成的竣工试验。承包商应在缺陷通知期期满前,尽快进行竣工试验。

除了合同中有规定或承包商同意,如果由于雇主接收和(或)使用该部分工程导致承包商增加了费用,承包商应通知工程师,并有权依据第 20.1 款[承包商的索赔]获得有关费用及合理利润,加入合同价格。在接到此通知后,工程师应按照第 3.5 款[决定],对此费用及利润作出商定或决定。

如果对工程的某一部分颁发了接收证书,对该工程剩余部分的误期损害赔偿费应减少。同样,这一规定也适用于该部分的区段。在接收证书注明的日期之后的任何拖延期间,误期损害赔偿费减少的比例应按已签发部分的价值相对于整个工程或区段的总价值的比例计算。工程师应对此比例作出商定或决定。本规定仅适用于合同规定的误期损害赔偿费的每日费率,不改变误期损害赔偿费最高限额的规定。

10.3 对竣工试验的干扰

如果由于雇主的原因妨碍承包商进行竣工试验已达 14 天以上,则应认为雇主已在本应完成竣工试验之日接收了工程或区段。

工程师随后应相应地颁发一份接收证书,并且承包商应在缺陷通知期期满前尽快进行竣工试验。工程师应提前 14 天发出通知,要求按照合同的有关规定进行竣工试验。

若因竣工试验拖延导致承包商延误工期和(或)增加了费用,则承包商应通知工程师,并有权依据第20.1款[承包商的索赔]的规定,要求获得工期的延长,支付有关费用和合理的利润,加入合同价格。

在接到此通知后,工程师应按照第3.5款[决定],对此事作出商定或决定。

10.4 地表需要恢复原状

除非接收证书中另有说明,区段或部分工程接收证书的办法并不证明需要恢复原状的场地或其他地表面的工作已经完成。

11 缺陷责任

11.1 完成扫尾工作和修补缺陷

为使工程、承包商的文件和每一区段尽快达到合同的要求,在相关缺陷通知期期满前或之后,承包商应在工程师指定的时间内,完成至接收证书注明的日期时尚未完成的任何工作;在工程或区段的缺陷通知期期满之日或之前,按照雇主的要求,完成修补缺陷或损害所必需的全部工作。

若出现任何此类缺陷或发生损坏的情况,雇主(或雇主的代表)应立即通知承包商。

11.2 修补缺陷的费用

如果第11.1款[完成扫尾工作和修补缺陷]中所述的工作是由下列原因引起的,则实施所有此类工作应由承包商自担风险和自负费用:

(a)任何承包商负责的设计;

(b)生产设备、材料或工艺不符合合同要求;

(c)承包商未履行其任何其他义务。

如果且在一定程度上上述工作的必要性是由于任何其他原因引起的,雇主(或雇主的代表)应立即通知承包商,此时适用第13.3款[变更程序]。

11.3 缺陷通知期的延长

如果工程、区段或主要生产设备在接收以后,由于缺陷或损害而不能按照预定的目的进行使用,则雇主有权依据第2.5款[雇主的索赔]要求延长工程或区段的缺陷通知期。但缺陷通知期的延长不得超过2年。

如果生产设备和(或)材料的运送和(或)安装,根据第8.8款[工程暂停]或第16.1款[承包商有权暂停工作]发生了暂停,对于生产设备和(或)材料的缺陷通知期期满2年后发生的任何缺陷或损害,承包商不承担修补义务。

11.4 未能补救缺陷

如果承包商未能在某一合理时间内修补缺陷或损害,雇主(或雇主的代表)可确定一日期,规定到该日或该日之前修补好缺陷或损害,并及时向承包商发出通知。

如果承包商到该日期仍未修补好缺陷或损害,并且这些修补工作的费用依据合同规定应由承包商承担,雇主可以:

(a)由自己或委托他人完成修复工作,费用由承包商承担,但承包商对此项工作不再承担责任,雇主依据第2.5款[雇主的索赔]向承包商索取此项费用。

(b)要求工程师依据第3.5款[决定],通过与双方商定或作出决定,减扣相应的合同额。

(c)如果该缺陷或损害使得雇主基本上不能获得工程或主要部分所带来的全部效益,雇主可以终止整个工程合同或相关主要部分合同。雇主还有权收回所支付的整个工程款或该主要部分的全部费用(视情况而定),加上融资费用、拆除工程、清理现场和将生产设备和材料退还给承包商所支付的费用。同时雇主具有合同或其他规定赋予他的其他权利。

11.5 清除有缺陷的部分工程

若此类缺陷或损害不能在现场迅速修复时,经雇主的同意,承包商可将有缺陷或损害的生产设备移出现场进行修善。雇主可要求承包商按该部分的重置费用,增加履约保证的款额或提供其他适当的保证。

11.6 进一步的检验

如果缺陷或损害的修补工作影响到工程的性能,工程师可要求重新进行合同中列明的任何检验,并在修补工作完成后的28天内通知承包商。

此类检验应按照以前的检验适用的条件进行,根据第11.2款[修补缺陷的费用],检验的风险和费用由责任方承担。

11.7 进入权

在履约证书颁发之前,承包商为了履行本款义务的合理需要,有权进入工程现场,但雇主出于安全需要,可对承包商的进入进行合理限制。

11.8 承包商的检查

如果工程师提出要求,承包商应在其指导下调查产生缺陷的原因。如果缺陷依据第11.2款[修补缺陷的费用],已由承包商支付费用进行了修补,此类调查费由承包商承担;否则,应由工程师依据第3.5款[决定]来确定,向承包商支付调查费用和合理的利润,并加入合同价格。

11.9 履约证书

只有当工程师向承包商颁发了履约证书,说明承包商完成合同义务的日期时,才能认为承包商的义务已经完成。

工程师应在最后一个缺陷通知期期满后28天内颁发履约证书,或在承包商已提供了全部承包商的文件并完成和检验了全部工程,包括修补了所有缺陷的日期之后尽快颁发。还应向雇主提交一份履约证书的副本。

只有具备履约证书,才被视为构成对工程的认可。

11.10 未履行的义务

在履约证书颁发之后,每一方仍应负责完成届时尚未履行的义务。对于确定未履行的义务的性质和范围,合同应被认为仍然有效。

11.11 现场清理

在接到履约证书以后,承包商应从现场运走任何剩余的承包商的设备、材料、残留物、垃圾或临时工程。

如果在雇主接到履约证书副本后28天内上述物品还未被运走,则雇主可对此留下的任何物品予以出售或另作处理。雇主应有权获得清理现场所发生的费用的支付。

出售的所有余额应归还承包商。若出售所得少于雇主支出的费用,则承包商应将差额支付给雇主。

12 测量和估价

12.1 工程计量

应依据本款对工程进行测量并确定应支付的价值。

当工程师要求对工程的任何部分进行测量时,他应通知承包商的代表,承包商的代表应立即参加或派一名合格的代表协助工程师进行测量;并向工程师提供所需要的全部详细资料。

如果承包商未能参加或派出一名代表,则由工程师(或工程师代表)进行的测量应被视为准确的测量而认可。

在需要依据记录对永久工程进行计量时,工程师应准备好记录,合同中另有规定的除外。当承包商被要求时,他应参加审查此类记录,与工程师达成一致后,在记录上签字。如果承包商没有参加审查,则应认为该记录准确,予以认可。

如果承包商在审查之后不同意上述记录,不签字表示同意,承包商应通知工程师,说明他认为记录中的不准确之处。工程师接到通知后,应复查此类记录,或予以确认或予以修改。如果承包商在被要求对记录进行审查后14天内未向工程师发出此类通知,则认为该记录是准确的并已被认可。

12.2 测量方法

除非合同中另有规定,无论当地惯例如何,均应对永久工程各部分的实际净值计量,并且测量方法应符合工程量表或其他适用报表。

12.3 估价

工程师应对每一项工作估价,除非合同中另有规定。估价的方法是根据上述第12.1款[工作计量]和第12.2款[测量方法]的规定测量出每项工作的工程量,再与其相应费率相乘。

对每一项工作合适的费率或价格应该是合同中对此项工作规定的费率或价格;如果合同中无某项内容,则取其类似工作的费率或价格。

但如果下列4种情况同时出现,应确定新的费率或价格:

(a)如果该项工作实际测量的工程量比工程量表或其他报表中规定的工程量超过10%;

(b)工程量的变化与该项工作规定的费率的乘积超过了合同金额的0.01%;

(c)此工程量的变化直接造成该项工作每单位工程量费用的变动超过1%;

(d)该项工作在合同中没有表明为"固定费率项目"。

或者,同时具备以下3种情况:

(a)此工作是根据第13款[变更和调整]的指示进行的;

(b)合同中未规定此项工作费率或价格;

(c)由于该项工作与合同中的任何工作没有类似的性质或不在类似的条件下进行,故没有规定的费率或价格适用。

新的费率或价格是在考虑到上述两类情况,对合同中相关费率或价格进行合理的调整得出的。如果没有可参照的费率或价格,则新的费率或价格应是在考虑任何相关情况以后,根据实施工作的合理费用加上合理利润得出。

工程师在商定或确定合适的费率或价格之前,可为期中支付证书确定一个临时费率或价格。

12.4 删减

当对任何工作的删减构成变更的一部分,而且双方对删减工作的价值未达成一致时,如果符合以下3项条件,承包商可以要求费用补偿:

(a)工作未被删减时,承包商的某笔费用包含在中标合同金额的该部分的工程款中;

(b)该工作被删减,将(已)导致这笔费用不能包含在合同价格之中;

(c)在任何替代工作的估价之中也不包含这笔费用。

承包商应随即向工程师发出通知,并附具体的证明资料。在接到通知后,工程师应依据第 3.5 款[决定],商定或确定此笔费用,并计入合同价格中。

13 变更和调整

13.1 有权变更

在颁发工程接收证书之前,工程师可以通过发布指示,或要求承包商以递交变更建议书的方式,提出工程变更。

承包商应执行每项变更,除非承包商马上通知工程师,说明承包商无法得到变更所需的物资,并附有证明资料。在接到此通知后,工程师应取消、确认或修改变更指令。

每项工程变更可包括:

(a)合同中任何工作的工程量的改变,但工程量的变化并不一定构成变更;

(b)任何工作质量或其他特性的改变;

(c)工程任何部分标高、位置和(或)尺寸上的改变;

(d)任何工作的删减,删减的工作并未由他人完成;

(e)永久工程所需的任何附加工作、生产设备、材料或服务,包括任何联合竣工试验、钻孔和其他检验以及勘探工作;

(f)工程的实施顺序或时间安排的改变。

没有工程师的指令,承包商不得对永久工程作任何更改或修改。

13.2 价值工程

如果承包商认为他的建议书能够:(i)缩短工期;(ii)降低雇主实施、维护或运行工程的费用;(iii)能提高竣工工程的效率或价值;(iv)为雇主带来其他利益,可以随时向工程师提交书面建议。

承包商应自费编制此类建议书,其中应包括第 13.3 款[变更程序]的内容。

如果经工程师批准的建议书包括对部分永久工程的设计的改变,而且相关事宜双方没有商定,则承包商应设计该部分工程,并按第 4.1 款[承包商的一般义务]中的规定对该设计负责。

如果这种改变造成该部分工程节约了资金,工程师应依据第 3.5 款[决定],商定或确定一笔费用,并加入合同价格。这笔费用的计算是下列两项金额之差的一半(50%):

(a)由此改变减少的合同额度(不包括依据第 13.7 款[法律变更引起的调整]和第 13.8 款[费用变化引起的调整]的规定作出的调整);

(b)改变后的工程(如果存在)由于质量、预期寿命或运行效率的降低,给雇主带来价值的减少。

但是,如果(a)的金额少于(b)的金额,则承包商得不到任何奖励。

13.3 变更程序

如果工程师在发布变更指令之前要求承包商提交一份建议书,则承包商应尽快作出书面答复。如果不能提交建议书应说明理由,如果提交建议书,应包括:建议完成的工作的说明书以及该工作实施的进度计划;对工程总进度计划和竣工时间作出必要修改的建议;对变更费用的估算。

工程师在接到上述建议后,应尽快予以答复,说明批准与否或提出意见。在等待答复期间,承包商不应延误任何工作。

任何变更指令均应由工程师向承包商发出,并附有做好的费用记录要求,承包商收到后应回函确认。

每一项变更应依据第 12 款[测量和估价]进行估价,除非工程师依据本款另外作出指示或批准。

13.4　以适用的货币支付

如果合同规定合同价格以一种以上的货币支付,则在按上述规定已商定、批准或确定调整的同时,应规定以每种适用的货币支付的金额。在规定每种货币的金额时,应参照变更工作费用的实际或预期的货币比例,以及为支付合同价格所规定的各种货币比例。

13.5　暂定金额

每一笔暂定金额只能按照工程师的指示全部或部分地动用,并增加到合同价格中。支付给承包商的此类总金额,只应包括工程师指示的且与暂定金额有关的工作、供货或服务的款项。

对于暂定金额的使用,工程师可指示承包商实施某项工作,并按照第 13.3 款[变更程序]进行估价。

工程师也可指示承包商从指定分包商处或其他人处购买生产设备、材料或服务,承包商可以获得相应的支付款,加入合同价格中。获得的支付款包括:承包商为此项工作已支付(或将支付)的实际款额、实施此项工作的管理费和利润。

管理费和利润的计算,是以此实际款额乘以资料表中规定的相关百分比;如果没有这一相关百分比,则可采用投标函附录中规定的百分比。

当工程师要求时,承包商应出示报价单、发票、凭证以及账单或收据等证明。

13.6　计日工

对于数量少或偶然进行的零星工作,工程师可以下达变更指令,按计日工方式实施此类工作。对于此类工作应按合同中的计日工报表并采用下述程序进行估价。如果合同中没有计日工报表,则本款不适用。

在订购工程所需货物时,承包商应向工程师提交报价。当申请支付时,承包商应提交此货物的发票、凭证以及账单或收据。

除了计日工报表中规定的不进行支付的项目以外,承包商应每日向工程师提交准确的报表,一式两份。报表应包括前一日工作中使用的资源的详细情况:承包商的人员的姓名、工种和工时;使用的施工设备和临时工程的种类、型号以及工时;使用的生产设备和材料的数量和型号。

如果工程师经核实认为内容准确或同意,将在报表上签字并退还给承包商一份。

承包商应对经签署的报表进行估价,并将估价后的报表向工程师提交一份,然后将其纳入按照第 14.3 款[期中支付证书的申请]规定的每月报表中,申请支付。

13.7　法律变更引起的调整

如果在基准日期以后,工程所在国的法律有改变(包括新法律的实施以及现有法律的废止或修改)或对此法律的司法的或官方政府的解释有改变,对承包商履行合同义务产生影响,导致费用的增减,则合同价格应作出相应调整。

如果在基准日期后,由于法律或所作的解释上的变更,使承包商拖延了(或将延误)工期和(或)导致了(或将导致)额外费用,承包商应通知工程师,并有权依据第 20.1 款[承包商的索赔]的规定,要求获得工期的延长以及支付额外的费用,并加入合同价格。

在接到此通知后,工程师应按照第 3.5 款[决定]的规定,对此事作出商定或确定。

13.8 费用变化引起的调整

在本款中,“数据调整表”是指投标函附录中包括的、填好的一份调整数据表。如无此数据调整表,则本款不适用。

如果本条款适用,应支付给承包商的款额应根据劳务、货物以及其他投入工程的费用的涨落进行调整,根据所列公式确定增减的款额。如果本款或其他条款的规定不能包括调整不到的费用,应认为中标的合同金额中已包括了其他物价涨落产生的额外费用。

调整是对依据工程量表中的估价以及支付证书确认的应支付给承包商的款额进行调价,适用于各支付合同价格的每一种货币。但基于实际费用支出或现行价格计算的工程款不作调整。常用的调价公式为:

$$P_n = a + b \cdot L_n/L_0 + c \cdot E_n/E_0 + d \cdot M_n/M_0 + \cdots$$

式中:“P_n”是在第 n 期间的调价系数,通常为一个月,调整后的该月(期间)的进度款,是用当月(期间)的调价系数乘以所完成工作以相应货币所估算的进度款;

“a”是固定系数,代表支付款中不调整的部分;

“b”“c”“d”代表与实施工程有关的每项费用的调整比例,如劳务、设备和材料等,应在相关调整数据表中列出;

“L_n”“E_n”“M_n”…是第 n 期间内使用的现行费用指数或参照价格,并且按照该月(期间)(与支付证书相关的期间)的最后一日之前第 49 天当天适用的费用指数或参照价格确定,以相应的货币表示;

“L_0”“E_0”“M_0”…是基本费用指数或参照价格,按照表中所列在基准日期当日的相关的费用指数或参照价格确定,以相应的支付货币表示。

应使用数据调整表中规定的费用指数或参照价格。如果对其来源有疑问,应由工程师确定。为此,工程师应参照投标函附录数据调整表中第 4 栏和第 5 栏分别所列的指数值,这些日期及指数值可能与基本费用指数不一致。

当数据调整表中的某指数的货币不是相应的支付货币时,将应按工程所在国的中央银行规定的在上述要求的指数适用的日期的售出价转换成相应的支付货币。

在获得所有现行费用指数之前,工程师应确定一个期中支付证书的临时指数。当得到现行费用指数之后,相应地重新计算并作出调整。

如果承包商未能在竣工时间内完成工程,则应利用下列指数或价格对价格作出调整:(i)工程竣工时间期满前第 49 天当天适用的每项指数或价格,或(ii)现行指数或价格,取其中对雇主有利者。

如果当变更使得数据调整表中规定的每项费用系数的权重(系数)变得不合理、失衡或不适用时,则应对其进行调整。

14 合同价格和支付

14.1 合同价格

合同价格应根据第 12.3 款[估价]来商定或决定,并应根据合同对其进行调整。

承包商应支付根据合同他应支付的所有税费、关税和费用,而合同价格不应因此类费用进行调整(第13.7款[法律变更引起的调整]的规定除外)。

工程量清单或其他报表中列出的工程量仅为估算的工程量,不是要求承包商实施的实际工程量;或用于第12条[测量和估价]的目的实际或正确的工程量。

在开工日期开始后28天之内,承包商应该向工程师提交工程量表中每一包干项的价格分解表。供工程师在编写支付证书时参考,但不受其制约。

14.2 预付款

雇主应向承包商支付一笔无利息的预付款,帮助承包商启动工程,但承包商必须先向雇主提交一份预付款保函。预付款总额、分期预付的次数与时间以及适用的货币与比例,应按投标函附录中的规定。

如果雇主没有收到该保函,或者投标函附录中没有规定预付款总额,则本款不再适用。

工程师为第一笔分期付款签发支付证书的前提条件是:工程师收到根据第14.3款[期中支付证书的申请]提交的报表;雇主收到了承包商提交的履约保证以及一份金额和货币与预付款相同的预付款保函。预付款保函应由雇主认可的国家(或地区)的机构签发,并且使用专用条件中所附的格式或雇主认可的其他格式。

在预付款完全偿还之前,承包商应保证该保函一直有效,但该保函的数额应随承包商的偿还逐步降低。如果该保函的条款中规定了有效期,在此截止日期前28天预付款还未偿还,则承包商应该相应地延长保函的有效期,直到预付款偿清。

该预付款应在支付证书中按百分比扣减的方式偿还。如果投标函附录中没有注明减扣的百分比,可按以下办法减扣:

当期中支付证书的累计付款总额(不包括预付款及保留金的扣减与偿还)超过中标的合同额(减去暂定金额)的10%时,开始从期中支付证书中扣还预付款,按照预付款的货币的种类及其比例,每次扣支付证书款额的25%(不包括预付款及保留金的扣减与偿还),直至还清全部预付款。

如果在颁发工程的接收证书前,或按第15条[雇主提出终止],第16条[承包商提出暂停和终止],或第19条[不可抗力]终止合同前,尚未还清预付款,承包商应将剩余部分立即支付给雇主。

14.3 期中支付证书的申请

承包商应按工程师批准的格式在每个月末之后向工程师提交一式六份报表,详细说明自己认为有权得到的款额,并附上证明文件,包括根据第4.21款[进度报告]的规定编写的当月进度情况的详细报告。

该报表应包括下列各项,以应付合同价格的各种货币表示,并按下列顺序排列:

(a)截至当月末已实施的工程及承包商编制的文件的估算价值(包括变更,但本项中不包括以下(b)至(g)各项所列内容);

(b)根据第13.7款[法律变更引起的调整]和第13.8款[费用变化引起的调整],由于法律变更和费用调整引起的各种款项的增加或减少;

(c)保留金扣除的款额,按投标函附录中标明的保留金百分率乘以上两项的总额计算,直至达到投标函附录中规定的保留金限额为止;

(d)按照第14.2款[预付款]的规定,支付和偿还的预付款的款额;

(e)按照第14.5款[拟用于永久工程的生产设备和材料]的规定,生产设备和材料的预支

款和扣还款;

(f)根据合同或其他规定(包括第20条[索赔、争端和仲裁]的规定),应付的或减扣的其他款额;

(g)对所有以前的支付证书中应扣除款项。

14.4 支付计划表

若合同包括分期支付合同价格的支付计划表,则按下列办法支付:

(a)支付计划表中所列的支付额为截至当月末已实施的工程及承包商编制的文件的估算价值(包括变更额);

(b)第14.5款[拟用于永久工程的生产设备和材料]的规定不适用;

(c)如果分期支付额不是参照工程的实际进度制定的,且实际进度落后于计划进度,则工程师可考虑实际进度落后的情况,根据第3.5款[决定]来商定或确定修改分期支付款额。

如果在合同中没有支付计划表,则承包商每个季度应向雇主提交到期应得款额的估价单,估价单对雇主不具有约束力。第一份估价单应在开工日期后42天之内提交,以后直到工程接收证书颁发,每个季度应提交一份经修正的季度估价单。

14.5 拟用于永久工程的生产设备和材料

根据第14.3款[期中支付证书的申请]中第(e)项的规定,期中支付证书应包括:已运至现场为永久工程配套的生产设备与材料的预支款,以及当生产设备与材料的合同价值已构成永久工程的一部分时,再将预支款从中扣除的款额。

工程师确认每一项预支款的条件为下列的第(a)和(b)项,或第(a)和(c)项。

(a)承包商已经完整保存有关生产设备和材料的各种记录(包括订单、收据、费用及使用),且这些记录可供随时检查;以及提交了购买生产设备和材料并将其运至现场的费用报表,并附有相关的证明文件。

(b)相关的生产设备和材料均属于投标函附录中所列的在装运时应支付款额的项目;按照合同的要求已经运至工程所在国,并正在运往现场的途中;并且有清洁装船提单或其他装运证明。该提单或证明,已与运输费和保险费的支付证明、其他合理要求的文件以及由雇主认可的银行按规定格式开具的保函(保函应以相同的金额和相应货币开具),一同提交给工程师。该保函的有效期应一直持续到此类生产设备和材料在现场适当存放并采取妥善保管措施为止。

(c)相关的生产设备和材料均属于投标函附录中所列在运至现场时应支付款额的项目;并且已经运至现场,在现场妥善存放,采取了防护措施,完全符合合同的要求。

工程师在确认预支款时,应将本款中所涉及的承包商文件以及生产设备和材料的合同价值考虑在内,按生产设备和材料(包括运至现场)费用的80%确定。

对于每笔预支款额,其货币种类应为第14.3款[期中支付证书的申请]中规定的合同价值应付的相同货币。支付证书应该包括扣除款额,该扣除款额应与相关的生产设备和材料的预支款额相等,并采用相同的货币和比例。

14.6 期中支付证书的颁发

在雇主收到并认可履约保证之前,工程师不能开具任何支付证书。此后,在收到承包商的报表和证明文件后28天内,工程师应向雇主签发期中支付证书,列出应支付给承包商的款项,并附详细说明。

在颁发工程的接收证书之前,如果某一期中支付证书的金额(在扣除保留金及其他应扣款额之后)少于投标函附录中规定的期中支付证书的最低限额,则工程师可以不开具当月的支付证书,其金额累计至下个月的支付证书中,并通知承包商。

如果承包商所提供的物品或已完成的工作不符合合同要求,则可暂时扣发修复或重置的费用,直至修复或重置工作完成。

如果承包商未能按照合同规定进行工作或履行义务,并且工程师已为此向承包商发出通知,则可扣留该工作或义务的价值,直至该工作或义务被履行为止。

虽然因存在以上情况,可能暂时扣发某些款项,但不得因任何其他原因扣发期中支付证书。

工程师可在任何支付证书中,对以前的支付证书进行修正。支付证书并不表明工程师对相关工作的接受、批准、同意或满意。

14.7 支付

雇主应向承包商支付:

(a)首期预付款额,时间是在中标函颁发之日起42天内,或在根据第4.2款[履约保证]以及第14.2款[预付款]的规定,收到相关的文件之日起21天内,二者中较晚的时间;

(b)期中支付证书中开具的款额,时间是在工程师收到报表及证明文件之日起56天内;

(c)最终支付证书中开具的款额,时间是在雇主收到该支付证书之日起56天内。

每种货币支付的款项应汇入在合同中指定的该种货币的付款国中承包商指定的银行账户。

14.8 延误的付款

如果承包商没有收到应获得的款额,承包商应有权就未付款额按月计算复利,收取延误期的融资费。延误期应认为是从第14.7款[支付]规定的应支付的日期开始计算的,而不考虑期中支付证书颁发的日期。

除非在专用条件中另有规定,此融资费应按货币支付国中央银行的贴现率加上3个百分点后的年利率进行计算,并用与应支付的相同的货币支付融资费。

承包商有权得到上述付款,而无须正式通知或证明,并且不损害他的任何其他权利或应得的补偿。

14.9 保留金的支付

当已经颁发了整个工程的接收证书时,工程师应开具证书将保留金的一半支付给承包商。如果颁发的只是工程某一区段或部分的接收证书,则应按一定比例支付保留金,其数额等于保留金的40%,乘以该区段或部分的估算合同价值除以整个工程合同价格估算值的比值。

在缺陷通知期期满时,工程师应立即开具证书将保留金尚未支付的部分支付给承包商。如果只是工程区段或部分的缺陷通知期期满,应支付该工程区段或部分所占的保留金数额的40%,仍然按照该区段或部分的估算合同价值除以整个工程合同价格估算值所得的比值,来计算该区段或部分所占保留金的比例。

但如果在此时根据第11条[缺陷责任],尚有任何工作未完成,工程师有权在这些工作完成之前扣发相关费用。

在计算上述比例时,不考虑根据第13.7款[法律变更引起的调整]和第13.8款[费用变化引起的调整]所导致的任何调价。

14.10 竣工报表

在收到工程的接收证书后的 84 天内，承包商应向工程师提交按其批准的格式编制的竣工报表一式六份，并附第 14.3 款[期中支付证书的申请]要求的证明文件，详细说明：

(a)截至工程的接收证书注明的日期，根据合同所完成的所有工作的价值；

(b)承包商认为应继续支付给他的任何款项；

(c)承包商认为根据合同将应支付给他的任何其他款项的估算额。此估算款额应在竣工报表中单独列出。

工程师应根据第 14.6 款[期中支付证书的颁发]开具支付证书。

14.11 申请最终支付证书

在收到履约证书后 56 天内，承包商应向工程师提交按其批准的格式编制的最终报表草案一式六份，并附证明文件，详细说明以下内容：根据合同所完成的所有工作的价值以及承包商认为根据合同或其他规定应继续支付给他的剩余款项。

如果工程师对最终报表草案中的某一部分有异议，承包商应根据工程师的合理要求提交补充资料，并就双方商定意见对草案进行修改。随后，承包商应编制并向工程师提交最终报表。在本条件中，经双方商定的报表被称为“最终报表”。

如果工程师和承包商进行协商，并对最终报表草案进行了修改，但仍存在争议，工程师应向雇主报送一份最终报表中双方达成一致的部分的期中支付证书，同时将一副本送交承包商。此后，如果根据第 20.4 款[获得争端裁决委员会的决定]或第 20.5 款[友好解决]，争议最终得到解决，承包商随后应编制一份最终报表提交给雇主，同时将副本送交工程师。

14.12 结清单

承包商在提交最终报表时，还应提交一份结清单，确认最终报表中的总额为按照合同应支付给他的全部款项和最终的结算额。该结清单可注明，只有在收到全部未支付的余额和履约保证之日，该结清单才能生效。

14.13 最终支付证书的颁发

根据第 14.11 款[申请最终支付证书]和第 14.12 款[结清单]，在收到最终报表及书面结清单后 28 天内，工程师应向雇主发出一份最终支付证书，说明最终应支付的款额；经核算雇主已支付的所有款额以及雇主有权得到的金额，雇主还应支付给承包商，或承包商还应支付给雇主的余额。

如果承包商未根据第 14.11 款[申请最终支付证书]和第 14.12 款[结清单]，申请最终支付证书，工程师应要求承包商提出申请。如果承包商未能在 28 天期限内提交此类申请，工程师可自行确定应支付的款额，并颁发最终支付证书。

14.14 雇主责任的终止

在最终报表和竣工报表中都包含的有关款项的事宜之外，对于由合同或工程实施引起的任何相关问题和事件，雇主不再对承包商承担责任。

但是，本款将不限制应尽雇主的赔偿义务，也不限制因雇主的欺诈、故意违约或不当行为而应承担的责任。

14.15 支付货币

合同价格应以投标函附录中指定的一种或几种货币支付。如果指定的货币不限于一种，则应按下述规定进行支付。

(a)如果中标的合同款额仅用当地货币表示的,则:(i)支付当地货币与外币的比例或数额,以及计算支付款采用的固定汇率,应按投标函附录中的规定,或按双方另外的协议执行;(ii)根据第13.5款[暂定金额]和第13.7款[法律变更引起的调整]规定的支付款和减扣款,应按适用的货币和比例执行;(iii)根据第14.3款[期中支付证书的申请]中(a)至(d)项所列各种款项,应按上述规定的货币和比例执行。

(b)投标函附录中规定的损害赔偿费,应按投标函附录中规定的货币和比例支付。

(c)承包商应支付给雇主的其他款项应以雇主支付使用的货币支付,或以双方商定的货币支付。

(d)如果承包商向雇主支付的某种货币金额,超过了雇主以同种货币向承包商支付的金额,雇主可从以其他货币支付给承包商的款额中扣除上述差额。

(e)如果在投标函附录中未注明汇率,所采用的汇率应为工程所在国中央银行规定的在基准日期当天的汇率。

15 雇主提出终止

15.1 通知改正

如果承包商未能按照合同履行任何义务,工程师可通知承包商,要求其在规定的合理时间内改正。

15.2 雇主提出终止

如果承包商发生了以下情况,雇主有权终止合同:

(a)未能按时提交履约保证,或未能按工程师的通知改正违约行为;

(b)放弃工程或证明他不愿继续按照合同履行义务;

(c)无正当理由而未能按第8条[开工、延误和暂停]实施工程,或未能在接到通知后28天内,遵守根据第7.5款[拒收]或第7.6款[补救工作]发出的通知要求;

(d)未经过许可擅自将整个工程分包出去或将合同转让出去;

(e)破产,或无力偿还债务,或停业清理,或其资产已由他人监管等;

(f)直接或间接向相关人员行贿、送礼、送钱或其他有价值的物品,引诱他们作出违法或违规行为,或者发表不实的言论;或者任何承包商的人员、代理商或分包商出现上述行贿问题。但是,给予承包商自己人员的合法激励和报酬,雇主不应终止合同。

如果发生上述事件或情况,则雇主可在向承包商发出通知14天后,终止本合同,并将承包商逐出现场。另外,如果发生第(e)项或第(f)项所述的情况,雇主可通知承包商立即终止合同。

雇主选择终止合同,不影响他根据合同或其他规定享有的任何其他权利。

承包商随后应离开现场,并将任何要求的货物、所有承包商的文件以及其他设计文件交给工程师。此外,承包商还应尽其最大努力遵守合理指示,立即协助雇主进行分包合同的转让,以及保护生命、财产和工程的安全。

终止之后,雇主可以继续完成工程或安排其他实体完成工程,并可使用原承包商的物品和文件。

其后,雇主应发出通知,说明承包商的设备和临时工程将在现场或现场附近退还给承包商。承包商应以自己的费用并自担风险安排他的设备和临时工程的撤离,不得拖延。此外,如果此时承包商还有应支付给雇主的款额未付清,雇主可以出售这些设备和临时工程,扣回承包商的欠款,余额应退还给承包商。

15.3 终止日期时的估价

在根据第15.2款[雇主提出终止]发出的终止通知生效后,工程师应尽快商定或确定工程、货物和承包商的文件的价值,以及承包商根据合同已完成的工作应得到的其他款项。

15.4 终止后的支付

终止通知生效后,雇主可以:

(a)按照第2.5款[雇主的索赔]的规定,向承包商索赔;

(b)在雇主确定了施工、竣工和修补任何工程缺陷的费用,误期损害赔偿费以及雇主支付的所有其他费用前,停止向承包商付款;

(c)在根据第15.3款[终止日期时的估价]计算应支付给承包商的费用后,先从承包商处收回雇主因终止遭受的任何损失,包括不能按原计划完成工程造成的损失以及为完成剩余工程所导致的费用增加。在收回此费用后,雇主应向承包商支付任何结余金额。

15.5 雇主终止合同的权利

雇主有权在任何时候向承包商发出通知,终止合同。终止应在承包商收到终止通知的日期后的28天,或雇主退还履约保证的日期后的28天,这两者中较晚的日期为生效日期。如果雇主为了自己实施工程或为了安排由其他承包商实施工程,无权根据本款终止合同。

终止合同之后,承包商应按照第16.3款[停止工作及承包商的设备的撤离]的要求执行,并应按照第19.6款[可选择的终止、支付和返回]的规定,从雇主处得到支付。

16 承包商提出暂停和终止

16.1 承包商有权暂停工作

如果工程师未能按照合同规定的时间开具支付证书,或者雇主未能按照第2.4款[雇主的资金安排]或第14.7款[支付]的规定执行,则承包商可在提前21天以上通知雇主,暂停工作,或降低工作速度,直到承包商收到了支付证书、合理的证明或支付。

承包商的上述做法不应影响他根据第14.8款[延误的付款]得到融资费,以及根据第16.2款[承包商提出终止]提出终止合同的权利。

如果在发出终止通知之前,承包商收到了支付证书、证明或支付,则承包商应尽快恢复正常工作。

如果因承包商根据本款规定暂停工作或降低工作速度而造成工程拖期和(或)导致额外费用,则应向承包商工程师发出通知,承包商根据第20.1款[承包商的索赔]有权要求获得延长的工期和相应费用的补偿(包括合理的利润),加入合同总价。

工程师在收到通知后,应根据第3.5款[决定]对此作出商定或确定。

16.2 承包商提出终止

如果发生下述情况,承包商应有权终止合同:

(a)在根据第16.1款[承包商有权暂停工作]发出通知(有关于雇主未能按照第2.4款[雇主的资金安排]的规定执行)后42天内,承包商没有收到合理的证明;

(b)在收到支付申请报表和证明文件后56天内,工程师未能签发相应的支付证书;

(c)在第14.7款[支付]规定的支付时间期满后42天内,承包商没有收到应付的款额;

(d)雇主基本上不履行合同规定的义务;

(e)雇主未能按照第1.6款[合同协议书]或第1.7款[转让]的规定执行;

(f)第8.11款[持续的暂停]所述的持续暂时停工影响到整个工程;

(g)雇主破产或无力偿还债务,或停业清理,或其财产被监管。

如果发生上述事件或情况,则承包商可在向雇主发出通知14天后,终止本合同。但是,如果发生第(e)或(g)项的情况,承包商可通知雇主立即终止合同。

承包商选择终止合同不应影响他根据合同或其他规定享有的任何其他权利。

16.3 停止工作及承包商的设备的撤离

在根据第15.5款[雇主终止合同的权利]或第16.2款[承包商提出终止]或第19.6款[可选择的终止、支付和返回]发出的终止通知生效后,承包商应尽快:

(a)停止施工,但仍继续执行工程师的保护生命、财产和工程的安全的指示;

(b)移交已得到付款的承包商的文件、生产设备、材料及其他工作;

(c)撤离现场上所有其他的物品,然后离开现场。

16.4 终止时的支付

承包商提出终止通知生效后,雇主应尽快:

(a)将履约保证退还承包商;

(b)根据第19.6款[可选择的终止、支付和返回]向承包商进行支付;

(c)向承包商支付因终止合同使承包商遭受的利润的损失和其他损失或损害的款额。

17 风险和责任

17.1 保障

承包商应保障和保护雇主、雇主的人员以及他们各自的代理人免遭与下述有关的索赔、损害、损失和开支:

(a)由于承包商的设计、施工、竣工以及修补缺陷所导致的任何人员的身体伤害、疾病或死亡,但对于雇主、雇主的人员或他们各自的代理人的行为造成的损害,承包商不承担任何责任;

(b)由于承包商的设计、施工、竣工以及修补缺陷导致的,或由于承包商、承包商的人员、他们各自的代理人,或由他们直接或间接雇用的任何人的渎职、恶意行为或违反合同而造成的工程以外的任何财产、不动产或私人财产的损坏。

雇主应保障和保护承包商、承包商的人员以及他们的代理人免遭与下述有关的索赔、损害、损失和开支:

(a)由于雇主、雇主的人员或他们各自的代理人的任何渎职、恶意行为或违反合同而造成的身体伤害、疾病或死亡;

(b)发生了第18.3款[人员伤亡和财产损害的保险]所述的保险以外责任事件。

17.2 承包商对工程的照管

从工程开工日期起直到颁发接收证书的日期为止,承包商应对工程的照管负全部责任。接收证书颁发后,照管工程的责任移交给雇主。如果对工程的某区段或部分颁发了接收证书,则该区段或部分工程的照管责任即移交给雇主。

责任移交给雇主后,承包商仍有责任照管任何在接收证书上注明的日期内,应完成而尚未完成的工作,直至此项扫尾工作完成为止。

在承包商负责照管期间,如果工程、货物或承包商的文件发生的任何损失,其原因不是由于雇主的风险所致,则承包商应自担风险和费用进行修补,以使工程、货物或承包商的文件符合合同的要求。

在接收证书颁发后,承包商还应为由于他的任何行为导致的任何损失或损害负责,并对接收证书颁发后出现的,是在此之前由于承包商的责任而导致的任何损失或损害,也负有责任。

17.3 雇主的风险

雇主的风险是指:

(a)战争、敌对行动、外敌入侵等;

(b)工程所在国内的叛乱、恐怖活动、革命、暴动、军事政变或篡夺政权或内战;

(c)非承包商和分包商的雇用人员发生的暴乱、骚乱或混乱;

(d)工程所在国的军火、爆炸性物质、离子辐射或放射性污染,但承包商自己使用此类物资的引发问题除外;

(e)音速或超音速飞机或其他飞行装置产生的压力波;

(f)雇主使用或占用永久工程的任何部分(合同中另有规定的除外);

(g)由雇主的人员或由雇主所委托的其他人员提供的设计不当而造成的问题;

(h)一个有经验的承包商不能预见的且无法合理防范的自然力的作用。

17.4 雇主的风险造成的后果

如果雇主的风险导致了工程、货物或承包商的文件的损失或损害,则承包商应尽快通知工程师,并且应按工程师的要求进行修复。

如果修复工作导致承包商拖延工期和(或)增加费用,则承包商应向工程师发出通知,并且根据第20.1款[承包商的索赔],有权要求获得工期的延长以及费用的补偿(包括合理的利润)。

在收到通知后,工程师应根据第3.5款[决定]的规定,进行商定或作出确定。

17.5 知识产权和工业产权

本款中“侵权”的含义是指对与工程有关的任何专利权,已注册的设计、版权、商标、商品名称、商业秘密或其他知识产权的侵犯。

如果一方在收到此类索赔后28天内未向任何索赔事件的另一方发出通知,则认为前者已经放弃了根据本款得到保障的一切权利。

雇主应保障和保护承包商免遭由于下述情况导致的任何侵权索赔:

(a)由于承包商履行合同而必然引起的侵权结果,只应由雇主承担相关责任;

(b)如果雇主不是为合同中指明或根据合同可以合理推论出来的目的使用工程而引起侵权的结果,只应由雇主承担相关责任;

(c)如果在基准日期之前没有向承包商说明,合同中也没有指出,而雇主使用工程时,使用了非承包商提供的物品,由此引起的侵权事件,只应由雇主承担相关责任。

承包商应保障和保护雇主免遭由于下述情况导致的任何索赔。

如果承包商负责的任何货物的制造、使用、销售或进口,或承包商负责进行的任何设计,导致了侵权,只应由承包商承担相关责任。

如果一方有权根据本款得到保障,则保障方应自费进行解决该索赔的谈判以及可能引起的任何诉讼或仲裁。在保障方提出要求并在由其负担费用的情况下,被保障方应协助进行侵权索赔争辩,被保障方不应作出任何有损于保障方的表述。

17.6　责任限度

合同一方应按照第16.4款[终止时的支付]和第17.1款[保障]的规定承担相应的责任，除此之外，对另一方可能遭受的任何工程的使用损失、利润损失、任何其他合同损失，或任何间接或引发的损失或损害不负责赔偿。

除了根据第4.19款[电、水和燃气]，第4.20款[雇主的设备和免费提供的材料]、第17.1款[保障]以及第17.5款[知识产权和工业产权]各项规定的责任之外，承包商根据合同对雇主应负的全部责任不应超过专用条件中注明的限额，如果合同中没有注明限额，则不应超过中标的合同额。

本款的规定不适用于由于违约方的欺诈行为、故意违约或管理不善应承担的责任。

18　保险

18.1　有关保险的总体要求

在本条中，"投保人"的含义是指根据相关条款的规定投保各种类型的保险并保持其有效的一方。

当承包商作为投保人时，他应按照雇主批准的承保人及条件办理保险。这些条件应与中标函颁发日期前商定的投保条件保持一致，且此达成一致的条件优先于本条的各项规定。

当雇主作为投保人时，他应按照专用条件所附具体条件投保。

如果保险单中的被保险人是共同被投保人(雇主与承包商)，则该保险应适用于每一单独的被保险人，如果发生了保险单所列事件，可以单独索赔。如果保险单中还包括了另外的共同被保险人(如工程师、分包商等)，除了雇主可以代表雇主的人员进行保险索赔之外，其余共同被保险人的保险索赔处理由承包商负责，而其余被保险人不能自己直接处理索赔事宜。

每份保险单应规定按照修复损失或损害所需的货币种类，从承保人处得到的赔偿金应用于修复损失或损害。

投保人应在投标函附录中规定的期限内，向另一方提供：保险已生效的证明以及第18.2款[工程和承包商的设备的保险]和第18.3款[人员伤亡和财产损害的保险]所述的保险单的副本。

投保人在支付每一笔保险费后，应将支付证明提交给另一方。在提交证明或投保单的同时，还应通知工程师。

每一方都应遵守保险单规定的条件。投保人应将工程实施过程中发生的有关变动通知给承保人，并确保保险条件能够与本条的规定一致。

没有另一方的事先批准，任一方都不得对保险条款作出实质性的修改。如果承保人提出修改，任何实质性的变动，承保人先通知的一方应立即通知另一方。

如果投保人未能按合同要求办理保险并使之保持有效，或未能按本款要求向另一方提供证明和保险单的副本，则另一方可以自行决定办理相关险别的保险并支付保险费，向应投保人收取所支付的保险费的款额，合同价格作相应的调整。

本条规定不影响合同的其余条款或其他文件所规定的承包商或雇主的义务、职责或责任。任何未保险或未能从承保人处得到赔付的，应由承包商和(或)雇主根据上述义务和责任承担损失。如果应投保方未能按合同要求办理保险并使之保持有效，并且另一方没有批准删减这项工作，也没有办理保险，则按照此类保险本可收回的款项，由应投保方支付给另一方。

一方向另一方进行的支付必须遵照第2.5款[雇主的索赔]或第20.1款[承包商的索赔]

的规定。

18.2 工程和承包商设备的保险

应投保方应为工程、生产设备、材料以及承包商的文件投保,该保险的最低限额应不低于工程全部复原的费用,包括拆除、移走废弃物的费用以及专业服务费和利润。此类保险应自提交保险证明之日(根据第18.1款的规定)起,至颁发工程的接收证书之日止保持有效。

投保人应保持保险的有效期至履约证书颁发的日期,包括:颁发接收证书前发生的由承包商的原因发生的损失或损坏,以及承包商在进行任何其他作业过程中(包括缺陷责任期)造成的损失或损坏。

投保方应为承包商的设备投保,该保险的最低限额应不少于全部重置价值,包括运至现场的费用。对于承包商的设备,该保险应从设备运往现场开始,直至不再将其作为承包商的设备使用为止。

若专用条件中没有其他规定,本款规定的保险包括以下内容。

(a)应由承包商作为投保人办理并使之保持有效。

(b)应以合同双方共同的名义投保,共同从承保人处得到支付,用于修复损失或损害。

(c)应包括雇主的风险以外的任何原因所造成的所有损失和损害。

(d)还应补偿由于雇主使用或占用工程的某一部分而对工程的另一部分造成的损失或损害,以及第17.3款[雇主的风险]中第(c)、(f)及(g)项所列的雇主风险所导致的损失或损害,但不包括那些根据商业条款不能进行的保险内容,每次发生事故的免赔额不应超过投标函附录中注明的款额。

(e)可以不包括下述情况导致的损失、损害以及修复:

(i)工程的某一部分由于其设计、材料或工艺而处于缺陷状态,但是保险应包括直接由缺陷状态导致的工程的任何其他部分的损失和损害(下述(ii)中的情况除外);

(ii)为修复有缺陷的工程部分导致的工程其他部分的损失或损害;

(iii)雇主接收的某工程部分(但承包商负责的损失或损害仍属于保险范围之列);

(iv)根据第14.5款[拟用于永久工程的生产设备和材料],尚未运抵工程所在国的货物。

如果在基准日期后超过一年时间,上述第(d)项所述保险不能按商业合理条件继续投保,作为应投保方的承包商应通知雇主,并附详细说明。雇主应该随即从承包商处收回与此类商业合理条件相等的支付的款额;如果雇主也无法以商业合理条件办理保险,则认为雇主批准了此类工作的删减。

18.3 人员伤亡和财产损害的保险

投保人应为承包商履行合同导致的,并在履约证书颁发之前发生的任何物资财产(第18.2款[工程和承包商的设备的保险]的规定被保险的物品除外)的损失或损害,或任何人员(根据第18.4款[承包商的人员的保险]规定的被保险的人员除外)的伤亡引起的各方的责任办理保险。

该保险每一次事故的最低限额应不低于投标函附录中规定的数额,对于事故发生的次数并无限制。如果在投标函附录中没有注明此类金额,则本款不适用。

除非专用条件中另有规定,本款中规定的保险:

(a)应由承包商作为投保人办理并使之保持有效;

(b)应以合同双方共同的名义投保;

(c)应保证补偿承包商履行合同而导致的雇主的财产的一切损失和损害(根据第18.2款[工程和承包商的设备的保险]的规定被保险的物品除外);

(d)不承保下述情况引起的责任:

(i)雇主在任何土地实施永久工程,并为永久工程占有该土地的权利;

(ii)承包商实施工程及修补缺陷而导致的无法避免的损害;

(iii)第17.3款[雇主的风险]所列出的雇主风险,可以根据商业合理条件投保的事项除外。

18.4　承包商的人员的保险

承包商应为承包商的人员或承包商雇用的任何人员的伤害、疾病或死亡所导致的一切赔偿的责任保险,并使其保持有效。

雇主和工程师也应能够由此保险单得到保障,但此类保险不承保由于雇主或雇主的人员的失职行为或疏忽造成的损失和索赔。

该保险在这些人员实施工程的整个期间保持有效。对于分包商的雇员,可由分包商来投保,但承包商应保证分包商遵守本条的规定。

19　不可抗力

19.1　不可抗力的定义

在本条中,"不可抗力"系指如下所述的特殊事件或情况:

(a)一方无法控制的;

(b)在签订合同前,该方无法合理防范的;

(c)情况发生时,该方无法合理回避或克服的;

(d)根本不是由于另一方造成的。

只要满足上述(a)至(d)项所述的情况,不可抗力可包括(但不限于)下列特殊事件或情况:

(i)战争、敌对活动、外敌入侵行动;

(ii)叛乱、恐怖活动、革命、暴动、军事政变、篡夺政权或内战;

(iii)非承包方的人员发生的暴乱、骚乱、混乱、罢工或停业;

(iv)军火、炸药、离子辐射或放射性污染,但承包商使用此类物资的情况除外;

(v)自然灾害,如地震、飓风、台风或火山爆发。

19.2　不可抗力的通知

如果由于不可抗力,一方已经或将要无法按照合同履行他的任何义务,则该方应将构成不可抗力的事件或情况通知另一方,并具体说明无法履行的各项合同义务。此通知应在该方注意到构成不可抗力的事件或情况发生后14天内发出。

在发出通知后,该方应在不可抗力事件持续发生期间免除此类义务的履行。

不论本条中其他任何规定,不可抗力的规定不适用于任一方依据合同向另一方进行支付的义务。

19.3　减少延误的责任

每一方都应始终尽力减少不可抗力对履行合同的任何拖延。

当一方受到的不可抗力的影响终止时,应通知另一方。

19.4 不可抗力引起的后果

如果由于不可抗力,承包商无法依据合同履行义务,而使其耽误工期和(或)增加费用,并根据第19.2款[不可抗力的通知]发出了相应的通知,则根据第20.1款[承包商的索赔],承包商有权:

(a)获得此类拖延工期的延长;

(b)获得此类费用的索赔,只要是发生了第19.1款[不可抗力的定义]中第(i)至(ii)项所述事件或情况,并且第(ii)、(iii)、(iv)项事件或情况是在工程所在国发生的。

工程师在收到通知后,应对上述事件进行商定和确定。

19.5 不可抗力对分包商的影响

如果分包商根据有关工程的任何合同或协议,有权在本条规定范围之外的不可抗力发生时免除其合同义务,但承包商在此类超出本条规定范围的不可抗力事件或情况发生时,无权根据本款解除其履约义务。

19.6 可选择的终止、支付和返回

如果由于不可抗力,导致整个工程无法进行施工已经持续了84天,或间断停工累计的时间超过了140天,则任一方可向另一方发出终止合同的通知。合同将在通知发出后7天终止,同时承包商应按照第16.3款[停止工作及承包商的设备的撤离]的规定执行。

一旦发生此类终止,工程师应确定已完成的工作的价值,并颁发包括下列各项内容的支付证书。

(a)已完成的且在合同中有价格规定的任何工作的应付款额。

(b)为工程订购的,且已交付给承包商或承包商有责任去接受的生产设备和材料的费用。当雇主付款后,此类生产设备和材料应成为雇主的财产,由雇主承担风险,承包商应将此类生产设备和材料交给雇主管理。

(c)承包商为完成整个工程合理导致的任何其他费用或债务。

(d)承包商将临时工程和设备撤离现场并运回承包商本国设备场地的遣返费用(如运往其他目的地,其费用不能超过运回本国的费用)。

(e)在合同终止日期,遣返为实施工程承包商雇用的员工的费用。

19.7 根据法律解除履约

尽管有本条的规定,如果发生合同双方无法控制的任何事件或情况(包括但不限于不可抗力),使合同任一方(或双方)履行合同义务已变为不可能或违法,或者根据本合同适用的法律规定,合同各方有权放弃继续履约,则在任一方向另一方发出通知后:

(a)合同双方被解除进一步的履约义务,但是不影响解除履约前发生的违约,任一方享有的权利;

(b)雇主应根据第19.6款[可选择的终止、支付和返回]规定的金额,向承包商支付。

20 索赔、争端和仲裁

20.1 承包商的索赔

如果承包商认为根据本合同条件或参照合同的其他规定,有权索赔工期和额外支出的费用,他应通知工程师,说明引起索赔的事件或情况。该通知应在承包商开始察觉到或应该察觉到这种事件或情况之后28天内发出。

如果承包商未能在28天内发出索赔通知,则承包商将失去索赔的权利。

承包商还应提交一切与此类事件或情况有关的任何其他通知(如果合同要求)以及索赔的详细证明资料。

承包商应在现场或工程师认可的其他地点,保持用以证明任何索赔可能需要的同期记录。工程师在收到通知后,在不必事先承认雇主责任的情况下,监督同期记录的进行,并(或)指示承包商继续记录。承包商应允许工程师审查所有同期记录,并应向工程师提供复印件。

在承包商开始察觉到引起索赔事件之日起42天内,或承包商建议并经工程师批准的其他时间内,承包商应向工程师提交一份完整的索赔资料,详细说明索赔的依据、索赔的工期和(或)索赔的金额。如果引起索赔的事件或情况具有连续影响:

(a)该索赔报告则被认为是临时的;

(b)此后,承包商应该按月提交进一步的临时索赔报告,说明累计索赔工期和(或)索赔款额,以及工程师可能合理要求的进一步的详细资料;

(c)在索赔事件所产生的影响结束后的28天内,或承包商建议并经工程师批准的其他时间内,承包商应提交一份最终索赔报告。

在收到索赔报告后的42天内,或工程师建议且由承包商批准的其他时间内,工程师应予以答复,说明批准或不批准的具体意见,或要求承包商提供进一步的证明资料,但应在这段时间内给出原则性的答复。

每一份支付证书应包括根据相关合同条款应予支付并已被证实的索赔金额。如果承包商提供的证据不足,则承包商仅有权得到已被证实的那部分索赔。

工程师应根据第3.5款[决定],进行商定或确定根据合同承包商有权获得的延长的工期和额外之处的款项。

如果承包商未能遵守本款或其他有关索赔的条款的规定,则在决定竣工时间的延长和(或)额外款项时,应考虑承包商的违反程度。

20.2 争端裁决委员会的委任

争端应根据第20.4款[获得争端裁决委员会的决定]由争端裁决委员会进行裁决。合同双方应在投标函附录规定的日期内,共同任命一争端裁决委员会。

投标函附录中规定,争端裁决委员会应由适当资格的1名或3名成员组成。如果投标函附录中没有规定成员的数目,且合同双方没有其他的协议,则争端裁决委员会应由3名成员组成。

如果争端裁决委员会由3名成员组成,则合同每一方应提名1名成员,由对方批准。合同双方应同这2名成员协商,商定第3名成员,并作为主席。

但是,如果合同中附有候选成员的名单,则成员应从该名单中选出,本人不愿接受争端裁决委员会的委任的除外。

合同双方与唯一的成员("裁决人")或3个成员中的每一个人的协议书,应参照通用条件附录——争端裁决协议书通用条件,通过协商修订。

有关唯一成员或3个成员中的每一个人(包括争端裁决委员会聘请的咨询专家)的报酬,

应由合同双方在协商任命条件时共同商定，每一方应负责支付专家酬金的一半。

若合同双方同意，可以将某事项提交给争端裁决委员会征求意见。没有一方的同意，另一方不得单独与争端裁决委员会商谈此类事项。

若合同双方同意，他们可以任命一位或几位合格人选，替代争端裁决委员会的任何一位或几位成员。当某位成员拒绝或无力履行其职责或其委任期期满时，该任命即告生效。

如果发生上述情况，而没有可替换的人员，委任替换人员的方式与本款中规定的提名或商定被替换人员的方式相同。

只有合同双方同意，才能解聘任何成员，雇主或承包商不能单独解聘成员。除非双方另有协议，在第 14.12 款[结清单]规定的结清单生效后，争端裁决委员会的任期期满。

20.3　未能同意争端裁决委员会的委任

争端裁决委员会委任的过程中如果发生以下任一情况：

(a)至第 20.2 款[争端裁决委员会的委任]规定的日期，合同双方未能就争端裁决委员会的唯一成员的委任达成一致意见；

(b)如果争端裁决委员会由 3 名成员组成，合同一方未能在规定日期，向另一方提出一名人选，供其批准的；

(c)合同双方未能在规定日期，就第三位成员（担任主席）的委任达成一致意见；

(d)在原有成员拒绝履行或无力履行其职责，或其委任期期满之后 42 天内，合同双方未能就替代成员的委任达成一致意见。

专用条件中指定的机构在合同一方或双方的要求下，经过与双方协商，任命该争端裁决委员会成员。该任命应是最终的和决定性的。每一方应负责支付酬金的一半。

20.4　获得争端裁决委员会的决定

如果合同双方之间产生任何争端，包括对工程师的任何证书的签发、确定、指示、意见或估价的任何争端，任一方可以将争端事项以书面形式提交争端裁决委员会裁定，并将副本送交另一方和工程师，说明这样做是根据本款作出的。

若争端裁决委员会由 3 名成员组成，当争端裁决委员会的主席收到申请时，即认为争端裁决委员会收到了此项申请。

合同双方应立即向争端裁决委员会提供裁决所需要的所有资料、进入现场通道和适当的设施。争端裁决委员会不应被视为仲裁人。

在收到书面申请后 84 天内，或在争端裁决委员会建议并由双方批准的其他时间内，争端裁决委员会应作出决定，该决定对双方都有约束力，合同双方应立即执行。

如果合同双方中任一方对争端裁决委员会的决定不满意，则在收到该决定的通知后的 28 天内将其不满通知对方。如果争端裁决委员会未能在其收到申请后的 84 天内作出决定，那么合同双方中的任一方均可在此后的 28 天之内将不满意见通知对方。

上述两种通知应说明是根据本款发出的，且应指明争端事项及不满的理由。如果不按本款发出此类通知，就不能对争端申请仲裁，但第 20.7 款[未能遵守争端裁决委员会的决定]和第 20.8 款[争端裁决委员会的委任期满]所述的情况除外。

如果争端裁决委员会已将其对争端作出的决定通知了合同双方，而双方中的任一方在收到争端裁决委员会的决定的 28 天内没有向另一方发出不满通知,则该决定应被视为最终决定,对合同双方均具有约束力。

20.5　友好解决

不满通知发出后,合同双方在仲裁开始前应尽力以友好的方式解决争端。除非合同双方另有协议,否则,仲裁将在表示不满的通知发出后第 56 天或此后开始,不论双方是否进行过友好解决的努力。

20.6　仲裁

如果合同双方不能友好解决,争端裁决委员会的决定也未能成为最终具有约束力的决定,那么此类争端应由国际仲裁机构最终裁决。合同双方另有协议的除外,否则仲裁应按以下方式:

(a)争端应根据国际商会的仲裁规则进行最终裁决;

(b)争端应由按上述规则指定的 3 位仲裁人裁决;

(c)应以第 1.4 款[法律和语言]规定的交流语言作为仲裁语言。

仲裁人有权公开、审查和修改与该争端有关的工程师发出的任何证书、决定、指示、意见或估价,以及争端裁决委员会有关争端事项的任何决定。工程师可以作为证人向仲裁人提供相关证据。

在仲裁过程中,合同的任一方均不受以前提供的证据和意见的限制,可以进一步提出理由和证据。争端裁决委员会的决定可作为证据提供。

工程竣工之前或之后均可开始仲裁。但在工程进行过程中,合同双方、工程师以及争端裁决委员会的各自义务不得因进行仲裁而改变。

20.7　未能遵守争端裁决委员会的决定

如果下述情况发生:合同双方中的任一方未在第 20.4 款[获得争端裁决委员会的决定]规定的 28 天的期限内,对争端裁决委员会的决定向对方发出不满的通知,争端裁决委员会的决定就成为最终具有约束力的决定。如果合同一方未遵守此类决定,则合同的另一方可将不执行决定的问题提交仲裁。

20.8　争端裁决委员会的委任期满

如果合同双方产生了某一争端,而此时,由于争端裁决委员会的任命已期满,或由于其他原因,争端裁决委员会已不再工作,则第 20.4 款[获得争端裁决委员会的决定]和第 20.5 款[友好解决]的规定不适用,争端应根据第 20.6 款[仲裁],直接通过仲裁最终解决。

5.4　新版 FIDIC"生产设备和设计—施工合同条件"

1963 年,FIDIC 首次出版了用于机械与设备的供应和安装的电气与机械工程标准合同条件,即"电气和机械工程合同条件"。1980 年和 1987 年又分别出版了第 2 版和第 3 版及其应用指南。1999 年新版 FIDIC"生产设备和设计—施工合同条件",对 1987 年出版的"电气和机械工程合同条件"作了较大的修改,其适用范围更加广泛了。

"生产设备和设计—施工合同条件"与"电气和机械工程合同条件"相比,条款内容作了比较大的改动与补充，借鉴了 FIDIC 1995 年出版的“设计—建造与交钥匙工程合同条件”格式，对雇主和承包商双方的职责和义务以及工程师的职权都作了更为严格而明确的规定。

“生产设备和设计—施工合同条件”的通用合同条件共包括 20 条 167 款。这 20 条涉及的内容包括：①一般规定；②雇主；③工程师；④承包商；⑤设计；⑥职员和劳工；⑦工程设备、材料和工艺；⑧开工、延误和暂停；⑨竣工试验；⑩雇主的接收；⑪缺陷责任；⑫竣工后试验；⑬变更和调整；⑭合同价格和付款；⑮雇主提出终止；⑯由承包商暂停和终止；⑰风险与责任；⑱保险；⑲不可抗力；⑳索赔、争端和仲裁。

FIDIC 在编写本合同条件时对各条款的顺序重新进行了合理调整。这种调整非常有利于合同条件的学习和使用者理解合同条件本身。合同条件的学习过程是比较枯燥乏味的，尤其是对于初学者，或者雇主或承包商的一般项目管理人员，能真正做到很好地理解合同是一件非常不容易的事情。

在阅读合同条件时，可首先将合同条款进行分组，分组的目的是为更好地理解各合同条款、子条款之间的关系。如，上述②、③、④条款讲的是合同实施过程中的三个主要参与方；⑧、⑨、⑩、⑪、⑫条款基本是按照项目的实施顺序进行排列的，可更多地从项目生命周期的角度考虑和理解；⑮、⑯条款讲的是合同的终止，两个条款之间有许多相似之处；⑰、⑱、⑲条款是围绕着风险问题展开的等。而合同的一般规定、设计、设备和材料、人员、支付、变更、索赔等问题可以单独理解。本节还为读者介绍了一种将合同条件中的条款与项目生命周期结合起来的学习方法，详见本节后面的图 5－1。读者在阅读其他合同条件时，尤其是比较权威的标准合同条件时都可以试着这样做。

“生产设备和设计—施工合同条件”的附件中还包括母公司保函、投标保函、履约保函、履约担保书、预付款保函、保留金保函、雇主支付保函的范例格式，之后是投标书、投标书附录和合同协议书的范例格式。还为解决合同争端采用了争端裁决委员会的工作程序，并附有“争端裁决协议书的通用条件”和“程序规则”，以及分别用于一个人或三个人组成的争端裁决委员会的“争端裁决协议书”。

下面重点介绍“生产设备和设计—施工合同条件”的通用合同条件部分。（本节以下标题所用序号均为原文件序号）

1　一般规定

1.1　定义

合同用语非常严密，在任何一本合同条件中，很多的措辞和用语都有特定的含义。合同条件中的措辞和用语的定义不仅适用于合同条件文本，而且适用于合同所包含的全部文件。因此，对它们的理解和解释一定要严格地遵守合同条件中给出的具体定义。在合同条件的英文原版的句子中，凡是给出定义的措辞和用语，无论是否在句首第一个英文字母均为大写。本合同条件中包含 58 个词的定义，数量较多，这也是新版 FIDIC 合同条件的一个共同的特点，说明新的 FIDIC 合同条件的标准化程度提高了。

1.1.1　合同

合同由合同协议书、中标函、投标函、本合同条件、雇主的要求、资料表、承包商的建议书以及合同协议书或中标函中列明的文件组成。

给出了合同协议书、中标函、投标函、雇主的要求、资料表、承包商的建议书、投标书、投标书附录、性能保证和支付表的定义。

其中"雇主的要求"指的是合同中包括的对工作目的、工作范围、设计或其他标准的要求，以及根据合同对这些文件的变更和修正。"承包商的建议书"包括包含在合同中、随投标书一同递交的承包商的初步设计。

1.1.2　当事各方和员人

本款对当事人、雇主、承包商、工程师、承包商代表、雇主的人员、承包商的人员、分包商、争端裁决委员会、FIDIC 等给出了定义。工程师的名称应在雇主的招标文件中列出，成为投标者投标的依据之一。

1.1.3　日期、试验、期限和竣工

本款给出了基准日期、开工日期、竣工时间、竣工试验、接收证书、竣工后试验、缺陷通知期、履约证书、天和年的定义。

"竣工后试验"是指雇主接收工程之后，按照第 12 款进行的试验。

1.1.4　款项与付款

本款给出了接受的合同款额、合同价格、费用、最终的付款证书、最终报表、外币、期中支付证书、当地币、支付证书、暂定金额、保留金和报表的定义。

1.1.5　工程和货物

本款给出了关于承包商的设备、货物、材料、永久工程、工程设备、区段、临时工程和工程的定义。

1.1.6　其他定义

其他定义包括承包商的文件、工程所在国、雇主的设备、不可抗力、法律、履约保证、现场、不可预见和变更的定义。

"承包商的文件"是指承包商应按照合同规定（见 5.2 款）提交的计算书、计算机程序和软件、图纸、手册、模型和其他技术文件等。

其中"变更"指的是对雇主的要求或工程的变更。

1.2　解释

在合同中，如无其他规定，则认为：表示性别的词包括所有性别；词语均包括单、复数含义；涉及同意、批准和协议时，均需有书面记录；书面形式包括手写、打印等形成永久性的记录的形式。解释本合同条件时，不应考虑旁注和其他标题。

1.3　通信交流

在合同中，对各种文件的发送形式、发送地址、发送方及份数作了规定。特别强调各方之间的沟通应以书面的形式进行，各方均不能无故扣留和拖延来往信函和文件。

1.4　法律和语言

合同应受投标书附录中规定的国家的法律制约。

合同中如使用一种以上语言，以投标书附录中规定的主导语言优先。双方沟通应使用投标书附录中规定的语言，如无此规定，则使用编写合同的语言。

1.5　文件的优先次序

合同中的各个文件应被视为是互相解释说明的，但如果它们之间有分歧，其解释的优先次序如下：(a)合同协议书；(b)中标函；(c)投标函；(d)专用合同条件；(e)通用合同条件；(f)雇主的要求；(g)资料表；(h)承包商的建议书以及其他构成合同一部分的文件。

1.6 合同协议书

本条款中规定了签署合同协议书的时间限制、格式等。一般合同应在承包商收到中标函后的28天内签署,由于签署合同而产生的印花税一般由雇主方承担。

1.7 权益转让

合同的任何一方不得单方面转让本合同的利益。

1.8 文件的照管和提供

承包商的文件应由承包商照管,并向工程师提供6份所有文件的复印件,雇主人员随时有权查看。如一方发现文件中的技术性错误或缺陷,应立即通知另一方。

1.9 雇主要求中的错误

如果由于雇主的要求中的错误导致承包商进度拖延或费用增加,且此类错误是一个有经验的承包商在遵循雇主要求进行设计工作时所不能发现的,承包商可通知工程师并有权得到工期和费用的补偿。工程师在接到通知后应根据3.5款作出决定。

1.10 雇主使用承包商的文件

雇主可根据合同中的规定使用承包商的文件,但未经承包商同意,不得给予第三方。

1.11 承包商使用雇主的文件

承包商可为合同目的自费复印、使用或传输雇主的文件,但未经雇主同意,不得给予第三方。

1.12 保密事项

为证明承包商是否遵守合同,工程师可合理地要求承包商透露保密事项和其他信息。

1.13 遵守法律

除非在专用合同条件中另有说明,承包商应遵守法律的规定。雇主和承包商应分别取得各自应获取的许可或批准,并保障对方不因本方未做到上述要求而遭受损失。

1.14 共同的与各自的责任

如果承包商是联营体、联合集团或其他联合团体,各当事人均需向雇主负责。应雇主的要求,联营体应选出一个负责人并被授权管理联营体的每个承包商。未经雇主同意,承包商不得改变其组成或法律地位。

2 雇主

2.1 进入现场的权利

雇主应在投标书附录中规定的时间(或各段时间)内给予承包商进入和占有现场的权利,以便按工程进度计划正常开工。但是,上述进入和占用权并非一定由订立本合同的承包商所独享;如果合同要求,雇主应按雇主的要求中注明的时间和方式给予承包商对基础、结构、工程设备或交通手段的占用权,但必须在承包商提交了履约担保之后才给予此权利;如雇主未能在规定的时间内做到这一点,承包商有权获得工期或费用的补偿,包括合理的利润,但如因承包商的原因导致此类延误,则承包商不能获得补偿。

2.2 许可、执照和批准

雇主应向承包商提供合理的帮助,使承包商获得一切必需的法律文本、许可、执照和批准,如货物运输、清关以及设备运离现场所需的各种许可。

2.3 雇主的人员

雇主应保证现场的人员与承包商合作,并遵守4.8款[安全措施]和4.18款[环境保护]

中的规定。

2.4　雇主的资金安排

雇主应在接到承包商要求之后的 28 天内向承包商提交其资金安排表,安排支付款额,如此安排有变更,应通知承包商。本条对于有承包商融资的情况下尤其适用,这也是对雇主的一种约束。

2.5　雇主的索赔

雇主和承包商都有向对方索赔的权利。当雇主认为根据合同,自己有权获得缺陷通知期的延长或任何付款时,可向承包商要求索赔。索赔时一般雇主或工程师应向承包商发出通知并说明具体情况,但因向承包商提供水、电、气、设备、材料或其他服务而提出的支付要求无须发出通知。索赔通知要及时,要求延长缺陷责任期的通知应在相关的缺陷通知期满之前发出。如果雇主索赔的证据充足,工程师应在协商后作出延长缺陷通知期或由承包商向雇主支付一笔款项的决定,这笔款项将从合同价格及支付证书中扣除。

3　工程师

3.1　工程师的任务和权力

工程师由雇主任命,行使合同中明确规定的或隐含的权力。雇主与工程师签订咨询服务协议。工程师无权修改合同。如要求工程师在行使某种权力之前需获得雇主的批准,必须在专用合同条件中规定,并且如果没有承包商的同意,雇主对工程师的权力不能进一步加以限制。

工程师的任何指示不解除承包商未能遵守合同的责任。

3.2　由工程师付托

工程师有权随时将他的职责和权利委托给其助理,并随时可以撤回。工程师的助理在授权范围内作出的指示或决定,应与工程师作出的具有同等效力。如对工程师助理作出的指示或决定有质疑,承包商可提请工程师处理。

3.3　工程师的指示

工程师可根据合同规定,为实施工程或修补缺陷向承包商发出指示。由此引起的变更,适用于第 13 款[变更和调整]。

承包商应遵守工程师或工程师助理的指示。这些指示应以书面形式给出。

3.4　工程师的替换

如果雇主准备撤换工程师,则必须在拟撤换日期前 42 天通知承包商并说明拟替换工程师的姓名、地址及相关经历。如承包商对替换人选向雇主发出拒绝通知,并附具体的证明资料,则雇主不得替换。

3.5　决定

合同条件中多处要求工程师按照合同条款对某些事宜作出某些商定或决定。这种情况下,工程师应首先与双方进行协商并力求达成一致;如果不能达成一致,则由工程师根据合同规定和相关的情况自行作出公正的决定。雇主和承包商都应遵守达成的一致意见或工程师的决定,但在执行的同时可以提出索赔或仲裁。

4　承包商

4.1　承包商的一般义务

承包商的一般义务是按照合同规定完成工程的设计、建造、竣工和缺陷修补,并为此目的提供人员、设备、材料和各种服务(与“施工合同条件”相比本款更突出了承包商应承担工程设计的义务,并按照雇主的要求和承包商的建议书去实施工程)。

承包商应对所有现场作业和施工方法的完备性、稳定性和安全性负责。

承包商应按照工程师的要求提交所采用方法和所作安排的详细说明,且在未通知工程师的情况下,不得作重大修改。

4.2　履约担保

履约担保应由承包商按本款的具体要求在接到中标函后 28 天内提交给雇主,雇主应在接到履约证书副本后 21 天内将履约保证退还给承包商。履约担保的金额、币种和格式应符合合同中的规定。

在承包商完成工程和竣工并修补任何缺陷之前,履约保证持续有效。在某些情况下,雇主可根据履约担保提出索赔。

4.3　承包商的代表

本款主要说明了承包商代表的任命与撤换、职责与权利,并对承包商代表及其委托人所使用的日常交流用语言进行了规定。

4.4　分包商

承包商不得将整个工程分包出去。

承包商应对分包商及其雇员的行为负责。

除材料供应商和合同中规定的分包商以外,承包商拟雇用新的分包商应事先征得工程师同意。承包商应将每位分包商的开工日期提前 28 天通知工程师。

4.5　指定的分包商

指定的分包商,指根据第 13 款[变更和调整]由工程师委派的分包商。如果承包商能合理地提出反对并提供证明,而且尽快通知工程师,可以不雇用该指定的分包商。

4.6　合作

承包商应为现场或现场附近的其他人员提供便利,包括设备、临时工程、道路等。由此产生的费用可能构成变更。

承包商应负责现场的所有施工活动,并按雇主的要求中的规定程度作好自己与现场其他承包商的活动的协调。

4.7　放线

承包商应按照合同规定或工程师指示进行放线。承包商有责任纠正项目中的差错,如果因此导致费用增加或工期延长,承包商有权向雇主索赔。

4.8　安全措施

承包商应采取必要的安全措施,保障人员、施工现场的安全,并提供保护临近地区人员或公共设施安全的临时工程。

4.9　质量保证

承包商应按照合同规定建立一套质量保证体系,并经过工程师的同意,但并不因此而解除承包商根据合同应具有的任何责任和义务。

4.10　现场数据

雇主应向承包商提供所掌握的一切现场数据,并认为承包商在提交投标书前已对全部资料充分理解。雇主提供的所有数据承包商应负责解释。

4.11 中标合同金额的充分性

承包商接受的合同金额应基于4.10款[现场数据]提供的所有数据(包括与设计有关的进一步的数据),并具有一定的完备性,包括承包商实施工程和缺陷修补的必需费用。

4.12 不可预见的物质条件

本款中,“物质条件”指承包商在实施工程中遇见的外界自然条件及人为条件和其他外界障碍和污染物,包括地表以下和水文条件,但不包括气候条件。

如果承包商遇到了无法预见的外界条件导致工期延长或费用的增加,承包商可根据20.1款[承包商的索赔]提出索赔,由工程师根据3.5款[决定]作出决定。

工程师还应考虑不可预见的有利条件使承包商的工期缩短或费用减少,在作出索赔决定时相应扣除。但这种扣除不能导致原合同价的减少。

4.13 道路通行权和设施

承包商应为包括进入现场在内的他所需要的特殊的和(或)临时的道路通行权承担全部费用和开支。承包商还应自担风险和费用获得为工程目的其自身所需的现场以外的任何附加设施。

4.14 避免干扰

承包商应避免对公众及公共道路的干扰,并保障雇主不因此类干扰而遭受损失。

4.15 进场通路

承包商应选择合适、可用的进场通路并保障这些道路和桥梁免遭损坏。除非合同中另有规定,雇主对此不承担任何责任。

4.16 货物运输

承包商应在主要货物或工程设备进场前不少于21天通知工程师。承包商应对货物运输的全过程负责。

4.17 承包商的设备

承包商对其所有的施工设备负责。运至现场的施工设备应被视为是为本工程所专用的,未经工程师同意,承包商不得将其运离现场。

4.18 环境保护

承包商应注意现场内外的环境保护,如污染、噪声、排污等不得超标。

4.19 电、水和燃气

为工程之目的,承包商有权享用现场的电、水和燃气及其他设备,并自担风险,按经工程师确定的实际发生额自付费用。

4.20 雇主的设备和免费提供的材料

承包商可按照合同的规定使用雇主提供的设备。当雇主根据雇主的要求中的规定,向承包商免费提供设备或材料时,雇主应对这些设备本身的质量以及材料的短缺、缺陷和损失负责。

4.21 进度报告

本款说明了承包商提交月进度报告的时间、份数以及月进度报告应包括的内容。进度报告应从项目开工开始,直到项目的扫尾工作全部完成为止。

此报告中首先要包括每个设计阶段、承包商的文件、采购、制造、运输、施工、安装检验、试运等的进度情况。进度报告还应包括主要工程设备、材料、施工设备、承包商的人员等方面的情况，还有质量保证、安全、变更、索赔、实际进度与计划的比较等。在编写进度报告时应尽可能使用图表的方式。

4.22 现场保安

承包商应负责现场保安，未授权人员不得进入现场。

4.23 承包商的现场作业

本款规定了承包商的现场工作范围。同时，承包商还应负责施工期间和颁发接收证书后的现场清理工作。

4.24 化石

如现场发现化石、文物等物品，承包商应立即通知工程师，由工程师作出指示。这些物品的所有权属于雇主。由此导致的工期延长或费用增加，承包商可根据20.1款[承包商的索赔]提出索赔。

5 设计

5.1 设计义务一般要求

承包商应承担工程的设计并对其设计负责。承包商的设计人员应是有资格的设计工程师或相关的专业人员。确定承包商的设计分包商需经工程师同意。

承包商应保证其设计人员或设计分包商有经验和能力完成设计工作，并应保证其设计人员在整个合同期间随时可以参加与工程师有关设计问题的讨论。

一旦收到开工通知，承包商应仔细检查"雇主的要求"中的设计标准和计算书以及各参照项。在"投标书附录"中规定的时间内，承包商应就雇主的要求中发现的任何错误、缺陷等通知工程师。收到上述通知后，工程师应决定是否按变更处理。如果工程师认为上述错误或缺陷是一个有经验的承包商在提交其投标书前所应该发现的，此类错误不构成变更，承包商不可以进行索赔。

5.2 承包商的文件

承包商的文件应是"雇主的要求"中规定的相应的技术性文件。这些文件应符合所有规章的要求，包括"竣工文件"和"操作与维修手册"。这些文件应使用规定的语言编写。

承包商将准备所有"雇主要求"中规定的文件以及任何进一步的文件，雇主的人员有权查看这些文件的准备工作。

如果"雇主的要求"中规定承包商的文件需提交工程师检查和（或）批准，这些文件应提交工程师并附一份通知。本款的"审核期"是指工程师审阅和批准承包商文件的时间，此处所指的"承包商的文件"不包括那些不需经工程师检查和（或）批准的文件。

一般工程师"审核期"不应超过在收到承包商文件后的21天。在"审核期"内工程师应通知承包商，该文件是否符合要求。如不符合要求，承包商应自费进行修改并重新提交。未经批准的文件不得用于工程。"审核期"满后如果工程师没有通知承包商，则视为文件获得批准。"审核期"满之前文件不得用于工程施工。工程的实施必须按照经过批准的文件执行。如果承包商欲对已批准的文件作任何修改应立即通知工程师。

5.3 承包商的承诺

承包商应承诺他的设计、文件和实施工程符合工程所在国法律以及构成合同的一切文件、变更和修改的要求。

5.4 技术标准和法规

承包商的设计、文件以及实施和完成工程都应遵守工程所在国的各种标准、规范、法律和法规。

如果在基准日期之后,工程所在国法律变更或实施新的法律,承包商应通知工程师。工程师可根据13款[变更和调整]认定此项变更。

5.5 培训

根据雇主的要求,承包商应对雇主的人员进行操作和维护该工程的培训。如果合同中规定,培训应在移交之前进行,则在这项培训完成之前,不可根据10.1款[对工程或分项工程的接收]视为工程已经完成。

5.6 竣工文件

承包商应在现场保存一套完整的最新的施工记录,这些记录为本条款的目的所专用。在竣工试验开始之前,承包商应将两份复印件交给工程师。

另外,承包商还应将施工图提请工程师批准。

在颁发接收证书之前,承包商应按规定的数量和份数将有关图纸交给工程师。否则,不能视为工程已经完成。

5.7 操作和维修手册

在竣工试验开始之前,承包商应向工程师提交一份操作和维修手册。否则,不得视为工程已经完成。

5.8 设计错误

如果发现承包商的文件中有任何错误或缺陷,根据本款,承包商应自费对文件和相应的部分工程进行改正。

6 职员和劳工

6.1 职员和劳工的雇用

除非"雇主的要求"中另有规定,承包商应安排从当地或其他地方雇用所有的员工,并负责他们的报酬、住房、膳食和交通。

6.2 工资标准和劳动条件

承包商支付给其雇用的职员和劳工的工资标准和应遵守的劳动条件,应不低于工程所在国的同等标准。

6.3 为雇主服务的人员

承包商不应从雇主的人员中招收或试图招收职员或劳工。

6.4 劳动法

承包商及其工作人员应遵守相关的劳动法规,并使其雇员享有所有法律所赋予的权利。承包商还应使其雇员遵守相应的规定。

6.5 工作时间

在合同规定的时间以外,承包商不得在现场进行工作。如必须进行,须经工程师的同意。

6.6 为职员和劳工提供的设施

承包商应为其人员和雇主人员提供并维护合同中规定的住宿和福利等方面的设施。承包商不得允许其人员在构成永久工程的构筑物中居住。

6.7 健康和安全

承包商应在任何时候都采取合理的措施以维护其人员的健康和安全,防止传染病和事故的发生,并与当地有关部门协调和配合。

还应在现场任命一名事故预防员,此人应有能力和权力采取相应的安全防范措施,一旦发生事故,承包商应立即通知工程师,并向其提交相应的细节的报告。

6.8 承包商的监督

承包商在整个工程实施过程中,应对工程进行监督,其监督人员应具有一定的语言能力和专业知识。

6.9 承包商的人员

承包商的人员应具有一定的资格和经验。工程师可以要求承包商撤换他认为经常行为不轨或不认真的,或不能胜任工作的,或玩忽职守的,或不遵守合同规定的,或经常出现损害健康、安全及环境保护行为的任何人员,包括承包商的代表。承包商随后应指定合适的替代人员。

6.10 承包商的人员和设备的记录

承包商应向工程师提供其在现场人员和设备的详细记录。该记录每月提交一次,直至工程完成。

6.11 妨碍治安的行为

承包商应采取措施,防止其人员有违法或妨碍治安的行为。

7 **工程设备、材料和工艺**

7.1 实施方式

承包商应按照合同中规定的方式进行设备的制造、材料的生产和实施工程。承包商应按照公认的良好惯例,以恰当、熟练和谨慎的方式,使用适当的装备设施以及安全的材料来制造工程的设备、生产和制造材料。

7.2 样品

在使用材料之前,承包商应根据合同规定或工程师的指示,向工程师提供工程中所用材料的样品供其审核。样品应标明其原产地和在工程中的预期使用部位。

7.3 检查

雇主人员有权在合理的时间内对承包商的设备制造、材料的生产和施工过程进行检验,承包商应为此提供机会和便利条件。

在覆盖隐蔽的工程部分之前,承包商应通知工程师进行检验,工程师应随后进行检验或通知承包商没有必要进行检查。如承包商未发出此类通知而工程师要求检验时,他应打开这部分供检验并自费恢复原状,使之完好。

7.4 试验

对于合同中规定的试验(竣工后试验除外),由承包商提供一切所需的用品和人员。试验的时间和地点由承包商和工程师商定。工程师可以通过变更改变规定的试验的位置和详细内容,或指示承包商进行附加的试验。工程师应提前24小时通知承包商他将参加试验。如果工程师未能如期前往,承包商可以自己进行试验,工程师应认可承包商的试验结果。

承包商要及时向工程师提交具有证明的试验报告,规定的试验通过之后,工程师应向承包商颁发试验证书。

如果按照工程师的指示对某项工作进行试验或由于工程师的延误导致承包商遭受了工期的延误或费用的增加,承包商可以提出索赔。

7.5 拒收

如果工程师经检查或检验发现任何工程设备、材料或工艺有缺陷或不符合合同的其他规定,可以拒收不合格的部分。承包商应立即进行修复,由此产生的再次检验的费用由承包商负责。工程师可要求对修复后的工程设备、材料工艺按相同的条款和条件再次进行检验直到其合格为止。

7.6 修补工作

如果工程师认为工程设备或材料有不符合合同规定的地方,可随时指示承包商将其移走或重建,而无论其是否已经通过了检验或获得了检验证书。工程师还可以随时指示承包商实施为保护工程安全而急需的任何工作。如承包商未能执行此工作,雇主可自行或请他人完成,并根据2.5款[雇主的索赔]向承包商进行索赔。

7.7 生产设备和材料的所有权

当生产设备或材料运至现场,或雇主对此进行支付后,生产设备或材料即成为雇主的财产。

7.8 土地(矿区)使用费

除非合同中另有规定,承包商应为从现场外获得的材料以及拆除和开挖的材料支付矿区使用费、租金或其他费用。

8 开工、延误和暂停

8.1 工程的开工

工程师应至少提前7天通知承包商开工日期。开工日期一般应在承包商接到中标函后的42天以内。

承包商应在开工日期后的合理时间内尽快开始工程的设计和实施。

8.2 竣工时间

承包商应在规定的竣工时间内为移交之目的完成整个工程或某一区段,竣工时间从开工日期算起,承包商应在此期间内通过竣工试验并完成合同中规定的所有工作。

8.3 进度计划

承包商应在规定的时间内,按要求的内容和格式,向工程师提交进度计划。如果工程师提出该进度计划不符合规定,承包商应进行修改;否则,承包商应按此执行。

进度计划包括工程的设计、采购、制造、检查、运输、施工、安装、检验、试运阶段,还强调了承包商的文件提交及其审批时间的安排。

当进度计划与实际进度或承包商履行的义务不符时,或工程师根据合同发出通知时,承包商要修改原进度计划并提交工程师。另外,当承包商预料到工程将受到某些事件或情况的不利影响时,应及时通知工程师,并按要求说明估计的合同价格的增加额及工程延误的天数,同时提交变更建议书。

8.4 竣工时间的延长

如由于变更、异常不利的气候条件、不可预见的货物短缺或雇主人员的原因导致竣工时间的延误,承包商可以向雇主提出索赔。

8.5　由公共当局引起的延误

由公共当局造成的延误和干扰,可视为8.4款[竣工时间的延长]的一种原因。

8.6　工程进度

如果承包商由于8.4款中所列原因以外的其他原因导致施工进度的滞后,工程师可以要求承包商采取修正方法加快施工,由此产生的相关费用由承包商负担。由此造成的雇主方的损失,雇主可依据2.5款向承包商索赔。

8.7　误期损害赔偿费

如果承包商未能遵守8.2款[竣工时间],应按"投标书附录"中的规定向雇主支付损害赔偿费,并有责任和义务继续完成工程。损害赔偿费的支付并不解除承包商的任何义务。损害赔偿费的累计支付额不应超过"投标书附录"中规定的最高限额。

8.8　暂时停工

工程师可随时通知承包商暂停工程并说明原因。如停工原因是由承包商的责任所致,则第8.9款、8.10款、8.11款不再适用。

8.9　暂停引起的后果

如果承包商因遵守工程师的停工指示,而导致工期延长或费用增加,可以根据20.1款提出索赔。如果以上后果是由承包商的原因引起的,则承包商不能得到赔偿。

8.10　暂停时对生产设备和材料的付款

工程暂停时,如果有关的生产设备和材料已被视为雇主的财产,承包商有权获得支付。

8.11　持续的暂停

如果暂停已持续84天以上,承包商可要求工程师同意复工。如在28天内工程师未允许复工,承包商可将其视为变更。如果暂停影响到整个工程,承包商可以提出终止合同。

8.12　复工

承包商在接到复工指示后,应和工程师一起检查工程、工程设备和材料,对停工期间的损坏和缺陷进行修补。

9　竣工试验

9.1　承包商的义务

承包商应在按照5.6款[竣工文件]和5.7款[操作和维修手册]提交了相应的文件之后,按合同规定进行竣工试验,并将试验日期提前21天通知工程师。竣工试验的顺序为:启动前的试验、启动试验、试运行。

在试运行过程中,承包商应通知工程师进行其他竣工试验。试运行并不构成雇主对工程的接收,在此过程中的产品应属于雇主。在竣工试验完成后,承包商应向工程师提交竣工试验报告。

9.2　延误的试验

如果雇主无故延误竣工试验,可按7.4款和10.3款处理。如果承包商无故延误竣工试验,工程师可通知承包商在21天内进行试验。否则,雇主人员可自行试验,其风险和费用应由承包商负担。承包商还应接受试验的结果。

9.3　重新试验

未通过竣工试验的部分或区段应根据合同规定进行重新试验。

9.4 未能通过竣工试验

如果整个工程或某一区段未能通过9.3款[重新试验]的重复竣工试验时,工程师可要求再进行一次竣工试验,或拒收整个工程或某一区段,或颁发接收证书。如颁发接收证书,雇主可从合同价格中作适当的扣除。

10 雇主的接收

10.1 对工程或分项工程的接收

当整个工程或某一分项工程通过竣工试验并颁发接收证书时,雇主应接收工程。工程师在收到承包商的申请之后的28天内可颁发接收证书并要求承包商继续完成扫尾工作,或驳回承包商的申请,并说明驳回的理由。

承包商在完成所需工作后,可再次申请颁发接收证书。

如果工程师在28天内既没有颁发接收证书,又没有驳回申请,而相应的工程或分项又实质性地完工了,则被视为该工程或分项已经颁发了接收证书。

10.2 对部分工程的接收

除非合同中另有规定,或双方有协议,在工程师为工程颁发接收证书之前,雇主不能使用该工程。但在雇主的决定下,工程师可以为某一部分永久工程颁发接收证书。如果雇主在此之前使用了工程的任何部分,则认为该部分已经被接收,雇主应承担相应的照管责任。如果承包商要求,工程师应为该部分颁发接收证书。如果因此承包商招致了费用的增加,承包商有权进行索赔。

若对工程的某一部分颁发了接收证书,则对应工程或区段的剩余部分的损害赔偿费的日费率将按相应的比例减小,但最大限额不变。

10.3 对竣工试验的干扰

如果由于雇主的原因妨碍竣工试验已达14天,则可以视为雇主已在本应进行竣工试验之日接收了该工程。由于雇主干扰竣工试验而导致的工期延长或费用增加,承包商可根据20.1款向雇主索赔。

10.4 需要复原的地表

除非接收证书中另有规定,颁发区段或部分的接收证书并不意味可以证明任何需要恢复原状的场地或其他地表工作已经完成。

11 缺陷责任

11.1 完成扫尾工作和修补缺陷

颁发接收证书后,承包商应在工程师规定的合理时间内尽快完成扫尾工作和修补缺陷。

11.2 修补缺陷的费用

如果这类缺陷(包括设计缺陷;工程设备、材料或工艺不符合合同规定;未按照5.5、5.6、5.7款规定实施承包商应负责的工作;未履行承包商的其他义务等)是由承包商的原因引起的,则修补缺陷的风险和费用应由承包商承担。如果缺陷是由于其他原因造成的,承包商应通知雇主,此时如果仍要求承包商修补,则应按变更处理。

11.3 缺陷通知期限的延长

如果由于缺陷使工程或某一区段不能按原目的使用,雇主可以延长缺陷通知期,但延长时间累计不得超过2年。如果工程设备或材料由于雇主方的原因而被延误交货或安装,则缺陷通知期的延长不应超过这些工程设备或材料本应对应的缺陷通知期满之后的2年。

11.4 未能修补缺陷

如果承包商未能在规定的时间内修补由于他的原因造成的缺陷,雇主可以自行修补,费用由承包商承担,并可以合理地减少合同价格。如果缺陷使得雇主实质上被剥夺了工程的使用所带来的利益,雇主可以终止合同,并收回已支付给承包商的费用,并从承包商处收回其他相关的费用损失。

11.5 移走有缺陷的工程

如果有缺陷的部分工程不能在现场迅速修复,经雇主同意,承包商可将这部分工程移出现场进行修理,但雇主可能会要求承包商提高履约保证的额度或提交其他相应的保证。

11.6 进一步试验

如果任何缺陷修补可能影响到工程的运行,工程师可要求重新进行合同中规定的任何检验(包括竣工试验和竣工后检验),由此产生的风险和费用由责任方承担。

11.7 进入权

在履约证书颁发之前,承包商有权进入工程的所有部分并查看工程的操作和运行记录。但不符合雇主规定的任何合理的安全措施的情况除外。

11.8 承包商调查

如果工程师要求,承包商应在其指导下调查任何缺陷产生的原因。除非此类缺陷已根据11.2款,由承包商支付费用进行修补,否则调查费及其合理的利润应由工程师依3.5款作出决定,并加入合同价中。

11.9 履约证书

在工程师颁发履约证书,且履约证书规定的日期到期前,承包商都应按合同履行义务。缺陷通知期期满之后的28天内工程师应向承包商颁发履约证书。

只有履约证书才被视为雇主对工程的最终批准。

11.10 未履行的义务

在履约证书颁发后,合同双方还应负责完成届时尚未履行的任何义务。就确定未履行的义务的性质和范围而言,合同仍应被认为有效。

11.11 现场清理

承包商在接到履约证书的28天内应完成现场的清理,运走其施工设备、剩余材料、垃圾等。否则,雇主对剩余物品有权处置,并扣除所花费用,如有余额应归还承包商。

12 竣工后试验

12.1 竣工后试验的程序

如果合同中规定有竣工后试验,本款将适用。雇主应为使该试验顺利高效地实施提供试验所用电、设备、油、仪表、劳力、材料和有经验的技术人员。雇主应按照承包商按5.7款提交的操作与维修手册实施该试验工作,如果在试验的过程中需要承包商的人员提交进一步的指导和文件,承包商的人员应该努力做到。

竣工后试验应在雇主接收工程或区段后尽快进行。雇主将提前21天通知承包商。试验在规定日期之后的14天内进行。试验日期由雇主决定并通知承包商。

如果承包商未能在双方同意的时间和地点出席试验,应视为其在场,并且承包商应接受试验的结果。

竣工后试验的结果由双方进行整理和评价,并应考虑雇主提前使用工程所造成的影响。

12.2　延误的试验

如果由于雇主的原因延误了该试验，导致承包商费用的增加，承包商可根据 20.1 款提出索赔。

如因非承包商的原因，使工程某一部分或区段的竣工后试验未能在缺陷通知期内完成，则认为缺陷通知期满时该部分工程或区段已通过了竣工后试验。

12.3　重新试验

如果整个工程或某一区段未能通过竣工后试验：

(a)第 11.1 款将适用；

(b)任何一方可以要求对未通过试验的部分，按照相同的规定和条件进行再次试验。

如果导致未能通过试验并进行重新试验的原因是由于 11.2 款造成的，而由此导致了雇主费用的增加，根据第 2.5 款雇主可向承包商索赔。

12.4　未能通过竣工后试验

如果工程或区段未能通过所有的或任何竣工后试验，该部分的补偿费用已在合同中注明，并且在缺陷通知期内，承包商向雇主支付了这笔费用，则应认为该部分已经通过了竣工后试验。

如果整个工程或某一区段未能通过竣工后试验，承包商应在雇主方便并向其发出通知之后尽快进行调整或修改。如果承包商在相应的缺陷通知期内没收到雇主的此类通知，则视为相应的工程或区段通过了竣工后试验。

由于雇主的原因，使承包商在进行调整或修改时产生任何附加费用，承包商可向雇主提出索赔。

13　变更和调整

13.1　变更权

在颁发接收证书之前，工程师有权作出变更指示，或要求承包商提交变更建议书。

如承包商认为由于一些原因不能执行，应立即通知工程师并说明理由。工程师应决定撤消、确认或改变这一指示。

13.2　价值工程

承包商可以随时向工程师提交一份书面建议书，说明如果该建议被采用，它(在承包商看来)将(i) 加速完工，(ii)降低雇主实施、维护或运行工程的费用，(iii)对雇主而言，能提高竣工工程的效率或价值，或(iv)为雇主带来其他利益。

承包商应自费编制此类建议书，并将其包括在 13.3 款[变更程序]所列的项目中。

13.3　变更程序

如果工程师在发布变更指示之前，要求承包商提交一份建议书，承包商应尽快或说明不能实施的理由，或提交包括下列内容的建议书：(a)设计和实施工作的描述以及实施进度安排；(b)此建议书对总体工程进度的影响；(c)价格的调整。工程师将对此建议书作出答复。由工程师根据 3.5 款规定决定变更费率并调整支付表，并应考虑合理的利润和由于承包商按照 13.2 款提交建议书的费用。

13.4　以适用的货币支付

如果合同价格以一种以上的货币进行支付，对变更引起的费用，应以实际将支付的货币和比例进行支付。

13.5 暂定金额

暂定金额是在招标文件中规定的雇主的备用金。中标的合同金额中包含此暂定金额。暂定金额只有在工程师的指示下才能动用。工程师可采取以下做法:要求承包商自行实施变更工作,按变更进行估价和支付;将指示由承包商提供的工程设备、材料或服务所花费用加上合理的管理费和利润支付给承包商,承包商应出示有关单据进行证明。

13.6 计日工作

计日工作用于少量或偶然进行的工作。承包商应向工程师提交计日工报表,说明实施计日工时所使用的各种资源及价格,由工程师签字并将其纳入期中支付证书中。

13.7 因法律改变的调整

在基准日期之后,由于工程所在国的法律变更引起的费用增减,合同价格应作出相应的调整。如果由于法律变化导致工期延长或费用增加,承包商可根据20.1款进行索赔。

13.8 因成本改变的调整

如果投标书附录中附有数据调整表,而且在合同中包含关于费用涨落进行补偿的条款,则每月内支付给承包商的款额都要根据物价的变化进行相应的调整。一般采用调价公式的方式。

14 合同价格和付款

14.1 合同价格

除非专用合同条件中另有规定,本合同是以总价合同为基础的,承包商应缴纳所有有关的税费,合同价格除了按13.7款[因法律改变的调整]规定发生的费用外不得调整。投标书中的数量仅为估计数量,不作为实际付款的依据。

如果工程的部分工作是按实际工程量付款,应在专用合同条件中规定相应的测量和估价方法。

14.2 预付款

在承包商按规定提交了银行预付款保函和履约保证后,雇主向承包商拨付一笔无息贷款,预付款币种、数额和支付的次数应按照投标书附录中的规定。预付款保函的额度随预付款的返还而减少并持续有效,一直到预付款全部返还完毕。

在承包商的进度款达到合同额的一定比例之后开始从承包商的进度款中回扣预付款,一般采用百分比的方式。无论什么情况,如果合同中途被终止,或在颁发接收证书前预付款没有偿还完毕,则承包商应立即将预付款的余额返还给雇主。

14.3 期中付款证书的申请

承包商在每个月末之后向工程师提交一式六份报表,详细说明认为自己有权获得的各种款项,并提交证明文件和月进度报告,以此作为期中付款证书的申请。此报表中应该包括:

(a) 截止到该月末承包商已实施的工程及完成的承包商的文件的估算,包括变更;

(b) 由于法规变化和费用涨落而应增加和扣减的款额;

(c) 保留金的扣除,按照投标书附录中规定的扣除百分比和限额;

(d) 预付款的拨付和偿还额;

(e) 根据合同规定,作为工程设备和材料的预支款额和扣减;

(f) 根据合同或其他规定(包括索赔),应增加或减少的款额;

(g) 对以前所有付款证书中已经证明的款额的扣除。

14.4 付款计划表

如果合同中规定有一个付款计划表，雇主应按照合同中付款计划表的规定进行期中付款，付款表中的百分比用来确定14.3款中的(a)项，此时14.5款将不再适用。如果付款表中的百分比不是参照工程实际进度而制定的，当实际进度落后于付款表中的进度时，由工程师根据实际进度作出调整付款表的决定。

如合同中没有付款表，则承包商应从开工日起的42天内开始，直到雇主颁发接收证书为止，按季度向雇主提交一份不具约束力的估价单，说明自己应得的款额。

14.5 拟用于永久工程的生产设备和材料

用于永久工程的生产设备和材料的预支款项和应支款项，应由工程师决定，应满足合同中规定的支付条件，并规定期中支付的最终货币和款额。

14.6 期中付款证书的颁发

在雇主收到并批准了履约保证之后，工程师有权开具、扣留或修改任何期中付款证书。如被开具证书的净金额少于投标书附录中规定的最低金额，工程师可不开具期中付款证书。工程师应在收到承包商的申请之后的28天内批复，期中付款证书的颁发不得因工程有缺陷或部分款项有争议而被无故全部拖延。

14.7 付款

雇主应在颁发中标函以后的42天内或在收到批准的履约保证和预付款保函后的21天内向承包商拨付第一期预付款；在工程师收到承包商的期中支付申请之后的56天内向承包商支付进度款；在最终付款证书签发后的56天内向承包商支付最终支付证书上的款额。各类款项将由雇主向承包商指定的银行账户上支付。

14.8 延误的付款

如果承包商未能在14.7款规定的时间内收到应得款额，则有权就未付款额按规定收取延误期间的融资费。

14.9 保留金的支付

在颁发整个工程的接收证书并通过包括竣工后检验的所有检验后，工程师应开具证书，将保留金的前一半支付给承包商。如果工程分段移交，则按投标书附录中规定的相应比例进行支付。

在投标书附录中规定的缺陷通知期满后，雇主应将相应的后一半保留金支付给承包商。如果修补缺陷的工作或按第11条或第12条规定的工作没有全部完成，则工程师有权扣留相应数额的保留金。

14.10 竣工报表

承包商应在接到接收证书后的84天内，向工程师提交按规定格式编写的竣工报表，说明：(a)到颁发接收证书之日承包商已按合同规定完成的工作的价值；(b)其应进一步得到的款额；(c)未来预计将完成的工作的价值。

14.11 最终付款证书的申请

在颁发履约证书后56天内，承包商应向工程师提交一式六份按规定格式编写的最终报表草案，说明：(a)承包商已按合同规定完成的工作的价值；(b)他应进一步得到的款额。双方应就此谈判，或通过DAB，或通过仲裁，最终达成一致，形成最终报表。

14.12 结清证明

承包商应随最终报表一起提交一份结清证明。结清证明应注明最终报表的总额。结清证明上应注明在完成最终支付且履约保证退还给承包商后才生效。

14.13 最终付款证书的颁发

工程师应在收到承包商提交的最终报表和结清单后的28天内颁发最终付款证书。如果承包商未能在规定的时间内提出申请,工程师应公正地作出决定。

14.14 雇主责任的中止

对于承包商在最终报表和竣工报表中均未包括的项目,由于合同或工程实施引起的问题,雇主将不对承包商负有责任,但不限定由于雇主的损害赔偿义务、欺诈、违约或管理不善造成的雇主的责任。

14.15 支付货币

合同价格应以投标书附录中规定的一种或几种货币进行支付。应支付的金额、币种、比例及有关汇率,应按照合同或投标书附录中的规定确定。

15 雇主提出终止

15.1 通知改正

如果承包商未能根据合同履行任何义务,工程师可通知承包商,要求他在规定的合理的时间内改正此类过失。

15.2 雇主提出终止

如果承包商未能按要求提交履约保证或未遵守15.1款的通知;或违反合同、未能配备足够的资源完成合同;或不能按时开工、未能及时修补被拒收的设备和材料的缺陷;或将合同转让、未经允许分包;或破产、停业整顿,或有类似问题;或有贿赂等其他违法或违约行为,雇主可以提出终止合同。雇主应提前14天发出终止合同通知。

在此类终止后,承包商应在合理的时间内撤离现场,转让分包合同并将货物及文件交给雇主使用。承包商有权获得一切应得的未付款项。

15.3 终止日期时的估价

在终止通知生效后,工程师应对承包商的已实施的工程、货物和图纸进行估价,决定承包商应得的所有款项。

15.4 终止后的付款

在终止通知生效后,雇主可根据2.5款向承包商进行索赔,或在作出合理的扣除后,对承包商进行付款。雇主向承包商付款要到雇主自己或新的承包商做完工程并修补完缺陷,雇主所花费用全部确定之后进行。如果雇主有超支部分,雇主有权从承包商处收回此部分款项。

15.5 雇主终止的权利

雇主在认为适宜时,有权向承包商提出终止合同。但雇主不能为其自己或让其他承包商完成本工程之目的而终止合同。

承包商应按照16.3款的规定进行撤离,并根据19.6款得到支付。

16 由承包商暂停和终止

16.1 承包商暂停工作的权利

如果雇主未能按期向承包商支付进度款,承包商有权向雇主发出通知并暂停工作,甚至按16.2款终止合同。在终止合同的通知发出之前,如果雇主进行了支付(包括承包商应得的融资费),承包商应立即恢复工作。由此导致的工期延长或费用增加,承包商可根据 20.1 款提出索赔。

16.2 由承包商终止

如果承包商未能在按 16.1 款发出通知后的 42 天内收到雇主合理的证据;或在工程师收到承包商的期中支付申请后的 56 天内未开据支付证书;或 14.7 款规定的期满之后的 42 天内承包商未按期收到进度款;或雇主未能实质性地履行合同中的义务;或按 8.11 款持续的暂停影响到整个工程;或雇主破产、停业等情况发生,承包商有权提出终止合同。

16.3 停止工作及承包商的设备的撤离

在终止通知生效后,承包商将停止进一步的工作,移交已经得到付款的文件、设备和材料,并将其施工设备和人员撤离现场。

16.4 终止时的付款

承包商提出终止且终止通知生效后,雇主应尽快将履约保证退还给承包商,向承包商进行合理的付款,并应包括由此造成的合理的机会利润损失。

17 风险和责任

17.1 保障

如果因工程的设计和实施而引起的人员伤亡、疾病或财产的损坏以及承包商及其雇用的人员违约、渎职、违法行为导致了索赔、损失和其他开支,承包商应保障雇主、雇主的人员及其各自的代理人免受此类损失或索赔。

如果承包商的人员的伤亡或其他事故是由于雇主、雇主的人员及其各自代理人所引起或因合同中规定的保险范围以外的原因而引起的,则雇主应保障承包商及其人员免于承担由此而导致的索赔。

17.2 承包商对工程的照管

从开工之日起到对工程或区段或某一部分颁发接收证书为止,承包商应对工程、区段或对应部分的工程负全部的照管责任。颁发接收证书之后,照管责任移交给雇主。

照管责任移交给雇主之后,承包商仍有责任照管好接收证书上注明的扫尾工作。

在承包商负责照管期间,如果由于不属于雇主的风险的原因使工程、货物或承包商的文件发生了任何损失和损害,承包商应自担风险和费用进行弥补,以保证工程、货物或承包商的设计文件符合合同要求。

在颁发接收证书后,承包商还应对由于他的行为导致的损失和损害负责。如果因颁发接收证书之前承包商的责任导致的任何损失或损害,承包商也要负责。

17.3 雇主的风险

雇主的风险包括:

(a) 战争、敌对行动(不论宣战与否)、入侵、外敌行动;

(b) 工程所在国内的叛乱、恐怖活动、革命、暴动、军事政变、篡夺政权或内战;

(c) 暴乱、骚乱或混乱,但完全局限于承包商人员以及承包商的分包商及其雇员内部的事件除外;

(d) 军火、炸药、离子辐射或放射性污染,由于承包商使用此类辐射或放射性物质的情况除外;

(e) 以声速或超声速飞行的飞机或其他飞行装置产生的压力波;

(f) 雇主使用或占用工程的任何部分,合同中另有规定的除外;

(g) 因工程任何部分设计不当而造成的,而此设计是由雇主的人员提供的,或由雇主所负责的其他人员提供的;

(h) 一个有经验的承包商不可预见而且无法合理防范的自然力作用。

17.4 雇主的风险造成的后果

如果由于雇主的风险导致任何损失或损害,承包商应及时通知工程师,并按工程师的指示修补损害,承包商可根据 20.1 款进行索赔。

17.5 知识产权和工业产权

本款中的"侵权"指对与工程有关的任何专利权,已注册的设计、版权、商标、商品名称、商业秘密或其他知识产权的侵权。

雇主应保障承包商免受下列声称侵权而引起的索赔:(a)承包商遵循合同而引起的必然结果;或(b)雇主为非合同中指明或可合理推理出的目的使用工程,或将承包商实施的工程与非承包商提供的物品联合使用(除非此类联合在投标阶段已经告知投标人)。

承包商应保障雇主免受下列声称侵权而引起的索赔:(a)任何承包商负责的货物的制造、使用、出售或进口;(b)承包商负责的设计。

如果一方收到了侵权有关的索赔通知,而这一索赔又应受到对方的保障,则要在收到索赔通知后的 28 天内通知对方,否则被认为放弃了得到保障的权利。

保障方应为解决索赔进行谈判、提起起诉或仲裁,费用自负。被保障方应协助保障方对此类索赔进行争辩。

17.6 责任限度

任何一方均不向另一方负责赔偿另一方可能遭受的与合同有关的工程的任何部分的使用损失、利润损失或任何其他合同损失或损害,或任何间接的或由之引起的损失或损害。但双方根据合同应保障对方免遭责任的情况和因雇主违约终止合同的情况除外。

承包商根据合同对雇主应负的全部责任不应超过专用合同条件中注明的金额,如果无此规定,则不应超过中标的合同金额。但承包商使用现场的电、水、气及其他设施,使用的雇主的设备和雇主免费提供的材料以及根据合同对雇主的其他保障不受此限制。

18 保险

18.1 有关保险的一般要求

在本款中,"投保人"的含义是指根据相关条款的规定投保各种类型的保险并保持其有效的一方。

当承包商作为投保人时,应按照雇主批准的承保人及条件办理保险。这些条件应与中标函颁发日期前达成的条件保持一致,且此达成一致的条件优先于本条的各项规定。当雇主作为投保人时,应按照专用合同条件后所附详细说明的承保人及条件办理保险。

如果某一保险单被要求对联合被投保人进行保障,则该保险应适用于每一单独的被投保人,其效力应和向每一联合被投保人颁发了一张保险单的效力一致。如果某一保险单保障了另外的联合被投保人,即本条款规定的被投保人以外的被投保人,则(i)承包商应代表此类另外的联合被投保人根据保险单行动(雇主代表雇主的人员行动的情况除外),(ii)另外的联合被投保人应无权直接从承保人处获得支付,或者直接与承保人办理任何业务,以及(iii)投保人应要求所有另外的联合被投保人遵循保险单规定的条件。

为防范损失或损害，对于所办理的每份保险单应规定按照修复损失或损害所需的货币种类进行补偿。从承保人处得到的赔偿金应用于修复和弥补上述损失或损害。

在投标函附录中规定的各个期限（从开工日期算起）内，相应的投保人应向另一方提交：

（a）本条所述的保险已生效的证明；

（b）第 18.2 款［工程和承包商设备的保险］和第 18.3 款［人员伤亡和财产损害的保险］所述的保险单的副本。

投保人在支付每一笔保险费后，应将支付证明提交给另一方。在提交此类证明或投保单的同时，投保人还应将此类提交事宜通知工程师。

每一方都应遵守每份保险单规定的条件。投保人应将工程实施过程中发生的任何有关的变动通知给承保人，并确保保险条件与本条的规定一致。

没有另一方的事先批准，任一方都不得对保险条款作出实质性的变动。如果承保人作出（或欲作出）任何实质性的变动，先得到承保人通知的一方应立即通知另一方。

如果投保人未能按合同要求办理保险并使之保持有效，或未能按本款要求提供令另一方满意的证明和保险单的副本，则另一方可以（按其自己的决定且不影响任何其他权利或补救的情况下）为此类违约相关的险别办理保险并支付应交的保险费。投保人应向另一方支付此类保险费的款额，同时合同价格应作相应的调整。

本条规定不限制合同的其余条款或其他文件所规定的承包商或雇主的义务、职责或责任。任何未保险或未能从承保人处收回的款额，应由承包商和（或）雇主根据上述义务、职责或责任相应负担。但是，如果投保人未能按合同要求办理保险并使之保持有效（且该保险是可以办理的），并且另一方没有批准将其作为一项工作的删减，也没有为此类违约相关的险别办理保险，则任何通过此类保险本可收回的款项应由投保人支付给另一方。

一方向另一方进行的支付必须遵循第 2.5 款［雇主的索赔］或第 20.1 款［承包商的索赔］（如适用）的规定。

18.2 工程和承包商设备的保险

投保人应为工程、工程设备、材料以及承包商的文件投保，该保险的最低限额应不少于全部复原成本，包括拆除和移走废弃物的费用以及专业服务费和利润。此类保险应自根据第 18.1 款（a）段提交证明之日起，至颁发工程的接收证书之日止保持有效。

对于颁发接收证书前发生的由于承包商的原因以及承包商在进行任何其他作业（包括第 11 条［缺陷责任］所规定的作业）过程中造成的损失或损坏，投保人应将此类保险的有效期延至履约证书颁发的日期。

投保人应为承包商的设备投保。该保险的最低限额应不少于全部重置价值（包括运至现场的费用）。对于每项承包商的设备，该保险应保证其在运往现场的过程中以及设备停留在现场或附近期间，均处于被保险之中，直至不再将其作为承包商的设备使用为止。

除非专用合同条件中另有规定，否则本款规定的保险：

（a）应由承包商作为投保人办理并使之保持有效；

（b）应以合同双方联合的名义投保，联合的合同双方均有权从承保人处得到支付（仅为修复损失或损害的目的），该支付的款额由合同双方共同占有或在各方间进行分配；

（c）应补偿除第 17.3 款所列雇主的风险之外的任何原因所导致的所有损失和损害；

（d）还应补偿由于雇主使用或占用工程的另一部分而对工程的某一部分造成的损失或损

害,以及第 17.3 款(c)、(g)及(h)项所列雇主的风险所导致的损失或损害(对于每种情况,不包括那些根据商业合理条款不能进行保险的风险),每次发生事故的扣减不大于投标函附录中注明的款额(如果没有注明此类款额,(d)项将不适用);

(e)将不包括下述情况导致的损失、损害,以及将其恢复原状。

工程的某一部分由于其设计、材料或工艺的缺陷而处于不完善的状态(但是保险应包括直接由此类不完善的状态导致的工程的任何其他部分的损失和损害);

工程的某一部分所遭受的损失或损害是为了修复工程的任何其他部分所致,而此类其他部分由于其设计、材料或工艺的缺陷而处于不完善的状态;

工程的某一部分已移交给雇主,但承包商负责的损失或损害除外,以及根据第 14.5 款货物还未运抵工程所在国时。

如果在基准日期后超过 1 年时间,上述(d)项所述保险由于商业合理条件而无法再获得,则承包商(作为投保人)应通知雇主,并提交详细证明文件。雇主应该随即(i)有权根据第 2.5 款,获得款额与此类商业合理条件相等的支付,作为承包商为此类保险本应作出的支付,以及(ii)被认为(除非其依据商业合理条件办理了保险)已经根据第 18.1 款,批准了此类工作的删减。

18.3 人员伤亡和财产损害的保险

投保人应为承包商履行合同引起的,并在履约证书颁发之前发生的任何物资财产(第 18.2 款规定被投保的物品除外)的损失或损害,或任何人员(第 18.4 款规定的被投保的人员除外)的伤亡引起的每一方的责任办理保险。

该保险每一次事故的最低限额应不少于投标函附录中规定的数额,对于事故的数目并无限制。如果在投标函附录中没有注明此类金额,则本款将不再适用。

除非专用合同条件中另有规定,本款中规定的保险:

(a)应由承包商作为投保人办理并使之保持有效;

(b)应以合同双方联合的名义投保;

(c)应保证弥补由于承包商履行合同而导致的雇主的财产的一切损失和损害(根据第 18.2 款的规定被投保的物品除外);

(d)不承保下述情况引起的责任,包括雇主有权在任何土地上越过该土地,在该土地之下、之内或穿过其间实施永久工程,并为永久工程占有该土地而引起的损害,承包商履行实施工程并修补缺陷而导致的无法避免的损害,以及第 17.3 款所列雇主的风险所导致的情况,根据商业合理条件可以投保的除外。

18.4 承包商的人员的保险

承包商应为由于承包商或任何其他承包商的人员雇用的任何人员的伤害、疾病、病疫或死亡所导致的一切索赔、损害、损失和开支(包括法律费用和开支)的责任投保,并使之保持有效。

雇主和工程师也应能够依此保险单得到保障,但此类保险不承保由雇主或雇主的人员的任何行为或疏忽造成的损失和索赔。

该保险在此类人员协助实施工程的整个期间都要保持完全有效。对于分包商的雇员,此类保险可由分包商办理,但承包商应负责使分包商遵循本条的要求。

19 不可抗力

19.1 不可抗力的定义

在本款中,“不可抗力”的含义是指如下所述的特殊事件或情况:

(a)一方无法控制的;

(b)在签订合同前该方无法合理防范的;

(c)情况发生时,该方无法合理回避或克服的;

(d)主要不是由于另一方造成的。

只要满足上述(a)至(d)项所述的条件,不可抗力可包括(但不限于)下列特殊事件或情况:(i)战争、敌对行动(不论宣战与否)、入侵、外敌行动;(ii)叛乱、恐怖活动、革命、军事政变或篡夺政权,或内战;(iii)暴乱、骚乱、混乱、罢工或停业,完全局限于承包商的人员以及承包商和分包商的其他雇员中间的事件除外;(iv)军火、炸药、离子辐射或放射性污染,由于承包商使用此类军火、炸药、辐射或放射性的情况除外;(v)自然灾害,如地震、飓风、台风或火山爆发。

19.2 不可抗力的通知

如果由于不可抗力一方已经或将要无法依据合同履行他的任何义务,则该方应将构成不可抗力的事件或情况通知另一方,并具体说明已经无法或将要无法履行的义务、工作。该方应在注意到(或应该开始注意到)构成不可抗力的相应事件或情况发生后14天内发出通知。

在发出通知后,该方应在此类不可抗力持续期间免除此类义务的履行。不论本条中其他款作何规定,不可抗力的规定不适用于任一方依据合同向另一方进行支付的义务。

19.3 将延误减至最小的义务

只要合理,每一方自始至终都应尽力履行合同规定的义务,以减少由于不可抗力导致的任何延误。当不可抗力的影响终止时,一方应通知另一方。

19.4 不可抗力引起的后果

如果由于不可抗力承包商无法依据合同履行他的任何义务,而且已经根据第19.2款发出了相应的通知,并且由于承包商无法履行此类义务而使其遭受工期的延误和(或)费用的增加,则根据第20.1款,承包商有权:

(a)根据第8.4款的规定,就任何此类延误获得延长的工期,如果竣工时间已经(或将要)被延误,以及

(b)获得任何此类费用的支付款额,如果发生了如第19.1款中(i)至(iv)项所描述的事件或情况,以及如果在工程所在国发生了如(ii)至(iv)项中所述的事件或情况,在收到此类通知后,工程师应根据第3.5款对上述事宜表示同意或作出决定。

19.5 不可抗力对分包商的影响

如果根据有关工程的任何合同或协议,分包商有权在附加的或超出本款规定范围之外的不可抗力发生时解除其义务,则在此类附加的或超出的不可抗力事件或情况发生时,承包商应继续工作,且无权根据本款解除其履约义务。

19.6 自由选择终止、支付和解除

如果由于不可抗力,导致整个工程的施工无法进行已经持续了84天,且已根据第19.2款发出了相应的通知,或如果由于同样原因停工时间的总和已经超过了140天,则任一方可向另一方发出终止合同的通知。在这种情况下,合同将在通知发出后7天终止,同时承包商应按照第16.3款的规定执行。

一旦发生此类终止，工程师应决定已完成的工作的价值，并颁发包括下列内容的支付证书：

(a)已完成的且其价格在合同中有规定的任何工作的应付款额；

(b)为工程订购的，且已交付给承包商或承包商有责任去接受交货的永久设备和材料的费用：当雇主为之付款后，此类永久设备和材料应成为雇主的财产(雇主亦为之承担风险)，并且承包商应将此类永久设备和材料交由雇主处置；

(c)为完成整个工程，承包商在某些情况下合理导致的任何其他费用或负债；

(d)将临时工程和承包商的设备撤离现场并运回承包商本国设备基地的合理费用(或运回其他目的地的费用，但不能超过运回本国基地的费用)；

(e)在合同终止日期将完全是为工程雇用的承包商的职员和劳工遣返回国的费用。

19.7 根据法律解除履约

尽管有本条的规定，如果合同双方无法控制的任何事件或情况(包括，但不限于不可抗力)的发生使任一方(或合同双方)履行他(或他们)的合同义务已变为不可能或非法，或者根据本合同适用的法律，合同双方均被解除进一步的履约，那么在任一方向另一方发出此类事件或情况的通知的条件下：

(a)合同双方应被解除进一步的履约，但是不影响由于任何以前的违约任一方享有的权利；

(b)雇主支付给承包商的金额应与根据第19.6款终止合同时(如果合同是依据第19.6款的规定终止的)支付给承包商的金额相同。

20 索赔、争端和仲裁

20.1 承包商的索赔

如果承包商根据本合同条件的任何条款或参照合同的其他规定，认为其有权获得任何竣工时间的延长和(或)任何附加款项，应通知工程师，说明引起索赔的事件或情况。该通知应尽快发出，并应不迟于承包商开始注意到，或应该开始注意到，这种事件或情况之后28天。

如果承包商未能在28天内发出索赔通知，竣工时间将不被延长，承包商将无权得到附加款项，并且雇主将被解除有关索赔的一切责任。否则本款以下规定应适用。

承包商还应提交一切与此类事件或情况有关的任何其他通知(如果合同要求)以及索赔的详细证明报告。

承包商应在现场或工程师可接受的另一地点保持用以证明任何索赔可能需要的同期记录。工程师在收到根据本款发出的上述通知后，在不必事先承认雇主责任的情况下，监督此类记录的进行，并(或)可指示承包商保持进一步的同期记录。承包商应允许工程师审查所有此类记录，并应向工程师提供复印件(如果工程师指示的话)。

在承包商开始注意到，或应该开始注意到，引起索赔的事件或情况之日起42天内，或在承包商可能建议且由工程师批准的此类其他时间内，承包商应向工程师提交一份足够详细的索赔报告，包括一份完整的证明报告，详细说明索赔的依据以及索赔的工期和(或)索赔的金额。如果引起索赔的事件或情况具有连续影响：

(a)该全面详细的索赔应被认为是临时的；

(b)承包商应该按月提交进一步的临时索赔，说明累计索赔工期和(或)索赔款额，以及工程师可能合理要求的此类进一步的详细报告；

(c)在索赔事件所产生的影响结束后的28天内(或在承包商可能建议且由工程师批准的此类其他时间内),承包商应提交一份最终索赔报告。

在收到索赔报告或该索赔的任何进一步的详细证明报告后42天内(或在工程师可能建议且由承包商批准的此类其他时间内),工程师应表示批准或不批准,不批准时要给予详细的评价。他可能会要求任何必要的进一步的详细报告,但他应在这段时间内就索赔的原则作出反应。

每一份支付证明应将根据相关合同条款应支付并已被合理证实的此类索赔金额纳入其中。如果承包商提供的详细报告不足以证明全部的索赔,则承包商仅有权得到已被证实的那部分索赔。

工程师应根据第3.5款,表示同意或作出决定:(i)根据第8.4款的规定延长竣工时间(在其终止时间之前或之后)(如果有的话),以及(或者)(ii)根据合同承包商有权获得的附加款项(如果有的话)。

除本款的规定外,还有许多其他条款适用于索赔。如果承包商未能遵循本款或其他有关索赔的条款的规定,则在决定竣工时间的延长和(或)额外款项时,要考虑这种未遵循(如果有的话)已妨碍或影响索赔调查的程度,除非根据本款第二段该索赔已被排除。

20.2 争端裁决委员会的任命

争端应由争端裁决委员会根据第20.4款进行裁决。合同双方应在投标函附录规定的日期内,共同任命一争端裁决委员会。

该争端裁决委员会应由具有恰当资格的成员组成,成员的数目可为1名或3名,具体情况按投标函附录中的规定。如果投标函附录中没有注明成员的数目,且合同双方没有其他的协议,则争端裁决委员会应包含3名成员。

如果争端裁决委员会由3名成员组成,则合同每一方应提名1位成员,由对方批准。合同双方应与这两名成员协商,并应商定第3位成员(作为主席)。

但是,如果合同中包含了意向性成员的名单,则成员应从该名单中选出,除非他不能或不愿接受争端裁决委员会的任命。

合同双方与唯一的成员("裁决人")或3个成员中的每一个人的协议书(包括各方之间达成的此类修正)应编入附在通用条件后的争端裁决协议书的通用条件中。

关于唯一成员或三个成员中的每一个人(包括争端裁决委员会向其征求建议的任何专家)的报酬的支付条件,应由合同双方在协商上述任命条件时共同商定。每一方应负责支付此类酬金的一半。

在合同双方同意的任何时候,他们可以共同将事宜提交给争端裁决委员会,使其给出意见。没有另一方的同意,任一方不得就任何事宜向争端裁决委员会征求建议。

在合同双方同意的任何时候,他们可以任命一合格人选(或多个合格人选)替代(或备有人选替代)争端裁决委员会的任何一个或多个成员。除非合同双方另有协议,只要某一成员拒绝履行其职责或由于死亡、伤残、辞职或其委任终止而不能尽其职责,该任命即告生效。

如果发生了上述情况,而没有可替换的人员,委任替换人员的方式与本款中规定的任命或商定被替换人员的方式相同。

任何成员的委任只有在合同双方同意的情况下才能终止,雇主或承包商各自的行动将不能终止此类委任。除非双方另有协议,在第14.12款提及的结清单即将生效时,争端裁决委员会(包括每一个成员)的任期即告期满。

20.3 对争端裁决委员会未能取得一致

如果下列条件中任一条件适用,即:(a)合同双方未能在第20.2款第一段说明的日期就争端裁决委员会的唯一成员的委任达成一致意见,(b)合同中任一方未能在此日期,为由三名成员组成的争端裁决委员会提名一名人员(供另一方批准的),(c)合同双方未能在此日期,就第三位成员(担任主席)的委任达成一致意见,或者(d)合同双方在唯一成员或三名成员中的一名成员拒绝履行其职责,或由于死亡、伤残、辞职或其委任终止而不能尽其职责之日后42天内,未能就替代人选的任命达成一致意见,则专用合同条件中指定的机构或官方应根据合同一方或双方的要求,并在与合同双方适当协商后,任命该争端裁决委员会成员。该任命应是最终的和具有决定性的。每一方应负责支付该指定的机构或官方的酬金的一半。

20.4 获得争端裁决委员会的决定

如果在合同双方之间产生起因于合同或实施过程或与之相关的任何争端(任何种类),包括对工程师的任何证书的签发、决定、指示、意见或估价的任何争端,任一方可以将此类争端事宜以书面形式提交争端裁决委员会,供其裁定,并将副本送交另一方和工程师。同时,应说明争端的提交是根据本款作出的。

对于由三名成员组成的争端裁决委员会,当争端裁决委员会的主席收到此类提交时即认为争端裁决委员会收到了此类提交。

合同双方应立即向争端裁决委员会提供为对此类争端进行裁决的目的而可能要求的所有此类附加资料、进一步的现场通道和适当的设施。争端裁决委员不应被视为仲裁人。

在争端裁决委员会收到上述争端事宜的提交后84天内,或在争端裁决委员会建议并由双方批准的此类其他时间内,争端裁决委员会应作出决定。该决定应是合理的,并应声明该决定是根据本款作出的。该决定对双方都有约束力。合同双方应立即执行争端裁决委员会作出的每项决定,除非此类决定按下文规定在友好解决或仲裁裁决中得以修改。除非合同已被放弃、撤消或终止,否则承包商应继续按照合同实施工程。

如果合同双方中任一方对争端裁决委员会的裁决不满意,则可在收到该决定的通知后28天内或此前将其不满通知对方。如果争端裁决委员会未能在其收到争端事宜的提交后84天(或其他批准的时间)内作出决定,那么合同双方中的任一方均可在上述期限期满后28天之内将其不满通知对方。

在上述任一情况下,表示不满的通知应说明是根据本款发出的,且该通知应指明争端事宜及不满的理由。除非依据本款发出此类通知,否则将不能对争端进行仲裁,但第20.7款和第20.8款所述的情况除外。任何一方若未按本款发出表示不满的通知,均无权就该争端要求开始仲裁。

如果争端裁决委员会已将其对争端作出的决定通知了合同双方,而双方中的任一方在收到争端裁决委员会的决定的第28天或此前未将其不满事宜通知对方,则该决定应被视为最终决定并对合同双方均具有约束力。

20.5 友好解决

按上述第20.4款规定已发出表示不满的通知后,合同双方在仲裁开始前应尽力以友好的方式解决争端。除非合同双方另有协议,否则,仲裁将在表示不满的通知发出后第56天或此后开始,即使双方未曾作过友好解决的努力。

20.6　仲裁

除非通过友好解决，否则如果争端裁决委员会有关争端的决定（如有时）未能成为最终决定并具有约束力，那么此类争端应由国际仲裁机构最终裁决。除非合同双方另有协议，否则：

(a)该争端应根据国际商会的仲裁规则被最终解决；

(b)该争端应由按上述规则指定的三位仲裁人裁决；以及

(c)该仲裁应以第 1.4 款规定的日常交流语言作为仲裁语言。

仲裁人应有全权公开、审查和修改工程师的任何证书的签发、决定、指示、意见或估价，以及争端裁决委员会有关争端事宜的任何决定。无论如何，工程师都不会失去被作为证人以及向仲裁人提供任何与争端有关的证据的资格。

合同双方的任一方在上述仲裁人的仲裁过程中均不受以前为取得争端裁决委员会的决定而提供的证据或论据或其不满意通知中提出的不满理由的限制。在仲裁过程中，可将争端裁决委员会的决定作为一项证据。

工程竣工之前或之后均可开始仲裁。但在工程进行过程中，合同双方、工程师以及争端裁决委员会的各自义务不得因任何仲裁正在进行而改变。

20.7　未能遵守争端裁决委员会的决定

如果下述情况发生：(a)合同双方中的任一方均未在第 20.4 款规定的期限内向争端裁决委员会发出表示不满的通知，(b)该争端裁决委员会的有关决定（如有时）已成为最终决定并且具有约束力，以及(c)合同一方未遵守此类决定，则合同的另一方在不损害其拥有的其他权利的情况下，可将不执行决定的行为依据第 20.6 款中的规定提交仲裁。并且此时，第 20.4 款和第 20.5 款的各项规定均不适用。

20.8　争端裁决委员会任命期满

如果合同双方之间产生了起因于或相关于合同或工程的实施过程的某一争端，而此时不存在一个争端裁决委员会（无论是因为争端裁决委员会的任命已到期还是因为其他原因）：

(a)第 20.4 款和第 20.5 款的各项规定均不适用；

(b)该争端应根据第 20.6 款，直接通过仲裁最终解决。

为了便于读者理解本通用合同条件，下面给出了“生产设备和设计—施工合同条件”中各主要合同条款与项目生命周期的关系图，如图 5－1 所示。读者在学习和使用合同条件时可尝试将各主要合同条款放到项目生命周期这个时间轴上去考虑和理解。这样，不但可以使合同条件的阅读变得轻松，而且能更好地找出各合同条款之间的必然联系，从而可以在使用过程中从总体上更好地把握合同。图中的轴线为项目生命周期的一部分，轴线上的△代表项目重要的里程碑。

通过对此合同条件的介绍，为读者提供了编写和学习使用合同条件的一种思路，而不仅仅是介绍合同条件本身。建议读者在学习合同条件和从事合同管理的过程中，一定要注重对合同整体结构的把握，然后再考虑具体合同条款的细节。阅读和使用合同条件的过程中一定要把合同各条款之间的联系找出来。同时，学习像 FIDIC 这样的权威性的标准合同条件有助于建立合同框架的整体概念，也可以对项目采购管理乃至项目管理的本身有更加深刻的理解。在此还要说明的是，读者在工作中使用 FIDIC 的各个合同条件时，应一律以正式的英文版合同条件文本为准。

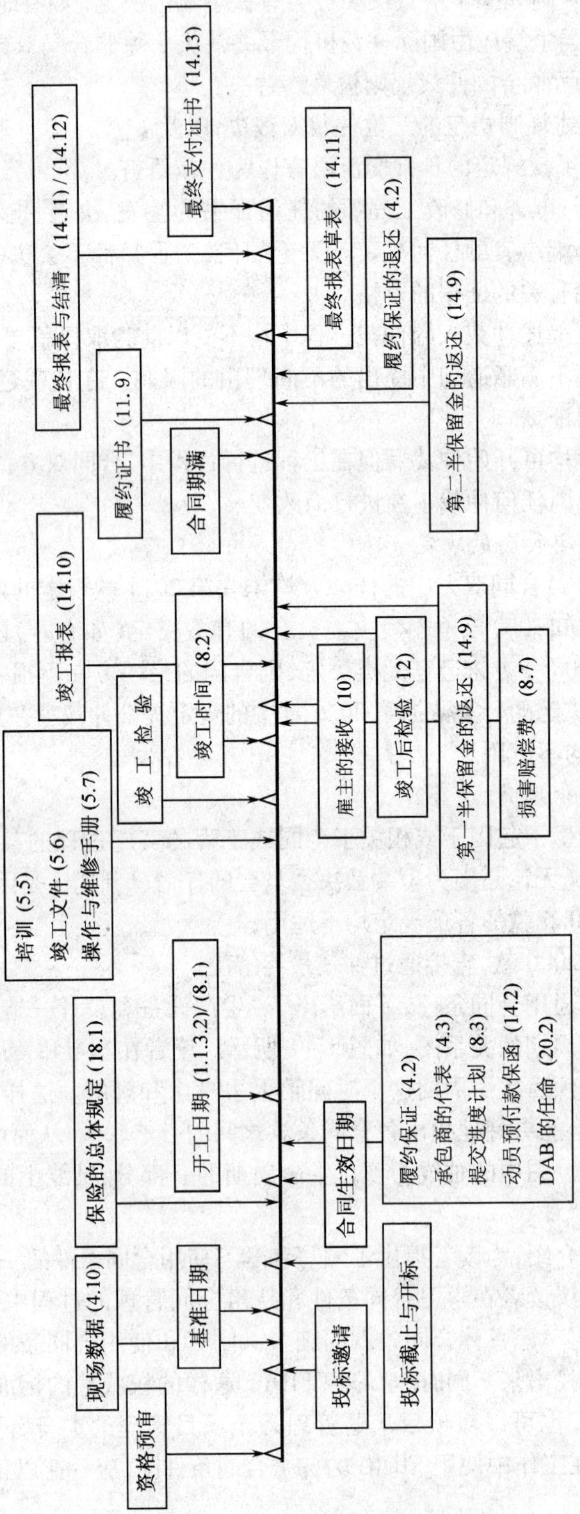

图5-1 “生产设备和设计—施工合同条件”中各主要条款与项目生命周期的关系图

5.5　新版 FIDIC“简明合同格式”

FIDIC 简明合同格式(Short Form of Contract)是 FIDIC 历史上第一次出版该类合同。FIDIC 合同委员会曾审查了 4 个比较类似的合同格式,通过比较其条款标题、条款数目、子款和页码获得每一合同格式的覆盖范围和详细程度,初步的研究结论是:编制一个简单的合同文件的确是可行的;该文件能够包括所有基本的和一般小型项目和/或建筑合同所必需的商务规定。由此,诞生了 FIDIC 简明合同格式。

项目管理实践证明,简明的合同格式简单扼要、容易理解、可操作性强,在实际中有着广泛的应用。世界银行 2000 年 9 月新编写了简单工程采购(Procurement of Simple Works)的标准招标文件试用版本,该文件就直接选用了 FIDIC 简明合同格式。

FIDIC 简明合同格式建议用于投资金额相对较小的项目和建筑工程。然而,根据工程的类型和环境,也可适用于更大价值的合同。最可能适用于不需进行专业分包的非常简单或重复性的工程,或工期短的工程。

FIDIC 简明合同格式的主要目的是编写一个简单、灵活的文件，该文件包括全部基本的商务规定，并可用于具有多种管理安排的各种形式的工程。对该类型合同通常的安排是指承包商按照雇主或雇主的代表提供的设计实施工程。然而，本合同格式也可适用于部分或全部由承包商设计的土木、机械和（或）电力工程。另外，雇主可选择估价方法。进一步讲，尽管没有关于公正的工程师的内容，如果雇主想任命一名独立的工程师公平行事，也可以这么做。

本合同的意图是所有必要的信息应在协议书的附录中提供。协议书是一个简单的文件，包括了投标人的报价和对报价的接受。通用合同条件期望能覆盖多数合同,然而,如果用户需要,仍能加入专用合同条件以满足特殊情况或特殊环境的要求。此时通用合同条件和专用合同条件将一同构成合同条件,用于决定各方的权利和义务。

FIDIC 简明合同格式包括:合同协议书及其附件、通用合同条件、争端裁决规则、裁决员协议格式和条款索引。下面重点介绍 FIDIC 简明合同格式中的通用合同条件。

1　一般规定

1.1　定义

本条件中的定义与其他 FIDIC 合同条件中的定义不完全一样,主要是由于这类条件的简单性要求所致,明显不同的定义包括开工日期、现场、变更和工程。

①合同。合同文件表服务于两个目的:一是识别构成本合同一部分的文件;二是在各文件间产生相互矛盾时,提供优先次序。文件识别对避免任何可能的怀疑是很必要的,如规范是以修改版为准。完整的图纸表总是需要的,并作为一张单独的附表。

本合同不需要专用合同条件,但是,如果需要对通用条件作出修改,则这些修改应加入以专用合同条件为页面抬头的纸张上,并说明其优先于通用条件。如果不需要专用合同条件,则删除有关内容。规范中应用清楚的术语阐明要求承包商承担的任何设计,包括随投标书提交的任何设计建议的程度。如没有设计,则应删除承包商投标的设计内容。

如果无工程量表,则删除有关内容。如果有要求构成合同的附加文件,例如承包商提交的资料一览表,这些文件应由雇主加入本合同中,对每一种情况应考虑所要求的文件优先性。如果使用中标函,则其应具有高优先性,例如:随协议书一起使用或代替协议书使用。

②开工日期。除非双方同意其他的日期,本合同的开始日期是承包商收到雇主签字的协议书的日期后第14天。

③不可抗力。其可能包括但不限于例外事件或下面所列的各种情况,只要满足定义中规定的以下4个条件:

(a)战争、敌对行动(不论宣战与否)、入侵或外敌行动;

(b)叛乱、恐怖行动、革命、起义、篡夺政权或内战;

(c)除承包商人员或其他雇员外的人员的暴乱、骚乱、混乱、罢工或停工;

(d)战争军火、爆炸材料、离子辐射和放射性污染,除可能归因于承包商使用此类军火、爆炸物、放射物或放射能的情况外;

(e)自然灾害,如地震、飓风、台风或火山活动。

④工程。“工程”一词覆盖承包商的全部义务,包括任何设计和缺陷修补。

1.2 解释

含有当事人或当事人方意思的词语应包括公司或组织。当上下文要求时,含复数或其他性别。

1.3 文件优先次序

构成合同的各个文件将被认为是彼此间相互解释的,如果在文件中发现歧义或矛盾,雇主应向承包商发出任何必要的指示,并且文件的优先次序应符合列入附录中的文件顺序。

1.4 法律

合同适用的法律在附录中作出规定。

1.5 通信交流

无论何处对发出或颁发的任何通知、指示或其他通信交流作出规定,除非另有说明,此类通信交流应按附录中规定的语言书写,并且不能无理扣留或拖延。

1.6 法定义务

承包商实施的各项活动应遵守这些活动所在国的法律。在实施工程时,承包商应发出全部通知,支付全部费用以及其他的支出。

2 雇主

2.1 现场的提供

雇主应按附录中注明的时间提供现场和进入现场的权利。

2.2 许可和执照

如果承包商请求,雇主应协助承包商申请该工程所需要的许可、执照或批准。

2.3 雇主的指示

承包商应遵守雇主在工程方面发布的全部指示,包括暂停全部或部分工程。

2.4 批准

雇主或雇主代表的批准、同意或未发表意见不应影响承包商履行的义务。

3 雇主的代表

3.1 被授权人

雇主人员中的某一人应有权代表雇主行事,该被授权人应在附录中注明,或另外由雇主通知承包商。

3.2 雇主代表

雇主可委派一个公司或个人完成某些任务。可在附录中指明被委托人,或随时由雇主通知承包商。雇主应通知承包商该雇主代表被托付的任务和权力。

4 承包商

4.1 一般义务

承包商应按照合同实施工程,承包商应提供所必需的、全部的监督、劳务、材料、工程设备和承包商设备。在现场的所有材料和工程设备应视为雇主的财产。

4.2 承包商代表

承包商应向雇主提交被授权并代表其接收指示的人的姓名和其他细节,以供同意。

4.3 分包

承包商不能将全部工程分包,无雇主的同意,承包商不得分包工程的任何部分。

4.4 履约担保

如果附录中已规定,承包商应在开工日期算起的14天内,向雇主提交一份以雇主批准的格式和从其批准的第三方处开出的履约保证。

5 由承包商设计

5.1 承包商设计

承包商应按附录中规定的内容和深度进行设计,并应迅速向雇主提交其准备好的全部设计。在收到设计之日起的14天内,雇主应将其对设计的意见通知承包商,如果所提交的设计不符合合同,应给予拒绝并说明原因。在设计已提交给雇主后14天内,对已被拒绝的那部分设计,承包商不应对其设计的永久工程的任何部分进行施工。对于已被拒绝的设计,承包商应对雇主所提出的意见作出必要考虑后迅速修改并再次提交雇主。

5.2 设计责任

承包商应对其投标的设计和按照本款的设计负责。两者均应符合合同中定义的预期目的,并且在上述设计方面,承包商还应对任何专利权或版权的任何侵权负责。雇主应对规范和图纸负责。

6 雇主的责任

本合同中,雇主的责任包括以下诸方面:

(a)在项目所在国内的战争、敌对行动(无论宣战与否)、入侵、外敌行动;

(b)在项目所在国内的叛乱、恐怖行动、革命、起义、军事或篡夺政权或内战;

(c)人员(除承包商的人员和其他的雇员外)的动乱、骚乱或混乱影响了现场和(或)工程;

(d)除承包商可能对使用任何放射性物质负有责任外,来自任何核燃料或核燃料燃烧后的任何核废物、放射性毒气爆炸,任何爆炸性核装置或核部分的其他危险性能所引起的离子辐射或放射能量的污染;

(e)以声速或超声速飞行的飞机或其他飞行装置产生的压力波;

(f)除在合同中作出规定外,雇主使用或占有工程的任何部分;

(g)由雇主人员或雇主负责的其他人员对工程任何部分的设计;以及

(h)无法预见的,或已不可能合理地期望一个有经验的承包商采取预防措施的,影响现场和(或)工程的自然力的任何作用;

(i)不可抗力;

(j)暂停,除非暂停是由于承包商的失误造成的;

(k)雇主的任何失误;

(l)在实施工程期间在现场碰到的除气候条件外的自然障碍或自然条件,这些自然障碍或自然条件是一个有经验的承包商无法合理预见的,并且承包商立即通知了雇主;

(m)任何变更产生的任何延误或中断;

(n)按协议书中的规定,在承包商报价日期后对合同适用的法律的任何改变;

(o)由于雇主在任何土地上、上方、下方、其中或穿过任何土地,及为该永久工程占用该土地实施永久工程的权利所产生的损失,以及承包商履行实施工程和修补任何缺陷义务时不可避免的损坏。

7 竣工时间

7.1 工程的实施

承包商应在规定的开工日期开工,并应迅速和毫不耽误地实施工程,而且应在竣工时间内完成工程。

7.2 进度计划

在附录中规定的时间内,承包商应按附录规定的格式向雇主提交工程进度计划。

7.3 工期的延长

如果承包商提前发出通知,由于雇主的任何责任造成或将要造成延误,则承包商有权得到竣工时间的延长。一旦收到承包商的延期申请,雇主应考虑承包商提交的全部支持性细节并应适当延长竣工时间。

7.4 延迟竣工

如果承包商未能在竣工时间内完成工程,承包商为此须向雇主承担的唯一责任应是为其未完成工程的每一天向雇主支付附录中规定的金额。

8 接收

8.1 竣工

当承包商认为工程完工时可向雇主发出通知。

8.2 接收通知

当雇主认为承包商已经完成工程时,应通知承包商,并据此注明日期。作为选择,雇主可以通知承包商,尽管工程没有全部完成,但可以接收,并据此注明日期。一旦发出此通知,雇主应接收工程,承包商应尽快完成任何未完成的工作,并且清理现场。

9 修补缺陷

9.1 修补缺陷

雇主可在附录中规定的期限到达前的任何时间,通知承包商任何工程缺陷或未完成的工作。由于承包商的设计、材料、工程设备或工艺不符合合同所产生的任何缺陷,承包商应自费修补。由任何其他原因造成的修补缺陷的费用,应作为变更进行估价。如果承包商未能在雇主通知的合理时间内修补任何缺陷或完成任何未完成的工作,则雇主有权实施全部必要的工作,并由承包商承担费用。

9.2 除去覆盖和试验

雇主可对任何工作除去覆盖和(或)试验发出指示,除非任何除去覆盖和(或)试验的结果证明承包商的设计、材料、工程设备或工艺不符合合同,否则作为变更承包商应得到此类除去覆盖和(或)试验的付款。

10 变更和索赔

10.1 变更权

雇主有权指示变更。

10.2 变更的估价

变更应按如下方法估价:

(a)按双方商定的总价;或

(b)如果适当,按合同中的费率;或

(c)在缺少适当的费率时,应使用合同中的费率作为估价的基础;或

(d)如果无此类费率时,按可能商定的或雇主认为适当的新费率;或

(e)如果雇主如此指示,按附录中所列的计日工费率,则承包商应按计日工保持劳务和承包商设备的工时记录,以及所使用材料的记录。

10.3 提早通知

一方在得知可能造成工程延误或中断,或可能导致额外费用索赔的任何情况时,应尽快通知对方。承包商应采取所有合理措施将影响减至最小。如果承包商已立即向雇主发出通知并采取了所有合理措施,则承包商有权获得的竣工时间延长或额外费用限于其应得部分。

10.4 索赔权

如果由于雇主责任中的任何一项导致承包商发生费用,承包商应有权得到此类费用的总值。如果由于雇主责任中的任何一项必须改变工程,则应按变更处理。

10.5 变更和索赔程序

在变更指示或产生索赔的事件发生算起的28天内,承包商应向雇主提交一份变更估价的分项构成资料,雇主应审查,并且如果可能,同意此估价。在未达成一致的情况下,雇主应确定变更的价值。

11 合同价格和付款

11.1 工程的估价

工程应按附录中规定的方法进行估价。

11.2 月报表

承包商应有权按月得到下列支付。

(a)已实施的工程的价值。

(b)附录中规定的,在合理时间已运至现场的材料和工程设备价值的百分比,及其他应增加或扣除的任何费用。承包商应每月向雇主提交一份报表,说明其认为自己有权得到的数额。

11.3 期中付款

在提交每期报表之日起的28天内,雇主按附录中规定的费率扣除保留金和扣除其已说明不同意原因的任何金额后,应向承包商支付报表中注明的金额,但雇主不一定受其先前考虑将向承包商支付的任何金额的限制。雇主可以停止期中支付,直到收到履约保证(如果有)才向

承包商支付。

11.4 前一半保留金的支付

发出接收通知后的14天内,雇主应向承包商支付一半保留金。

11.5 后一半保留金的支付

在附录中注明的期限到期后的14天内,或在修补完已通知的缺陷或完成未完成的工作后的14天内,以较晚的为准,雇主向承包商支付保留金的余额。

11.6 最终付款

在上述所列的最晚事件之日起的42天内,承包商应向雇主提交一份附有能使雇主确定最终合同价格合理要求的任何文件的最终账目。在提交最终账目后的28天内,雇主应向承包商支付其应得的任何金额。如果雇主不同意承包商最终账目中的任何部分,在进行支付时应说明不同意的原因。

11.7 货币

应以附录中规定的货币进行支付。

11.8 延误付款

对雇主超过规定支付期限而未能支付的每一天,承包商均有权按附录中规定的利率获得利息。

12 违约

12.1 承包商违约

如果承包商放弃工程,拒绝或没有遵守雇主的有效指示或没有快速和毫不拖延地继续实施工程,或不顾书面警告仍违反合同,则雇主可根据本款发出通知并说明违约。如果承包商在收到雇主通知后的14天内,没有采取可行的措施纠正违约,雇主可在随后的21天内,通过发出第二次通知终止本合同。承包商随后应从现场撤离,留下材料和工程设备,以及雇主在第二次通知中指示将继续使用直到工程竣工的任何承包商的设备。

12.2 雇主违约

如果雇主没有按合同支付金额,或不顾书面警告仍违反合同,承包商可根据本款发出通知并说明违约。如果雇主在收到该通知后的7天内没有纠正违约,承包商可暂停实施全部或部分工程。如果雇主在收到该通知后的28天内仍没有纠正违约,承包商可在随后的21天内通过发出第二次通知终止合同,承包商随后应从现场撤离。

12.3 无力偿债

根据任何适用法律,如果一当事方被宣布破产,另一方可发出通知立即终止合同,承包商随后应撤离现场。在承包商破产的情况下,应留下雇主在通知中指示将继续使用直到工程完工的任何承包商的设备。

12.4 终止时的付款

合同终止后,承包商有权得到已实施工程价值的未支付的余额和合理提供到现场的材料和工程设备价值的未支付的余额,并根据下列情况作出调整。

(a)根据规定,承包商有权得到的任何金额;

(b)雇主有权得到的任何金额;

(c)如果雇主已经终止合同,雇主应有权得到相当于在合同终止日那些未实施的工程部分价值的20%的金额;

(d)如果承包商已经终止合同,承包商应有权得到其暂停和迁移的费用,再加上在终止日相当于那些未实施工程部分价值的10%的金额。应支付的净余额应在发出终止通知之日起的28天内由雇主向承包商支付或由承包商向雇主支付。

13 风险和责任

13.1 承包商的工程照管

从开工日起至雇主根据规定发出接收通知日止,承包商应对工程的照管负全部责任。随后,照管工程的责任转移给雇主。在上述期间,如果发生对工程的任何损失或损坏,承包商应修补这些损失或损坏以使工程符合合同。

除非由于雇主责任导致发生这些损失或损坏,否则,承包商应保障雇主、雇主的承包商、代理人和雇员免于承担工程所发生的全部损失或损坏,以及免于承担由于承包商、承包商的代理人或雇员的违反合同、疏忽或其他违约导致的,由工程产生的任何索赔或费用支出。

13.2 不可抗力

如果由于不可抗力,阻止或将阻止某一当事方履行任何义务,则受影响的一方应立即通知另一方。如果必要,承包商可暂停实施工程,并在与雇主达成的协议范围内,撤离承包商的设备。如果该事件持续影响84天以上,任一当事方可随后发出终止合同的通知,并在发出该通知后第28天开始生效。合同终止后,承包商有权得到已实施工程价值的未支付的余额和合理提供到现场的材料和工程设备价值的未支付的余额,并根据下列情况作出调整:

(a)根据规定,承包商有权得到的任何金额;

(b)承包商暂停和撤离的费用;

(c)雇主有权得到的任何金额。

应支付的净余额应在发出终止通知之日起的28天内由雇主向承包商支付或由承包商向雇主支付。

14 保险

14.1 保险范围

在工程开工前,承包商应以双方的联合名义对下述事项办理保险并随后使其持续有效:

(a)对工程材料、工程设备和承包商的设备的损失或损坏;

(b)由于承包商履行合同产生而又需双方承担责任的对第三方人员的死亡或伤害或其财产的损失、损坏,包括承包商对雇主财产(除永久工程外)损坏须承担的责任;

(c)合同双方和任何雇主的代表对承包商人员的死亡或伤害的责任,但涉及雇主、雇主的代表或雇员的任何疏忽产生的责任除外。

14.2 约定

所有保险应符合附录中详述的任何要求。保险单应由保险人按雇主认可的条件颁发。承包商应向雇主提供任何要求的保险单已生效并已支付保险费的证据。从承保人处收到的与工程损失或损坏相关的所有付款由双方共有,用于修复这些损失或损坏,或作为对不需修复的损失或损坏的补偿。

14.3 未办理保险

如果承包商没有办妥上一款提到的任何保险或使其保持有效,或没有提供满意的证据、保险单或收据,在不影响其他权利或补救措施的前提下,雇主可办理与此项违约相关的保险,支付应付的保险费,此项费用可从应支付给承包商的任何其他款项中扣回。

15 **争端的解决**

15.1 裁决

除非友好解决，否则，由合同产生的或与合同有关的雇主和承包商之间的任何争端和意见分歧，包括雇主的估价或其他决定，根据所附的“裁决规则”（简称“规则”），可由任一当事方将其提交裁决。裁决员应是双方商定的任何一个人。如双方对此未达成协议，应根据本规则任命裁决员。

15.2 表示不满的通知

如果一当事方不满意裁决员的裁决，或裁决员在“规则”规定的时间内未给出裁决，则该方根据本款在收到裁决员决定，或作决定期限期满之日起的28天内可发出不满意通知。如果在规定的时间内未发出不满意通知，则裁决对双方是最终的和具有约束力的。如果在规定时间内发出了不满意通知，除非仲裁员修改了裁决员的裁决，裁决仍应对双方具有约束力，双方应尽快使裁决生效。

15.3 仲裁

发出不满意通知的任何争端应由一名独立的仲裁员根据附录中规定的规则作出最终处理。在对仲裁员的任命未达成协议的情况下，应由附录中规定的任命机构任命该仲裁员。任何听证会应在附录中规定的地方举行，并使用规定的语言。

期望本合同简明格式在没有任何专用合同条件的情况下能满足使用要求。然而，如果项目要求对任何条款作出修改，或在合同中增加一些规定时，修改或增加的内容应在页面抬头写明专用合同条件的纸上列出。在起草这类条款时，应注意特别考虑给出专用合同条件的高度优先性。

5.6 FIDIC 雇主与咨询工程师标准服务协议书

FIDIC在1979年和1980年分别编写了三本雇主与咨询工程师协议书的国际范本。一本被推荐用于投资前研究及可行性研究（简称IGRA 1979 P.I）；另一本被推荐用于设计和施工管理（简称IGRA 1979 D&S）；第三本被推荐用于项目管理（简称IGRA 1980 PM）。在经过10年的实践之后，1990年FIDIC在国际上广泛征求对此类服务的建议基础上正式出版了新的“雇主与咨询工程师标准服务协议书”（Client/Consultant Model Services Agreement，简称“服务协议书”），以后又进行了补充和完善。下面的介绍以1998年最新的版本为准。

“服务协议书”包括通用合同条件和专用合同条件。通用合同条件对任何类型的咨询服务都通用，而专用合同条件则应针对某一具体咨询服务项目确定其内容。附件A（服务范围）、附件B（雇主提供的职员、设备、设施和其他人员的服务）、附件C（报酬与支付）要根据每个服务项目具体编制，但均属于“服务协议书”的一部分。

“服务协议书”有一份供双方签订的协议书格式。

“服务协议书”的第一部分标准条件共包含9个方面。下面对标准条件的有关内容作简单介绍。

一、定义与解释

定义部分对“项目”“服务”“工程”“雇主”“咨询工程师”“一方与各方”“协议书”“当地货

币和外币”“商定的补偿”等词下了定义。

“服务”咨询工程师按照协议书所履行的服务，包括正常的服务、附加的服务和额外的服务。“工程”是指为完成项目所实施的永久工程(包括提供给雇主的货物和设备)。“协议书”包括雇主与咨询工程师标准服务协议书通用合同条件、专用合同条件以及附件 A、附件 B、附件 C、中标函和正式签订的协议书等。

其余定义不一一介绍。如果服务协议书中的规定之间产生矛盾，按年月顺序以最后编写者为准。

二、咨询工程师的义务

1. 咨询工程师的服务

咨询工程师的服务分为正常的服务、附加的服务和额外的服务。

(1) 正常的服务

正常的服务指附件 A 中规定的与项目有关的服务内容。在附件 A 中列举的正常服务的内容是很广泛的。具体包括以下几方面。

①工程技术方面：进行可行性研究；各种方案的成本效益分析；建立设计标准；进行初步设计费用估算；进行详细设计；准备技术规范；准备设计图纸；开列设备清单；进行勘测；提出劳力和进度计划；编制预算；提出质量保证措施；编写运行和维修手册等。

②采购：工程采购、材料与设备采购等。

③技术监督和检查：包括检查工程的设计、材料、操作工艺以及施工质量、数量等。

④施工管理，即受雇于某公司并为之管理工程，包括质量控制、成本控制、计划控制等。

⑤接受委托进行人员培训、开工准备等。

根据实际情况确定服务项目后，还要说明授权的级别和职责范围以及有关工作“程序”的要求(如编写报告的类型、间隔期)等。

(2) 附加的服务

附加的服务指在附件 A 中所述的或双方书面商定的另外附加于正常服务的那一类服务内容。诸如：当服务完成后交还由雇主提供的用于服务的物品；当雇主未能提供服务人员时，由咨询工程师提供服务所需的职员；应雇主要求提出更改服务内容的建议等。

(3) 额外的服务

额外的服务指当出现根据协议书不应由咨询工程师负责的特殊情况，使咨询工程师不能履行职责，并因之出现撤消、暂停服务或再恢复服务时，除正常的或附加的服务之外，咨询工程师需做的任何工作和支出的费用均应被视为额外的服务。咨询工程师有权得到为此所需的额外的时间和费用。

2. 咨询工程师应认真负责地行使职权

咨询工程师在工作时应运用他的技术和能力，认真而勤奋地工作。

在雇主与任何第三方(如承包商)签订的合同需要时，咨询工程师应按照合同中所授职权在雇主和第三方之间公正地进行工作，包括签发各类证书，作出决定或处理某些具体问题。但这只是作为一名独立的专业人员按照合同规定履行职权，而不是作为仲裁人。

如果雇主授权，咨询工程师甚至可变更任何第三方的义务。但对于可能对费用、质量和时间有重大影响的任何变更，必须事先征得雇主批准(特殊紧急情况除外)。

任何由雇主提供或支付的供咨询工程师使用的物品都属于雇主的财产。服务完成后，就要将未使用的物品移交雇主。此类移交应被视为附加的服务。

三、雇主的义务

雇主的义务包含以下5个方面。

①雇主应免费向咨询工程师提供他能获取的并与服务有关的一切资料。

②雇主应及时对咨询工程师请示的事宜作出决定。

③雇主应对咨询工程师及其职员提供如下帮助。

i. 出入境和居留所需文件；

ii. 涉及执行服务所需要的通道；

iii. 个人财产及服务所需物品的进出口及海关结关；

iv. 发生意外事件时的人员遣返；

v. 允许个人使用的外币带入该国以及将服务中所赚外币带出该国；

vi. 提供与其他组织相联系的渠道，以便咨询工程师收集所要获取的信息。

④雇主应自费向咨询工程师提供服务所需的设备和设施。

⑤雇主应自费从其雇员中向咨询工程师提供职员。凡涉及服务时，这些职员只应从咨询工程师处接受指示。同时雇主还应自费安排其他人员提供服务。

④、⑤两点中的要求均应在附件B中明确规定。

四、职员

职员是指咨询工程师为了执行服务协议书所需的工作人员。

1. 职员的提供

由咨询工程师或雇主提供的职员的资格均应得到对方认可。如果雇主未能提供服务必需的、应由其负责提供的职员，则可由咨询工程师安排提供此类职员，但应作为附加的服务。

2. 代表

双方均应指定一人作为其代表与对方联系。

3. 职员的更换

①如果有必要更换任何人员，负责任命的一方应安排一位具有同等能力的人员，更换费用由负责任命的一方承担。

②如果此类更换是由对方书面提出并讲明了要求更换的理由，但经查实此人没有渎职或不能胜任等问题时，则应由提出要求的一方承担更换费用。

五、责任和保险

在责任和保险方面，主要规定了在双方之间，当某一方违背自己的责任时，有关赔偿、保障和保险等问题。

1. 双方之间的责任

如果咨询工程师未按协议要求的职责勤恳、认真地工作，或雇主违背了他对咨询工程师的责任时，均应向对方赔偿。赔偿的原则如下：

①此类赔偿应限于由于违约所造成的，可合理预见到的损失或损害的数额；

②在任何情况下，赔偿的数量不应超过“赔偿的限额”；

③如果任一方与第三方共同对另一方负有责任，则负有责任的一方所支付的赔偿比例应

限于由其违约所负责的那部分比例。

2. 责任的期限

如果不在专用条件中规定的期限内或法律规定的更早的日期前正式提出赔偿,则任一方均不对由任何事件引起的任何损失或损害负责。

3. 赔偿的限额和保障

(1)赔偿的限额

任一方向另一方支付的赔偿不超过专用条件中规定的限额。但此限额不包括逾期未向咨询工程师付款而应支付的利息和双方商定的其他赔偿。如果另外支付的赔偿总计超过上述规定的限额,则一方应放弃对另一方的索赔要求。如果一方向另一方的索赔要求不成立,则提出索赔的一方应补偿由此所导致的对方的各种费用。

(2)保障

如果法律允许,雇主应保障咨询工程师免受一切索赔造成的不利影响,包括由协议引起的或与之有关的第三方提出的此类索赔。但由于故意违约或粗心导致的渎职,或与履行合同义务无关的事宜引起的索赔不受上述保障和赔偿限额的限制。

4. 对责任的保险与雇主财产的保险

雇主可要求咨询工程师对下述问题进行保险,费用由雇主负担。

①对协议书条款规定的咨询工程师的责任进行保险以及雇主要求的追加保险;

②对第三方责任进行保险以及雇主要求的追加保险;

③对雇主提供或支付的财产及其使用进行保险;

④其他保险。

六、协议书开始、完成、变更和终止

1. 协议书的生效

从咨询工程师收到雇主发给他的中标函之日或正式协议书最后签字之日,协议书生效日期以上两日期中晚者为准。

2. 开始和完成

以专用条件中订明的开始和完成时间为准。但协商延期除外。

3. 更改

任一方申请并经双方书面同意时,可对协议书进行更改。如果雇主要求,咨询工程师可提出更改服务的建议,此类建议的服务和移交应作为一项附加的服务。

4. 延误

如果由于雇主或其承包商使服务受到阻碍或延误,以致增加了服务的工作量或持续时间,则咨询工程师应将此情况与可能产生的影响通知雇主。增加的服务应视为附加的服务,完成服务的时间应相应地予以延长。

5. 情况的改变

如果出现不应由咨询工程师负责的情况,致使其不能负责或不能履行全部或部分服务时,咨询工程师应立即通知雇主。如果因此不得不暂停某些服务时,则该类服务的完成期限应予以延长,直到此种情况不再持续。还应加上用于恢复服务的一个合理期限(如42天)。如果因此不得不降低服务的速度,则服务的完成期限也应予以延长。

6. 撤消、暂停或中止

①雇主有权在至少56天之前通知咨询工程师全部或部分暂停服务或中止协议,此时咨询工程师即应安排停止服务并将开支减至最小。

②如果雇主认为咨询工程师没有正当理由而未履行义务时,可通知咨询工程师并指出该问题。若在21天内雇主未收到满意的答复,即可在第一个通知发出后35天内发出进一步的通知,终止本协议。

③如果发生下述两种情况:当雇主对咨询工程师的支付超过30天尚未支付时,或暂停服务期限已超过182天时,咨询工程师可向雇主发出通知指出上述问题,过14天后可进一步通知雇主,或在42天后终止服务协议,或暂停履行部分或全部服务。

④协议的中止并不损害和影响各方应有的权利或索赔以及责任。

七、支付

在支付方面有关具体规定均应列入附件C中。

1. 对咨询工程师的支付

①业主应按合同条件和附件C规定的细则向咨询工程师支付正常的服务的报酬,并按附件C规定的费率和价格支付附加的服务的报酬。

②业主应向咨询工程师支付额外的服务的报酬。

2. 支付的时间

应该在专用条件中规定的时间内向咨询工程师支付应给予他的报酬,如未能支付,则应按专用条件中规定的利率支付利息。

3. 支付的货币

①业主应按专用条件中规定的货币及汇率向咨询工程师支付,并保证咨询工程师能将其为业主服务所得收入迅速汇回国内。

②如果在服务期间发生了下述情况:

i. 阻止或延误咨询工程师把为业主服务收到的当地货币或外币汇回国内;或

ii. 在业主所在国内限制得到或使用外币;或

iii. 在咨询工程师为了用当地货币开支,从国外向业主所在国汇入外币,而随后把总额相同的当地货币再汇出国外时,对其征税或规定不同的汇率,从而阻止咨询工程师履行服务或使他受到财务损失。

此时业主应努力解决上述问题,否则应按"情况的改变"来处理。

4. 第三方对咨询工程师的收费

①除另有规定外,当咨询工程师及其职员为执行本协议而遇到该国政府或授权的第三方要求收费时,业主应为他们办理以下事项的豁免:报酬、进口的物品(食品和饮料除外)和用于服务的进口物品和文件。如业主未能成功地办理上述豁免时,应偿付咨询工程师支付的这一类款项。

②如进口用于服务的物品不再需要时,没有业主的同意,不能在项目所在国出卖上述物品。并且规定,在向业主支付从政府或授权的第三方收到的退款或退税后,才能出卖上述物品。

5. 有争议的发票

如果业主对咨询工程师提交的发票中的某一部分提出异议,业主应立即发出通知说明理由,但不得延误支付发票中的其他款项。提出异议的部分如果最终仍应支付给咨询工程师时,应计付利息。

6. 独立的审计

咨询工程师应保存能清楚地证明有关时间和费用的全部记录。除固定总价合同外,服务完成后12个月内,业主可指定一家有声誉的会计事务所对咨询工程师申报的任何金额进行审计。

八、一般规定

1. 语言和法律

应在专用条件中规定协议书的语言、主导语言和应遵循的法律。

2. 立法的变动

订立协议之后,如因服务所在国的法律变动而引起服务费用或服务期限的改变,则应相应地调整商定的报酬和完成的时间。

3. 合同的转让和分包

①没有业主的书面同意,咨询工程师不得将协议涉及的权益转让出去(款项除外)。

②没有对方书面同意,任一方均不能将协议规定的义务转让出去。

③没有业主的书面同意,咨询工程师不得开始实行、更改或终止履行有关服务的任何分包合同。

4. 版权

咨询工程师对由他编制的所有文件拥有版权。但业主有权为了工程和预定的目的使用或复制此类文件,而不需要得到咨询工程师的许可。

5. 利益的冲突、关于贿赂和欺诈行为

除非业主另外书面同意,咨询工程师及其职员不应接受协议书规定以外的从项目中得到的利益或与项目有关的报酬。咨询工程师不得参与可能与协议书中规定的业主利益相冲突的任何行动。如有贿赂和欺诈行为业主可以终止合同。

6. 通知

双方之间的任何来往信函均应以书面的形式,并按专用条件中的地址发送。

7. 出版

咨询工程师可单独或与他人联合出版有关工程和服务的材料。但如在服务完成后二年内出版,应得到业主的批准。

九、争议的解决

1. 争议的友好解决

业主和咨询工程师之间如有争议,应力争友好解决,或采用聘请中间人调解的方式。

2. 仲裁

由协议书引起的或与之有关的任何争议或索赔,或违约,或终止协议书,或使之无效,均应按专用条件有关规定,通过仲裁解决。

第 6 章　国际工程承包合同管理

本章介绍国际工程承包合同管理的组织机构与内容，以 FIDIC 土木工程施工合同条件为基础重点阐述合同管理中的变更管理、工程计量与支付管理、合同文档管理以及索赔管理等内容。

6.1　合同管理的组织机构与内容

按合同处理各种事宜，是国际工程承包工作的原则。在项目实施过程中，业主以技术服务合同方式聘用经验丰富的咨询工程师，代表其对项目实施监督管理，他们都是合同管理方面的专家。而承包商在现场施工组织机构中，由于人员配备原因，很少单独设立合同管理职能部门，而是将其与经营核算部门合在一起。因此，承包商在合同管理方面恰恰是薄弱环节。

一、承包商的合同管理

国际工程承包合同管理，是指合同管理部门根据合同的内容对工程项目的实施过程进行有效管理，按合同的规定顺利完成项目。

（一）承包商合同管理的组织机构

由于工程项目本身的复杂性和施工周期较长的特点，承包商在项目实施过程中，会涉及多种类型的合同，如施工承包合同、施工分包合同、物资采购合同、运输合同、保险合同等。只要有争端发生，就会涉及规定双方权利和义务的合同。因此，合同管理在施工项目管理中具有举足轻重的地位。无论是在工程承包公司总部，还是在工程施工现场的项目经理部，都应建立一个合同管理组织机构，并认真培养合同管理方面的人才。

一般工程项目应配备专门的合同管理人员，大型工程项目应设立合同管理组或合同管理部。

1. 承包公司总部的组织机构

公司总经理下设立财务部、经营销售部、工程部、合同管理部、行政管理部等职能部门。

合同管理部主要负责公司所有工程合同的管理工作，主要内容包括：

①参与投标报价，对招标文件进行审查和分析；

②收集市场和工程信息；

③参与合同谈判与合同签订，为报价、合同谈判和签约提出意见、建议甚至警告；

④向工程项目派遣合同管理人员；

⑤对工程项目的合同履行情况进行汇总、分析，对工程项目的进度、成本和质量进行总体计划和控制，协调各个项目的合同实施；

⑥处理与业主和与其他组织的重大合同关系；

⑦具体地组织重大索赔；

⑧对合同实施进行总的指导、分析和诊断。

2. 项目现场的组织机构

项目经理下设立经营核算部、合同部、采购部、行政管理部等部门，选择经验丰富的人员任各部门负责人及项目工程师、施工队长等。

对小型项目，合同部可并入经营核算部，或设合同管理员，直接受项目经理的领导。

对一些特大型项目，承包商可聘请合同管理专家或将整个工程的合同管理工作委托给咨询公司。

(二)施工承包合同签订前的管理

施工项目管理从投标签约阶段开始，经过合同实施，到项目试运行和移交投产使用结束。合同管理伴随承包商的整个经营过程。

承包商在通过业主的资格预审后，即可购买招标文件，着手编制投标文件。在投标阶段，涉及承包商的合同文件可分为两部分：一是招标文件中的投标者须知，二是将在施工中采用的合同条件、规范和图纸等。前者对承包商的投标行为产生影响，后者则对承包商在中标后实施合同项目的履约行为产生影响。

1. 投标者须知

投标者须知是约束招标者和投标者在招投标过程中的权利与义务关系的主要文件。因此，承包商在投标过程中应做好以下工作。

(1)严格遵守招标文件中规定的各种时间

招标文件中涉及的各种时间如下：

①招标文件澄清的日期；

②确定外汇汇率的日期；

③投标有效期的起、止时间；

④现场考察和标前会议的日期、时间和地点；

⑤投标文件提交的截止日期；

⑥开标的日期、时间和地点。

⑦签订协议书和提交履约保证的时间等。

承包商均应遵守上述各种时间，以避免失去机会和造成违约。如递交投标书截止时间，承包商在递交投标文件时必须注意招标方的法定节假日和上下班时间，以免因迟到而遭拒绝，为安全起见，应提前3~5天提交标书。

(2)编制的投标文件必须对招标文件作出实质性响应

投标人在编制投标文件时，必须对招标文件作出实质性的响应。

(3)熟悉投标文件的修改和撤消规定

投标人应了解和熟悉招标文件中关于投标文件修改和撤消的相关规定。

(4)深入分析研究招标文件

分析研究招标文件，包括招标文件的质询，在投标过程中可能遇到的风险等。

(5)签订合理的承包合同

在签订承包合同之前，业主可能选择少数几个承包商进行有条件的谈判，承包商在开标后，如意识到自己有可能中标，则应制定一套谈判对策，做到知己知彼。在满足投标策略的前提下，确保签订一个公平合理的施工承包合同。为此，在签订合同前应考虑以下几方面问题：

①符合企业的经营战略；

②认真审查合同和进行风险分析；

③积极合理地争取自己的正当权益；

④双方达成的一致意见，要形成书面文件；

⑤尽可能采用标准的合同范本。

有些国际工程项目，由于某些原因，业主可能先发给中标的承包商一份签订合同的意向函，作为签订正式合同的序曲。承包商应审查意向函中的内容，并严格按意向函规定的具体内容进行施工准备工作，不可超越其范围，以免因最终未能签订合同而招致损失。意向函一般应包括如下内容：

①接受投标文件的意向说明；

②指示进行哪些施工准备工作；

③在正式接受投标文件前，对已授权进行的各项工作进行支付的依据及所负财务责任的限度；

④如果未能签订合同，业主应支付承包商由此产生的合理费用的说明；

⑤签订正式合同后，意向函将作废；

⑥承包商收到意向函后需签署回执。

在收到业主的中标函和合同协议书时，应按招标文件规定的期限，提交履约保证和派出全权代表与业主协商签订合同。

2. 合同条件、规范和图纸等合同文件

合同条件、规范和图纸是承包商施工的主要依据，同样也是承包商投标报价的计算依据。因此，在填写工程量表和计算投标价格时，应认真透彻地分析合同条件、规范和图纸，这不仅关系到能否中标，而且关系到中标后，履行合同义务时能否盈利。为此，承包商应在投标阶段做好下列工作。

①确定工程项目的实施范围和合同工期。根据合同文件，确定工程项目的实施范围，确保全部完成合同规定的工作，而且也仅限于完成合同规定的工作。

②全面分析所得到的各种合同文件，将全部疑问列成表，以便提交业主要求给予澄清。

③分析合同中哪些条款的内容需要在报价中进行考虑。如承包商的预付款保函费用、办理各种保险的费用、施工现场采取安全保护措施和环境保护措施的费用，合同中规定的试验、检验费用等。

④根据招标文件中的工程量表，列出一份详细、可行的工程分项清单。内容包括自己承包实施的分项工程，拟分包出去的分项工程（并确定相应分包商）和暂定金额项目。业主可能在其招标文件中对暂定金额项目已作出规定，要把它与主要分项工程区别对待。注意分析合同采用的计价和计量方法，合同价格所包括的范围和价格调整的方法、支付方式等。

⑤详细分析合同中潜在的各种风险，并提出具体的应对措施。如通过与业主的谈判，设法降低或转移合同中的风险。

（三）施工阶段合同管理的内容

在项目实施阶段，需要进行管理的合同包括：工程项目承包合同、施工分包合同、物资采购合同、租赁合同、保险合同、技术合同和货物运输合同等。因此，合同管理的内容也比较广，但重点应放在承包商和业主签订的工程项目施工承包合同上，它是合同管理的核心。该合同一般由下列几种文件组成：合同协议书、中标函、投标书、合同条件（专用部分）、合同条件（通用部分）、规范、图纸、标价的工程量表等。施工阶段合同管理的内容包括以下几方面。

1. 确定工作范围

监督各专业施工队，确保其在合同规定的"工作范围"内施工，对超出合同施工范围的工作，及时提出补偿要求。

2. 进度控制

①按照工程师已批准的进度计划组织好施工，保证按合同规定的日期完成工程。尤其注意控制各工种的衔接和分包商的进、出场时间。

②合理要求工期延长，更新进度计划。

3. 质量控制

应按照合同规定进行施工，严格进行质量检验和进行工序控制，保证工程质量符合设计标准。

4. 成本控制

施工中，要采取切实可行的方法，严格控制施工成本，避免浪费，将施工成本控制在施工预算内。

5. 工程变更管理

严格执行咨询工程师下达的工程变更指示，完成变更工作并取得相应补偿（工期和费用），做好合同的变更管理。变更管理的内容主要包括咨询工程师口头变更指示的书面确认，变更谈判（包括变更内容与变更估价），修改与变更内容有关的资料，检查变更工作的落实情况等。

6. 工程索赔管理

在索赔事件发生后（如不利的外界障碍和条件、特殊风险等），应及时向工程师发出索赔通知，编写和提交索赔报告，搜集各种类型的证据资料，如文字资料、图片、录像带、实物证据等。在具有索赔权的情况下，确保自己的利益不受损失。

索赔管理应包括以下三个方面：

①承包商与业主之间的索赔和反索赔；

②承包商与分包商之间的索赔和反索赔；

③承包商与其他组织之间的索赔和反索赔。

7. 计量与支付管理

根据合同规定的时间，按时向工程师提交月支付报告，并按合同程序进行催款，以适时得到工程款。

8. 价格调整

及时搜集国际市场的物价浮动资料，按照合同规定的价格调整方法，适时提出调整工程合同价款的要求。

9. 工程分包管理

监督各分包商按分包合同规定实施和完成分包工作。

10. 合同文档管理

合同文档管理包括合同文件及来往信函的保管，现场记录、照相底片、录像带的保管，并建立施工档案管理体系。

11. 合同文件的澄清与解释

向咨询工程师澄清合同中相互矛盾或有歧义的内容，并负责向承包商内部工作人员解释合同的有关内容。

12. 业主和咨询工程师的责任和义务

按合同确定业主和咨询工程师的责任和义务，包括确定业主授予工程师的权力和权力范围，业主应按合同规定提供的施工条件和其他服务，业主的风险等。在实施项目过程中，应督促和协助业主和工程师完成其合同责任和履行合同义务。

13. 工程竣工验收

按合同规定准备竣工验收资料，及时提出验收申请，组织好工程的初步验收和正式竣工验收，保证工程按时移交给业主。

14. 履约保证和工程保险

按合同规定的金额及时提交业主认可的履约保证。承包商应确保投保的险种、保险条款、金额、保单的有效期等符合合同的规定。

(四)承包商合同管理的措施

承包商合同管理的措施包括以下 3 点。

1. 建立项目经理部

建立以项目经理为首的项目经理部，设立合同管理小组。

2. 建立合同实施的保证体系

建立合同实施的保证体系，以保证日常工作的顺利进行。

其中，合同实施的保证体系包括以下几方面。

①合同组人员的职责：在对合同进行详细分析的基础上，将合同责任落实到责任人和具体的工作上。如各专业施工队(分包商)责任界限的划分、质量和工期要求、实施中应注意的问题等。在实施合同过程中，要定期进行检查，解释合同内容，同时以经济手段保证完成合同。

②建立合同管理的工作程序，如各级别文件的审批、签字程序。

③建立严格的质量检查验收制度，包括每道工序结束后的检查验收，各专业队之间的交接检查，材料进场和使用的检测措施等。

④建立报告和行文制度，如合同文件和往来函件的内部、外部运行程序。

⑤建立合同文档管理系统，如各种文件资料的标准化管理，包括规定的格式、准确性要求和便于查询等。

3. 施动态管理

工程实施中，要进行跟踪监督，收集合同实施的各种信息和资料，并进行整理和分析，将实际情况与合同计划资料进行对比分析。在出现偏差时，分析产生偏差的原因，提出纠偏建议。分析结果及时呈报项目经理审阅和决策。

二、工程师的合同管理

“业主与咨询工程师标准服务协议书”中咨询工程师的定义：作为一个独立的专业公司受雇于业主去履行服务的一方以及咨询工程师的合法继承人和允许的受让人。

FIDIC 合同条件中工程师的定义：业主为合同目的而指定作为工程师并在合同条件第二部分保持这一称谓的人员。因此，在 FIDIC 合同条件第二部分要明确填写工程师的公司名称。

在我国上述人员称作监理工程师，但很难用一个恰当的英文单词表达。因此，为国际交往的便利，均采用工程师（Engineer）或咨询工程师（Consultant）的称谓。

（一）工程师组织机构

按照FIDIC合同条件进行工程管理，工程师在施工阶段从工程施工组织计划的审查批准开始，便介入项目的全面管理。凡是在施工中有关进度、质量、费用方面的一切信息，都需要在监理过程中进行采集、储存和处理。这就需要采取多层次的组织机构，根据各项监理工作的性质和条件，明确各层次机构及其人员的职责，实行不同层次的监督和管理，做到分工明确，层层把关，确保按合同规定完成工程项目。

根据FIDIC"土木工程施工合同条件"，工程师的层次划分为工程师、工程师代表和助理。在实际工程项目中，可根据FIDIC的原则和具体情况，采用相应的工程师组织机构模式。通常对工程规模较小，管理较简单的工程，可采用两个层次的组织机构模式；对规模大、技术要求比较复杂或涉及较大空间的工程，可采用三级组织机构的模式。例如，我国利用世界银行贷款建设某高速公路项目中，设立了三个管理层次，即总监理工程师、高级驻地监理工程师和驻地监理工程师，并建立相应的办公室。

（二）合同管理的内容

在工程项目实施阶段，咨询公司涉及管理的合同有业主、咨询公司之间签订的服务协议，咨询公司与各专业公司签订的咨询服务协议，业主与承包商之间签订的工程施工承包合同等。以下主要阐述咨询工程师进行施工承包合同管理的内容。

1. 按承包商的工作进度计划对项目进行进度控制

按FIDIC合同条件规定，工程师在发出中标函后，承包商应在合同规定的时间内向工程师提交一份可行的工程进度计划供其审批。该进度计划是进行以下工作所必需的：

①材料、设备的采购与供应；

②工程师监督工程进度；

③工程师安排提供图纸、发布指示等；

④确定提出指定分包合同的时间；

⑤协调承包商与其他各方的关系等。

2. 工程计量与支付管理

工程计量与支付管理是合同管理的核心，工程师应谨记承包商的每道工序、每一分项工程，必须在工程师验收合格后，才能进行计量与支付。对不合格的工序和分项工程，不予计量。在进行计量与支付时，必须遵守合同规定的方法和程序。

3. 工程质量监督与验收

在施工过程中，工程师必须严格按照ISO 9000系列标准和合同规定的其他质量标准，对施工质量进行检查，在承包商提出申请时，对承包商的已完工程进行质量验收，包括阶段验收和整个工程的竣工验收，并对验收合格的工程签字认可。

4. 工程变更管理

无论哪一方提出工程变更请求，工程师均应与各方协商，在达成一致意见后，签发工程变更令，并按合同有关规定进行变更工程的估价。

5. 工程索赔管理

索赔包括工期索赔和费用索赔。处理索赔问题常涉及技术、经济和法律等方面的问题，工程师必须按合同规定的索赔程序和方法,公平、合理、及时地解决索赔争议,以便顺利完成合同。

6. 分包管理

分包管理具有两方面的含义,即一般分包合同管理和指定分包合同管理。FIDIC 合同条件规定:“承包商不得将整个工程分包出去。除合同另有规定外,无工程师的事先同意,承包商不得将工程的任何部分分包出去。”这是合同授予工程师进行工程分包管理的权力,工程师必须依此批准合格的分包商实施分包项目。指定分包与一般分包的主要区别是合同条件中单列“指定的分包商”条款。在承包商无故拖延对指定分包商的支付时,业主有权直接向指定分包商支付分包合同款,并从应支付给承包商的任何款项中扣回。

7. 合同文件的澄清

在构成合同的各个文件出现含糊和歧义时,工程师要进行解释和纠正,并负责向有关各方解释合同,必要时发布书面解释文件。

(三)合同管理的具体方法

咨询工程师在进行合同管理时,常采用的方法有发布书面指示、召开施工现场会议和特殊会议、监督记录等。

1. 书面指示和通知

工程师的书面指示将构成合同的一部分,具有法律效力。因此,工程师必须按照合同规定的程序发布书面指示和进行口头指示的书面确认。工程师在项目实施过程中经常发布下列书面指示:

①开工指示;

②工程师代表及其助理的任命通知书和权力委托书;

③临时会议通知;

④暂停或恢复支付工程款指示;

⑤暂停施工和复工指示;

⑥工程变更指示;

⑦修改进度计划指示;

⑧需颁发的其他指示等。

2. 施工现场会议

第一次现场会议应在中标通知书发出之后,咨询工程师认为合理的时间召开。参加会议的业主、咨询工程师和承包商将协商和检查工程的准备情况,咨询工程师根据会议协商的结果,确定工程开工日期,适时发出开工指示。

在工程进展中,应定期召开现场会议,协调和商讨有关事宜。一般涉及下列内容:检查上次现场会议纪要的执行情况,制订新的短期工程进度计划,检查承包商到场的施工人员、机械设备和材料状况,了解技术、财务、合同事宜及与有关部门协调事宜,明确下次会议召开的时间以及其他方面需解决的问题。

3. 记录

(1)监理日志

咨询工程师应每日记录或指示其代表每日记录施工现场工程进展的具体情况,同时,每周应对承包商的施工进度、施工的质量和技术以及其他方面的问题作出评价。监理日志应制定一个标准表格供有关人员直接填写。监理日志应记录的具体内容简述如下。

①现场施工记录，包括：天气状况、施工操作面的部位、人员及机械配备、发生的问题及解决方法以及其他方面的情况。

②工程师的工作记录，包括：作出的决定和发出的指示、通知，与他人达成的各种协议，协调现场各方工作的有关内容等。

(2)报表资料

咨询工程师应每月向业主提交一份月报，其内容一般包括承包商实施合同的基本情况、工程进度、财务、施工现场情况以及需进一步解决的问题。

(3)来往文件

建立收发文记录，需记录的内容包括各类正式函件、便函和草图、会议纪要、承包商发来的文件、业主发来的文件、地方当局发来的文件以及其他与工程实施有关的文件。

(4)计量与支付情况记录

计量记录，包括计量的工程部位、计量过程、计量的方法以及其他与此次计量有关的事宜。

支付中常采用的表格，包括支付月报表、费用索赔表、工程变更一览表、计日工一览表、价格调整表、现场材料计量表、财务支付报表以及工程进度表等。

(5)质量检验记录

质量检验记录的内容，包括检验的工程名称和部位，完工日期，检验日期，施工单位，检验依据的标准、规范，其他与检验相关的数据资料以及检验的结论。

4. 文档管理

咨询工程师的全部文件、来往信函等均应分类归档，便于查询，并应设立专人负责。

(1)一般函件

一般函件包括以下几方面：

①业主的函件；

②承包商的函件；

③咨询工程师内部往来函件；

④会议纪要。

(2)支付记录和证书

支付记录和证书包括以下几方面：

①索赔文件，包括承包商的索赔报告、批准的索赔文件、承包商保留进一步索赔权利的文件；

②计日工和暂定金额，这两个项目的实施均需咨询工程师发布书面指示，同时工程师应说明费率的确定方法；

③证书，包括中间支付证书(承包商的付款申请和工程师的支付证书)、移交证书、缺陷责任证书和最终证书；

④价格调整，包括依据的资料和调整的方法；

⑤其他，如各种结算单据和进度报告等。

(3)合同

合同管理包括以下 3 个方面：

①合同文本；

②规范、图纸,包括变更的内容;

③工程变更。

6.2 工程变更管理

任何工程项目在实施过程中由于受到多种外界因素的干扰,都会发生程度不同的变更,它无法事先作出具体预测,而在开工后,又无法避免。因此,变更管理在合同管理中就显得尤为重要。各种标准合同条件,对变更均作出明确规定。

变更包括两方面的含义:工程变更和合同文件变更。FIDIC 合同条件第 51 条规定"如果工程师认为有必要对工程或其中任何部分的形式、质量或数量作出任何变更,为此目的或出于任何其他理由,工程师认为上述变更适当时,他应有权指示承包商进行而承包商也应进行下述工作:……"因此,工程或其中任何部分的形式、质量或数量上的变化,均应视为变更。构成变更的前提条件是工程师必须为变更的内容发出书面变更指示,否则,不能视为变更。

无论在口头,还是在书面交流中,人们将"变更"称为"工程变更",本书仍保持这一说法,即称为"工程变更",但在理解上,应包括上述两方面含义。

一、工程变更原因和引起的问题

1. 工程变更原因

工程变更产生的原因通常有以下几点。

(1)施工条件的变化

经常是出现不利的自然条件,导致施工现场条件恶化,无法按原方案施工。

(2)工程范围发生变化

经常是根据业主的要求增加或删减某些项目、改变质量标准等导致原工程范围发生较大变化。

(3)设计原因

由于设计考虑不周,不能满足工程施工或业主的需要,或发现计算错误等。

(4)合同文件缺陷

合同文件本身缺陷,导致合同变更。如招标文件提供的资料有缺陷。

(5)法律、法规变化

由于工程项目所在国的法律、法规引起的变更。

例 6.1 某高速公路项目,业主在采用 FIDIC 合同条件时,考虑国内现有基建管理范围和方法,取消了合同条款第 21 条"工程和承包商设备的保险"内容。

咨询工程师在项目实施过程中,参照国际惯例,认为对工程投保有利于保护业主和承包商双方的利益,建议业主修改合同条款。经各方协商,由承包商直接向保险公司投建筑工程一切险和第三者责任险,对原合同条件第二部分中的第 21 条和 23 条进行修改。投保的费用由业主承担。

合同修改的方式是由工程师发布工程变更令。由于是合同文件的变更,故业主和承包商又签订补充协议书,明确说明变更的内容和费用承担。

2. 工程变更引起的问题

工程变更导致的直接结果是工程项目费用的增减和工期的变化。

由于工程变更的不可预见性,因此对工程变更进行控制是非常困难的。承包商往往将工程变更视为向业主索赔费用和工期的大好机会,在实施项目过程中,只要发生与原合同不符的工作内容,都想方设法让工程师发布变更指示,使索赔合法化。而业主希望在满足设计和功能要求的前提下,使变更的范围缩小到最低限度,以减少其投资。业主和承包商在主观愿望上,背道而驰,这就增大了变更管理的难度,有时会对项目的实施产生不利影响。

二、工程变更方式和程序

1.工程变更的方式

工程的任何变更都必须获得工程师的批准,工程师有权要求承包商进行其认为是适当的任何变更工作,承包商必须执行工程师为此发出的书面变更指示。如果工程师由于某种原因必须以口头形式发出变更指示时,承包商应遵守该指示,并在合同规定的期限内要求工程师书面确认其口头指示,否则,承包商可能得不到变更工作的支付。

2.工程变更程序

(1)提出工程变更

咨询工程师、业主和承包商均可提出工程变更请求。

工程师提出变更多数是发现设计中的不足或错误。变更工作的设计可以由工程师承担,也可以指令承包商完成。

承包商提出的工程变更主要是考虑便于施工,同时也考虑在满足项目相同功能要求的前提下,降低工程费用,缩短工期(业主易于接受变更工程的请求)。承包商提出变更时,除说明变更原因外,尚需提交变更后的设计图纸和相应的计算书。

业主提出工程变更,则常常是为了满足使用上的要求。业主提出的变更同样需要说明变更原因,提交设计图纸和有关计算书。

(2)审查和批准工程变更

对工程的任何变更,咨询工程师必须与项目业主进行充分的协商,最后由工程师发出书面变更指示。项目业主可以委任咨询工程师一定的批准工程变更的权限(一般是规定工程变更的费用额),在此权限内,工程师可自主批准工程变更,超出此权限则须由业主批准。

咨询工程师批准工程变更的原则如下:

①变更后的工程不能降低使用标准;

②变更项目在技术上可行;

③变更后的工程费用业主可以接受;

④变更后的施工工艺不宜复杂,且对总工期的影响保持在最低限度。

(3)编制工程变更文件,发布工程变更指示

一项工程变更应包括以下文件。

①工程变更指示,包含如下内容:

i.工程变更指示顺序编号及发出日期;

ii.工程项目名称和合同号;

iii.工程变更的原因及详细的变更内容说明;(应说明根据合同的哪一条款发出变更指示;变更工作是马上实施,还是在确定变更工作的费用后实施;承包商发出要求增加变更工作费用和延长工期的通知的时间限制;变更工作的内容等。)

iv.咨询公司名称;

v. 咨询方授权代表签字；

vi. 承包商名称；

vii. 承包商授权代表签字（承包商签字表明其已收到上述变更的详细资料，同时将本变更指示签字后的副本退还咨询工程师）；

viii. 此变更指示抄送的公司名称和人员名单。

②工程变更指示的附件，包括工程量表、工程变更设计图纸和其他与实施变更工作有关的文件等。

(4) 承包商向工程师发出对变更工作索取额外支付的意向通知

这是进行估价的先决条件，必须在发出下列通知之一后，进行变更工作的估价，否则不予估价。

①由承包商将其对变更工作索取额外付款或变更费率或价格的意图通知工程师。承包商在收到工程师签发的变更指示时，应在指示规定的时间内，向工程师发出该通知，否则承包商将被认为自动放弃调整合同价款的权利。

②由工程师将其改变费率或价格的意图通知承包商。工程师改变费率或价格的意图，可在签发的变更指示中进行说明，也可单独向承包商发出此意向通知。

(5) 变更工作的估价

变更工作的估价，即确定费率和价格，其程序如下。

①如工程师认为适当，应以合同中规定的费率和价格进行估价。

②如合同中未包括适用于该变更工作的费率和价格，则应在合理的范围内使用合同中的费率和价格作为估价的基础。

③如工程师认为合同中没有适用于该变更工作的费率和价格，则工程师在与业主和承包商进行适当的协商后，由工程师和承包商议定合适的费率和价格。

④如未能达成一致意见，则工程师应确定他认为适当的此类另外的费率和价格，并相应地通知承包商，同时将一份副本呈交业主。

上述费率和价格在同意或决定之前，工程师应确定暂行费率和价格以便有可能作为暂付款，包含在当月发出的证书中。

当合同中规定以多于一种的货币进行支付时，应说明以不同货币进行支付的比例。

(6) 变更工作的费用支付

如果承包商已按工程师的指示实施变更工作，工程师应将已完成的变更工作或已部分完成的变更工作的费用，加入合同总价中，同时列入当月的支付证书中支付给承包商。

6.3 工程计量与支付管理

在国际工程承包中，工程的计量与支付管理是项目管理的核心。由于施工承包的方式有多种，因此，采用不同的施工承包合同，其计量与支付的方法应有所区别。本节结合 FIDIC 合同条件的有关内容，阐述单价合同的计量与支付管理方法。

一、工程计量

(一)单价合同中工程量表的构成

工程量表由序言、工程量表和工程量汇总表组成。

1. 序言

序言规定工程量表中每个单项的计量方法和工作范围。一般分为总则和计量细则两部分。

(1)总则

总则规定了工程量表中各工作项目的计量方法、计量单位、精度并对其他有关方面作出说明。一般包括如下内容。

1)计量方法

①应说明在项目中拟采用的土木工程标准计量方法。如英国的“土木工程标准计量方法”,新加坡的“建筑工程计量标准方法”等。同时说明,如果合同条件与计量方法产生矛盾,应以合同条件为准。

②除非合同另有规定,对所有工作项目只计量净值,而不考虑施工的具体方法和产生的各种损耗。

③工程量表中各项工作,应按实际建成后的工程量进行计量。除非按照合同条款,否则不应因某项工作数量上的增减,而改变该项工作的单价。

④合同中所有工程均采用法定计量单位进行计量。

2)计量单位和计量的精确度

为了便于计量管理,应规定计量采用的单位和相应的符号,制作成表格列入清单序言中。如长度单位采用米、千米,相应的符号为“m”“km”。

另应注明,用于支付的数字在小数点后应保留几位有效数字。

3)关于合同的其他文件

①承包商应注意必须将工程量表与其他合同文件一起阅读,以全面了解与合同工程有关的标准和规定。

②由于其他合同文件的影响使承包商产生的费用,应在投标时填写的工程量表项目单价或价格中予以考虑。承包商由于疏忽或其他原因,未考虑上述因素产生的费用时,则在实施项目时,不得索赔由此产生的额外费用。

4)未定价的工程量表项目

工程量表中的项目均应填入单价或价格。对承包商在投标时没有填写单价或价格的工作项目,将被认为该项目的费用已包括在其他工作项目的单价或价格中,承包商在履行合同时,不得对该项目提出费用索赔。

5)工程量表中各项目填写的单价或价格

①代表完成该项工作所需的全部费用。

②包括所有人力、材料、临时工程(除工程量表中已列出的专用临时工程外)、机械设备和管理所需的全部费用以及承包商的利润。

③按照技术规范和设计图纸进行施工的一切费用。

④合同条件中规定对承包商的要求以及承包商承担的责任、义务和风险所导致的费用。

⑤因执行合同中有关文件而产生的费用，包括税金、关税和其他类似费用。

6)货币

说明在填写工程量表项目的单价或价格时，应采用的货币。

7)暂定金额项目

工程中的某些项目，由于资料不充分，在投标时无法对其总价格或工程量作出估计，则将其列入暂定金额项目。

暂定金额项目一般是在承包商按工程师的指示完成该项目，并提供有关的证明资料时，与工程师共同计量，并进行记录和签字认可。

(2)计量细则

计量细则主要规定：每个工作项目包括的工作范围和内容、具体的计量方法和依据、支付方式和条件。如某些包干项目，可按计量时已完成部分占该项目的百分比进行支付或按一定比例支付。

例6.2 某高速公路项目，土方工程中场地清理项目的计量细则。

场地清理：场地清理计量是测量平面面积，不扣除建筑物、结构物和已有车行道的面积；除非图纸另有说明外，该项目单价包括所有规定的工作，即拆毁、破坏和移走施工场地内所有对工程有影响或受工程影响的障碍物，单价也包括对所有被清除的材料运离现场送至倾倒地点。

2. 工程量表

工程量表是对工程项目的分解表，一般按照施工工艺将项目分解成相对独立的工作单项，便于进行计量支付。

工程量表中包括项目编号、项目内容说明、计量单位、工程量、单价及金额。

3. 工程量汇总表

工程量汇总表是对工程量表按工程项目的工作内容(一般按分项工程)进行分章，再按章汇总。

例6.3 工程量表和工程量汇总表如表6-1和表6-2所示。工程量表中第201至213项为工程量汇总表中第200章的内容。

表6-1 工程量表

项目	说明	单位	数量	单价(元)	金额(元)
201	清理场地 (a)道路工程 (b)取土场	 hm^2 hm^2	 14 8		
202	挖根 (a)道路工程 (b)取土场	 hm^2 hm^2	 0.5 0.2		
203	除去表土 (a)道路工程 (b)取土场	 m^3 m^3	 11 983 22 500		

续表

项目	说　明	单位	数量	单价(元)	金额(元)
204	搬运203项除去的表土到堆土场的工程量(暂估数量)	$m^3 \cdot km$	34 433		
205	挖除不适合的材料(暂估数量)		1 000		
⋮	⋮	⋮	⋮		
213	软土处理(暂估金额)	项	1	2 340 000	

表6-2 工程量汇总表

编号	说　明	金额(元)
100	总则	
200	土方工程	
300	排水工程	
400	路面	
500	桩基	
⋮	⋮	
1 300	房屋建筑	
1 400	计日工	

(二)工程计量方法

合同中对各个工程单项规定计量方法主要是考虑在承包商已完成一定工程量后,及时向承包商支付工程款,以维护承包商的利益。

对工程量表中的各个项目,应视其本身性质可采用不同的计量方法。一般采用下述的形象图法、设计图纸法和分解计量法,测量项目实际完成的工程量。其他计量方法则适用于工程量表中的个别项目。

1. 形象图法

该方法是一种现场测量法,以图讲话,即对一些难以用文字表达的计量,可用简单图形加简要文字,说明工程的某些部位如何进行计量。该方法简单明了,不易产生文字上的理解错误。如开挖土方量,其断面是按矩形,还是按梯形,可用图简单说明。

2. 设计图纸法

设计图纸法是根据设计图纸进行计量。如混凝土的体积、钢筋的长度、钻孔桩的桩长等应按设计图纸进行计量。

3. 分解计量法

FIDIC 合同条件相关款规定:“承包商应在接到中标函后28天内将包含在投标书中的每一包干项目的分项表提交给工程师批准。”

按支付惯例,应在承包商完成该项目后,才能进行支付。但一个大的包干项目往往不能在一个月内完成,而需要几个月,甚至半年的时间才能完成,这样承包商就不能及时得到支付,可能会产生流动资金不足而影响施工。因此,该条款不仅是为了掌握承包商包干项目的进度,更重要的是为了将包干项目按承包商每月实际完成情况分几次支付给承包商。

包干项目分项要考虑便于进度控制和支付,一般是根据其施工工序和施工部位分解为若干子项,按月对完成的子项分别予以支付。

4. 分摊法

分摊法是将工程量表中某些项目的价格,按合同工期分摊到每个月进行计量。这些项目都有一个共同的特点,即项目的费用在合同工期内每月都有发生,作为一个包干项目列入工程量表中,承包商填写包干价格。此方法又可细分为平均分摊法和非平均分摊法。

(1)平均分摊法

如果某一工作项目每月工作量基本均衡,发生的费用几乎相同,则可将该项目的总费用平均分摊到合同工期内的每个月进行计量。如某高速公路项目,工程量表中单列"保养、清洁办公室和住宅设施",承包商填写包干价格,可采用平均分摊法进行计量。

(2)非平均分摊法

如果某一工作项目每月都发生费用,但每月发生的费用金额差别较大,这种情况下,双方可根据实际情况,商定每月支付的金额。

5. 凭据法

某些工作项目,按合同条件的规定,要求承包商出示该项目发生的凭据,依凭据进行计量支付。

6. 估价法

一般用于购买仪器、设备或交通工具的工作项。其在工程量表中,是按项包干计价。在该项中,所需购买仪器、设备或交通工具的数量较大,加之施工环境的制约,很难一次购齐,则可根据承包商完成该工作项的具体情况以及该项的总价,按当时的市场价格估算承包商所完成的数量占总量的百分比,按此百分比将完成部分的款项支付给承包商。

7. 综合法

综合法是指工程量表中的某些项目,同时采用上述两种以上的方法进行综合计量。

(三)工程计量程序

1. 计量通知

当工程师要求对工程的任何部位进行计量时,应适时通知承包商的授权代理人进行计量的工程部位和时间安排。

2. 计量

承包商在收到工程师发出的计量通知后,应立即参加工程师主持进行的计量工作并提供工程师所要求的一切资料。在某些情况下,也可由承包商在工程师的监督下进行计量。如果承包商未参加计量,则以工程师进行的或由他批准的计量作为该工程的正确计量结果。

3. 记录和图纸的审查

工程师和承包商在完成计量后,双方应在准备好的计量记录和图纸上签字认可。如果承包商未参加计量,则在工程师提出要求时,承包商应在 14 天内参加记录和图纸的审查,并在双方达成一致意见后,在其上签字认可。如果承包商审查后认为记录和图纸有误,则应在上述审查后 14 天内,向工程师提出申诉,工程师应根据承包商的申诉内容进行复查,或予以确认或予以修改。如果承包商在审查后,既不签字认可,又未提出申诉,则上述记录和图纸将被视为承包商默认是正确的,并据此对承包商进行支付。

二、工程支付

(一)支付证书中的费用组成

支付证书中一般包括下列各项费用;

①已实施的永久工程的价值;

②工程量表中的任何其他项目的价值,包括承包商的设备、临时工程、计日工及类似项目的费用;

③投标书中注明的材料及承包商在工地交付的准备为永久工程配套而尚未安装到工程上的工程设备发票价值一定百分比的费用;

④索赔费用;

⑤价格调整费用;

⑥工程变更费用;

⑦按合同规定承包商有权得到的任何其他费用,如预付款、保留金、迟付款利息和违约赔偿金等。

(二)工程支付的条件

工程支付的条件包括以下几方面:

①已完成的工作必须质量合格;

②变更工作必须有工程师的变更指示;

③支付金额必须大于合同规定的支付最低限额;

④所有工作必须使工程师满意,并符合合同的其他规定。

(三)工程支付的程序

1. 中间支付

中间支付的程序如下:

①承包商应在每个月末按工程师指定的格式提交一式六份月报表;

②工程师审核并证明到期应支付给承包商的付款金额,并开具中间支付证书;

③中间支付证书送交业主;

④业主在合同规定的时间内予以支付。

2. 竣工支付

竣工支付的程序如下:

①颁发整个工程的移交证书之后84天内,承包商向工程师呈交一份竣工报表;

②工程师在收到承包商的竣工报表后,应在28天内向业主提交竣工支付证书;

③业主在合同规定的时间内予以支付。

3. 最终支付

最终支付的程序如下:

①在颁发缺陷责任证书后的56天内,承包商应向工程师提交一份最终报表草案;

②承包商根据工程师的要求对最终报表草案进行修改和补充,在与工程师达成一致意见后,编制最终报表,并提交给工程师,同时向业主提交一份书面结清单,一份副本呈交工程师;

③在接到最终报表和书面结清单后28天内,工程师向业主递交最终支付证书;

④业主应在收到工程师开出的最终支付证书后 56 天内(或在合同规定的时间内)予以支付。

(四)工程支付款额的确定

1. 工程量表中的项目费用

根据该项目工程师核实认可的中间计量结果和承包商填写的单价计算,对没有标价的项目不予支付任何款项。

2. 暂定金额项目的费用

暂定金额是为实施计日工和处理意外事件以及其他事项而准备的一笔备用金,是用来解决那些在编制招标文件时尚无法得出结论的问题。如:在招标时,业主无法对工程的某个部分作出足够详细的规定,从而不能使承包商在投标时确定其费率和价格;或在招标时不能确定某一具体工作项目是否包括在合同中;或决定为一项工作、货物、材料、工程设备或各种服务从各专业公司分别招标,并将之作为指定的分包合同的内容。

暂定金额只有在十分必要时才使用。使用暂定金额时,工程师必须为所实施的工作或提供货物、材料、设备或服务向承包商发布指示。

(1)暂定金额项目的支付应注意的问题

①承包商有权根据工程师的指示和合同的有关规定获得与上述工作相应价值的付款;

②对指定分包商实施的暂定金额项目,承包商有权获得对指定分包商的监督费用(包括管理费和利润);

③除按投标书中所列的费率或价格进行估价的工作外,承包商应向工程师出示与暂定金额开支有关的所有报价单、发票、凭证和账单或收据。

(2)暂定金额下计日工的支付

工程师必须为实施计日工工作发布指示。承包商在施工过程中,每天向工程师提交受雇从事该工作的人员姓名、工种、级别和工时的确切清单,以及所需材料和承包商设备的种类和数量清单。同时,在每月末,承包商应向工程师提交一式两份除上述清单以外所使用的劳务、材料和承包商设备的已标价的报表。如内容正确无误,工程师应在其中一份上签字认可,并退还承包商。上述的清单报表必须完整,否则,承包商将无权获得任何款项。

(3)计日工费用的计价方法

①合同中计日工表中的工作项目,应按承包商在其投标书中所确定的费率和价格,向承包商付款。

②对于工程量中没有的计日工项目,应按实际发生的成本加上合同中规定的百分比酬金(即管理费和利润等)支付有关的费用。

在确定计日工费用时,承包商应向工程师提供与支付款额有关的收据和凭证,并且在订购材料之前,向工程师提交订货报价单供其批准。

3. 预付款

预付款是业主支付给承包商用于施工准备的费用。该笔款额由业主在投标书附录中注明,或由承包商在投标时,根据业主在招标文件中规定的预付款的额度范围(一般为合同价格的 5% ~20%)和承包商本身的资金情况,在投标书附录中填入。预付款可分为动员预付款和材料设备预付款。

（1）动员预付款

一般在承包商已向业主提交获其认可的履约保证书和全部预付款价值的银行保函后的14天内，由工程师开具证书支付给承包商。

动员预付款是业主暂付给承包商的一笔费用，当承包商已实施的工程累计金额达到一定的额度后（一般为合同总价的20%），以冲账方式由业主从支付给承包商的款项中采取按月均摊的方法予以扣回，均摊期限从开始扣回预付款的月份至合同期满前至少3个月。

（2）材料设备预付款

按照一般合同条件规定，业主只对承包商运到现场并拟用于永久工程上的材料和设备支付材料设备预付款，对于尚未运至现场的承包商订购的材料和设备，或者运至现场，但不是用于永久工程上的材料和设备，则不予支付预付款。

4. 保留金

保留金的主要用途是确保承包商在合同期内履行其合同义务，业主从每月支付给承包商的款项中扣留10%（在投标书附件中注明该百分比），直到累计扣留的金额达到合同总价的5%（在投标书附件中规定保留金的限额）为止。其计算方法如下：

每月的保留金额 =（每月支付给承包商的金额 - 合同价格调整的费用）× 保留金百分比

上式中，合同价格调整的费用参见第7项价格调整部分。

5. 工程变更费用

见工程变更管理部分。

6. 违约补偿

违约补偿分为业主违约而对承包商补偿和承包商违约而对业主补偿。

（1）由于业主违约而对承包商补偿

1）迟付款利息

按照FIDIC合同条件第60条的规定，如果在工程师签发的中间支付证书送交业主后28天内，或在最终证书送交业主后56天内，业主未能向承包商进行支付，则业主应按投标书附件中规定的利率从应付之日起计向承包商支付全部未付款额的利息。如在上述规定的应付款时间期满后的28天内业主仍未支付，则视为业主违约。

迟付款利息应在迟付款行为终止后的第一个月的支付证书中予以支付，并按合同规定的外汇比例和汇率支付。

2）承包商产生的其他额外费用

在业主违约的情况下，承包商可提前28天通知业主，并说明将暂停工作或减缓工作速度，业主必须承担由此导致承包商产生的额外费用。如果由于业主违约而终止合同，则业主应赔偿由于终止合同而造成的承包商的任何损失或损害。

（2）由于承包商违约而对业主补偿

1）误期损害赔偿费

由于承包商自身的原因，未能在合同规定的工期内完成合同规定的义务，则承包商应补偿业主由于工期延误而产生的损失。误期损害赔偿费的金额在投标书附录中作出规定，包括每延误一天的赔偿金额（一般为合同价的0.05%～0.1%）和误期损害赔偿的最高限额（约为合同价的10%）。

2)未履行合同义务的罚金

如果承包商未能履行合同义务,或未能在合理的时间内遵守工程师的指示,则业主有权雇用他人实施有关工作,并付给报酬。如果工程师认为完成该工作的费用应由承包商承担,则业主可将此费用从随后支付给承包商的款项中扣回。

7. 价格调整和费用索赔

价格调整的费用是指由于费用和法规的变更,导致承包商在实施合同中产生费用的增加或减少,此增加或减少的费用应由工程师在与业主和承包商适当协商后确定,并加入合同价格中或从合同价格中扣除。承包商产生费用的增加或减少是指以下两点。

①国际市场价格的变化,导致劳务费和(或)材料费或影响工程施工费用的任何其他事项的费用的涨落,而对合同价格增加或扣除相应的金额。该款额应根据合同规定的价格调整公式进行计算。

②在投标截止日期前的第28天以后,工程项目所在国发生任何法律、法规的变更,导致承包商为履行合同产生上述①以外的费用的增加或减少,而对合同价格增加或扣除相应的金额。该金额应由工程师与承包商和业主适当协商后予以确定。

工程师应根据承包商提供的索赔证明资料确定索赔费用。详细内容参见索赔管理部分。

6.4 合同的文档管理

在国际工程承包活动中,双方签订的合同是解决双方争端的主要依据。而每一个工程项目的合同文件都包括大量的、各种类型的文件,内容繁多,涉及面广。因此,在正式的合同文本中,都对构成合同的各个文件以及各文件的优先次序进行了明确说明。如FIDIC合同条件规定构成合同的各个文件及优先次序为:合同协议书(如已完成)、中标函、投标书、合同条件第二部分、合同条件第一部分、规范、图纸以及标价的工程量表。另外,在履行合同义务过程中,还会产生其他构成合同一部分的新文件,因此,合同文档管理是否得当,会对能否顺利完成合同产生重大影响。

根据在实施合同过程中所产生各种文件的性质和用途进行分类归档,一般可分为合同文本信息类、工程变更类、往来信函类、记事类和项目概况。

一、合同文本信息管理

合同文本信息是指在正式签订施工承包合同时,双方已在合同中作出规定的构成合同的各个文件信息。一般包括施工承包合同(由合同协议书、中标函、投标书、合同条件、规范、图纸、标价的工程量表等组成)、分包合同、保险合同、采购合同以及其他类型的合同。

合同文本信息管理应以施工承包合同为中心,以合同条件(Conditions of Contract)为重点进行合同文本信息管理。

(一)合同条件

根据在施工中合同条件的应用情况可将合同条件中的各条款进行归类,如FIDIC合同条件本身已分为27部分,但为便于查阅和使用也可按各条款作用将其划分为财务管理条款、质量管理条款、进度管理条款、争端的解决条款和其他条款五大类。前三类又可细分为财务管理条款和质量管理条款。

①财务管理条款分为工程计量条款、付款与结算条款、费用索赔条款、价格调整与工程变更条款、承包商违约条款和涉及承包商责任条款。

②质量管理条款分为承包商人员管理条款、现场材料条款、施工及验收条款和缺陷责任期条款。

进度管理条款分为工程进度条款和涉及延期条款。

(二)其他合同文件

其他合同文件包括除合同条件以外的所有合同文件,如施工规范和图纸。

二、工程变更类

工程变更管理是体现合同文档动态管理的重要内容。在实施项目过程中,由于自然条件的制约和人为因素的作用,对原设计作出改变是不可避免的。工程变更的管理主要是对合同文件变更的整个过程进行跟踪管理。

工程变更按实际操作方式可分为承包商提请变更、业主提请变更、工程师的变更建议和工程师的变更指示。每一个工程变更所涉及的内容如下:

①工程变更建议方名称,提出变更的内容、时间,送达工程师审阅的时间,工程师必须作出批复的最晚时间;

②工程师具体的批复日期和工程师颁发工程变更令的内容、时间;

③根据工程师的变更指示,更新合同的有关内容,如合同价格、合同工期和图纸等。

三、信息沟通类

实施合同期间,参与项目各方之间的往来信函、文件等,也是构成合同一部分的文件,应按发生的时间和事件的类型做好文档管理。一般包括:发送和接收文件记录、电话信息记录及随后书面确认记录等。

项目的信息沟通管理是为了确保项目的有关信息及时正确地接收、传播、存贮和最终作出妥善处理。为了达到这一目的应做好以下几点。

(一)制订信息沟通计划

信息沟通计划包括:

①详细说明各种信息的流入渠道,即项目信息的来源、收到的时间、信息内容;

②详细说明各种信息的流向,即信息将流向何人,以及在何时用何种方法传送各类信息;

③对分发的每种形式的信息作出详细说明,包括信息的格式、内容、详细程度和采用的符号规定和定义。

(二)信息发送与接收

信息发送与接收包括以下3点。

①向外部发送信息,主要指向业主、工程师和有关当局发送的信息。承包商必须保证向外部发送的信息正确无误地到达接收者处。

②向内部发送信息,其发送方式可分为纵向传递和横向传递。纵向传递是指承包商组织机构内部从上到下或从下到上的信息沟通;横向传递则是指承包商组织机构内部同级之间的信息沟通。

③信息接收是指接收来自业主、咨询工程师的各种函件和有关政府部门的信息。可如下分类存档:业主函件、咨询工程师函件、有关政府部门函件。

(三)进度报告

按照项目管理的一般方法,承包商应向工程师和业主呈报每周、每两周和每月的项目进度状况,以及未来一周或两周的进度安排。因此,承包商的进度管理人员应做好以下工作。

1. 编写进度报告

将收集到的进度资料进行整理分析,再根据接收报告者的具体要求,编写出不同详细程度的进度报告。进度报告应首先报送承包商的项目经理审阅,再呈交给工程师和业主。

2. 进度报告的修改意见

当进度报告在呈交各方审阅后,可能对报告的某些内容进行修改,如某一具体工作的内容、时间安排等。应将这些要求信息传达给相关人员。

(四)项目后期管理

项目后期管理是指从项目竣工验收开始至项目缺陷责任期满止,对项目实施最终结果进行的检查和验收。此阶段正确、及时的信息沟通,有助于项目按时验收。涉及的主要内容是竣工资料的完整性和规范性要求,工程竣工验收的整体外观要求等。

竣工验收的各项工作在整个项目竣工前已经开始,项目实施期间的阶段性成果都是竣工验收必需的资料,因此,对项目的阶段性成果资料均应整理归档以备后用。

竣工验收时承包商必须向业主移交的资料包括土建资料和安装资料。

1. 土建资料

土建资料包括:开工报告;永久工程的坐标位置资料;各种试验报告、测试记录;质量检验和验收记录,原材料、半成品和成品的检验证明(包括出厂证明、现场复检证明资料等)和质量合格证明;施工记录;设计变更资料;质量事故调查报告和处理记录;施工期间永久工程沉陷和变形观测记录;永久工程的使用要求;竣工验收的证明资料;竣工图纸;其他有关该项工程的技术资料。

2. 安装资料

安装资料包括:设备质量合格证明(包括出厂证明、质量保证书);设备安装记录;设备单机运转记录和合格证;管道和设备等焊接记录;管道安装、清洗、吹扫、试漏、试压和检查记录;截门、安全阀试压记录;电气、仪表检验及电机绝缘、干燥等检查记录;照明、动力、电讯线路检查记录;设计变更资料,质量事故调查报告及处理记录;隐蔽工程验收单;竣工验收证明;竣工图等。

四、记事类

主要对每日产生的日常信息资料进行分类归档。一般包括:每日文件的收发信息,材料到场情况,施工日志,工程进展中出现的问题及处理方法等。

五、项目概况

参与项目各方的名称、职责、执行状况及项目的简要说明。

6.5 国际工程承包索赔管理

一、索赔管理概述

(一)索赔的定义

索赔的英文对应词为“Claim”,含义非常广泛。在国际工程承包活动中,索赔是指签订合同的一方,依据合同的有关规定,向另一方提出调整合同价格,调整合同工期,或其他方面的合理要求,以弥补自己的损失,维护本身的合法权益。在国际工程承包实践中,经常使用索赔和反索赔(Counter Claim)的概念。前者是承包商向业主提出索赔,后者则是业主向承包商提出索赔。索赔包含了4层意思:

①一方认为是他应获得的;

②向对方申请或要求;

③双方尚未达成协议;

④所索要的是一种权利或付款。

(二)索赔的原因

建设项目由于本身的特点,使其在实施过程中,受到多种因素的干扰,如水文地质条件、政策法规变化、人为干扰等,其中人的干扰最多。这些干扰因素导致制订的计划与实际差别较大,增加了施工的风险性。

承包商承揽工程项目,其唯一目的是获取利润,维持其生存和发展,但其履约行为又受到合同的制约。承包商为了达到赢利目的,就必须采取合法的途径,在费用超支时,利用合同中可以引用的条款提出索赔,以保护自己的利益。因此,在国际工程承包活动中,随时可能发生各种难以预料的索赔情况,关键是要把握住索赔时机。

导致承包商实施工程的费用增加和造成工期延误的主要原因列举如下。

1. 施工条件变化

在工程施工中,尽管在开始施工前承包商已分析了地质勘察资料,并且也进行了现场实地考察,但对于施工现场条件,尤其是现场地质条件,很难准确无误地发现全部的问题,而这些问题一旦出现,会对合同价格和合同工期产生较大影响。经常遇到的施工条件变化包括:

①不利的外界障碍和条件,如无法合理预见的地下水、地质断层等;

②发现化石、古迹等;

③发生不可抗力事件,如洪水、地震等自然灾害。

2. 工程师方面的原因

工程师在实施项目过程中,利用施工承包合同及咨询服务合同赋予他的权力,承担监督和服务的角色。他必须监督承包商按合同规定实施项目,同时需要在各方面协助承包商顺利完成项目。因此,工程师的言行也是承包商提出索赔的主要原因,现列举如下。

①工程师未能按时向承包商提供施工所需图纸。

②工程师提供不正确的数据。

③工程师的指示:如指示承包商进行合同规定之外的勘探、试验、剥露,指示暂停施工等。

④工程变更:有的变更工作必须在工程师发布变更指示后马上实施,有的则在确定变更工

作的费率或价格后再实施。

3. 业主方面的原因

业主方面的原因包括以下 3 个方面：

①业主的风险，如战争、叛乱、暴乱等；

②业主未能提供施工所需的足够大的现场；

③业主违约，如没有及时向承包商支付已完成工程的款项，或因某种原因提出中止合同等。

4. 合同本身的原因

合同本身原因包括以下几个方面：

①合同论述含糊不清；

②合同规定为其他承包商提供服务；

③合同额增减超过 15%；

④法律、法规的变化，货币及汇率的变化。

（三）索赔的分类

关于施工索赔的分类方法很多，本书仅介绍几种常用的分类方法。

1. 按发生索赔的原因分类

在每一项承包商提出的索赔中，必须明确指出索赔产生的原因。根据国际工程承包的实践，具体划分索赔类型如下：

①工程变更索赔；

②不利自然条件和人为障碍索赔；

③加速施工索赔；

④施工图纸延期交付索赔；

⑤提供的原始数据错误索赔；

⑥工程师指示进行额外工作索赔；

⑦业主的风险索赔；

⑧工程师指示暂停施工索赔；

⑨业主未能提供施工所需现场索赔；

⑩缺陷修补索赔；

⑪合同额增减超过 15% 索赔；

⑫特殊风险索赔；

⑬业主违约索赔；

⑭法律、法规变化索赔；

⑮货币及汇率变化索赔；

⑯劳务、生产资料和设备价格变化索赔；

⑰拖延支付工程进度款索赔；

⑱终止合同索赔；

⑲合同文件错误索赔。

2. 按索赔的目的分类

按施工索赔的目的分为工期索赔和费用索赔。

承包商进行工期索赔主要是为了避免由于工程误期,需向业主支付误期损害赔偿费。

3. 按索赔的依据分类

按索赔的依据分类,有以下3种。

(1)依据合同条款进行的索赔

在索赔事件发生后，承包商可根据合同中某些条款的规定提出索赔。由于合同中有明确的文字说明，承包商索赔的成功率是比较高的。这些合同条款，称为明示条款（详见表6-3）。

(2)合同未明确规定的索赔

某些索赔事项,无法根据合同的明示条款直接进行索赔,但可以根据这些条款隐含的内容合理推断出承包商具有索赔的权利,这种索赔是合法的,同样具有法律效力。在此情况下,承包商如果有充分的证据资料,就能使索赔获得成功。

(3)道义索赔

既然是道义上的索赔,承包商则不可能依据合同条款或合同条款中隐含的意义提出索赔。如承包商由于投标价过低或其他承包商的原因,使其产生巨大损失,而在施工过程中,承包商仍能竭尽全力去履行合同,业主在目睹承包商的艰难困境后,出于道义上的原因,可能在承包商提出要求时,给予一定的经济补偿。由于这种索赔几乎没有任何合同依据,成功的概率很小。

4. 按索赔的处理方式分类

按索赔的处理方式分类,有以下两种。

(1)单一事件索赔

在某一索赔事件发生后,承包商即编制索赔文件,向工程师提出索赔要求。单一事件索赔的优点是涉及的范围不大,索赔的金额小,工程师证明索赔事件比较容易。同时,承包商也可以及时得到索赔事件产生的额外费用补偿。这是常用的一种索赔方式。

(2) 综合索赔

综合索赔,俗称一揽子索赔,是对工程项目实施过程中发生的多起索赔事件,综合在一起,提出一个总索赔额。造成综合索赔的原因如下:

①承包商的施工过程受到严重干扰,如工程变更过多,无法执行原定施工计划等,且承包商难以保持准确的记录和及时搜集足够的证据资料;

②施工过程中的某些变更或索赔事件,由于各方未能达成一致意见,承包商保留了进一步索赔的权利。

在上述条件下,无法采取单一事件索赔方式,只好采取综合索赔。综合索赔一般是在履行合同过程中,提出对索赔事件保留索赔权,而在工程项目基本完工时提出,或在竣工报表和最终报表中提出。

(四)索赔的重要意义

在履行合同义务过程中,当一方的权利遭受损失时,向对方提出索赔是弥补损失的唯一选择。无论是对承包商还是对业主,搞好索赔管理都具有重要意义。

国际承包商由于其所处特殊地位加之承包项目工期长、易受多种外界和人为因素干扰,以及承包市场的激烈竞争,国际工程承包商的经营风险越来越大。为了在承包市场的激烈竞争中求得生存和发展,就必须不断提高经营管理水平,尤其是合同管理,这是提高索赔成功率的关键。

1. 索赔是为了维护应得权利

双方签订的合同,应体现一种公平合理的原则。在履行合同过程中,双方均可利用合同赋予自己的权利,要求得到自己应得的利益。因此,在国际工程承包经营中,承包商可以大胆地运用施工承包合同赋予自己进行索赔的权利,对在履行合同义务中产生的额外支出提出索赔。实践证明,如果善于利用合同进行施工索赔,可能会获得相当大的索赔款额,有时索赔款额可能超过报价书中的利润。因此,施工索赔已成为承包商维护自己合法利益的关键方法。

2. 有助于提高承包商的经营管理水平

索赔能否获得成功关键是承包商必须有较高的合同管理水平,尤其是索赔管理的水平,能够制定出切实可行的索赔方案。因此,承包商必须要有合同管理方面的人才和现代化的管理方法,科学地进行施工管理,系统地对资料进行归类存档,正确、恰当地编写索赔报告,有策略地进行索赔谈判。通过这一系列的实践活动,就可以培养出一批国际工程管理方面的人才,而现代化的管理方法也在实践中不断得到总结和完善。这些均提高了承包商的经营管理水平和在国际工程承包市场上的竞争力。

二、工程索赔依据与索赔程序

FIDIC 合同条件索赔程序规定了各方在索赔事件发生后,如何在限定的时间内发出索赔通知和提交有关证明资料,并保持事件的同期记录,做到了有章可循。

(一)索赔依据

承包商或业主提出索赔,必须出示具有一定说服力的索赔依据,这也是决定索赔是否成功的关键因素。索赔的一般依据有以下几方面。

1. 构成合同的原始文件

构成合同的文件一般包括合同协议书、中标函、投标书、合同条件第二部分、合同条件第一部分、规范、图纸以及标价的工程量清单。

合同的原始文件是承包商投标报价的基础,承包商在投标书中对合同中涉及费用的内容均进行了详细的计算分析,是施工索赔的主要依据。

承包商提出施工索赔时,必须明确说明所依据的具体合同条款。

2. 工程师的指示

工程师在施工过程中会根据具体情况随时发布一些书面或口头指示,承包商必须执行工程师的指示,同时也有权获得执行该指示而发生的额外费用。但应切记:在合同规定的时间内,承包商必须以书面形式要求工程师确认其口头指示,否则,将视为承包商自动放弃索赔权利。工程师的书面指示是索赔的有力证据。

3. 来往函件

合同实施期间,参与项目各方会有大量往来函件,涉及的内容多、范围广。但最多的还是工程技术问题,这些函件是承包商与业主进行费用结算和向业主提出索赔所依据的基础资料。

4. 会议记录

从商签施工承包合同开始,各方会定期或不定期地召开会议,商讨解决合同实施中的有关问题,工程师在每次会议后,应向各方送发会议纪要。会议纪要的内容涉及很多敏感性问题,各方均需核签。

5. 施工现场记录

施工现场记录包括施工日志、施工质量检查验收记录、施工设备记录、现场人员记录、进料记录以及施工进度记录等。施工质量检查验收记录要有工程师或工程师授权的相应人员签字。

6. 工程财务记录

在施工索赔中,承包商的财务记录非常重要,尤其在索赔是按发生的实际费用计算时,更是如此。因此承包商应记录工程进度款支付情况、各种进料单据以及各种工程开支收据等。

7. 现场气象记录

在施工时,如果遇到恶劣的气候条件,除提供施工现场的气象记录外,承包商还应向业主提供政府气象部门对恶劣气候的证明文件。

8. 市场信息资料

市场信息资料主要收集国际工程市场劳务、施工材料的价格变化资料,外汇汇率变化资料等。

9. 政策法令文件

工程项目所在国或承包商国家的政策法令变化,可能给承包商带来益处,也可能带来损失。承包商应收集这方面的资料,及时提出索赔。

(二)索赔程序

FIDIC 条件下的索赔程序(Procedure for Claim),为业主和承包商均提供了一个公平合理的索赔处理方式,双方中,无论哪一方,如果欲向对方索取费用和工期补偿,就必须遵守该索赔程序,否则将不会得到任何补偿。该程序对索赔的通知和证明均有时间限制,并要求保持同期记录。具体的索赔程序如下。

1. 提出索赔意向通知

凡是由于业主或工程师方面的原因,或由于其他非承包商的原因,造成工程范围或工程量的变化,引起工程拖期或费用增加时,承包商均有权提出索赔,但应在合同规定的时间内,向工程师发出索赔意向通知。

当出现索赔事件时,承包商应在引起索赔的事件第一次发生之后的 28 天内,将其索赔意向通知工程师,并送业主一份副本。同时承包商应继续施工,并保持同期记录。如承包商能主动请工程师检查索赔事件发生时的同期记录,并请工程师说明是否需作其他记录,这对保证索赔成功是非常必要的。

承包商应允许工程师审查所有与索赔事件有关的同期记录,在工程师要求时,应向工程师提供同期记录的副本。

2. 报送索赔资料

(1)报送索赔资料的时间

承包商应在发生索赔事件后,尽快准备索赔资料,在向工程师发出索赔通知后的 28 天内,或在工程师同意的合理时间内,向工程师报送一份索赔报告,说明索赔款额和索赔的依据。

如果索赔事件具有连续影响,承包商的上述报告将被认为是第一次临时详细报告,并每隔 28 天或按工程师可能合理要求的时间间隔,提交进一步的临时详细报告,说明索赔的累计总额和本期索赔款额和依据。承包商在索赔事件所产生的影响结束后 28 天内向工程师发出一份最终详细报告,说明索赔的最终总额、工期延长的天数和全部的索赔依据。

(2)索赔报告编写

承包商的索赔可分为工期索赔和费用索赔,一般应分别编写和报送。一个完整的索赔报告应包括如下内容:

①总论部分,概括地叙述索赔事项,包括事件发生的具体时间、地点、原因和产生持续影响的时间;

②合同论述部分,主要说明是依据合同条件中的哪些条款提出该项索赔;

③索赔款额和(或)工期延长的计算论证;

④证据部分,包括收据、发票和照片等。

3. 索赔处理

按国际工程施工索赔的处理惯例,工程师收到承包商发出的索赔通知后,在不必承认业主责任的情况下,应马上审查承包商的同期记录,并要求承包商补充必要的资料。同时,工程师应论证索赔原因、索赔依据、索赔款额和应给予的工期延长,并与业主和承包商进行适当协商,作出索赔事项的处理决定。

对于有连续影响的索赔事件,工程师应在收到承包商提交的临时详情报告后,作出临时延期和临时支付索赔款的决定。在收到最终详情后,经核实全部情况后,工程师应与业主和承包商进行协商,对该索赔事件所需延长的全部工期和应支付的费用作出最终决定。但需注意,最终决定的结果不应导致减少工程师业已决定给予的工期延长值和费用索赔值。

如果承包商提供的索赔报告可使工程师确定应付的全部或部分金额时,则工程师应在当月的中间支付证书中包括承包商已证明的全部或部分索赔款额。

如果承包商不满意工程师对索赔的处理决定,则须采取下列方法之一对工程师的决定作出反应。

①向工程师发出对该索赔事件保留继续进行索赔权利的意向通知,等到颁发整个工程的移交证书后,在提交的竣工报表中提出进一步的索赔。

②在合同规定的时间内进行友好协商解决或提交仲裁。

(三)FIDIC 合同条款中承包商可引用的索赔条款

1. 承包商可引用的索赔条款

承包商可引用的索赔条款见表6-3。

表6-3 可引用的索赔条款

序号	合同条款	条款主要内容	索赔内容
1	1.3	通信交流	$T+C+P$
2	1.5	合同文件的优先次序	$T+C+P$
3	1.8	文件有缺陷或技术性错误	$T+C+P$
4	1.9	延误的图纸或指示	$T+C+P$
5	1.13	遵守法律	$T+C+P$
6	2.1	业主未能提供现场	$T+C+P$
7	2.3	业主人员引起的延误、妨碍	$T+C$
8	3.3	工程师的指示	$T+C+P$

续表

序号	合同条款	条款主要内容	索赔内容
9	4.7	因工程师数据差错,放线错误	$T+C+P$
10	4.10	业主应提供现场数据	$T+C+P$
11	4.12	不可预见的物质条件	$T+C$
12	4.20	业主设备和免费供应的材料	$T+C$
13	4.24	发现化石、硬币或有价值的文物	$T+C$
14	5.2	指定分包商	$T+C+P$
15	7.4	工程师改变规定试验细节或附加试验	$T+C+P$
16	8.3	进度计划	$T+C+P$
17	8.4	竣工时间的延长	$T+C+P$
18	8.5	当局造成的延长	T
19	8.9	暂停施工	$T+C$
20	10.2	业主接受或使用部分工程	$C+P$
21	10.3	工程师对竣工试验干扰	$T+C+P$
22	11.8	工程师指令承包商调查	$C+P$
23	12.3	工作测出的数量超过工程量表的 10%	$T+C+P$
24	12.4	删减	C
25	13	工程变更	$T+C+P$
26	13.7	法规改变	$T+C$
27	13.8	成本的增减	C
28	14.8	延误的付款	$T+C+P$
29	15.5	业主终止合同	$C+P$
30	16.1	承包商暂停工作的权利	$T+C+P$
31	16.4	终止时的付款	$T+C+P$
32	17.4	业主的风险	$T+C+P$
33	18.1	当业主为应投保方而未投保时	C
34	19.4	不可抗力	$T+C$
35	20.1	承包商的索赔	$T+C+P$

注:T——工期;C——成本;P——利润。

2. 索赔条款规律性分析

从表 6-3 可看出可索赔利润的条款,一定可以同时索赔成本。可索赔利润的所有条款,其费用的计算方法都与合同条件的第 13 条相联系,即均以变更方式支付索赔的费用(成本 C + 利润 P),且工程师必须为与此有关的工作发布指示。因此,在采用其他条款进行索赔时,必须确定涉及的工作内容是否构成变更,在构成变更的情况下,可引用第 13 条索赔成本和利润。

例如:合同条件第 1.5 款合同文件的优先次序,此条款规定当合同文件出现含糊或歧义时,应由工程师按合同文件的优先次序进行解释,必要时可发布书面指示加以解释和校正,承包商有权要求延长工期和索赔由此产生的成本。当工程师必须为此发布变更指示时,承包商可向业主索赔工期、成本和利润。

三、索赔值的计算

(一)索赔费用的组成

索赔费用应与投标合同价的每一项费用相对应,包括直接费、间接费、利润和其他应补偿的费用。其组成项目如下。

1. 直接费

①人工费,包括人员闲置费、加班工作费、额外工作所需人工费用、劳动效率降低和人工费的价格上涨等费用。

②材料费,包括额外材料使用费、增加的材料运杂费、增加的材料采购及保管费用和材料价格上涨费用等。

③施工机械费,包括机械闲置费、额外增加的机械使用费和机械作业效率降低费等。

2. 间接费

①现场管理费,包括工程师食宿设施费、承包商人员食宿设施费、监理费、代理费、交通设施费以及其他费用。

②上级管理费,包括办公费、通信费、旅差费和职工福利费等。

③利润,一般包括合同变更利润、合同延期机会利润、合同解除利润和其他利润补偿。

④其他应予以补偿的费用,包括利息、分包费、保险费用和各种担保费等。

例 6.4 由于业主原因造成工程拖期,咨询工程师指示加速施工索赔。

某房地产开发公司招标修建一写字楼工程(底层为商场),工程内容包括拆迁和修建,工期 18 个月,合同价 6 026 800 美元。

合同规定,如果承包商不能在 18 个月内完成工程,应向业主支付 1 000 美元/天的误期损害赔偿费(Liquidated Damage),累计赔偿费的限额为合同价的 10%。

开工后,业主不能按合同规定的时间向承包商提供足够的写字楼施工场地。在开挖基槽时,发现地基土层中有淤泥夹层,可能引起不均匀沉陷,不得不进行设计变更,造成基础施工暂停 2 个月。由于上述原因,预计使整个写字楼工程拖期 3 个月,其中底层商场的竣工移交日期将拖后 4 个月。

业主已与写字楼的承租人签订了租房协议,如果拖期交付使用,业主将承担巨额赔偿金。因此,业主要求承包商必须在合同原定竣工日期完成工程,并委托工程师全力协助承包商,并向承包商发出加速施工指示(Acceleration Instruction)。

根据业主和工程师的要求,承包商报送了加速施工计划和加速施工费用的索赔报告,其费用汇总如下。

(1)直接费

①三班作业增加人工费	85 680 美元
②附加施工机械租赁费	48 350 美元
③原有施工机械加班台班费	86 425 美元
④施工用油料增加费	27 520 美元
⑤夜班及假日施工津贴	10 750 美元

⑥增加劳保费　　8 370 美元

直接费合计：　267 095 美元

(2)间接费

①上级管理费(直接费的 5%)　　280 450 美元

②现场管理费((直接费 + 上级管理费)的 8.5%)　　23 838 美元

③利润((直接费 + 上级管理费 + 现场管理费)的 5.5%)　　16 736 美元

间接费合计：　321 024 美元

对上列各项费用,承包商附有详细的计算方法供工程师审核。各方最后协商达成如下一致意见：

①承包商应采取一切措施,保证工程按原定竣工日期建成；

②原则同意三班作业人工费率,将来按出勤记录和工资单进行支付；

③同意夜班及假日施工津贴以及劳保增加费；

④租赁的附加施工机械费,可按照设备的实际出勤记录和租赁费率单结算；

⑤承包商原有的施工机械不能采用计日工费率,应按报价书中的台班费计算；

⑥由于采取加速施工措施,未延长合同工期,承包商的现场管理费和上级管理费所覆盖的天数与原合同工期的天数一致,应扣除管理费的重复计算部分；

⑦同意按合同规定的利润率(5.5%)向承包商支付加速施工利润。

(二)工期索赔的计算

1. 工期索赔的原因

在施工过程中,由于各种因素的影响,使承包商不能在合同规定的工期内完成工程,造成工程拖期(Delay)。造成拖期的一般原因如下。

(1)非承包商的原因

由于下列非承包商原因造成的工程拖期,承包商有权获得工期延长：

①合同文件含义模糊或有歧义；

②工程师未在合同规定的时间内颁发图纸和指示；

③承包商遇到一个有经验的承包商无法合理预见到的障碍或条件；

④处理现场发掘出的具有地质或考古价值的遗迹或物品；

⑤工程师指示进行未规定的检验；

⑥工程师指示暂时停工；

⑦业主未能按合同规定的时间提供施工所需的现场和道路；

⑧业主违约；

⑨工程变更；

⑩异常恶劣的气候条件。

上述 10 种原因可归结为以下三大类：

①业主的原因,如未按规定时间提供现场和道路占有权,增加额外工程等；

②工程师的原因,如设计变更、未及时提供施工图纸等；

③不可抗力,如地震、洪水等。

(2)承包商原因

承包商在施工过程中可能由于下列原因,造成工程延误：

①对施工条件估计不充分,制订的进度计划过于乐观;

②施工组织不当;

③承包商自身的其他原因。

2. 工程拖期的分类及处理措施

工程拖期可分为如下两种情况。

①由于承包商的原因造成的工程拖期,定义为工程延误,承包商须向业主支付误期损害赔偿费。工程延误也称为不可原谅的工程拖期(Non-Excusable Delay)。如承包商内部施工组织不好,设备材料供应不及时等。这种情况下,承包商无权获得工期延长。

②由于非承包商原因造成的工程拖期,定义为工程延期,则承包商有权要求业主给予工期延长(Extension of Time)。工程延期也称为可原谅的工程拖期(Excusable Delay)。它是由于业主、工程师或其他客观因素造成的,承包商有权获得工期延长,但是否能获得经济补偿要视具体情况而定。因此,可原谅的工程拖期又可分为:i. 可原谅并给予补偿的拖期(Excusable and Compensible Delay),拖期的责任者是业主或工程师;ii. 可原谅但不给予补偿的拖期(Excusable but not Compensible Delay),这往往是由于客观因素造成的拖延。

上述两种情况下的工期索赔可按表6-4处理。

表6-4 工期索赔处理原则

索赔原因	是否可原谅	拖期原因	责任者	处理原则	索赔结果
工程进度拖延	可原谅拖期	①修改设计 ②施工条件变化 ③业主原因拖期 ④工程师原因拖期	业主	可给予工期延长,可补偿经济损失	工期+经济补偿
		①异常恶劣气候 ②工人罢工 ③天灾	客观原因	可给予工期延长,不给予经济补偿	工期
	不可原谅拖期	①工效不高 ②施工组织不好 ③设备材料供应不及时	承包商	不延长工期; 不补偿损失; 向业主支付误期损害赔偿费	索赔失败; 无权索赔

3. 共同延误下工期索赔的有效期处理方法

承包商、工程师或业主,或某些客观因素均可造成工程拖期。但在实际施工过程中,工程拖期经常是由上述两种以上的原因共同作用产生的,在这种情况下,称为共同延误(Concurrent Delay)。

所谓有效期处理方法是指承包商在此有效期内可得到工期延长或既可得到工期延长又可得到经济补偿。在确定拖期索赔的有效期时,可依据下述原则。

①判别造成拖期的哪一种原因是最先发生的,即确定“初始延误”者,它首先应对工程拖期负责。在初始延误发生作用期间,其他并发的延误者不承担拖期责任。

②如果初始延误者是业主，则在业主造成的有效延误期内，承包商既可得到工期延长，又可得到经济补偿。

③如果初始延误者是客观因素，则在客观因素发生影响的有效期内，承包商可以得到工期延长，但很难得到经济补偿。

上述共同延误下的处理原则可用表6-5表示。表中第一列，初始延误者是承包商C；第二列的初始延误者是业主E；第三列的初始延误者是客观原因N。“▬”表示获得工期延长和经济补偿有效期，“═”表示获得工期延长。表中线段长度代表延误事件持续时间。

表6-5 共同延误下的索赔处理

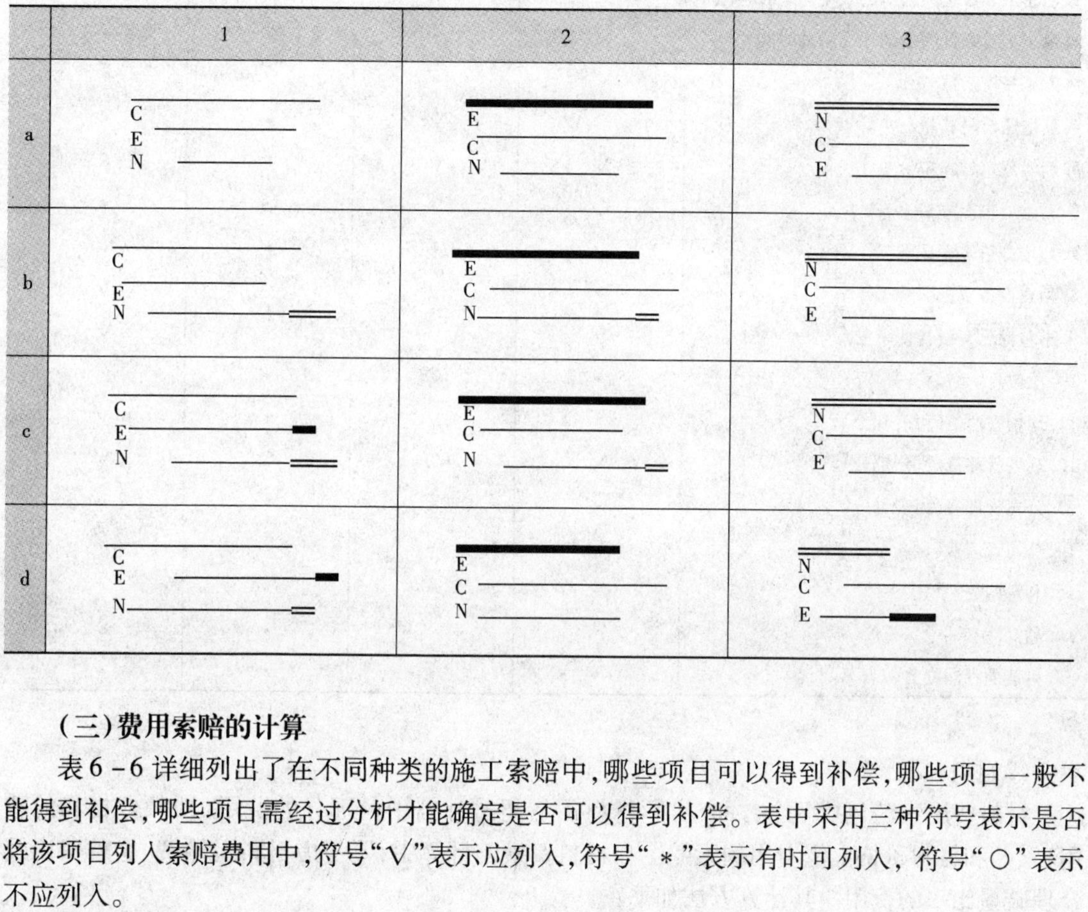

(三)费用索赔的计算

表6-6详细列出了在不同种类的施工索赔中，哪些项目可以得到补偿，哪些项目一般不能得到补偿，哪些项目需经过分析才能确定是否可以得到补偿。表中采用三种符号表示是否将该项目列入索赔费用中，符号“√”表示应列入，符号“＊”表示有时可列入，符号“○”表示不应列入。

在具体分析费用的可索赔性时，应对各项费用的特点和条件进行单独审核论证，使其更具说服力，现分述如下。

1.单项索赔值的计算

(1)人工费计算

人工费中的各项费率取值方法如下：

①人员闲置费费率=工程量表中适当折减后的人工单价

②加班费率=人工单价×法定加班系数

③额外工作所需人工费率=合同中的人工单价或计日工单价

④劳动效率降低索赔额 =（该项工作实际支出工时 - 该项工作计划工时）× 人工单价

⑤人工费价格上涨的费率 = 最新颁布的最低基本工资率 - 提交投标书截止日期前第28天最低基本工资率

表 6-6　索赔费的组成及其可索赔性

施工索赔计价的组成部分	不同原因引起四种主要的索赔			
	工程拖期索赔	施工范围变更索赔	加速施工索赔	施工条件变化索赔
1. 由于工程量增大新增的现场劳动时间	○	√	○	√
2. 由于工效降低新增的现场劳动时间	√	*	√	*
3. 人工费增长数	√	*	√	*
4. 新增建筑材料量	○	√	*	*
5. 新增建筑材料单价	√	√	*	*
6. 新增分包工程量	○	√	○	*
7. 新增分包工程成本	√	*	*	√
8. 租赁设备费	*	√	√	√
9. 承包商已有设备使用费	√	√	*	√
10. 承包商新增设备费	*	○	*	*
11. 现场管理费（可变部分）	*	√	*	√
12. 现场管理费（固定部分）	√	○	○	√
13. 公司管理费（可变部分）	*	*	*	*
14. 公司管理费（固定部分）	√	*	○	*
15. 利息（投资费用）	√	*	*	*
16. 利润	*	√	*	√
17. 可能的利润损失	*	*	*	*

（2）材料费计算

材料费用索赔包括两个方面：实际材料用量超过计划用量部分的费用（即额外材料的费用）索赔和材料价格上涨费用的索赔。在材料费索赔计算中，要考虑材料运输费、仓贮费以及合理破损比率的费用。其计算方法如下：

①额外材料使用费 =（实际用量 - 计划用量）× 材料单价；

②增加的材料运杂费、材料采购及保管费用按实际发生的费用与报价费用的差值计算；

③某种材料价格上涨费用 =（现行价格 - 基本价格）× 材料量。

其中：基本价格是指在递交投标书截止日期以前第 28 天该种材料的价格；现行价格是指在递交投标书截止日期以前第 28 天后的任何日期通行的该种材料的价格；材料量是指在现行价格有效期间内所采购的该种材料的数量。

（3）施工机械费计算

施工机械费计算方法如下：

①机械闲置费 = 计日工表中机械单价 × 闲置持续时间；

②增加的机械使用费 = 计日工表或租赁机械单价 × 持续时间；

③机械作业效率降低费 = 机械作业发生的实际费用 - 投标报价的计划费用。

(4)现场管理费的索赔计算

索赔额外现场管理费是指承包商因完成额外工程在工期延长期间的现场管理费用,包括管理人员、临时设施、办公、通信、交通等多项费用。其计算方法如下。

①根据计算出的索赔直接费款额计算现场管理费索赔值

现场管理费索赔值 =(现场管理费总额 ÷ 工程直接费总额) × 直接费索赔总额

②根据工期延长值计算现场管理费索赔值

每周现场管理费 = 投标时计算出的现场管理费总额 ÷ 要求工期(周)

式中,要求工期是指工程师最后批准的项目工期。

根据每周现场管理费,可计算出现场管理费索赔值:

现场管理费索赔值 = 每周现场管理费 × 工期延长周数

(5)上级管理费

①根据工期延长值计算上级管理费索赔值

每周上级管理费 = 投标时计算出的上级管理费总额 ÷ 要求工期(周)

式中,要求工期是指工程师最后批准的项目工期。

根据每周上级管理费可计算出上级管理费索赔值:

上级管理费索赔值 = 每周上级管理费 × 工期延长值

②根据计算出的索赔直接费款额计算上级管理费索赔值

该方法是按照投标报价书中上级管理费占合同总直接费的比例(3% ~9%)计算上级管理费索赔值:

上级管理费索赔值 = 索赔直接费款额 × 合同中上级管理费比率

(6)利润

通常是指由于工程变更、工程延期、中途中止合同等使承包商产生利润损失。在 FIDIC 合同条件中,有下列 9 项内容可使承包商索赔利润:

①因工程师提供的原始基准点、基准线和参考标高数据错误,导致承包商放线错误,对纠正该错误所进行的工作;

②工程师指示打钻孔、进行勘探开挖,而这些工作又不属于合同工作范围;

③修补由于业主风险造成的损失或损坏;

④根据工程师的书面要求,为其他承包商提供服务;

⑤在缺陷责任期内,修补由于非承包商原因造成的工程缺陷或其他毛病;

⑥实施变更工作;

⑦特殊风险对工程造成的损害(包括永久工程、材料和工程设备),以及承包商的修复和重建工作;

⑧业主违约中止合同;

⑨货币及汇率变化产生的利润损失。

利润索赔值的计算方法如下:

利润索赔值 = 合同中规定的利润百分比 ×(索赔直接费 + 现场管理费 + 上级管理费)

(7)利息

利息索赔主要分为两种情况:一是指由于工程变更和工程延期,使承包商不能按原计划收到合同款,造成投资增加,产生利息损失;二是延迟支付工程款的利息。在计算利息索赔值时,可根据合同条款中规定的利率,或根据当时银行的贷款利率进行计算。

在上述各单项索赔计算中,承包商要准确提供和证明其投标报价的计算方法是合理的,如劳动效率降低索赔中,承包商必须向工程师证明其原计划工时的计算方法是合理的,这一点承包商很难拿出具有说服力的证据,如此也就增加了索赔的难度。

2. 常用的费用索赔计算方法

工程承包的实践证明,承包商在拥有索赔权的情况下,采用正确、恰当的方法计算索赔款额是十分重要的。承包商不可无根据地扩大索赔款额,以免使索赔搁浅。在索赔计价方法中较多采用分项计算法,在难以按分项计算索赔款额时,则采用总费用法。下面分述这两种方法。

(1)费用索赔分项计算方法

该方法是将承包商在索赔事件持续发生过程中产生的费用逐项列出,分别进行计算,再汇总计算出索赔的总费用。对于分项计算法,在明确责任的情况下,由于费用分项列出,加上承包商提供的相应记录、收据、发票等证据资料,业主和工程师可以在较短时间内分析、核实索赔报告,确定最终索赔款额,并在较短时间内与承包商达成一致意见,顺利解决索赔事宜。通常索赔项目的分项方法如下:

①直接费的计算;

②间接费的计算;

③利润;

④施工效率降低的计算。

上述各大项在实际计算索赔款额时,需再进一步划分为更小的单项进行计算。

例6.5 一段公路改建工程,包括土方挖填和弃土处理,工程合同额为4 979 068美元,工期2年。在施工过程中,发现开挖路基的弃土量超出原标书中所列的数量,而且由于弃土量的增加,原定的弃土场(距开挖点2 km)已不够用,选定的新弃土场运距为9.5 km,因此,承包商向工程师提出了索赔要求。

超挖土方量为9 968 m^3,超过原定挖方弃土量的4.9%,承包商要求:①提高这部分土方的开挖单价,即从投标报价中的2.5美元/m^3增至6.5美元/m^3;②对土方开挖量增加和弃土运距增加,要求工程师发出变更指示。

工程师认为:①挖方弃土量较工程量表增加仅4.9%,不能改变挖方单价,也不必发出变更指示;②至于弃土运距增加,由2 km增至9.5 km,可公平调整运输费用,要求承包商提出新的运输单价。

承包商提出的运输单价如下:

(1)直接费

运距增加 $9.5-2.0=7.5$ km

往返15 km,需时0.75 h。

汽车每次装土4.0 m^3,每小时运费28美元。每立方米弃土运输费用为:

$$0.75\times28/4.0=5.25\ \text{美元}/m^3$$

(2)间接费

现场管理费和利润 8%,0.42 美元/m^3,

上级管理费 4%,0.227 美元/m^3,

弃土运输单价 =5.897 美元/m^3,

$$总运费 = 5.897 \times 9\ 968 = 5\ 8781 美元$$

以上新增运输费 58 781 美元,为工程师和业主所接受,并同意列入下一个月的工程款结算中,此项索赔事件遂顺利解决。

(2)费用索赔的总费用方法

总费用方法是用承包商在施工过程中发生的总费用减去承包商的投标价格来计算项目的费用索赔值。该方法要求承包商必须出示足够的证据,证明其全部费用是合理的,否则业主将不接受承包商提出的索赔款额,而承包商要想证明全部费用是合理的支出,则并非易事。因此该方法不易过多采用,只有在无法按分项方法计算索赔费用时,才可使用该法。

采用总费用法时应注意如下问题。

①由于非承包商的原因,使施工过程受到严重干扰,造成多个索赔事件混杂在一起,导致承包商难以准确地进行分项记录和搜集证据资料,也无法分项计算出承包商产生的损失。

②承包商投标报价是合理的。所谓合理是指承包商投标价计算合理,其价格应接近业主计算的标价,并非是采取低价中标的策略,导致标价过低。

③承包商发生的实际费用证明是合理的。对承包商发生的每一项费用进行审核,证明费用的支出是实施工程必需的。承包商对费用增加不负任何责任。

总费用索赔方法在实际应用中,又衍生出一些改进的总费用索赔法。其总的想法是承包商易于证明其索赔款额(提交索赔证明资料),同时,便于业主和工程师进行核实、确定索赔费用。故出现下列方法:

①按多个索赔事件发生的时段,分别计算每时段的索赔费用,再汇总出总费用。

②按单一索赔事件计算索赔的总费用。

上述两种方法,由于时段的限制或单一事件的限制,其索赔总费用额较小,在处理索赔时,业主也较易接受,同时承包商也能尽快得到索赔款。

(四)工程师的反索赔管理

反索赔是指业主向承包商提出的索赔要求。它与承包商向业主提出的索赔要求是对立统一的。反索赔一般是指工程师在对承包商提出的索赔进行审核评价时,指出其错误的合同依据和计算方法,否定其中的部分索赔款额或全部索赔款额;此外,也包括工程师依据合同内容,代表业主对承包商的违约行为提出反索赔要求。

按反索赔的目的,可分为工期索赔和费用索赔。

1. 反索赔的工作内容

反索赔的根本目的是维护业主的利益,因此,从反索赔的实质分析,其工作内容如下。

(1)审核评价承包商的索赔报告

1)审定索赔权

任何一项索赔必须依据合同的某些条款或内容提出,这也是审定承包商是否具有索赔权的主要内容。在审核中应审定承包商索赔报告中的以下内容。

①索赔通知书,即审核承包商是否就索赔事件在合同规定的时间内向工程师发出索赔的

意向通知。如果承包商未及时发出索赔通知,则认为其自动放弃索赔权利。

②索赔的依据:处理索赔的原则是以事实为依据,以合同为准绳,因此承包商的索赔必须明确说明是依据合同的哪些条款提出索赔,并有充足的理由证明承包商对索赔事件不负任何责任。

工程师在审核索赔依据时,有权否定不合理的或模棱两可的内容。

2)审核索赔款额

在肯定承包商的索赔权的前提下,工程师应对承包商的索赔的计算方法进行逐项核实,剔除不合理的计价项目和计价方法,同时应说明不合理原因,最后计算出索赔总价。

(2) 向承包商提出索赔

业主对承包商的违约行为可提出费用索赔。但由于业主是买方,同时也是投资方,其最终目的是按时并保质保量完成项目,一般情况下,不单独向承包商提出费用索赔,而是采用保留索赔权的方式,对承包商的违约行为向其发出警告或索赔的意向通知。

如承包商内部组织不得力,导致施工速度过慢,已明显影响到总工期,工程师可向承包商发出警告,同时说明导致工程拖期的后果。如果在工程竣工日期,还未完成项目,可颁发延误证书,说明工程应予完工的日期和承包商应对拖期完工负全部责任,则误期损害赔偿费的起算日期即为延误证书中注明的日期。这些书面的警告、指示和证书,对承包商都是一种约束。它既维护了业主的利益,又不使双方的关系过于紧张,也有利于工程的顺利实施。

只有在特殊情况下,业主才向承包商提出反索赔。如由于承包商违约,导致合同提前终止,在双方进行清算时,业主向承包商提出费用索赔。

2. 反索赔合同依据

业主可依据表6-7反索赔条款内容向承包商提出费用索赔。

表6-7 反索赔条款

编　　号	合同条款号	条款主题内容	是否需通知承包商
1	25.3	承包商保险失效	不需要通知
2	30.3， 30.4	损坏了公路和桥梁	讨论
3	37.4	拒收材料和设备	由工程师通知
4	39.2	承包商不遵守指示	由工程师通知
5	46.1	施工进度拖后	由工程师通知
6	47.1	误期损害赔偿费	不需要通知
7	49.4	承包商未修复工程	由工程师通知
8	59.5	未向指定分包商付款	由工程师通知
9	63.3	承包商违约	由工程师通知
10	64.1	紧急维修	由工程师通知
11	65.8	终止合同后的付款	由工程师通知

6.6　国际工程争端的解决

一、适用的法律

在国际工程承包合同中，不仅应规定解决争端遵循的程序，而且还应明确规定，适用于承包合同的法律，以便双方在履行合同义务方面严格遵守该法律，减少某些违约行为，同时，也便于在处理双方争议事项时，做到有法可依，有法必依。

（一）工程项目所在国对适用于合同的法律作出强制性规定

作为工程项目业主，根据国家法律强制性规定，在其合同文本中往往已规定了适用于合同的法律。承包商根本没有选择适用于合同的法律的权利，必须据此签订合同。在这种情况下，承包商必须熟悉工程项目所在国的各种法律，但由于国际工程项目涉及的法律种类繁多，因此，聘请当地的律师处理一些法律事务就显得十分重要。

（二）合同双方可自由选择适用于合同的法律

双方在作出选择时应考虑以下因素。

1. 法律的公平性

所选择的法律对双方应公平，如果在某些强制性规定方面对某方当事人产生较大利益损失，则将影响合同的顺利实施，而且在出现争端时，会影响合同争端的顺利解决。

2. 法律的完备性

各国的法律制度和社会习俗有很大差别，法律是否健全，关系到双方是否能够严格履行合同义务，顺利解决争端事宜，圆满完成合同。因此，如果选择的法律具有某种缺陷，则应在合同相应的条款中，对此作出补充规定或说明可以采取的补救措施。

3. 合同有效期内，法律的变更和新颁布的法律

在合同履行过程中，工程项目所在国的国家法律、法规、政策可能会变更，或新颁布一些规定细则，这些法律、法规的变化，可能会给合同当事人带来益处，也可能带来损失。为确保合同双方的利益不受损害，应在合同中对此作出明确规定。

4. 主包合同和分包合同应适用于同一法律

在大部分争议事项中，既涉及承包商，也涉及分包商，为便于协调和处理争议事项，在主包合同和分包合同中，应采用同一法律。

二、解决争端的方式

在合同各方之间出现争端时，只要各方本着求同存异的愿望，就能顺利解决争端。解决争端的方式很多，但应首选既省时又省力的友好解决方式，这也是各仲裁机构的愿望。

（一）友好协商解决

FIDIC 合同条件规定：在对争端事宜进行仲裁之前，双方应首先将争端事宜提交工程师，由工程师作出处理决定，然后，如果某一方不接受工程师的决定，则应在合同规定的时间内，向对方发出提交仲裁的意向通知，同时将一份副本送交工程师。在发出将争端事宜提交仲裁的通知后 56 天内设法友好协商解决，否则，将在该通知发出 56 天后（包括第 56 天），开始仲裁。由此可以看出，在 FIDIC 合同条件中给予争议各方两次通过友好协商方式解决争端的机会，充分强调了友好协商解决争端的重要性，即避免耗时、费力、昂贵的仲裁。

友好协商解决有以下两种方式。

①双方当事人直接进行谈判解决争端。这通常是解决争端的首选方法,即快捷又经济。双方在谈判中,互谅互让,达成解决争端的一致意见。

②邀请中间人进行调节解决争端。这里的中间人是指双方均熟悉且值得信赖的某个人或专门的组织。中间人通过与争议双方充分接触,在全面调查研究的基础上,对所争议的事项提出一个公正合理的处理建议供双方参考并接受,该建议对双方无约束力。中间人是在与双方充分协商的基础上提出此建议,故一般情况下,如果双方本着求同存异的原则,希望和谐地完成全部合同义务,就能圆满解决问题。遗憾的是,有时双方各持己见,不愿作出任何退让,最后只得进行仲裁或向法院提起诉讼。

(二)争端评审委员会方式

争端评审委员会方式(Dispute Review Board,DRB)是在国际工程承包实践中,逐步发展起来的一种新的解决争端的方式。在世界银行贷款项目中,曾多次成功地采用该方式。目前,我国利用世界银行贷款正在建设的四川二滩水电站项目、河南黄河小浪底水电站项目,都是采用争端评审委员会方式解决争端。

该种方式的优点是处理争端快捷省时;解决争议的地点是施工现场,对项目的干扰最小;解决争端所需费用低;争端评审委员会成员均是双方认可的技术专家,解决争端的建议便于争议双方接受和执行。

争端评审委员会方式是介于工程师处理争议和仲裁或诉讼处理争议之间的一种解决争端的方式。处理争端的程序,并不影响工程师处理争议事项的程序,当任一方对工程师的决定不满意时,可将争端事项提交争端评审委员会进行解决。如果在合同规定的时间内,任一方不满意争端评审委员会作出的决定,仍然可以提交仲裁或提起诉讼。否则,争端评审委员会的决定将是终局性的,对双方均具约束力。

通常争端评审委员会由三名成员组成,双方各指定一名,再由该两名成员指定第三名。在合同中应对 DRB 成员的基本要求、指定成员的方式、委员会的工作程序和工作方法作出规定。同时应规定争端评审委员会的成员应定期访问现场和召开各方参加的现场会议,了解工程实际进展状况,听取各方对工程进展状况以及存在问题的说明,及时处理工程中产生的争端,对一些可能出现的争端事项提出避免方法。

如果合同双方决定采用争端评审委员会方式,则应在合同正式开始履行之前组成争端评审委员会,并在合同签订后开始工作。

(三)仲裁

FIDIC 合同条件规定:对履行合同义务的任何争端事宜,应首先以书面形式提交工程师,并将一份副本送交对方。工程师应在收到该文件后的 84 天内将其决定通知业主和承包商,业主和承包商应立即执行工程师的决定。

如果任何一方不满意工程师的决定,应在工程师的决定变成最终决定之前向对方发出提交仲裁的意向通知。否则,双方在收到工程师有关此决定的通知 70 天后,工程师的决定将变成最终决定,对双方均有约束力。此时,如果一方拒不执行工程师的决定,则另一方可将此未履约行为提交仲裁,强制对方执行工程师的决定。

在处理争端事宜中应注意以下几点。

1. 发出提交仲裁通知的时间

在下列情况下,争议双方的任何一方,可向对方发出将争议事项提交仲裁的意向通知,同时,将一份副本送交工程师,该通知确定了发出通知方将争端提交仲裁的权利。通知发出后,工程师的决定对双方将不再具有约束力,具体体现在以下两方面:

(1)对工程师的任何决定不满意,可在收到工程师的决定后70天内,向对方发出提交仲裁的意向通知;

(2)工程师未能在收到一方提交的争端文件后84天内发出所作决定的通知,则在此84天期满后的70天内,向对方发出提交仲裁的意向通知。

2. 提交仲裁后的友好解决

争端事件提交仲裁后,双方应设法进行协商,友好解决争端。如果在提交仲裁的意向通知发出后56天内未达成一致,则开始仲裁。

3. 仲裁

除非双方另有协议,所有争端均应按国际商会的调解与仲裁章程进行仲裁,由一名或数名仲裁人予以最终裁决。

工程师在收到任一方提交的争端事宜时,应注意,最好由工程师公司中的一位资历较深且未参与本合同日常管理的人来处理。

在国际经济合作中,由于有联合国发布的《承认及执行外国仲裁裁决公约》的约束,不仅所有该公约的缔约国,而且世界上绝大多数的国家都承认和执行国际仲裁机构的裁决。因此,胜诉方可向对方所在国的法院提起诉讼,由法院强制对方执行仲裁裁决。

(四)诉讼

诉讼是一种通过司法途径解决双方争端的方式。如果采用此种方式解决争端,应在合同条件中列入相应的条款,明确规定在出现合同争端时,应提交给某一指定法院进行审理和作出判决。

在提起诉讼后,整个审理过程应遵守该法院的诉讼规则和程序。在作出判决后,如果败诉方拒不执行法院的判决,胜诉方可请求法院予以强制执行;如果该法院无法强制败诉方执行判决,胜诉方可直接向有管辖权的外地或外国法院申请承认和执行。

法院在受理申诉后,其审理过程一般是公开的,故不利于保守当事人的商业秘密和维护当事人的商业信誉。如果争议涉及公司的商业机密应采用其他解决争端的方式。

第7章 BOT项目

BOT是在国际上近十几年来兴起的一种基础设施建设的融资和项目管理模式，是一种利用外资和民营资本兴建基础设施的很有前途的新模式。本章简要地对BOT项目的基本概念、模式、结构、产生的背景等作了介绍；对BOT项目立项研究与法律谈判中的若干问题进行了讨论；着重对BOT项目的合同框架尤其是特许权协议以及BOT项目的担保问题进行了分析。本章最后给出了两个比较成功的BOT项目案例。

7.1 BOT项目概述

一、BOT项目的基本概念

BOT是英文Build-Operate-Transfer的缩写形式，中文可直译为“建造—运营—移交”，它是20世纪80年代国际上兴起的一种项目融资和建设模式，主要用于基础设施的建设。这种方式是指一国财团或投资人作为项目的发起人从一个国家的政府获得某项基础设施的建设特许权，然后由其独立或联合其他方组建项目公司，负责项目的融资、设计、建造和运营。整个特许期内项目公司通过项目的运营获得利润，并用此利润偿还债务。在特许期满之时，整个项目由项目公司无偿或以极少的名义价格移交给东道国政府。可以运用BOT模式建设的基础设施项目包括发电厂、机场、港口、收费公路、隧道、电信、供水和污水处理设施等。

二、BOT项目的具体形式

世界银行《1994年世界发展报告》中报道，通常所说的BOT至少有3种具体形式，即BOT、BOOT（Build-Own-Operate-Transfer，中文为“建设—拥有—运营—移交”）以及BOO（Build-Own-Operate，中文为“建设—拥有—运营”）。现简要介绍如下。

1. BOT

BOT，即前面已介绍的含义。政府授予项目公司建设新项目的特许权协议时通常采取此种方式。本章下文也是以这种方式作为标准方式进行论述。

2. BOOT

由私营部门融资建设基础设施项目，项目建成后在规定的期限内拥有项目的所有权并进行经营，规定期满后将项目移交给政府部门。BOOT与BOT的区别主要有：i. 所有权区别，BOT方式下项目建成后，私人只拥有所建成项目的经营权，但在BOOT方式下私人在项目建成后的规定期限内既有经营权，也有所有权；ii. 时间上的区别，采取BOT方式，从项目建成到移交给政府这一段时间一般比采用BOOT方式短。

3. BOO

BOO是指私营部门根据政府赋予的特许权，建设并经营某项基础设施。但是，并不在一定时期后将该项目移交给政府部门。

以上三种形式一般统称为BOT模式。但是在实践中,由于具体项目的条件不同和实际操作上的差异,BOT投资方式的具体结构也相应地随之改变。除了上述三种形式以外,还有其他一些形式,主要包括以下几种。

①BOOST(Build-Own-Operate-Subsidize-Transfer,中文为"建设—拥有—运营—补助—移交")模式。在该模式中,如果承包商的运营收入与预期收入不相符,政府可以考虑给予一定的补助。

②BLT(Build-Lease-Transfer,中文为"建设—租赁—移交"),即政府出让项目建设权,在项目运营期内,政府有义务成为项目的租赁人,在租赁期结束后,所有资产再转移给政府公共部门。

③BT(Build-Transfer,中文为"建设—移交"),即项目建成以后立即移交,可按项目的收购价格分期付款。这和我们传统意义上的总包合同没有太大的区别。

④IOT(Investment-Operate-Transfer,中文为"投资—运营—移交"),即收购现有的基础设施,然后再根据特许权协议进行运营,最后移交给公共部门。

除上述各种方式外还有一些其他方式,虽然它们在具体成分上存在着一些差异,但由于其结构与BOT并无实质上的差别,在基本原则和思路上是一致的,所以习惯上仍将它们通称为BOT模式。

三、BOT项目产生的理论背景

现代经济与传统经济在运行方式上的一个重要差异就在于货币的功能和作用。如果说传统经济的运行可以表现为:实物—货币—实物,那么现代经济的运行规则是:货币—实物—货币。货币作为一个重要的生产资源成为现代经济运行的出发点和归宿。另一个重要差异是现代经济已形成资金市场,资金的供求是通过资金市场的交割实现的。所以在现代经济生活中,货币不仅具有价值尺度、流通、储备和支付的功能,而且是一种具有独立形态的特殊商品,是一个基本的生产要素。从这个意义上讲,现代企业的财务管理可以概括为资金的筹措、运用、安全、效益四个要点。"项目融资"是资金筹措的一种重要形式,它又是公司财务与银行金融的结合点。其本质无非是资金市场上供求双方的一种交割,作为资金需求方的企业,以其拥有的项目的资产和现金流量向资金提供方银行抵押,换取项目所需的资金,这就是"无追索(或有限追索)项目融资"的含义。

任何一个项目都需要资金来支持,但并非每个项目的资金筹集方式都是项目融资。事实上,只有很少一部分项目是采用项目融资这种特殊方式来筹集资金的。所以说,项目融资不是为了项目而融资,其准确含义应该是通过项目来融资,进一步讲,是以项目的资产、收益作为抵押来融资。项目融资是一种无追索权或有限追索权的融资或贷款。按照FASB(美国财会标准手册)所下的定义,"项目融资是指对需要大规模资金的项目而采取的金融活动。借款人原则上将项目本身拥有的资金及其收益作为还款资金来源,而且将其项目资产作为抵押条件来处理。该项目事业主体的一般性信用能力通常不被作为重要因素来考虑。这是因为其项目主体要么是不具备其他资产的企业,要么对项目主体的所有者(母体企业)不能直接追究责任,两者必居其一。"

按照P. K. Nevit所著*Project Financing* 1989年第5版中的定义,项目融资就是在向一个具体的经济实体提供贷款时,贷款方首先查看该经济实体的现金流和收益,将其视为偿还债务的资金来源,并将该经济实体的资产视为这笔贷款的担保物,若对这两点感到满意,则贷款方同意贷款。

虽然关于项目融资的定义有不同说法,但由这些定义均可看出在项目融资中,贷款方仅仅依赖项目投产后所取得的收益及项目资产作为还款来源。项目融资的一个重要特点就是项目主办人将原来应由自己承担的还债义务,部分地转移到该项目身上,也就是将原来由借款方承担的风险部分地转移给贷款方,由借贷双方共担项目风险。

项目融资结构复杂,种类千差万别,甚至没有两个项目采用的融资形式是完全相同的。但是其基本结构可以归纳为以下两种形式:i. 有限追索或无追索贷款,借款人以项目产品销售收入产生的净现金流偿还贷款;ii. 借款人直接以项目的产品偿还贷款,通过“产品支付”和“远期购买”的方式出让项目产出品的部分所有权给贷款人,最终转化为销售收入偿还贷款。

在第一种基本结构下项目融资一般可以分为无追索权的项目融资和有限追索权的项目融资。

1. 无追索权的项目融资

无追索权的项目融资是指贷款人对项目发起人没有任何追索权,只能依靠项目所产生的收益作为还本付息的来源,并可在该项目的资产上设立担保权益。此外,项目发起人不再提供任何信用担保。如果该项目中途停建或经营失败,其资产或收益不足以清偿全部贷款,贷款人也无权向发起人追偿。这种类型的项目融资对贷款人的风险很大,一般很少采用。

2. 有限追索权的项目融资

这是目前国际上普遍采用的一种项目融资形式。在这种形式下,贷款人除依赖项目收益作为偿债来源,以及在项目公司的资产上设定担保物权外,还要求与项目完工有利害关系的第三方当事人提供各种担保。这里的第三方当事人包括设备供应商、项目产品的买主或设施的用户、承包商等。当项目不能完工或经营失败,而项目本身资产或收益不足以清偿债务时,贷款人有权向上述各担保人追索。但各担保人对项目债务所负的责任仅以各自所提供的担保金额或按有关协议所承担的义务为限。通常所说的项目融资均指这种有限追索权的项目融资。

BOT 代表着一个完整的项目融资概念。BOT 模式作为一种重要的有限追索权的项目融资模式一出现,就引起了国际金融界的广泛重视,被认为是代表国际项目融资发展的一种新型结构。

四、BOT 项目产生的历史背景

20 世纪 80 年代初期到中期,是项目融资发展的一个低潮时期。在这一阶段,虽然有大量的资金密集型项目,特别是发展中国家的基础设施项目正在寻找资金,但是,由于世界性的经济衰退和第三世界债务危机所造成的影响还远没有从人们心中消除,所以如何增加项目抗政治风险、金融风险、债务风险的能力,如何提高项目的投资收益和经营管理水平,成为银行、项目投资者和项目所在国政府在安排融资时所必须面对和解决的问题。BOT 模式就是在这种背景下发展起来的一种主要用于公共基础设施建设的项目融资模式。

按照传统的做法,基础设施的建设往往是由政府从财政预算中拨款或从国际融资组织以主权担保形式贷款实施的。但到了 20 世纪 80 年代,从国际经济形势来看,由于人口数量的迅猛增加和经济的快速发展,对基础设施和基础产业提出了巨大的需求,已有的设施已严重落后于经济的发展。另一方面,政府的财政赤字加剧及对其他方面投资的优先考虑,使政府无法在基础设施项目的建设上投入足够的资金。

在 20 世纪 70 年代中期,大型国际承包公司业务非常繁忙,特别是在石油丰富的中东地区,因此没有更多的精力以私有化的方式去投资基础设施项目。但是到了 70 年代末和 80 年代初,世界经济形势发生了巨大变化,国际工程市场上的业务量骤减,竞争的加剧使得他们不得不寻求新的方法解决自己的工作量。

工程公司和某一领域的专业公司愿意参加到 BOT 模式中作为投资者和经营者的原因是多方面的。其中一个很重要的因素是,虽然 BOT 模式增加了公司的风险,但是通过投资和经营项目公司的业务可以获得多样化的发展,并且通过参与项目的经营管理,在经济不景气时期为公司保持一个比较稳定的工程技术人员队伍,避免在经济发展的周期中削弱公司的竞争力。对金融性的投资者来说,与具有良好信誉的专业化公司联合,不仅控制了项目的建设,而且还负责项目的经营管理,直接掌握项目的现金流量,这无疑在很大程度上增加了他们投资的信心。

在这种背景下,BOT 模式开始在一些国家得到应用。而且从历史上看,早在 19 世纪末 20 世纪初,法国和世界其他地区就出现了“特许”的方式,著名的苏伊士运河就是由私人投资以特许的方式修建的。虽然这并非真正意义上的 BOT 项目,但可以说是现代 BOT 模式的雏形。

1984 年,土耳其人 Targut Ozal (后任土耳其总理)提出了 BOT 这一概念,想利用 BOT 模式建造一座电厂。这个提法引起了世界各国政府的注意,尤其是在发展中国家(如马来西亚、泰国和菲律宾等国),把 BOT 看成是减少公共部门借款的一种方式,同时也推动他们吸引外国直接投资。英法海底隧道项目的建设,则进一步促进了 BOT 模式在世界范围内的应用和发展。

五、BOT 项目的特点

BOT 的融资方式实质上是一种债务与股权相混合的产权组合形式。整个项目公司对项目的设计、咨询、供货和施工实行一揽子总承包,这和国际工程中带资承包的投资方式有些相似。但是它与传统的承包模式相比具有以下一些特点。

①通常采用 BOT 模式进行的基础设施建设项目包括道路、桥梁、轻轨、隧道、铁路、地铁、水利、发电厂和水厂等。特许期内项目即生产的产品或提供的服务(如自来水、电等)可能售给国有单位,或直接向最终使用者收取费用(如交纳通行费、服务费等)。

②它能够减少政府的直接财政负担,减轻政府的借款负债义务。所有的项目融资责任都被转移给项目发起人,政府无须保证或承诺支付项目的借款,从而也不会影响东道国和发起人为其他项目融资的信用,避免了政府的债务风险。政府可将原来须用于这些方面的资金转用于其他项目的投资和开发。

③国有部门把项目风险全部转移给项目发起人,BOT 方式通过发起人的投资收资与其履行合同的情况相联系,以防超收,从而降低了项目超支预算的风险。

④有利于提高项目的运作效率,它被视为提高设计和管理实效的一种方式。一方面因为 BOT 项目一般具有巨额资本投入、项目周期长等因素带来的风险,同时由于有私营企业的参与,贷款机构对项目的要求就会比对政府更加严格。另一方面,私营企业为了减少风险,获得较多的收益,客观上促使其加强管理,控制造价,因此尽管项目前期工作量较大,但一旦进入实施阶段,BOT 项目的设计、建设和运营效率就会比较高,用户可以得到较高质量的服务。发达国家采用 BOT 方式的主要原因是看重了这种方式的高效率。

⑤可以提前满足社会和公众的需求。采取 BOT 方式,可在私营企业的参与下,使一些本来急需建设而政府目前又无力投资建设的基础设施项目,在政府有能力建设前提前建成并发

挥作用,从而有利于全社会生产力的提高,有利于刺激经济的发展和就业率的提高。

⑥BOT 项目通常都由外国的公司来承担,他们会给发展中国家带来先进的技术和管理经验等,这些因素对于本国国际承包商的成长非常有利。BOT 项目模式也给大型承包公司提供更多的发展机会。

⑦采用 BOT 方式承建的项目一般规模大,投资额高,建设和经营期限较长,因此它对项目的外部环境(如政治局势、经济状况等)、合同签订(如施工承包、材料供应等)、汇率、利率、收益和有关政策法规等因素影响较敏感,导致谈判费时而且复杂,任何变化都会影响最终的中标人选。

⑧采用 BOT 方式投资的项目,一般投资额较大,投资周期较长,前期准备工作复杂,涉及政府部门和非政府部门关系繁多,需要较高的管理水平。同时,项目收益的不确定性也较大,因此需要慎重对待。

⑨BOT 项目的收入一般为当地货币,在发展中国家项目公司的组成成员往往来自国外,项目建成后会有大量外汇流出,宏观上将影响到东道国的外汇平衡。

⑩基础设施项目在国民经济中处于重要地位,而利用 BOT 方式则可能使国外的项目公司在特许期内拥有项目的所有权和经营权。

六、BOT 项目的典型结构

BOT 项目的参与人主要包括政府、项目承办人(即被授予特许权的私营部门)、投资者、贷款人、保险和担保人、总承包商(承担项目的设计、建造)、运营开发商(承担项目建成后的运营和管理)。此外,项目的用户也会因投资、贷款或保证而成为 BOT 项目的参与者。各参与人之间的权利与义务依各种合同、协议而确立。例如,政府与项目承办人之间订立特许权协议,各债权人与项目公司之间有贷款协议等。

BOT 项目的全过程涉及项目发起与确立,项目资金的筹措,项目设计、建造、运营管理等诸多方面和环节。BOT 结构总的原则是使项目众多的参与方的分工责任与风险分配明确合理,把风险分配给与该风险最为接近的一方。BOT 项目的典型结构框架如图 7-1 所示。

七、BOT 项目的操作程序

BOT 项目虽然不尽相同,但一般每个项目都经过项目确定、准备、招标、各种协议和合同的谈判与签订、建设、运营和移交等过程。在此将其大致分为准备、实施和移交三个阶段。

1. 准备阶段

这一阶段主要是选定 BOT 项目,通过资格预审与招标,选定项目承办人。项目承办人选择合作伙伴并取得它们的合作意向,提交项目融资与项目实施方案文件。项目参与各方草签合作合同,申请成立项目公司。政府依据项目发起人的申请,批准成立项目公司,并通过特许权协议,授予项目公司特许权。项目公司股东之间签订股东协议。项目公司与财团签订融资等主合同以后,项目公司另与 BOT 项目建设、运营等各参与方签订子合同,提出开工报告。

2. 实施阶段

实施阶段包含 BOT 项目建设与运营阶段。在建设阶段,项目公司通过顾问咨询机构,对项目组织设计与施工,安排进度计划与资金营运,控制工程质量与成本,监督工程承包商,并保证财团按计划投入资金,确保工程按预算按时完工。在项目运营阶段,项目公司的主要任务是要求运营公司尽可能边建设边运营,争取早投入早受益,特别要注意外汇资产的风险管理及现

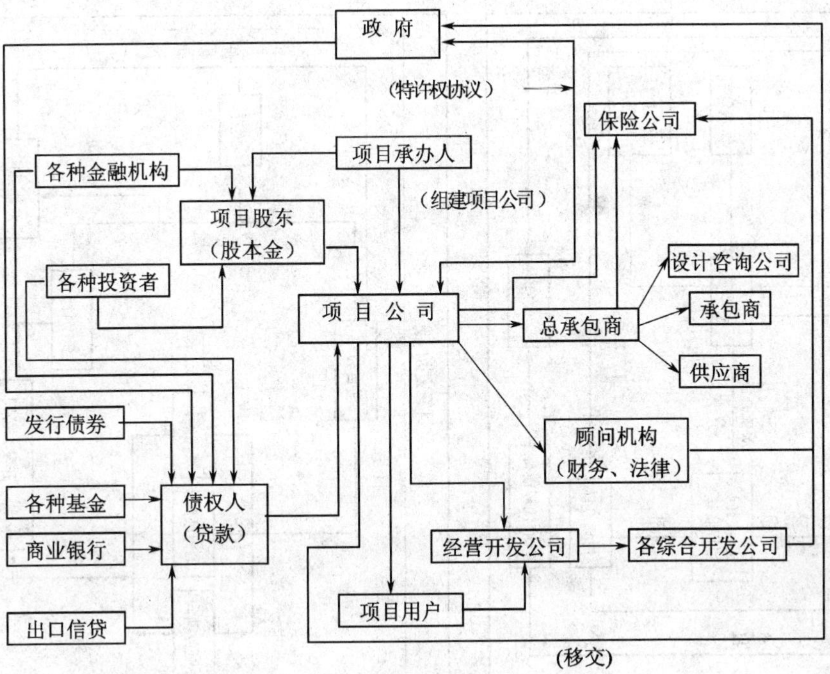

图 7－1　BOT 项目典型结构框架图

金流量的安排,以保证按时还本付息,并最终使股东获得一定的利润。同时在运营过程中要注意项目的维修与保养,以期项目以最大效益地运营以及最后顺利地移交。

3. 移交阶段

在特许期期满时,项目公司把项目移交给东道国政府。项目移交包括资产评估、利润分红、债务清偿、纠纷仲裁等。这个过程比较复杂,到目前为止,已完成 BOT 项目全过程的项目还很少,因此,此阶段的经验尚待总结。

图 7－2 所表示的是 BOT 项目的典型操作程序。

八、BOT 项目的资本结构和融资来源

(一)BOT 项目资本结构的概念

建设项目使用的资本包括所有者权益和负债两大类。所有者权益是指投资人对企业净资产的权利,如股份公司中的普通股和优先权。负债是企业所承担的能以货币计量的、需以资产或劳务偿付的债务,一般分为优先债权和附属债权。投资总额中所有者权益和负债所占的比例构成了项目的资本结构。在 BOT 项目中,优先股和附属债务等求偿权是在优先债务之后的资本,对项目成功具有特殊重要的意义,通常把这类资本归结为中间资本。因此 BOT 项目资本结构中包含了所有者权益、债务和中间资本三部分。这三种资本在项目融资中各有其特殊的作用和独特的风险特征,且每种资本的收益基本上由其风险特性确定。现分别介绍这三种资本在项目中的作用及其主要特点。

1. 所有者权益

所有者权益是项目所有者投入的资本,在所有项目资本中它的求偿权是最低的。正常情况下,只有项目的其他义务全部满足之后才能考虑权益投资人的利益。如果项目失败了,任何

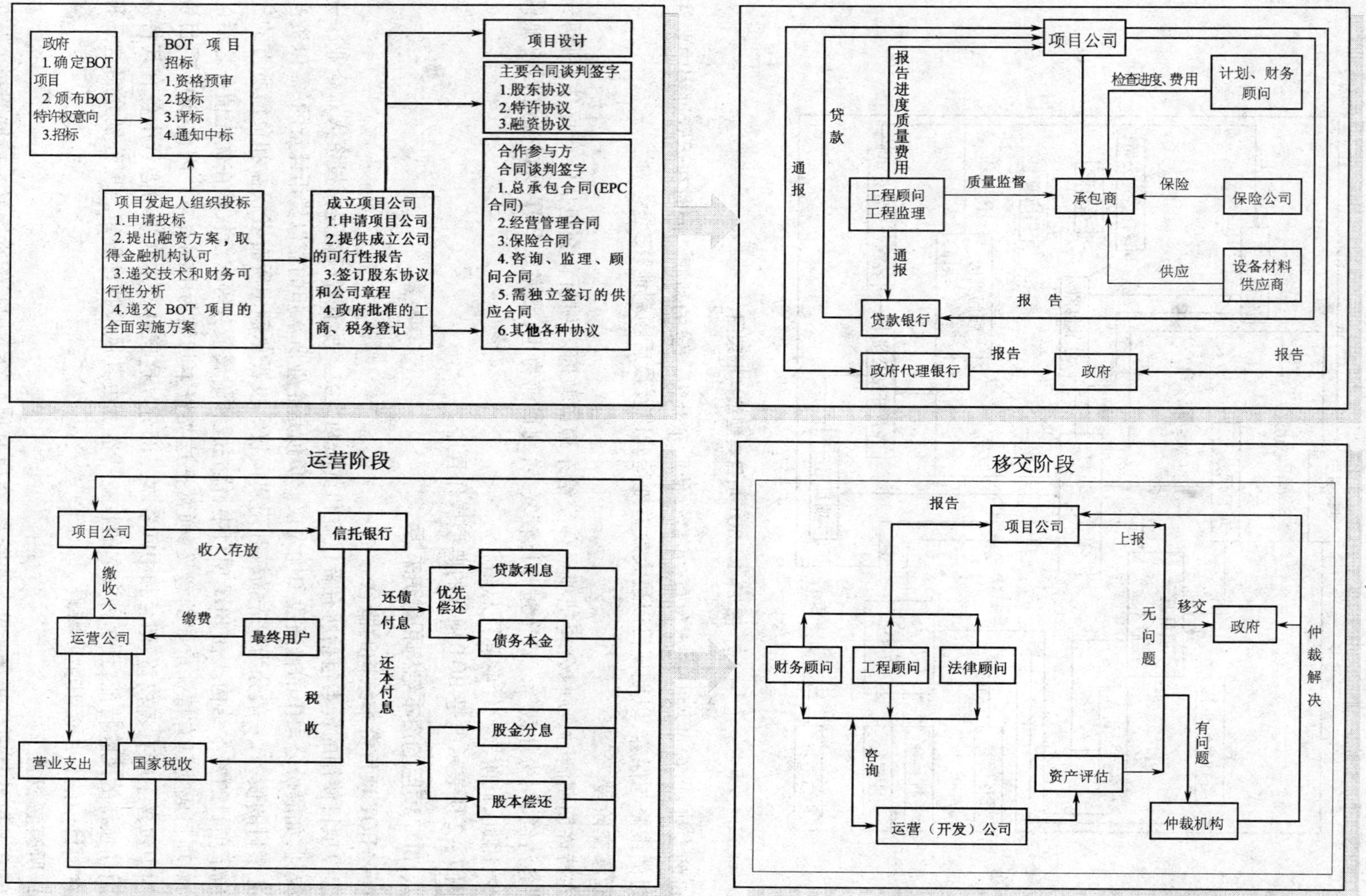

图 7－2　BOT 项目的典型操作程序

求偿权都要优先于权益投资人的求偿权，若满足其他义务之后的剩余项目资产少于权益资本的初始值，权益投资人将蒙受损失。权益资本承担着比其他任何资本都高的风险，因此权益资本也被称为风险资本。当然，如果项目很成功，满足其他义务后的剩余资产价值必然高于权益资本，高出部分将归权益投资者所有。总之，权益投资者承受较高风险的同时，若项目取得成功，将获得很大的收益。在 BOT 项目中，特许权结束时项目剩余资产将移交东道国政府，权益投资者只能通过特许期内的收入获得回报，因此，有关合同条款应该满足投资者合理的风险回报。

2. 债务

此处所讲的债务主要是指优先债务。项目的优先债务是所有项目资本中级别最高的。根据预先制订的计划，优先债务具有对项目资产的第一求偿权，只有满足它之后才能考虑其他求偿权。在所有资本中，优先债务的风险也是最低的，因此无论项目是否成功，其回报也只能限于按照借款额应该支付的利息。

3. 中间资本

与纯权益和纯债务相比，中间资本是一种比较灵活的工具。它具有权益和债务的特点，其风险介于权益资本和债务之间。项目资本充足时，支付优先债务之后就将向中间资本支付，优先于权益资本的股息支付。如果资本不充分，中间资本将被当作权益处理，得不到任何支付，这相当于为项目提供了附加权益资本。中间资本的回报也介于权益资本和债务之间，其回报表现在两个方面：一是获得高于优先债务的利率，二是享受项目的利润或资本收益，如优先购股权、可转换权或保证收益等。

(二)BOT 项目各方对资本结构的要求

BOT 项目的资本结构直接影响权益投资者、债务投资者和东道国政府的风险和回报。各方对资本结构的要求是不同的，确定合理的资本结构有助于降低资本成本，减少风险和促成项目。

股本投资者希望在 BOT 项目资本结构中负债比率尽量高一些，如果项目成功，它将获得较高的股本回报率，如果项目失败其承担的风险也较小。另一方面，较高的负债比率可使权益投资者保留一部分资本从事其他项目的开发。但是较高的负债比率对债务投资者来说意味着较大的风险，因此，他们希望资本结构中负债比率尽量低一些。资本结构还将影响到项目公司的财务，较高的负债比率将会使项目公司的财务结构稳定性变差。

既然资本结构的高低影响了权益投资者和债务投资者的风险，那么它必然在回报中得到反映，最终影响到项目的资本成本。对于政府来说，项目成本是一个重要的财务要素，它反映了政府将要为项目的产品或服务付出的代价。权益资本的资本成本按下式计算：

权益资本的资本成本 = 无风险报酬率 + 风险报酬率

随着负债比率的提高，项目公司财务风险加大，风险报酬率将提高，权益资本的资本成本将提高，其形态如图 7 – 3 所示。

项目资本成本按下式计算：

项目资本成本 = 负债比率 × 债务资本成本 + (1 – 负债比率) × 权益资本成本

对于债务投资者来说，在某一负债比率之内，债务的资本成本基本不变，达到一定程度时，由于项目公司的财务风险的提高，债务资本成本将随债务负债比率提高，其形态如图 7 – 4 所示。由于利润分配在所得税之后，利息偿还在所得税之前，而且权益风险大于债务风险，因此一般情况下，权益资本成本要高于债务资本成本10%以上。

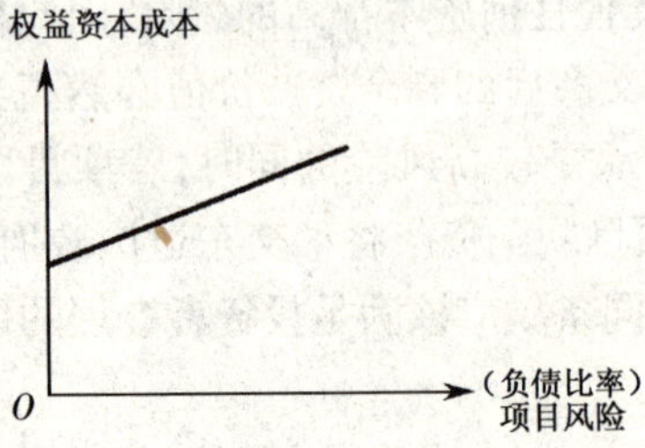

图7-3

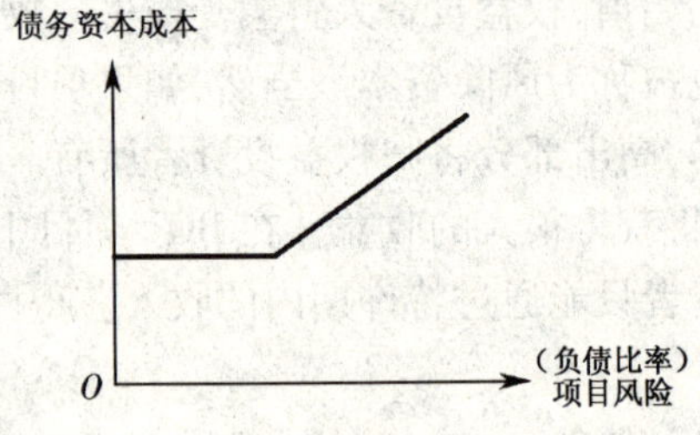

图7-4

通过分析可以看出，项目的资本结构取决于债务负债比率、债务资本成本和权益资本成本，后两者则分别取决于债务投资者和权益投资者所承担的风险。因此，降低和合理分配风险是降低项目资本成本、获得理想资本的有效途径。

(三)BOT项目资本结构的确定

落实资本结构是BOT项目前期工作的重要组成部分，最后形成的资本结构应该能够满足政府、权益投资者和债务投资者的要求，否则项目无法实施。

一般来说，项目在招标文件中对投标人的财务能力要提出明确要求，包括资本结构设想、提供权益资本的能力和金融机构为其提供贷款的声明等。投标人的财务能力在资格预审阶段尤为重要，它往往是投标人能否通过预审的决定性因素。在正式建议书中，项目资本结构是测算项目收费的基本假设之一，而后者是评标时的重要财务指标。

接受邀请的投标人作为可能的权益投资人，一般是由对BOT项目感兴趣的不同角色组成的财团。在投标阶段，还没有形成项目公司，这些角色要形成初步合资协议。协议将规定如何分摊可行性研究费用、雇用咨询顾问费用和其他前期工作费用，最重要的是将规定项目中标后签字各方将提供股本投资的数量，且根据需要各方应以备用股本或附加债务形式提供额外支持，保证项目融资成功。获得特许权后，权益投资人要签订项目公司协议，除初始发起人外，权益投资人可能包括建筑商、供应商、东道国政府或公用事业机构、运营商、证券投资人、机构权益投资人等。

在投标准备阶段，发起人就要和贷款银团协商，并认真进行可行性研究，吸引贷款银团投资，争取得到贷款承诺。项目公司成立以后，项目公司要与贷款银团签订融资合同，最后落实项目贷款。在典型的BOT项目中，商业银行辛迪加可能仅提供建设贷款。项目在不同阶段的风险不同，所以BOT项目融资可能要分阶段进行。每一阶段融资包含不同级别的优先债务和附属债务。项目建成并开始运营时项目风险开始减少，保险公司和退休基金等在这种情况下可以向项目提供长期融资。在得到上述资本后项目公司可以全部或部分偿还利息较高的商业银行建设贷款。为了促成项目债务投资人也应保证在项目超支、延期等出现资本短缺情况下为项目提供备用贷款或备用股本。

(四)BOT项目的资金来源

BOT项目得到较快发展的背景有两点：一是20世纪80年代初席卷世界的债务危机使发展中国家主权贷款受到了限制；二是同期国际建筑承包市场萎缩使建筑商的业务量减少。因此，BOT项目的初始权益投资人是国际建筑商，初始债务投资人是国际金融机构。BOT方式发展到今天，其权益投资、债务投资和中间资金是很广泛的，往往可以由不同的投资者提供，有时一个投资者可以提供一种以上的资金。

1. 提供权益资金的来源

项目最初的权益投资人是项目发起人或其他感兴趣的主动投资者，包括政府、承包商、设备供应商、产品购买商和企业等。如果需要，还可以通过机构投资者或公众来寻求补充资本。由于机构投资者和私人投资者与项目发起人不同，他们通常不参与项目的开发，也不经营和管理其投资的项目，因此称之为被动投资者。他们的投资只用于增加项目所需要的企业资金。

最近在拉美和亚洲出现了几种专门用于基础设施的专家权益基金，这些资金是根据这一地区经济高速增长需要大量资金建设基础设施的情况设立的。这种基金的投资者与其他基金和机构投资者不同，他们精通基础设施，希望得到比被动投资者更高的回报。因此，他们具备具有专业知识的管理队伍，在BOT项目中发挥着积极的作用。

2. 商业银行

商业银行是传统的债务资金来源，有时也是中间资金来源。为了避免利率和存期搭配失调的问题，大多数商业银行贷款主要是中短期浮动利率贷款(通常为3~5年期贷款，很少有7年以上贷款)。超过7~8年的长期贷款在银行资产组合中占很小的比例，股本投资从银行的选择或规定来看，几乎没有。

由于商业银行对股本投资不感兴趣，它的业务范围主要围绕借户的信誉和贷款的担保。BOT项目一般需要长期贷款，因此商业银行不是很适合。作为BOT项目的发起人只能寻求其他资金作为项目的长期融资来源，而使用商业银行的贷款作为流动资金。

商业银行的贷款的特点是比较灵活，设计满足需要的信贷结构比机构投资者容易，而且在项目出现故障时不是简单地强迫借款者破产，而是和借款者共同寻求解决问题的办法，重新安排还款计划。同时，商业银行也注重贷款的安全结构，且在某种程度上对项目实施施加影响。但商业银行也可在BOT项目发挥作用，有时候商业银行贷款是项目优先债务的主要组成部分。

3. 提供债务融资的出口信贷机构

出口信贷机构是BOT项目长期信贷的重要资金来源。出口信贷机构一般是国有的，其主要目标是促进本国产品出口。出口信贷量比较大，还可能有补贴，很适合基础设施项目长期融资。但出口信贷机构一般要求购买本国设备，且要求政府担保。这些设备和技术对BOT项目来说不一定是适宜的，因此其资金费用比较低的优点有可能被其设备和技术价格较高的缺点抵消。但是如果利用全球市场日益增长的竞争力，仍可取得非常有利的融资条件。例如，在设备招标中，对投标人的一个要求可能是投标人安排无主权的担保，而取代主权担保。这种公司担保代替政府担保对出口信贷机构可能是可以接受的。通过精心安排选择设备和融资的顺序，有可能将某些信贷风险从借款人国家转移到设备供应商，并同时确保设备和服务的价款仍具有竞争力。

4. 提供权益资金、债务资金和中间资金的双边和多边机构

发展中国家经常从双边和多边机构融资，如美国国际开发机构、加拿大国际开发机构、英国海外开发署、世界银行、亚洲开发银行和欧洲复兴开发银行等。这些机构提供的资金是长期的，可达20年或更长，但只能提供给政府或由政府担保的机构。双边或多边机构提供的资金还可能要求购买资金提供国的商品。政府或其被担保机构可以把从双边或和多边机构得到的资金作为权益资金投到BOT项目中。

为了促进私营经济的发展,有些双边和多边机构也为BOT项目提供债务资金、权益资金和中间资金。这些机构包括国际金融公司、亚洲开发银行私营机构部、欧洲复兴开发银行商人银行部、英联邦开发公司等。这些机构提供给私营企业的资金是无补贴的商业性贷款,因此不附加条件,期限比商业贷款长。

5. 提供债务、权益和中间资金的机构投资者

机构投资者是指非银行金融机构,如保险公司、养老基金和投资基金的投资者等。机构投资者不同于商业银行,它提供的资金是长期合同存款,因此机构投资者可以提供长期信贷、中间资金或纯权益资金。机构投资者注重项目的前景,而不是项目的短期还贷能力。但是机构投资者与项目发起人不同,一般不参与项目开发,也不参与项目的管理和运营,因此他们不承担项目的开发和建设风险。机构投入的资金一般要在项目施工结束和运营开始时注入项目。

为了吸引机构或个人投资者参与发展中国家基础设施项目的权益投资,目前国际上成立了很多权益基金。这些基础设施权益基金通过对多个基础设施项目进行组合投资降低风险,获得比一般工业化国家更高的回报。其中有些基金提供混合融资,如权益、附属债务和完工担保等。

(五)BOT项目的融资安排和计划

项目公司应根据项目的成本费用和完工进度制订财务计划。不仅应作好权益资本、债务和中间资本的比例安排,而且应做好各期资本的周转安排。财务计划应做到优化资本结构,保证项目资本结构的稳定和项目的顺利开发。

BOT项目的总投资构成包括:i. 投资前费用,即确立项目和初步项目设计所发生的费用;ii. 招投标费用,即政府准备招标文件和发起人准备投标文件进行谈判所发生的费用;iii. 项目开发费用,即在初步项目设计基础上进行可行性研究等所需的费用;iv. 建设费用,即项目进行土建施工、设备购置和安装所发生的费用,是总投资的主要组成部分;v. 运营费用;vi. 移交费用。

项目投资前费用和开发费用在项目运营前不会有任何结果,若项目失败则可能无任何回报,因此其资本是发起人提供的风险资本。项目公司成立以后,投资前费用和开发费用计入项目的权益资本。

招投标费用由政府和发起人分别负担。政府承担预可行性研究和准备招标的费用;发起人承担投标费用,发起人的费用在项目公司成立以后计入权益资本。有时,根据合同安排,发起人获得特许权以后要部分偿还政府发生的招标费用,或者政府为减少发起人的风险可能为发起人提供部分补贴。

项目开始建设时,发起人已经获得特许权并成立了项目公司,项目所需的所有债务、权益和中间资本都已落实。在施工阶段,各种资本的支付顺序为:i. 发起人注入部分权益资本;ii. 商业银行按与权益资本的比例注入贷款,在发达国家贷款也可能先于权益资本注入;iii. 双边机构和出口信贷机构注入购买设备和服务所需要的资本;iv. 在建设工程结束后运营工作开始前,项目风险开始减小,机构投资者的长期债务、权益资本和中间资本开始注入,偿还短期商业银行贷款,这等于为项目进行了再融资。

一旦项目开始运营,BOT实施就需要流动资本。项目公司的内部资本和商业银行的短期贷款是流动资本的主要来源。

特许期结束时,如果项目协议要求BOT项目移交时必须处于有效的状态,那么使设施处于这种状态所发生的费用由项目公司支付。如果移交以设施的物理状态为基础，那么使设备达到有效状态的费用将由接管项目的机构支付。有时，按照合同接管BOT项目的机构应该向项目公司支付一定款项。

7.2　BOT项目的立项与法律谈判

BOT项目大都是基础设施项目，事关一个国家、地区的经济发展。而东道国内用于建设基础设施的资源是有限的，如何利用有限的资源建设基础设施，推动经济、社会的发展，是BOT项目立项研究必须考虑的问题。BOT项目立项过程是论证一个BOT项目产生的必要性和可行性的过程。

一、BOT项目的必要性

论证一个BOT项目产生的必要性需要从两个方面进行研究：一是项目的必要性；二是采用BOT方式的必要性。BOT项目一般是国家经济、社会发展急需的基础设施项目，所以，作为项目本身其必要性是不言而喻的。因此，BOT项目必要性研究的重点应放在采用BOT方式的必要性上。采用BOT方式有其独特的优点，具体表现在以下几方面。

1. 转移政府债务，弥补资金缺口

采用BOT方式，项目多由外国私营部门投资，减少了业主政府借债和还本付息的责任，项目融资的所有责任都转移到项目公司的身上，因此东道国政府可以避免因某一项基础设施的建设而背上财政负担。即使项目的建设需要大量的资金（特别是来自国外的资金），也不需要政府直接向外借款，或由政府对项目投资的偿还提供担保，因而项目的债务不会增加东道国政府的国家债务。另一方面，BOT方式能将项目风险最大限度地转移到私人投资者身上。通过将投资者的收益与其履约责任联系起来，减少了项目建设的经费超支风险以及完工风险等。

2. 改进项目的管理水平，提高项目的效率

BOT方式也是一种改进项目设计和提高管理效率的手段。它能使项目的主办者和运营者以更好的服务和更低的价格使最终消费者受益，还可以弥补东道国公营机构承担基础设施经营能力的不足。

由于外国公司（特别是来自发达国家）参加了项目的建设、运营管理，东道国可以从中学到和获得许多运作和管理项目所需的技术、工艺和诀窍。因此，引入BOT方式可以改善东道国现有的类似基础设施的经营管理水平。

3. 改善外商的投资结构

BOT方式可以增加外国投资者对东道国整体经济发展的投入，尤其是对传统上由政府部门垄断的基础设施领域的投入，改善外商的投资结构。

4. 其他方面的社会效益

只要出于上述优点中的一个或几个，考虑有必要采用BOT方式建设基础设施，就构成了某项目采用BOT方式的必要性。

二、BOT项目立项的可行性研究

BOT项目的可行性研究包括：市场可行性、技术可行性、建设和生产可行性、法律可行性、经济可行性以及环境可行性等。BOT项目的可行性研究和传统项目的可行性研究有着很大

的区别，其中最主要的区别在于 BOT 项目的可行性更注重对 BOT 项目风险的研究。

（一）市场可行性研究

必须从市场调查和预测开始，并对未来需求和供应的发展趋势进行预测。这是项目财务和国民经济评价的基础。在确定 BOT 项目的市场可行性阶段，需要获得以下几个方面的资料：

①项目产品（或服务）的消费对象；

②产品（或服务）的价格；

③市场对项目产品（或服务）的需求量；

④竞争对手的生产能力和产品的价格。

运用这些信息可以进行需求和收入预测，进而分析 BOT 项目的市场前景。

（二）技术可行性

BOT 项目的投资大、周期长、结构复杂，因此，在 BOT 项目建设和生产中应采用成熟、可靠的技术。可以通过技术评估确定 BOT 项目的技术可行性。技术评估的目的是确认 BOT 项目设计良好，使用了合理、可靠的技术，符合东道国政府（或部门）确定的最低设计和运行标准及技术规范。

BOT 项目技术评估主要包括：

①拟采用的技术对具体项目的适用性；

②拟采用技术的可靠性；

③最低的运行标准；

④产品的产量和质量达到运营水平的可能性；

⑤工程施工的进度安排是否现实；

⑥熟练的工人和辅助人员的培训计划。

（三）建设、生产可行性

项目建设、生产条件的评估，实际上是对项目实施的可能性进行预评。一般可从项目的建设条件和建成后的生产条件两个方面进行评估。

一般来说，项目的生产和建设条件，既有项目自身系统的内部条件，又有为它配套、协作的外部条件；既有可以控制的静态的稳定条件，又有较难掌握的动态的不确定性条件。因此，对项目建设、生产进行评估时，要重点关注较难掌握的、动态的不确定性因素和相关项目的条件分析。

项目建设条件的评估主要包括对气象、水文和地质等自然条件，交通运输能力，劳动力来源，水、电力、建材等供应能力进行技术经济分析。

项目生产条件的评估主要包括对资源、劳动力、原材料、气候条件及交通运输能力等方面的评估。

（四）法律可行性

BOT 项目的特点决定了其对东道国政府的法律有特殊的要求。首先，BOT 方式要求东道国的法律允许非国有资金介入基础设施项目；其次，它要求为项目的运营提供必要的法律保障，其中最为重要的是允许项目公司兑换货币。

BOT 项目需要巨大的资金投入。外商将巨额资金投入一个比较陌生的国家，风险之大是可以想象的，所以 BOT 方式对法律保障的需求高于其他任何一种投资方式。在政治稳定、法制健全的西方发达国家，已经有了比较可靠、富有灵活性的法律制度，这就为BOT项目的实施提供法律保障。发展中国家在建立和发展BOT方式时，所使用的法律制度都不同程度地存在一些问题，尚处于摸索和逐步完善的过程中。我国关于BOT方式的法律制度就是处于这样的发展阶段。

由国家制定关于规范政府特许权协议的法规，已经成为在我国采用BOT方式建设基础设施的迫切需要。鉴于目前我国BOT方式的立法状况和我国的公有制特点，在进行BOT项目的立项研究时，尤其要注意法律可行性研究。在我国BOT项目的法律可行性研究应该包括：

①法律、法规的适合性；

②更改法律、法规的可能性和可行性；

③特殊立法的可能性和可行性。

(五)经济可行性

对国家而言，其对BOT项目关注的重点为BOT项目对国家的贡献。但是考虑到是否有发起人愿意承担该项目，国家不得不考虑BOT项目的直接经济收益。假使项目公司不能从该BOT项目获得合适的经济利益，即使该项目对国家的贡献再大，也不可能产生该项目，因为没有项目公司愿意承担该项目。另一方面，国家只有在充分了解BOT项目可能产生的直接经济效益的情况下，才可以和项目公司签订合理的特许权协议。

因此，可以对BOT项目进行国民经济评价以确定国民经济可行性。而项目公司的财务可行性取决于BOT项目产生的直接经济效益。

1.国民经济可行性

BOT项目的国民经济评价是从国家整体的角度分析计算国家对BOT项目付出的代价和该项目对国家的贡献。从国民经济角度分析、计算BOT项目对国民经济的净效益，也就是从国家的整体角度考察BOT项目的效益和费用，用影子价格、影子工资、影子汇率和社会折现率，分析计算BOT项目给国民经济和社会带来的净效益，以考察、判别和评价投资行为和建设项目的经济合理性。

(1)国民经济评价的费用与效益

项目的效益和费用原则上应以消费者支付意愿或机会成本度量。国民经济评价中的效益和费用，应该是边际效益、边际费用，而不是平均的概念。当实践中缺乏数据时，也可用平均数据代替。

国民经济评价的直接效益和直接费用汇总如图7－5所示。

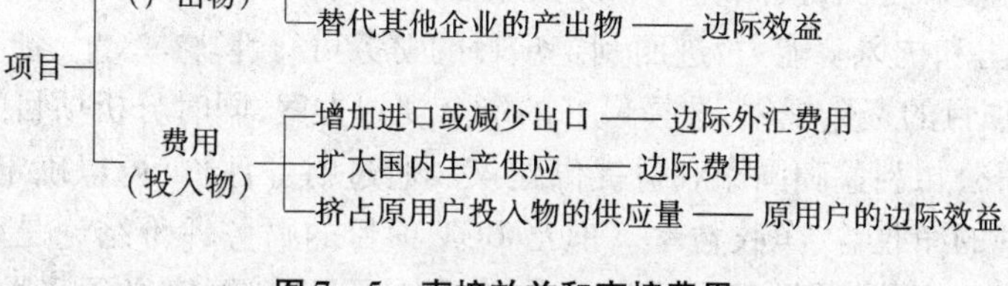

图7－5　直接效益和直接费用

项目的效益除了其产出物所体现的直接效益外，还应包括对社会产生的其他效益，称为间接效益或外部效益。间接效益是指项目为社会作出了贡献,而项目本身并未得到的那部分效益。

项目的费用除了由其投入物体现的直接成本外,还包括社会为项目所付出的其他代价,即间接费用或外部费用。间接费用是指社会为项目付出了代价,项目本身不需要支付的那部分费用。

在进行项目的国民经济评价时,应分析和计算外部效果。最显著的外部效果要作定量分析,计入项目的效益和费用;不能定量的,应作定性描述。外部效果通常是难以计量的。外部效果计算要实事求是,在没有可靠数据的情况下,应坚持稳妥的原则。要防止外部效果的漏算和重复计算。

为了减少计量上的困难,首先应力求明确项目范围的边界,遵循费用、效益范围一致的原则。国民经济评价中对财务价格作了较大的调整,用影子价格估算项目效益和费用,在很大程度上已使项目的外部效果在项目内部(直接效果)得到了体现。但是,这样处理之后,可能还有些外部效果需要单独计算。

(2)国民经济评价指标

在进行 BOT 项目的国民经济评价时,按照国家的有关规定,选用下列国民经济评价指标:

①经济净现值 *ENPV*;

②经济净现值率 *ENPVR*;

③经济内部收益率 *EIRR*。

上述三个指标的计算都是在折现率的基础上进行的。一般来说,*EIRR* 比较直观,以投资利率的形式直接表示项目投资对国民经济的净贡献能力。但是当 *EIRR* 过高或过低时,往往缺乏实际意义。

ENPV 则没有上述的缺点,但它只能表明项目投资对国民经济的净贡献能力超过、等于或达不到社会折现率要求的水平,而该项目的贡献能力究竟比社会折现率高多少或低多少,则表示不出来。另外,*ENPV* 的大小与投资额的大小并无直接联系。因此,过于强调这个指标,容易导致片面追求净现值最大化,忽视有限资金的合理利用。*ENPVR* 可以作为 *ENPV* 的一个补充指标,*ENPVR* 的最大化将有利于实现有限投资的净贡献最大化。

2. 财务可行性

BOT 项目的直接经济收益可以通过 BOT 项目的现金流量计算得出。可以认为项目公司的财务可行性分析是微观经济分析,可以参照普通项目的财务评价进行。BOT 项目的直接经济效益是确定 BOT 项目特许期的主要依据。

BOT 项目的财务评价需要解决的主要问题有以下几方面。

①从项目的角度和范围,按照现行财税制度和价格,计算项目的费用和效益,衡量项目的盈利大小、竞争能力和抗风险能力,进而判定项目的财务可行性。

②明确 BOT 项目的资金规划,选择最好的资金规划方案,同时分析项目的偿还能力。

③为协调项目公司利益和国家利益提供建议。通过财务评价,可以确定项目公司在特许期内将获得的合理的净收益、净收益率。但当 BOT 项目的财务评价结论是不可行的,国民经济评价结论是可行的,而该项目又是国计民生急需的项目时,国家必须采取经济手段加以调节,使项目财务上有生存能力。在财务评价中可以通过考察财务评价参数(如价格、税收、利率等)变动对评价指标的影响,确定向国家提出进行经济调节方法和幅度的建议。

BOT 项目的财务评价采用下列指标:投资回收期、财务净现值、财务净现值率、投资利润率、投资利税率、财务内部收益率、借款偿还期。

值得一提的是,还应在敏感性分析的基础上进行项目风险的分析。

(六)环境可行性

1. 环境污染

必须考察 BOT 项目对大气环境、水体环境、噪声和人群健康的影响。环境影响评价是从项目引起的各种污染和不利影响及采用相应治理措施的可靠性两方面,分析、研究项目对环境造成的最终影响。各项指标评价应根据环境评价原则和国家有关政策、法规规定进行。

2. 生态平衡

BOT 项目对自然生态的影响主要分为以下 3 个方面:

①对植被的影响;

②对野生动物的影响;

③对微生物的影响。

综合上述,可行性研究的结果如果达到国家有关项目立项的规定和 BOT 项目立项和实施的法律、法规的要求,那么该 BOT 项目就是可行的。

在此仅就国家政府部门如何评价一个 BOT 项目提供了一个框架。对于某一个特定项目的评价,还应根据项目的具体情况进行细化。在具体评价时,应把握定量分析和定性分析相结合的原则。

三、BOT 项目的法律谈判

BOT 项目一般采用有限追索项目融资形式筹集资金。资金的大部分将通过银行贷款获得(一般在 70% 以上)。这种融资仅以项目本身作为抵押,其运营期的现金流量是正常偿还债务的唯一保证,所以为使 BOT 项目融资成功,必须有令银行满意的风险分担方式。从银行的角度看,只有项目的参与各方充分承担了项目风险,将银行的风险降低到最低,达到可以承受的程度,银行才会提供贷款。因此 BOT 项目的核心在于风险的合理分担。如何合理分担风险是由双方在招标、投标过程中,特别是特许权协议谈判时进行确定的。BOT 模式项目融资涉及的资金金额巨大,期限较长,对政府而言,又是在一段时间内对企业的所有权失去控制。总之,整个项目涉及面广,操作过程复杂,因而 BOT 特许权协议在草签之前的法律谈判工作是非常重要的。下面主要针对我国进行的 BOT 项目融资法律谈判进行综合论述。

(一)BOT 法律谈判的特点

谈判是指同一事件有关联的各个参与方之间对于该事件既有共同的利益,又存在着利益的冲突,该矛盾冲突通过各方进行协商和研究,然后在各自利益能一致的基础上达到均衡,即有关各方都在自己能够接受的程度上达到了令自己满意的结果。

参加 BOT 项目的有关各方有政府、项目发起人、投资者、承包商、运营公司等。由于参与方众多,使得他们之间的关系极为复杂,因此可以把 BOT 项目看成一个庞大的系统工程。BOT 项目的最主要和最复杂的工作是特许权协议的起草和签订,最漫长和最困难的工作是协议草签前的法律谈判工作。由于项目涉及领域特别广,政府和投资者都要聘请和雇用专家或顾问帮助他们进行 BOT 项目的操作。在草签特许权协议之前,双方要组成法律小组和技术小组就特许权协议有争议的内容进行反复谈判来确定相关条款。

BOT 法律谈判有以下几个特点。

1. 法律谈判和技术谈判要协调一致

BOT 项目涉及时间较长，金额大，因此一般都采用成熟的技术，很少有政府会冒险采用一项不很成熟或未经过充分论证的技术，因而技术谈判遇到的问题不是很大。我国或国际上的 BOT 案例都已表明法律谈判要比技术谈判困难和复杂得多。法律谈判和技术谈判虽然有区别，但是在 BOT 项目中二者又是相辅相成的，技术谈判是法律谈判的基础。在法律谈判中，双方对某一问题提出的变更建议及其有可能作出的让步，在很大程度上要依赖于该 BOT 项目的技术方案。技术方案的确认是法律方案合理与否的一个重要衡量标准，如违约金的确定就必须以技术方案为基础。因此把法律方案和技术方案很好地协调起来，是 BOT 法律谈判的一个关键。

2. 内容复杂、涉及面广、时间长

BOT 特许权协议书条款涉及的领域十分广泛和复杂，包括法律、经济、财务、税务和合同管理等各方面。我国目前的法律体系还不是很健全，且没有成文的 BOT 法；金融体制改革还在进行中，金融政策没有完全和国际惯例接轨；国内可以借鉴的 BOT 案例很少；由于中国的国情，又不可能完全照搬国外的方法。种种困难和不成熟因素的存在，使在我国进行 BOT 特许权协议的起草和签订过程中只能参照成熟的相关合同文件以及一些国际公约，借鉴国外已经成功的 BOT 案例的经验，因此谈判双方不可能在短时间内确定所有的条款，往往需要较长的时间进行协商和谈判。

3. 参与方众多、人员构成复杂、人员素质要求高

BOT 项目是综合性很强的项目，需要有各方面的人员参与，对人员素质的要求比较高。一方面要求谈判人员熟悉法律合同条款并能灵活应用；另一方面要求谈判人员对 BOT 项目本身及其协议应有一个全面、深刻的了解，否则就会在谈判中顾此失彼，给己方带来无法估量的损失。对人才的高要求使得政府方在谈判中要有咨询公司、法律顾问、财务顾问、技术专家等参与项目。投标人一方除了有以上各方面人员参加外，还要有投资银行参与。众多方参与项目谈判其主要的目的是使谈判小组成员的整体知识结构比较完整。

谈判小组的成员经常会来自不同的国家，其文化背景、知识体系都有很大的差别。例如，在四川成都自来水六厂 B 厂 BOT 项目中，政府方的谈判小组成员来自中国、美国和挪威，对方则来自法国和日本。成员的差别性和复杂性容易造成小组内部理解的困难，有时可能就某一问题在内部不容易达成一致的意见而导致在谈判桌上陷于被动局面，使整个谈判进程缓慢。

（二）BOT 法律谈判应遵循的原则

在进行 BOT 法律谈判中一般应遵循以下原则。

1. 互惠互利，真诚合作

在谈判的各个阶段，双方都应本着合作互利的原则，希望在使双方都有利的方案基础上达成协议，而不是故意地设置种种障碍，这样就会加快谈判的进程。在 BOT 法律谈判中运用的原理主要有以下两条：

①群体合理性，即在整个 BOT 特许权协议之外不存在任何其他可行协议能使谈判双方获得更高的利益；

②个体合理性，即在执行特许权协议后，谈判双方都能获得不小于没有协议时的利益，这是谈判的必要条件。

2. 明确各自立场,坚持原则和灵活处理相结合

在BOT法律谈判中,政府一方主要想利用私营部门和国外的资金来加强本国的基础设施建设。政府损失的是对该项目一段较长时间的拥有,但是其却获得了该项目的效用,即整个项目能对该地区的经济发展起到促进和推动作用。投标人一方主要是利用政府给的特许权,在一定的期限内建设和经营项目,从项目的收费中获取利润和偿还债务。政府在谈判前的有利地位是具有选择不同的投标人进行谈判的决定权;投标人在谈判前的有利地位是在投标书中的某些方面有较大的优势,如项目产品价格较低,项目的融资计划比较完整,这种优势对政府具有很大的吸引力。

政府一方虽然有优势,但是在谈判桌上是作为商务合同的一方签订合同的,因此谈判地位和项目公司应该是完全平等的,而不再占有作为政府的优势地位。由于BOT项目成功的关键在于有一个合理的风险分担结构,所以政府在谈判中要坚持原则和灵活处理相结合,既要维护政府的利益,又不能将政府单方面不合理的要求强加于投标人。

3. 遵循国际惯例和中国国情相结合

BOT项目是一个既面向国际投资方,又面向国际金融机构的招标项目,项目本身具有国际性,因此遵循国际惯例是项目具有可操作性的基础。目前,BOT项目在中国仍属于试点阶段,我国BOT法还没有出台,法律基础具有不确定性,商业、金融方面的改革还没有配套,因此许多商业的、金融的方法还不能被应用在BOT项目中。种种因素的存在,使得我国的BOT项目在最初阶段只能主要依赖政府的信誉。在BOT项目法律谈判中,只有坚持国际惯例和中国国情相结合,合理地设计风险分担结构,才能使项目具有更大的吸引力,提高项目成功的概率。

4. 遵循公平、公正和透明的原则

公平、公正和透明的原则是一般的招标项目都必须遵循的。政府不能采取平行谈判的方式,而是先与第一名投标人谈判 ,只有与第一名投标人的谈判有可能在一定的时间内达不到目标时,才能开始与第二名投标人进行谈判。在与第一名投标人谈判的过程中,政府方面需定期将谈判的进展程度通知其他两家最有竞争力的投标人,以保证项目谈判的公平、公正和透明,并对正在谈判的第一名施加压力。该原则和做法使排在第二和第三的投标人能及时地了解项目的进展情况,有利于在与第一名的谈判不顺利时,能迅速地转与第二名进行谈判。这样做,既可以缩短谈判的时间,又避免了平行谈判时可能出现的投标人之间的不正当竞争。

(三)谈判方法

1. 重点突出,层次分明

BOT项目的特许权协议涉及内容的复杂性和广泛性要求谈判人员在谈判前对投标书的法律方案进行仔细的比较和研究,在对投标书有了一个完整系统的评价之后,确定需谈判条款的重要性和先后次序,并制定谈判的策略。谈判的策略要根据谈判的变化随时进行调整,以和整个谈判过程相协调。

2. 明确要害,控制谈判进程

在BOT法律谈判中,双方要就多个目标进行协商和解决。在处理此类多目标的问题时,为了控制谈判的进程,可以采取让步和一揽子相结合的原则进行具体的谈判,把一些不容易解决的问题放在一起形成一揽子交易。在双方进行一揽子交易时,各自在某些问题上作出一点让步,而在另外一些重要问题上获得了自己满意的结果。在谈判中,作为政府一方,应积极地加强谈判小组内部的管理,提高自身办事的效率。

3. 确定风险分担

BOT法律谈判焦点是双方都想减少自己将要承担的风险,且围绕着双方应该承担风险的额度进行谈判。可以说,BOT法律谈判就是风险如何合理分配的谈判。风险的分配有一个原则:项目的风险应该由项目的参与方中最有可能控制且应该承担的一方承担,如果双方都没有可能控制该风险,则由双方共同承担。一般有关法律变更的风险由政府承担,有关施工或完工延迟方面的风险由项目公司承担,而不可抗力的风险则由二者共同承担。实践表明,在BOT法律谈判中,只要双方能遵守这个原则,谈判进展就会比较顺利。

4. 利润互享,违约制裁

在BOT项目各方中,既有共同利益的一面,又有利益相矛盾的一面,且不同项目的特点也是有显著差异的,因此在法律谈判中,最后所达成的协议的合同模式也是不一样的。在电力和供水项目中,政府和项目公司签订或取或付合同,这种合同保证项目公司的运营和维修的费用能及时地被提供,从而保证项目公司正常地运营。在一些道路设施项目中,项目公司的收入主要来自对过路客户的收费,如果某一年的交通量不够政府和项目公司之间制定的特许权协议中所规定的最低限额,则需要政府来补贴项目公司。而项目公司的收益如果超过了一定的限额,则要和政府按一定的比例进行分享。在特许权协议中,规定项目公司所承担的义务是必须为政府提供符合数量和质量要求的产品。如有违约则按合同所规定的处罚条款进行处理,以达到约束双方行为促使项目能按预先规定的目标进行。

(四)BOT法律谈判的内容

由于不同的BOT项目有不同的特点,法律谈判的内容也有很大差异。在此主要讨论BOT法律谈判中可能涉及的一些共性且比较重要的问题,包括融资和技术调研的确认、法律变更和违约金的设置。

1. 融资和技术调研的确认

在BOT特许权协议的法律谈判中,根据一般的规律和经验,首先须对融资方案进行确认。BOT项目一般都是大项目,投标人不会在授标前全部完成技术调研工作,而投标人的技术调研又是贷款银行进行融资承销分析的主要依据。由于在授标前,技术调研不会彻底完成,如果在授标后签订协议之前承销银行又提出新的要求,此时造成的风险由谁承担就成为一个关键的问题。这个问题如不在谈判中明确解决,可能在草签协议时节外生枝。但是到此阶段,谈判已经基本完成,如果不签协议,则前功尽弃,造成大量物力、财力和人力的浪费。

投标人在这个问题上的做法和立场一般是:坚持由自己来承担风险,但在投标书中想写明让政府在自己力所能及的且自愿的情况下提供帮助。政府在这种情况下的立场应该是:政府与最有竞争力的投标人进行谈判,是基于政府确认该投标人的融资方案是完整的,在已经调研的基础上是可行的,承销银行不应再要求政府出具支持函之类的其他要求,他的要求应是将来组成的项目公司的内部事务,政府没有义务一定要帮助投标人进行技术调研。

从BOT项目的法律谈判的经验来看,项目公司的承销银行根据项目的融资需求所提出的融资和技术的进一步要求不由政府承担责任。政府可以就投资者和其可能的承销银行进行任何调研提供合理的协助,但投资者须确认其没有权利在授标之前或授标之后,因为任何项目调研或任何其他原因要求变动、修改其投标书或提出其他前提条件。如果投资者或其承销银行有任何变动、修改或前提条件,且政府没有同意此变动、修改或前提条件,则项目公司自行承担与此有关的风险,并且不应就此提出任何额外条件。

2. 法律变更

有关法律变更的问题在整个 BOT 法律谈判中占有很大的比例。在我国 BOT 项目招标文件中法律变更是指“在某一确定的日期之后,任何政府部门通过、颁布、废除或重新解释的任何适用法律;或者,任何政府部门施加的关于签发、续展或修改任何批准的任何重要条件。并且上述任何一种情况导致:适用于项目公司或由项目公司承担的税收、税收优惠或关税发生变化;对项目的融资、建设、所有权、运营或维护的要求发生变化。”法律变更发生以后,政府和项目公司的权利及义务乃至整个特许权协议的履约条件都将发生变化。

政府和投标人在谈判中相应于法律变更的焦点是:法律变更的定义和范围;法律变更发生以后,风险分担问题。例如在成都供水项目中,投标人在其投标书中对招标文件的法律变更定义作如下修改:“……或者,任何政府部门施加的关于签发、续展或修改任何批准的任何重要条件或者任何不合理的延迟,……”在谈判中,作为政府方对于投标人在其投标书中所加斜黑体字部分肯定是不会答应的,理由有如下几点。

①由成都政府承担自身不能完全加以控制的“任何政府部门对签发、续展或修改任何批准的……或者任何不合理的延迟”所带来的风险,并由此承受特许权协议中所有补救措施中较为严厉的法律变更的损失,这对政府不公平。同时,“不合理的延迟”中“不合理”二字的概念含糊,解释时任意性太大,将来会引起新的纠纷。

②法律变更的含义是因法律变化而导致的对履行合同造成影响的事件,而投标人提出的政府部门的“不合理的延迟”不应视为法律变更,而是人的过失或过错行为,因此不该在法律变更条款中讨论。

③招标文件中关于法律变更的概念(如前所述),在广西来宾、湖南长沙项目上已被投标人及融资银行所接受,表明这样做在实践中符合国际惯例且完全可行。

从该例子中可看出,在项目谈判中,法律变更是非常重要的。根据经验,有关法律变更谈判的结果可能有以下两点。

①如果因为法律变更使项目公司无法履行特许权协议下的义务,且符合有关不可抗力的定义,使原有履行义务按照适用法律成为非法行为,此时项目公司可以有权:终止其在特许权协议下的义务;在项目公司开始商业运营以后发生法律变更应视为由于额外不可抗力事件的发生,此时政府必须对项目公司进行支付或补偿。

②在政府和项目公司有关法律变更的谈判中,项目公司若因某项批准未在法定期限内,或无法定期限,或适用法律没有规定期限,则该项批准未在合理期限内颁发或续展,从而使项目公司无法全部或部分履行其在特许权协议下的重要义务,此等情况应视为法律变更。但条件应是项目公司已适当、及时地遵守适用法律中有关获得或维持该批准的所有规定。

在我国已有的 BOT 项目中,政府承担了绝大部分的法律变更造成的风险,这与我国现阶段在 BOT 法律方案谈判方面的经验和技术欠缺有关,同时也和我国的法律体系不完善有关。随着经验的增多、法律体系的完善,这方面的缺憾将会逐步得到弥补。

3. 违约金的设置问题

在 BOT 特许权协议中,违约金是以量化的形式出现的。政府在招标文件中已规定了比较明确的公式,确定了违约金的计算标准。投标人出于自己的利益,在投标书中也会提出自己的计算方法。违约金的制定标准对双方都是比较敏感的。政府设置违约金的目的是要项目公司能够严格地按照特许权协议的规定来履约,但是政府在设置违约金标准的问题上所遇到的麻

烦是:

①如果违约金标准设得太高,项目公司很有可能因某一项违约而导致破产;

②如果违约金标准设置太低,由于违约而导致的罚金远远地小于因违约而节省的资金,项目公司可能经常违约;

③违约金标准设置得不合理,也有可能导致项目公司宁愿停产,因为这样其遭受的损失可能要比产品不合格而受罚要轻得多。

例如在供水项目中,水质的检验和水量的供应都有相应的水质标准和供水量标准来确定项目公司的责任。如果水质和水量都没有达到标准从而导致项目公司的违约,此时项目公司将会比较二者的违约金。如果水质违约导致的违约金比整个供水而获得的利益还高,此时项目公司就会选择停产。如果水质或水量的违约而导致的违约金并没有使项目公司的利益受到很大的损失,其损失可以从由于违约而节省下来的资金中获得补偿,则此时项目公司肯定选择违约。

由于违约金问题与今后双方利益、风险分担密切联系,并且切实影响到项目公司的融资能力,因此违约金问题在 BOT 法律谈判中可能属于重中之重,也是一个难以解决的问题。根据经验,在谈判中违约金的设置一般以下列原则为重:

①违约金的计算必须和技术方案结合起来;

②违约金的计算机制必须简单;

③违约金计算实行单项分别计算;

④违约金的上限根据项目公司的收入而定。

这四项原则对政府和项目公司都是有利的,也大大地减轻了融资银行的担心,能够促进谈判进程加快。

综上所述,在整个 BOT 特许权协议法律谈判中,双方期望机会损失的下限是确实存在的,同时双方对通过谈判能达到的大体目标是清楚的,因此不可能出现一方损失极大,而另一方盈利极大的情况。这种期望损失究竟是多少,不由任何一方的单独意愿决定,而主要取决于双方谈判的策略、技巧和一些实际情况。研究 BOT 法律谈判的目的就是要进一步搞清楚有关技巧、方法,提高整个谈判的质量。

7.3 BOT 项目合同框架

一、BOT 项目的参与方

一个采用 BOT 模式投资建设的项目涉及众多角色。这些角色包括东道国政府、发起人或股东、贷款人、供应商、保险公司、运营公司、承包商和产品购买商等。每个角色与项目公司之间都是一种双边协议关系。为了便于后面对各方之间合同关系的研究,现将其主要参与方在 BOT 项目中所扮演的角色说明如下。

1. 东道国政府

东道国政府是 BOT 项目的最终拥有者。它的职责是:颁布支持 BOT 项目的政策和措施;确定 BOT 项目的执行程序以及对项目的选定;授予特许权协议;对项目进行宏观管理;接受项目公司在特许期满时移交的项目。它是 BOT 项目成功与否的最关键角色之一,其对 BOT 项目的态度以及在BOT项目实施过程中给予的支持将直接影响项目的成败。

2. 项目公司

项目公司通常是由一些国际投资公司、国际承包商、设备供应商、运营公司组成,依照东道国政府的法律而建立。项目公司是整个BOT项目的核心,是项目的主办者。它的权利和责任是:在特许期内拥有特许权协议规定的特许权;全面负责项目的融资、设计、建造及运营;负责对贷款银行债务和利息的清偿,以及在股东中的利润分配;特许期期满时将项目移交给东道国政府。

3. 投资人

投资人一般分为两类。一类虽为项目注入股本金,成为股东,但他们并不直接参与项目的经营管理。另一类可成为项目的发起人,不仅为项目注入股本金,而且还负责项目的承办,它既是项目的主要股本注入人,又是项目公司的主要组建人。

4. 贷款人

贷款人包括各类商业银行、金融机构、基金会等。他们为项目需要的大部分资金贷款,是项目的债权人。他们按贷款协议有计划、分期地投入资金,并对贷款的使用进行监督。

5. 承包商

承包商是项目的承建者,与项目公司签订承包合同。合同一般为总承包合同,包括设计、采购和施工。承包商也可以是项目公司的股东或其所属企业。

6. 运营公司

运营公司受项目公司委托,按照双方签订的运营合同对已完成的项目进行运行、管理、设施的维护以及收费。

7. 用户

用户即BOT项目所提供产品或服务的对象,一般为公众或东道国的公用事业机构。为保证BOT项目的正常收入,项目公司一般与东道国管理部门或公用事业机构签订购买协议,保证项目的最低收入。但对于一些项目(如道路项目),它提供的只是服务,且服务对象一般为个体用户,在这种情况下BOT项目公司与用户是没有合同的。

8. 供应商

供应商即为BOT项目提供原材料和燃料的供应商。项目的运营可能需要一些原材料或燃料,如火电厂需要煤或油。因此,项目公司常与当地的一家供应商签订供应合同,确保项目运营之用。

9. 信托银行

项目公司按贷款人的要求,常在一家银行设立一信托账户(或称为第三方账户),在满足必要的开支后,项目收益直接汇入该账户。设立信托账户的银行可以成为信托银行。设立信托账户主要是保护贷款担保人的权利,确保项目收益的合理分配。

10. 保险公司

保险公司是指接受项目公司的保险费,为项目提供保险的公司。它的责任是对项目中各个角色不愿承担的风险进行保险,包括建筑商风险(主要是意外造成的,如火灾等)、业务中断风险、整体责任风险、政治风险(如战争、财产充公)等。由于这些风险的不可预见性很强,造成的损失很大,所以对保险公司的财力、信用要求很高,一般的中小保险公司是没有能力承担此类保险的。

上述为BOT项目的主要参与方，但根据项目的实际情况，项目公司还可能雇用顾问公司，就有关法律和财务方面的问题向其进行咨询。对于类似公路项目还可能雇用专门的开发公司。这些均视具体情况而定。

二、BOT项目的主要合同

BOT项目参与方众多，相互关系极为复杂，可以看作一个庞大的系统工程。各参与方通过签订一系列大小合同来确立、保证和调整他们之间的法律关系，一环紧扣一环，形成一条龙作业。BOT项目参与方之间的主要合同关系见图7-6。

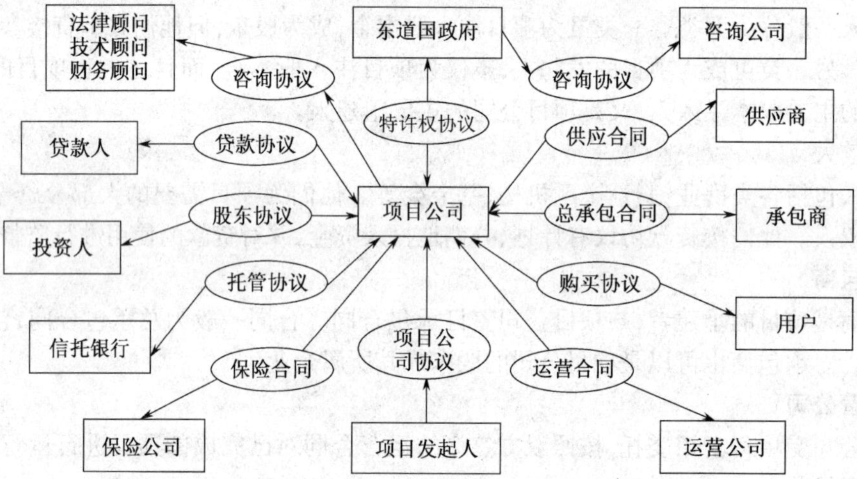

图7-6 BOT项目的主要合同关系

BOT项目的主要合同包括以下几个。

1. 咨询协议

由于一般情况下政府机构缺乏BOT领域的专业经验，特别是BOT项目涉及大量的法律、金融和技术问题。因此，按国际惯例，东道国政府均聘用有经验的咨询公司进行BOT项目的立项、可行性研究，通过咨询公司来组织BOT项目的资格预审，编制招标文件，安排招标、评标，协助政府和项目发起人与贷款人进行谈判。所以，BOT项目中的第一个合同就是政府与咨询公司之间签署的“咨询协议”。除了聘用咨询公司作为BOT项目的总协调人和代理外，政府还需要聘用另外三种专家处理相关领域的专业问题。他们是：i. 技术顾问，涉及的专业领域可能是发电厂、港口、公路、水处理、桥梁、电信等；ii. 财务顾问，涉及的工作领域是寻找可能的资金来源，设计融资结构，进行外汇和资本市场分析、财务可行性研究等；iii. 法律顾问，涉及的工作有协助政府构筑BOT项目的法律框架，起草和审订BOT项目的协议文本，对BOT项目合同和谈判过程中涉及的法律问题及其他有关问题向政府或发起人提供法律建议。

东道国在选择咨询公司时，应该注意两方面问题。首先，咨询公司是否具备足够的专业知识。对咨询公司来说，除了需具备相应的法律、金融、技术等领域的知识和人才外，还特别应具备BOT项目组织和代理工作的专业知识，例如，资格预审的程序、招标评标的基本方式等。其次，政府应考查咨询公司的主要咨询专家是否具备BOT项目的工作经验。

不仅政府，项目公司在整个BOT项目实施过程中也需要聘请高水平的咨询公司和顾问，这是BOT融资的关键因素之一。若有一个国际化和专业化的队伍从事项目的开发，将极大提高项目的效率和成功率。世界银行的多边担保机构就明确建议在 BOT 项目的初级阶段应该雇用金融顾问和有经验的法律顾问。咨询协议的主要内容应包括咨询公司的工作范围、主要咨询专家的资格和经验、服务价格和付款方式以及双方的责任等。

2. 项目公司协议

为了实施 BOT 项目，项目发起人最终要组建一个项目公司。项目公司成员或股东可以由建设承包商、设备和物资供应商、运营商、股本投资者和金融机构等方面的人员组成。项目公司的具体形式须参照并符合东道国的公司法、税法和外国投资法等法律、法规。我国管辖项目公司的主要法律是《中外合资合作法》。在我国组建的 BOT 项目公司为有限责任制，形式上以外商独资和中外合资合作为主。

3. 特许权协议

以往，公共基础设施项目的建设和经营由于对东道国的国民经济和社会生活有着重大影响，许多基础设施项目为国家命脉所系，所以一般是由政府或国有的专营公司承担，属于政府和国有专营公司的职能范围。因此，私营部门要进行基础设施项目投资，首先要获得东道国政府的许可以及在政府风险和商业性风险等方面的支持和保证，这就必须签订特许权协议。这个协议是整个 BOT 项目的依据，其他所有贷款、工程承包、运营惯例、保险、担保等诸种合同均是以此协议为依据，为实现其内容而服务的。可以说，最能代表 BOT 项目特征的合同就是特许权协议。在下两个问题中还将对该协议作进一步的论述。

4. 股东协议

BOT 项目一般所需资金数额巨大，若发生风险，一家公司往往难以承担其后果，因而大多数 BOT 项目是由多家公司组成国际性财团共同投资的。财团可由国际性的工程承包公司和投资公司组成。它们共同向项目公司出资而成为项目公司股东。股权的分配是通过各投资人之间的股东协议来确定。在有的 BOT 项目中，东道国政府也是项目公司的参股人之一；还有的 BOT 项目，政府虽未出资，但根据特许权协议规定，也享有一定比例的股权，不过政府必须承担其他方面的义务，如提供项目用地以及其他方面的保证和支持等。

5. 贷款协议

在 BOT 投资中，项目公司自有资金一般不会超过项目营建所需总金额的 30%，其余资金要靠项目贷款来提供。在 BOT 项目的贷款协议中，借款人为项目公司，贷款人往往是多家金融机构组成的银团，这样可以起到分散风险的作用。项目公司可以用公司财产或权益为贷款做抵押。

6. 总承包合同

项目公司如果本身拥有足够的实力和技术力量，可以自行设计、建造并运营项目。但是在更多情况下，项目公司并不具备这种条件（因为项目公司在很大程度上只是一种融资工具）。因此，项目公司会寻找合适的工程承建商签订总承包合同。

7. 购买协议

BOT 项目的成功实施，有赖于项目自身的赢利能力，即项目收入须足够支付项目公司的运营费用，支付贷款本息和股本回报。一般情况下，项目公司都会与一定数量的用户签订购买协议（即所谓“排水协议”），以保证日后对项目的市场需求。项目公司还可以与东道国政府主管部门在“无论提货与否均需付款”的基础上签订购买协议，让东道国政府保证以约定的价格购买项目公司最低数额的产出量。如在中国广西壮族自治区来宾 B 电厂项目中，就由项目公司与广西电业局签订了购电协议。购买协议适用于向任何购买者(如电厂、水厂、电信公司)提供服务和产品的长期项目。在其他情况下,例如一条收费高速公路,更多地依靠项目自身的市场条件,这时,项目公司会要求政府保证高速公路最低车流量以及合适的收费结构。

购买协议的主要条款包括:i. 协议期限;ii. 价格(价格应足以覆盖所有融资成本、运营费用,再加上给投资人合理的回报);iii. 付款条件;iv. 不可抗力条款;v. 法律变更和法律管辖;vi. 与其他协议中的价格等条款的协调。

8. 供应合同

供应合同的主要目的是确保项目公司有稳定持续的原材料、燃料和设备的供应,保证项目的正常生产运营。项目公司会直接或间接地通过承包商与不同的原材料、设备和燃料供应商接触,寻求稳定的供应来源。有时,项目公司也会寻求和政府下面的直属供应商签署供应合同,并要求政府出具针对供应商的"履约保函"。总的来说,BOT 项目中的供应合同与其他传统的基础设施建设的供应合同并没有什么实质性的区别。

9. 运营合同

在许多的 BOT 项目中,项目的运营和维护并不是由项目公司自己来做,而是外包给有经验的项目运营维护商。运营维护商对项目的日常运营和维护负责,他可能是项目公司的股本投资者之一。

10. 保险合同

BOT 项目需要广泛的保险公司的参与。此类保险包括事故险、第三方责任险及其他的商业保险。目前国际保险市场上已开发出多种适用于 BOT 项目的险种。保险与风险是密不可分的,BOT 项目购买何种保险,取决于东道国政府和贷款人以及项目公司对风险的认识,对保险费用的认识,以及这种费用是否可以直接或间接地计入项目的总成本中。一般在 BOT 项目的其他协议中,对于保险种类以及保险的背书等问题都作出相应规定。但是鉴于目前保险市场越来越复杂,项目各方应向有关保险专家咨询。

11. 托管协议

项目收入通常不是直接付给项目公司,而是直接汇入一个或多个托管账户(也叫第三者保管账户)。管理托管账户的通常是贷款人之中的某一家银行,它与项目公司完全无关。汇入托管账户的款项再按事先约定的优先顺序,依次付给应收款的各方。这是项目贷款人通常要求的一种担保安排,除此之外,贷款人还可能要求项目公司提供其他一些担保文件。

三、特许权协议

在 BOT 项目中,特许权协议是其法律关系的基础,也是所有项目协议的核心和依据,并决定了项目的基本结构。对于 BOT 项目的当事人来说,在启动一个 BOT 项目时所遇到的第一个环节和第一步的主要工作就是谈判该项目的特许权协议。因此,特许权协议对于一个 BOT 项目的成功至关重要。

(一)特许权协议的含义

在国际投资法上,特许权协议与股权式合营契约、契约式合营契约一起被认为是投资契约的基本形式。特许权协议是政府或代表政府的授权机构与项目公司签订的,关于由政府授权许可项目公司在一定期限内(特许期内)建设和运营政府专属的公共基础设施并获得合理收益,特许期满后将项目设施无偿移交给政府的契约文件或特许权合同。

特许权协议有一个由传统到现代的发展过程。20 世纪以前,一些有宗主国地位的国家曾采用租让制等特许协议方式作为开发殖民地或者附属国自然资源的法律手段。第二次世界大战后，发展中国家为了利用外国资金，以政府为一方同外国公司签订特许协议，授予其专有开发的特许权，或者继续实行租让制，给予外国投资者优惠。这一时期最典型的就是 1952 年美国美孚石油公司同印度政府订立由美方公司投资在印度建立炼油厂的特许权协议。

自 20 世纪 50 年代末 60 年代初，资源国利用外国资金和技术开发自然资源和重点建设项目的经济特许权协议形式有了新的发展。由传统的租让制特许权协议发展到联合经营合同（包括合资经营合同、合作经营合同）、合作生产合同、劳务合同、承包合同以及参股贷款和参股合同等。

现代发展中国家的石油开发特许权协议大多采取所谓“劳务契约”形式的特许契约。1967 年伊拉克同外国石油勘探开发公司的协议可以说是这种契约的典型。委内瑞拉国家石油公司也采用“劳务契约”代替了原来的石油特许权协议。按照这个协议，本国公司保留对土地及地下油田的权利，外国投资公司只作为本国公司代理人，其职权仅限于油田勘探和石油生产。

目前，在国际上 BOT 模式通常适用的领域大多为基础设施项目，而私营机构要获得该类项目的建设经营权，首先应获得政府的特许，即签订特许权协议。BOT 项目中的特许权协议实质上就是指规定和规范 BOT 项目业主政府与私营机构之间的相互权利义务关系的一种法律文件，它是 BOT 项目所有协议的核心和依据。

（二）特许权协议的主要内容

特许权协议的内容较为广泛，通常包括了一个 BOT 项目从建设、运营到移交等各个环节及各个阶段中项目双方相互之间的主要权利义务关系。一般可将特许权协议中的条款分为主要条款和普通条款。主要条款是指合同必不可少的条款，它反映着特许权协议特有的合同性质，是特许权协议成立的必要内容；普通条款是指主要条款以外的合同条款。普通条款有两个含义：第一是指在条款作用上不直接反映合同性质，不影响合同成立，但是为合同所需要的、其他的同类合同也往往具有的条款，例如适用法律条款、不可抗力条款、争端解决条款、违约赔偿条款等；第二是指在合同结构上主要条款以外的所有条款，包括默示条款和待定条款。下面介绍特许权协议的主要内容。

1. 主要条款

（1）特许权的范围

首先应规定特许权授予的性质、授予特许的主体、接受授予的主体。在条款上一般包括以下 3 方面的内容：

①权利的授予，即由业主政府授予项目公司从事一个 BOT 项目建设的专营权利；

②授权范围，一般包括项目的建设、运营、维护和移交，有时授予该主办者从事其他事务的权利；

③特许期限，即业主政府许可主办者对该项目建设和运营设施的期限。

（2）项目融资及其方式

本条款主要是规定 BOT 项目如何进行融资、融资的利率水平、资金来源、双方同意采用什么方式融资等内容。

（3）项目建设

一般在 BOT 项目中的普遍做法是签署“一揽子总承包”或固定价格的“交钥匙”工程建设

合同。而特许权协议的该条款主要是规定项目主办者或其承包商将如何从事 BOT 项目的建设，包括设计、土地、承包商的具体义务、施工方法和施工技术、质量保证、工期保证等。有关设计部分，政府将确定应提供何种文件，适用何种法律和应遵循的建设标准。需强调的条款有：i. 质量保证和质量控制；ii. 雇用和培训当地员工；iii. 重大问题和工程进度改变报告制度；iv. 分包商的使用和批准；v. 政府入场检查和测试的权力。除此之外，还涉及环保条例，项目公司（和分包商）应使设计、建造、运营的所有步骤符合环保要求，并确保在项目实施的全过程保护好环境。

(4)项目的运营和维护

本条款的主要内容是运营的主体和方式、措施，维护的主体、方式和措施。

(5)设施的收费水平及其计算方法

合同设施的收费水平及其计算方法条款在实践中也是一条非常难以谈判和确定的条款。该条款的合适性与正确性将关系整个 BOT 项目的成功。该条款主要是规定设施的收费水平和调整方案、收费计算方法、收费办法、收费计算货币等内容。如在收费公路项目中，这种条款可以包括过路费结构、收费点设立距离（收费频率）、收费调整方法、托管账户的安排和收入分成比例等。

(6)项目的移交

由于 BOT 模式在国内乃至国际上还是一个新事物，到目前为止，BOT 项目移交方面的经验还不多。但在特许权协议中还是应在“移交”项下确定某些条款，具体如下。

①移交的范围。人们一般只考虑到设备的移交，而其他一些重要事项如技术移交、运营手册、维护程序和方法、电脑软件以及其他运营设施所必需的文件、资料等的移交也应列入条款中。

②移交时的设施状况。一般特许权协议中规定在移交设施时，设施应处于“良好的运作状态和通常的磨损状况”。

③设施移交的方式和程序以及费用如何负担。

2. 普通条款

(1)合同方、前言和定义

一般特许权协议都从合同方的名称、地位及所要签署协议的内容开始，接着是具有前言性质的段落，提供并归纳协议后续大量章节的背景和概述。然后是协议中所用主要词语和关键用语的定义，避免在协议中出现歧义和误解。有些合同起草人喜欢单独以附录的形式给出定义，这样协议看上去会简洁一些。

(2)前提条件

有时在协议中会规定一些协议生效的前提条件。前提条件常常位于特许权条款之后，例如，合同双方应有主管部门或有关单位授予的履行合同的权利和资格，有关批文已具备，资金应该到位等，这是建设开始的必备条件。只有在合同各方能证明所有前提条件已具备的情况下，特许权协议才能生效，建设工作才能开始。

(3)通用条款

通用条款是指在一般的经济合同中或涉外经济合同中通常具有的那些条款，例如合同的适用法律条款、不可抗力条款、争端解决条款、违约赔偿条款等。

(4)合同的转让

在一般的经济合同中,按照国际商法原则,在一合同关系成立之后,合同的任何一方在未经另一方同意时不得擅自将其在合同项下的任何权利义务转让给第三方;即使是允许转让,转让的权利和范围也应是对等的。但是在BOT项目的特许权协议中,其特殊性就在于它的主体双方并非一般经济合同中的民事主体,它的一方是业主政府或其公营机构,另一方则是普通的民事主体。双方的法律地位不同,业主政府在特许权协议中的法律地位具有一定程度的"不可挑战性"。因此在实践中一般规定:项目公司不得将其在协议项下的合同义务转让给第三者;但是业主政府可以以公共利益变化为由,例如政府机构改革、机构合并等原因,将其在本协议项下的合同义务转让给其法定的继承者或第三方。

除了以上条款以外,在实际中,特许权协议还通常订有一些附录,例如设施的检测方案和程序、培训方案、质量控制和保证、运营参数、公司法律意见咨询表、保险文件、公司创始持股人目录等。由于每一个BOT项目的国别、当事人及项目的具体情况不同,其特许权协议的内容或形式也会有所不同,或有不同的侧重。

四、BOT特许权协议的参考标准条款

1995年联合国工业发展组织的有关专家在维也纳为中国国家计委编写了一个BOT项目的特许权协议格式。但是该协议只是一份有关燃煤热电厂项目的具体协议,不具普遍性,也不是很全面。1997年9月22日至9月25日中华全国律师协会和博雷·道森·华隆律师事务所在北京举行了"外商投资特许权项目(BOT)法律实务讲座"。该讲座提供的特许权协议比较全面,具有一定的参考价值,现介绍其主要内容。(本节以下序号均为原文件序号)

(一)特许权

1. 专有名词定义

2. 特许权

2.1 特许期间政府的主要义务

2.2 特许权的排他性

2.3 特许期间运作项目的权利和所有权

2.4 特许期间公司的主要义务

2.5 开发费用

2.6 履约保函

2.7 特许期限

2.8 特许期限的延长

3. 陈述、保证和先决条件

3.1 公司的陈述和保证

3.2 政府的陈述和保证

(二)项目建设

4. 土地使用权

4.1 土地使用权

4.2 现场的适用性和情况

5. 设计规划

5.1 规划要求

5.2 政府对规划的审查和批准

5.3 政府对规划的修改权

6. 建设

6.1 公司的主要义务

6.2 政府的主要义务

6.3 场地准备

6.4 建设工作的质量

6.5 质量保证和质量控制

6.6 建设人员

6.7 设备和材料

6.8 建筑工程合同方的选择

6.9 图纸和技术细节
6.10 项目日程安排;完工日/竣工日
6.11 进展报告
6.12 工程的延期
6.13 政府监管和检查

7. 测试和完工

7.1 测试
7.2 辅助测试
7.3 测试项目的注意事项
7.4 检测的竣工证书
7.5 不得放弃

8. 竣工延期和放弃项目

8.1 由政府造成的竣工延期
8.2 减轻延期后果的义务
8.3 由公司造成的竣工延期
8.4 由公司造成竣工延期的损失赔偿
8.5 放弃工程
8.6 工程债券的发行

(三)项目运作和维护

9. 运作和维护

9.1 公司的主要义务
9.2 政府的主要义务
9.3 合作委员会
9.4 安全技术原则
9.5 项目维护基金
9.6 维护中的失误
9.7 公共安全
9.8 政府准入

10. 燃料供应

10.1 燃料购销
10.2 燃料供应及运送
10.3 质量
10.4 样品、检测和分析
10.5 燃料储存
10.6 燃料的物权转移和灭失损坏风险
10.7 燃料价格
10.8 燃料付款
10.9 燃料附加税

11. 用电供应、购电费用

11.1 公司发电能力责任
11.2 政府配电义务
11.3 净用电输出供应
11.4 停机和减额
11.5 购电费用
11.6 用电税收调整
11.7 辅助费用
11.8 公司的计算义务
11.9 政府物价控制部门
11.10 用电费用支付的发票
11.11 其他费用(缴费)
11.12 缴费程序
11.13 利息
11.14 有争议的费用
11.15 附加税(增值税)
11.16 抵消

12. 项目财务和财务管理

12.1 公司的主要义务
12.2 出资额
12.3 项目收入兑换外币
12.4 利润的汇出
12.5 财务报表

(四)项目移交

13. 特许期满后的移交

13.1 移交的概括范围
13.2 最后全面检查和运营测试

13.3　零部件
13.4　担保
13.5　保险及合同方担保的转移
13.6　技术转让
13.7　人员
13.8　合同的终止、转让
13.9　公司财产的转移
13.10　风险转移
13.11　移交成本和批准
13.12　移交承诺和程序的移交
13.13　协议规定的移交生效
13.14　维护基金的发行

(五)协议方的一般义务

14. 政府的一般义务

14.1　遵守法律和规定
14.2　法律和规定的变更
14.3　税收优惠
14.4　所要求的批准文件名单
14.5　批准的获得和保持
14.6　进出口
14.7　就业许可
14.8　公用设施
14.9　不得干扰
14.10　安全和保安
14.11　保证金的不合理支取

15. 公司的一般义务

15.1　所有权变更,股权移交的限制
15.2　符合法律和法规规定
15.3　法律和法规的变化
15.4　安全标准
15.5　环境保护
15.6　批准
15.7　保护考古、地理和历史文物
15.8　当地的服务和物资
15.9　劳动力的使用
15.10　工人的权利
15.11　项目文件的协调
15.12　税收、关税和收费
15.13　保险
15.14　合同方及其雇员和代理机构的职责
15.15　财务文件的条款
15.16　公约的否定

16. 政府和公司的共同责任和权利

16.1　不可抗力
16.2　对文件的权利
16.3　保密
16.4　合作的义务
16.5　对不合理支付的声明

(六)违约的补救

17. 过程

17.1　由政府引起的终止
17.2　由公司引起的终止
17.3　终止意图的通知和终止通知
17.4　贷款人的权利
17.5　政府的权利
17.6　PPA 和 FSA 的终止
17.7　终止后的一般后果
17.8　终止的赔偿
17.9　某些保险收益的使用
17.10　抵消
17.11　其他补救方式
17.12　保留

18. 违约赔偿

18.1　赔偿
18.2　责任的免除
18.3　缓和
18.4　由受害方造成的部分损失
18.5　无相关损失
18.6　补救的累计

19. 责任和补偿

19.1 交叉补偿

19.2 环境污染

19.3 责任的存续

19.4 共同责任

19.5 抗辩

（七）合同的转让和批准

20. 合同转让

20.1 由政府的转让

20.2 由公司的转让

21. 批准

21.1 合同的审批

21.2 审批程序

21.3 合同审批的效力

（八）争议解决

22. 释义

22.1 合同文本

22.2 协议的整体

22.3 修改和变更

22.4 可分性

22.5 优先顺序

22.6 解释

23. 争议解决

23.1 协调委员会达成的和解

23.2 专家组的调解

23.3 仲裁

23.4 多方争议的解决——合并仲裁

23.5 争议解决中的履行

23.6 其他

（九）其他

24. 其他条款

24.1 其他义务

24.2 通知

24.3 不得放弃权利

24.4 放弃豁免权

24.5 准据法

24.6 合同使用的文字

7.4 BOT 项目的担保

BOT 项目由于完全由项目公司进行融资、建造、运营、还债等操作，而且特许期长、合同关系复杂，因而项目的风险比一般的项目要大得多。特别是对贷款人而言，大量款项贷出，能否如期收回本金并得到利益是每一个贷款人必须慎重考虑的问题。在 BOT 项目中，参与各方之间存在大量的合同关系，担保作为合同中风险转移的一种方式显得尤为重要。虽然项目担保不可能解决项目中存在的全部风险问题，但是从贷款银行或财团的角度来讲，它能解决项目中存在的某些核心风险。在此主要讨论 BOT 项目风险管理中的担保手段。

一、项目的完工担保

超支风险、延误风险以及质量风险均属于影响项目竣工的风险因素，通称为完工风险。由于在项目建设期和试生产期间，项目的贷款银行或财团承受的风险很大，项目能否按期投产并按设计指标进行生产和经营是能否实现以项目现金流量为融资基础的项目融资的关键。因此，对项目完工风险的担保就成为项目融资结构中的一个最主要的担保条件。

大多数的项目完工担保属于仅仅在时间上有所限制的担保形式,即在一定的时间范围内,项目贷款人要求项目完工担保人对其承担全面或部分的追索经济责任。在这一期间,项目完工担保人需要尽一切努力使项目达到“商业完工”的标准,并负担项目的成本超支部分。

由于完工担保的直接经济责任在项目达到商业完工标准后即告终止,贷款人的追索权只能限于项目资产本身,即项目的资产以及其经营所得,再加上“无论提货与否均需付款”等类型的有限信用保证的支持来满足债务偿还的要求,因而,项目的贷款银行或财团为了避免遭受因不能完工或完工未能达到标准所造成的风险,对商业完工的标准及检验要求十分严格。无论哪项指标不符合融资文件中规定的要求,都会被认为没有达到担保的条件,项目完工担保的责任也就不能解除。项目完工担保的提供者一般有两方,一方是项目公司,另一方是承建项目的 EPC 或交钥匙承包商或有关担保公司、保险公司等。

1. 由项目公司作为完工担保人

由项目公司直接为完工担保是贷款银行或财团最易接受的方式。因为项目公司不仅是项目的主要收益者,而且由于股本资金的投入使其对项目的建设和运行有着最直接的利益关系,所以如果项目公司为贷款人提供完工担保,则会使项目贷款人对项目充满信心,并且更会使其尽力支持,以使项目按计划完成,按时投产收益,实现贷款的归还。

在 BOT 项目中,完工担保可以是一个单独的协议,也可以是贷款协议的一部分,无论是哪一种形式,完工担保一般包括以下 3 个方面的内容。

(1)完工担保的责任

完工担保的中心责任是项目公司向贷款人作出保证,除在计划内的资金安排(贷款额度),为了使项目按照预定工期完工或按照预定商业完工标准完工,项目公司必须提供超过原定计划资金之外的任何所需资金。如果项目公司不履行其提供资金的担保义务而导致项目不能完工,则需要偿还贷款银行的贷款。虽然 BOT 是一种无追索权或有限追索权的项目融资模式,但是这只是指在项目商业完工之后,一般在项目完工担保期间,贷款银行或财团对项目的贷款有全面的追索权。

(2)项目公司履行完工担保的方式

一旦项目出现工期延误和费用超支,需要项目公司根据完工担保义务支付项目所需要的资金时,通常采用的方式主要有两种:一种是要求项目公司各股东增加股本投入;另一种方式是项目公司自己或通过其他金融机构向项目公司提供初级无担保贷款(即准股本基金),这种贷款必须在高级债务被清偿后才能有权要求清偿。

(3)保证项目公司履行义务的措施

BOT 项目的贷款银行与项目公司成员往往分散在不同的国家。在这种情况下,一旦项目担保人不履行其完工担保义务,则会使贷款银行或财团欲采取法律行动时产生诸多不便。因此,比较通行的做法是,项目公司被要求在指定的银行账户上存入一笔预定的担保存款,或者从指定的金融机构开出一张以贷款银行为收益人的备用信用证,以此作为贷款银行支付第一期贷款的先决条件。一旦出现需动用项目担保资金的情况,贷款银行将直接从担保存款或备用信用证中提取资金。

2. 由 EPC 或交钥匙承包商与金融机构或保险公司联合作为担保人

由于承包商以及愿意为其出具担保的金融机构为项目完工提供担保是工程承包合同中常常规定的一种附加条件,所以,这种担保条件的引入可以减少项目公司承担的完工担保责任。

当项目是由具有较高资信和经验丰富的承包商承担时，可增加贷款银行对项目的信心，从而减少项目公司在完工担保方面的压力。这样项目公司可以通过在工程合同中引入若干完工担保条件将大部分完工风险转移给承包商，使自己承担的风险减少到最低限度。项目公司保证承包商履行其义务的手段常常有：投标担保、履约担保、预付款保函、保留金担保和维修担保等形式。

上述担保一般是以承包商背后的金融机构作为担保人出具的，其目的是为了保证承包商有足够的实力按期完成 BOT 工程，如万一不能继续执行合同，保证在担保收益人（项目公司或 BOT 项目贷款银行）提出要求时，为承包商开具担保的金融机构按担保的规定向收益人支付一定的资金补偿以完成项目。这种完工担保常常是以银行开出的无条件备用信用证或银行保函形式出现的。这种承包商提供的按合同执行 BOT 项目的担保虽然可以将一部分，甚至是大部分完工风险转嫁给承包商，但并不能取代项目公司的完工担保。通常情况下，承包商只是在违约时，才能按其担保要求赔偿整个工程费用的一部分，通常为合同额的 10% ~30%，在美国，由担保公司为承包商出具的履约担保有时可高达合同额的 100%。

二、资金缺额担保

资金缺额担保，有时也称为现金流量缺额担保，是一种在担保额上有限制的直接担保，主要用于作为支持 BOT 项目运行的一种有限担保。贷款银行设计这种担保的目的有两个：一是保证项目具有正常运行必需的最低现金流量，即至少具有支付生产成本和偿付贷款的能力；另一个目的是在项目公司违反贷款协议的情况下保证债务的回收。资金缺额担保有两种情况：一种是以保证项目正常运行为出发点的资金缺额担保，着重点是针对项目长期的运行方面，适合大型基础设施的开发；另一种情况是以降低贷款银行损失为出发点的资金缺额担保，着重点是针对短期收益的项目，如房地产。

维持一个项目正常运行所需要的资金有 3 个方面：日常生产经营性开支；必要的大修、更新改造等资本性开支；到期贷款本金和利息的归还。从贷款银行的角度出发，为了保证项目不至于因资金短缺而造成停工或违约，往往要求项目公司以某种形式承诺一定的资金责任，以保证项目的正常运行，从而可以使项目按计划偿还全部贷款。

①资金缺额担保的一种形式是由项目公司在指定的银行中预先存入一笔预定的金额作为担保存款，或由指定的银行以贷款银行或财团为收益人开出一张备用信用证。对于一个 BOT 项目，虽然从融资的角度，该项目可能已通过商业完工标准的检验，但并不能保证它在经营阶段的百分之百的成功，尤其是对于一个新建的 BOT 项目，没有经营经验，也没有资金积累，所以抗御意外风险的能力相对要脆弱得多。因而，贷款银行要求项目公司提供一笔固定金额的资金缺额担保。这种缺额担保的金额没有统一的标准，一般取项目年正常运行费用的 25% ~75%，主要取决于贷款银行对项目风险的认识和判断。在一定的年限内，项目公司不能撤回或将担保存款挪作它用。当项目在一定时期的现金流量不足以支付生产成本、资本开支或偿还到期债务时，贷款银行就可以从担保存款或备用信用证中提出资金。

②资金缺额担保的第二种形式是建立留置基金，并对项目公司使用这笔资金加以严格限制。项目公司的年度收入在扣除生产费用、资本开支以及到期应支付的贷款和利息、税收之后的现金流量，不能被项目公司全部以分红或其他形式提走，而是将其中一部分存放到一个留置基金的账户中，保证在项目出现不可预见风险时使用。

只有当项目可支配资金总额大于项目最小资金缺额担保额时，项目公司才能从项目中获得利润或其他形式的资金分配。

③资金缺额担保的第三种形式是由投资者提供对项目最小现金流量的担保。项目最小现金流量担保就是保证项目有一个最低的净收益，作为贷款银行或财团减少其为项目贷款可能承担的风险的一种措施。它的确定方法为，根据项目公司与贷款银行双方都认可的建立在假设基础上的对项目未来现金流量的预测制定最小项目现金流量指标，并将其写入资金缺额担保协议中。如果实际项目现金流量在未来某一时期低于这一指标，项目公司必须负责将其缺额资金补上，保证项目的正常运行。

三、以"无论提货与否均需付款"以及"取得货物付款"为基础的项目担保

一个BOT项目建成投产之后，项目公司与贷款银行的关心则集中于项目收益问题，因为这不但关系到项目贷款归还的问题，而且还涉及整个项目的投资收益。怎样保证项目的"产品"销售出去并获得稳定的收益，避免在产品的销售方面发生风险，对一个投产的BOT项目至关重要。项目公司通常与东道国的公共事业机构签订"产品购买协议"，在协议中保证以商定的方式和价格购买项目生产的产品，协议一般采取"无论提货与否均需付款"或"取得货物付款"的形式。对于项目公司来说，这样就将市场方面的风险通过这种销售协议转嫁到用户；对于贷款银行，这种间接的协议成为对项目稳定收益的担保。

"无论提货与否均需付款"协议以及"取得货物付款"协议是两大类既有共性、又有区别的BOT项目担保方式。这两种协议都是BOT项目产品或服务的长期市场销售的合同的统称，在法律上体现的是项目产品卖方与买方之间的关系，但实质上又是项目产品的买方对项目融资提供的一种担保。

1."无论提货与否均需付款"协议

"无论提货与否均需付款"协议体现的是项目公司与项目产品的购买者的一种合同关系。对于工业项目，如：炼油厂、发电厂等生产有形产品的项目，这种合同关系就是购买项目产品的一种特殊的协议；对于服务性项目，如：码头、道路等，这种合同关系就体现为购买项目提供的服务的协议。因此，可以将"无论提货与否均需付款"协议定义为一种由项目公司与项目的有形产品或无形产品的购买者之间所签订的长期的无条件供销协议。所谓长期协议，是指产品的购买者的购买责任不短于项目的特许期，这一期限少则十几年，多则数十年，这比一般的商业合同要长得多。所谓无条件协议，是指项目产品购买者承担的无条件付款责任是根据规定的日期按确定的价格向项目公司支付事先确定数量产品的货款，而无论项目公司是否能够交货。产品价格以市场价格为基础，可以是固定价格或浮动价格（即可以按有关调价公式进行调价），但往往同时规定最低的限价。产品的数量以项目达到设计生产指标时的产量为基础。总之，确定"无论提货与否均需付款"协议的基本原则是项目产品购买者所承诺支付最低金额不应少于该项目的生产经营费用和债务偿还费的总和。

"无论提货与否均需付款"协议与传统的贸易合同或服务合同的本质区别是项目产品购买者的义务的绝对性和无条件性。传统的贸易合同是以双方对等交换为基础的，如果卖方不能提供产品或服务，买方可以解除其付款义务。但对于"无论提货与否均需付款"协议，项目产品的购买者承担的是绝对的、无条件的根据合同付款的义务，即使由于出现与协议双方绝对无关的风险事件从而导致项目公司不能交货，只要在协议中没有作出相应的规定，产品的购买者仍需付款。因此，这种协议实质上是由项目产品的购买者为项目公司提供的一种财务担保，同时也可以看作为贷款银行提供的一种间接担保。

“无论提货与否均需付款”协议中的购买者一般为东道国政府的公共事业机构或其他与项目利益相关的第三方(如股本投资人)。如果该股本投资人参与项目公司,对项目进行管理,即该投资人具有双重身份,贷款银行就会要求设立受托管人,以确保项目收益的合理使用。

2.“取得货物付款”协议

由于“无论提货与否均需付款”协议的绝对性和无条件性,许多项目产品的购买者不愿意接受这种类型的协议,即不愿意承担这样一种财务担保责任,而更倾向于采用“取得货物付款”协议的形式。“取得货物付款”协议与“无论提货与否均需付款”协议十分相似,主要区别是,“取得货物付款”协议中的项目产品购买者承担的不是绝对的无条件的责任,而只在取得产品的条件下才履行付款的义务。如用于一个发电厂 BOT 项目,“取得货物付款”协议即规定,只有在电力被输送到电厂外,产品购买者才予以付款。由于这一特点,这类协议更容易被那些有长期需求的购买者所接受,使其在 BOT 项目产品采购中得到广泛的应用,并有逐步取代“无论提货与否均需付款”协议的趋势。但是,另一方面,由于“取得货物付款”协议在项目融资中提供的担保是有条件的,从贷款银行来看,此类购买协议的担保分量相对要轻一些,因此,贷款银行还可能要求项目公司提供附加的资金缺额担保作为对它的补充。

对于在 BOT 项目中使用“无论提货与否均需付款”或“取得货物付款”协议的问题,在企业界与理论界一直存在着争议。由于项目产品的购买者往往为东道国政府的公共事业机构,因此一些人认为,若采用“无论提货与否均需付款”就会损害国家的利益,因而不合理,甚至导致一个国家是否应采用 BOT 项目模式来改善本国的基础设施和工业设施状况的问题。另一些人则认为,不可否认,采用这一类型的协议是项目产品的购买者对贷款银行以及项目公司的一种担保。但从贷款银行来看,由于其所贷出的款项仅仅是有有限追索权的,项目公司对它的债务主要靠项目的收益偿还,提出一定的担保条件是为了保护自身的利益,是可以理解的;从项目公司的角度来说,建设一个 BOT 项目的目的是获得一定的投资回报率;从东道国政府的角度来看,建设一个 BOT 项目的初衷是发展本国的经济,如果该项目损害本国的利益,则其不会允许这样的 BOT 项目实施。要解决这一认识问题,还得从整个 BOT 项目的风险分担角度分析。从前面谈到的风险分担原则以及根据这些原则,对 BOT 项目参与方之间承担的风险划分,可以对“无论提货与否均需付款”和“取得货物付款”协议的规定加以修正。其最重要的一点就是,把“无论提货与否均需付款”中的购买方的绝对的无条件的付款责任加以修改,即应根据实际情况来决定,如果由于政府方承担的风险产生的原因导致项目无法运行,从而无法提供产品,则作为购买方的东道国政府的公共事业机构应承担此类情况下的付款责任;反之,如果由于项目公司的风险产生的原因导致项目无法运行,则购买方没有义务支付此类情况下的款项。如果贷款银行要求有关担保,则只能由项目公司直接提供。

担保是风险管理的一个重要手段,也是风险分担原则的反映和应用,在订立合同时,要根据实际情况确定采用的担保形式。

7.5 BOT 案例分析

本节列举了两个采用 BOT 项目融资模式比较成功的案例,以帮助读者加深认识和理解 BOT 项目融资模式。但由于商业竞争的关系,一般 BOT 项目的融资结构及相关资料都是严格保密的,很难获得全面详细的资料和数据,所以案例分析的详细程度也必然受到资料来源的限制。在此收集了“马来西亚南北高速公路项目”和“深圳沙角 B 火力发电厂项目”两个在国际上被认为比较成功的 BOT 项目融资模式的案例。

一、马来西亚南北高速公路项目融资案例

(一)项目背景

马来西亚南北高速公路全长 900 余千米,最初是由马来西亚政府所属的公路管理局负责建设,但是在公路建成 400 千米之后,由于财政方面的困难,政府无法将项目继续建设下去,采取其他的融资方式使项目得以最终完成便成为唯一的途径。在众多方案中,马来西亚政府选择了 BOT 融资模式。

经过历时两年左右的谈判,马来西亚联合工程公司(UEM)在 1989 年完成了该高速公路项目的资金安排,使得项目得以重新开工建设。BOT 项目融资模式在马来西亚高速公路项目中的运用,在国际金融界获得了很高的评价,被认为是 BOT 模式的一个成功的范例。

(二)项目融资结构

从 1987 年初开始,经过为期两年的项目建设、经营、融资安排的谈判,马来西亚政府与当地的马来西亚联合工程公司签署了一项有关建设经营南北高速公路的特许权协议。马来西亚联合工程公司为此成立了一家项目子公司——南北高速公路项目有限公司,以政府的特许权协议为核心,组织起项目的 BOT 融资结构(见图 7 – 7)。

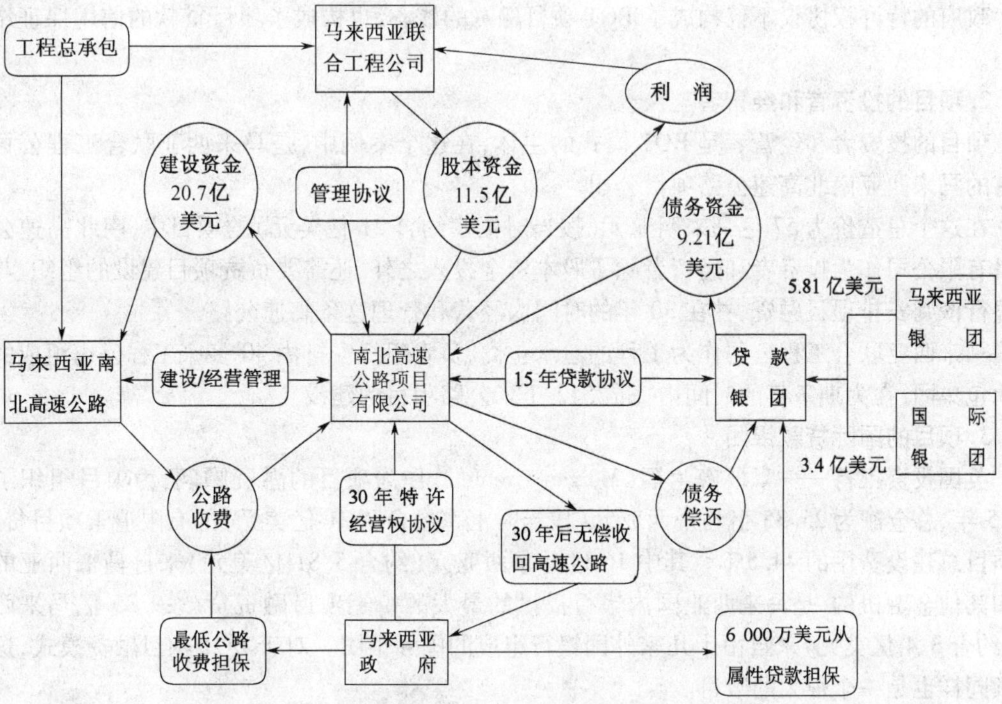

图 7 – 7　马来西亚南北高速公路 BOT 项目融资结构

项目的 BOT 融资结构由 3 个部分组成。

1. 政府的特许权协议

马来西亚政府是南北高速公路项目的真正发起人和特许权协议结束后的拥有者。政府通

过提供一项为期30年的南北高速公路建设经营特许权协议,不仅使得该项目由于财政困难未能动工的512千米得以按原定计划建设并投入使用,而且通过项目的建设和运营带动了周边经济的发展。

对于项目的投资者和经营者以及项目的贷款银行,政府的特许权协议是整个BOT融资的关键核心。这个协议的主要内容包括以下几个方面。

①南北高速公路项目有限公司负责承建512千米的高速公路,负责经营和维护高速公路,并有权根据一个双方商定的收费方式对公众收取公路的使用费。

②南北高速公路项目有限公司负责安排项目建设所需要的资金。但是,政府将为项目提供一项总金额为1.65亿马来西亚元(按当时汇率约合6 000万美元)的从属性备用贷款,作为对项目融资的信用支持;该项贷款可在11年内分期提取,利率8%,并具有15年的还款宽限期,最后的还款期为特许权协议结束之日。

③在特许权期间政府将原已建好的400千米高速公路的经营权益转让给南北高速公路项目有限公司。但是,项目公司必须根据协议对公路设施加以改进。

④政府向项目公司提供最低公路收费的收入担保,即无论在任何情况下,如果公路交通流量不足,公路的使用费收入低于协议中规定的水平,政府负责向项目公司支付差额部分。

⑤特许权协议为期30年。在特许权协议的到期日,南北高速公路项目公司将无偿地将900余千米的南北高速公路的所有权转让给马来西亚政府。

政府的特许权协议不仅构成了BOT项目融资的核心,也构成了项目贷款的信用保证结构核心。

2. 项目的投资者和经营者

项目的投资者和经营者是BOT模式的主体,在这个案例中,是马来西亚联合工程公司所拥有的马来西亚南北高速公路项目公司。

在这个总造价为57亿马来西亚元(按当时汇率约合21亿美元)的项目中,南北高速公路项目有限公司作为投资者和经营者除了股本资金投入之外,还需要负责项目建设的组织、与贷款银行谈判安排项目融资,并在30年的时间内经营和管理这条高速公路。

马来西亚联合工程公司作为工程的总承包商,负责组织安排由40多家工程公司组成的工程承包集团,在为期7年的时间内完成512千米公路项目的建设。

3. 项目的国际贷款银团

英国投资银行——摩根格兰福(Morgan Grenfell)作为项目的融资顾问,为项目组织了为期15年、总金额为25.35亿马来西亚元(按当时汇率约合9.21亿美元)的有限追索项目贷款,占项目总建设费用的44.5%。其中16亿马来西亚元(约合5.81亿美元)来自马来西亚的银行和其他金融机构,是马来西亚国内银行提供的最大的一笔项目融资贷款;9.35亿马来西亚元(约合3.4亿美元)来自由十几家外国银行组成的国际银团。对于BOT项目融资模式,这个金额同样也是一个很大的数目。

项目贷款是有限追索的,贷款银团被要求承担项目的完工风险和市场风险。然而,由于实际上政府特许权协议中所规定的项目最低收入担保,项目的市场风险相对减轻了,并在某种意义上转化成为一种政治风险,因而贷款银团所承担的主要商业风险为项目的完工风险。项目的延期将在很大程度上影响到项目的收益。但是,与其他类型的项目融资的完工风险不同,公路项目可以分段建设、分段投入使用,从而相对减少了完工风险对整个项目的影响。

项目建设所需要的其他资金将由项目投资者在 7 年的建设期内以股本资金形式投入。

(三)融资结构简评

1. 采用 BOT 模式为马来西亚政府和项目投资者以及经营者均带来了很大的利益

从马来西亚政府的角度看,由于采用了 BOT 模式,可以使南北高速公路按原计划建成并投入使用,对于促进国民经济的发展具有很大的好处,并且可以节省大量的政府建设资金。在 30 年特许权协议结束以后,政府可以无条件回收这一公路。

从项目投资者和经营者的角度,BOT 模式的收入是十分可观的。马来西亚联合工程公司可以获得两个方面的利益:i. 根据预测分析,在 30 年的特许权期间内南北高速公路项目有限公司可以获得大约 2 亿美元价值的净利润;ii. 作为工程总承包商,在 7 年的建设期间内从承包工程中可以获得大约 1. 57 亿美元价值的净税前利润。

2. 对 BOT 融资模式中的风险问题的分析

采用 BOT 模式的基础设施项目,在项目的风险方面与工业或矿业项目融资模式有所不同,具有一定的特殊性。这些特殊性对 BOT 模式的应用具有相当大的影响。

①基础设施项目的建设期比一般的项目要长得多。如果采用贴现净现值的方法计算项目的投资收益,则会由于建设期过长而导致项目净现值大幅度减少,尽管类似高速公路这样的项目,可以分段建成、分段投入使用,然而,基础设施项目的固定资产寿命比一般的工业项目要长得多,经营成本和维修成本按照单位使用量计算也比工业项目要低,从而经营期的资金要求量也相对比较低。因此,从项目融资的角度,这种项目建设期的风险比较高,而项目经营期的风险比较低。

②对于公路项目建设,有关风险因素的表现形式和对项目的影响程度与其他采用 BOT 融资模式的基础设施项目也有所不同。首先,公路项目的完工风险要低于其他采用 BOT 融资模式的基础设施项目,如桥梁、隧道、发电厂等。这是因为在前面反复提到的公路项目可以分段建成,分段投入使用,分段取得收益。如果项目的一段工程出现延期,或由于某种原因无法建设,虽然对整个项目的投资收益会造成相当大的影响,但是不会像桥梁、隧道等项目那样“颗粒无收”。正因为如此,在马来西亚南北高速公路的 BOT 项目融资中,贷款银行同意承担项目的完工风险。其次,公路项目的市场风险表现也有所不同。对于电厂、电力输送系统、污水处理系统等基础设施项目,政府的特许权协议一般是承担百分之百的市场责任,即负责按照规定的价格购买项目生产的全部产品。这样,项目融资的贷款银行不承担任何市场需求方面的风险,项目产品的价格也是根据一定的公式(与产品的数量、生产成本、通货膨胀指数等要素挂钩)确定的。然而,对于公路、桥梁等项目,由于市场是面对公众的,由使用者的数量以及支付一定的使用费构成,所以面临着较大的不确定性因素。项目使用费价格的确定,不仅仅是与政府谈判的问题,也必须考虑到公众的承受能力和心理因素。如果处理不好,类似收费加价这样的经济问题就会演变成为政治问题。因此,在公路建设这样的项目中,政府在特许权协议中关于最低收益担保的条款,成为这类 BOT 融资模式中非常关键的一个条件。

③项目所在国金融机构的参与对于促成大型 BOT 融资结构起着很重要的作用。在 BOT 融资结构中,由于政府的特许权协议在整个项目融资结构中起着举足轻重的作用,从项目贷款银团的角度,项目的国家风险和政治风险就变成一个十分重要的因素。这方面包括政府违约、外汇管制等一系列问题。项目所在国的银行和金融机构,通常被认为对本国政治风险的分析

判断比外国银行要好得多和准确得多。因此，在大型的 BOT 融资结构中，如果能够吸引到若干家本国的主要金融机构的参与，可以起到事半功倍的作用。在马来西亚南北高速公路的项目融资的安排中，这一点被国际金融界认为是十分成功的。

二、深圳沙角 B 火力发电厂项目融资案例

（一）项目背景

广东省沙角火力发电厂 B 处（以下通称为“深圳沙角 B 电厂”）于 1984 年签署合资协议，1986 年完成融资安排动工兴建，并在 1988 年建成投入使用。深圳沙角 B 电厂的总装机容量 70 万千瓦，由两台 35 万千瓦的发电机组成。项目总投资为 42 亿港币（按 1986 年汇率，约合 5.4 亿美元），被认为是中国最早的一个有限追索的项目融资案例，事实上也是中国第一次使用 BOT 融资模式兴建的基础设施项目。深圳沙角 B 电厂的融资安排，是我国企业在国际市场举借外债开始走向成熟的一个标志。

（二）项目融资结构

1. 深圳沙角 B 电厂的投资结构

深圳沙角 B 电厂采用中外合作经营方式兴建（见图 7－8）。合作经营是我国改革开放前期比较经常采用的一种中外合资形式。合资中方为深圳特区电力开发公司（A 方），合资外方是一家在香港注册专门为该项目成立的公司——合和电力（中国）有限公司（B 方）。项目合

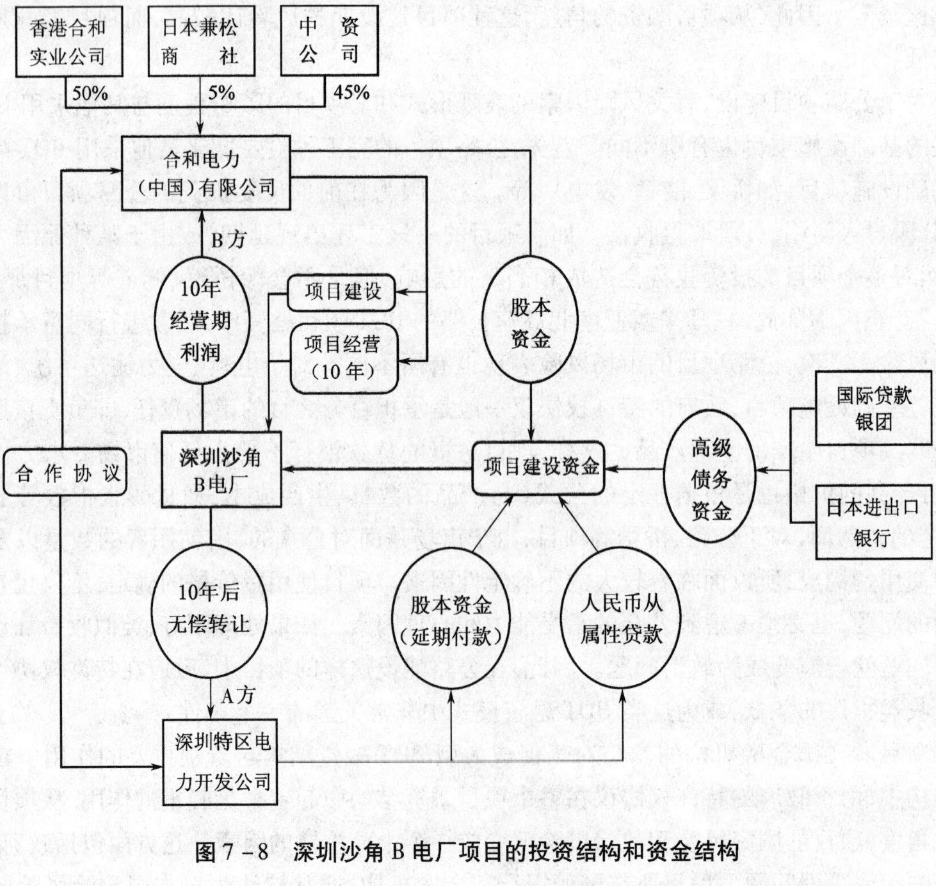

图 7－8 深圳沙角 B 电厂项目的投资结构和资金结构

作期为 10 年。在合作期间,B 方负责安排提供项目全部的外汇资金,组织项目建设,并且负责经营电厂 10 年(合作期)。作为回报,B 方获得在扣除项目经营成本、煤炭成本和支付给 A 方的管理费之后百分之百的项目收益。合作期满时,B 方将深圳沙角 B 电厂的资产所有权和控制权无偿地转让给 A 方,退出该项目。

在合作期间,A 方主要承担的义务包括:

①提供项目使用土地、工厂的操作人员以及为项目安排优惠的税收政策;

②为项目提供一个具有供货或付款性质的煤炭供应协议;

③为项目提供一个具有提货与付款性质的电力购买协议;

④为 B 方提供一个具有资金缺额担保性质的贷款协议,同意在一定条件下,如果项目支出大于项目收入,则为 B 方提供一定数额的贷款。

2. 深圳沙角 B 电厂的融资模式

深圳沙角 B 电厂的资金结构包括股本资金、从属性贷款和项目贷款三种形式,其具体的资金构成为(以 1986 年汇率换算为美元):

股本资金:	
股本资金/股东从属性贷款(3.0 亿港币)	3 850 万美元
人民币延期付款(5 334 万人民币)	1 670 万美元
债务资金:	
A 方的人民币贷款(从属性项目贷款)(2.95 亿人民币)	9 240 万美元
固定利率日元出口信贷(4.96 兆亿日元)——日本进口银行:	26 140 万美元
欧洲日元贷款(105.61 亿日元)	5 560 万美元
港币贷款(5.86 亿港币)	7 500 万美元
资金总计	53 960 万美元

根据合作协议安排,在深圳沙角 B 电厂项目中,除以上人民币资金以外的全部外汇资金安排由 B 方负责。项目合资 B 方——合和电力(中国)有限公司利用项目合资 A 方提供的信用保证,为项目安排了一个有限追索的项目融资结构(如图 7－9 所示)。

在融资结构中,首先,B 方与日本三井公司等几个主要日本公司组成的电厂设备供应和工程承包财团谈判,签订了一个固定价格的“交钥匙”合同。这个财团在一个固定日期(1988 年 4 月 1 日)和一个“交钥匙”合同的基础上,负责项目的设计、建设和试运行,并且同意为项目在试运行和初期生产阶段提供技术操作人员。通过这种方式,项目的一个主要风险即完工风险被成功地从项目投资者身上转移出去了。

其次,融资结构使用了日本政府进出口银行的出口信贷作为债务资金的主要来源,用以支持日本公司在项目中的设备出口。但是,日本进出口银行并不承担项目的风险,一个由大约 50 家银行组成的国际贷款银团为日本进出口银行提供了一个项目风险担保,并且为项目提供欧洲日元贷款和港币贷款。

第三,A 方对项目的主要承诺(对 B 方的承诺)是电力购买协议和煤炭供应协议,以及广东省国际信托投资公司对 A 方承诺的担保。B 方在安排项目融资时,将两个协议的权益以及

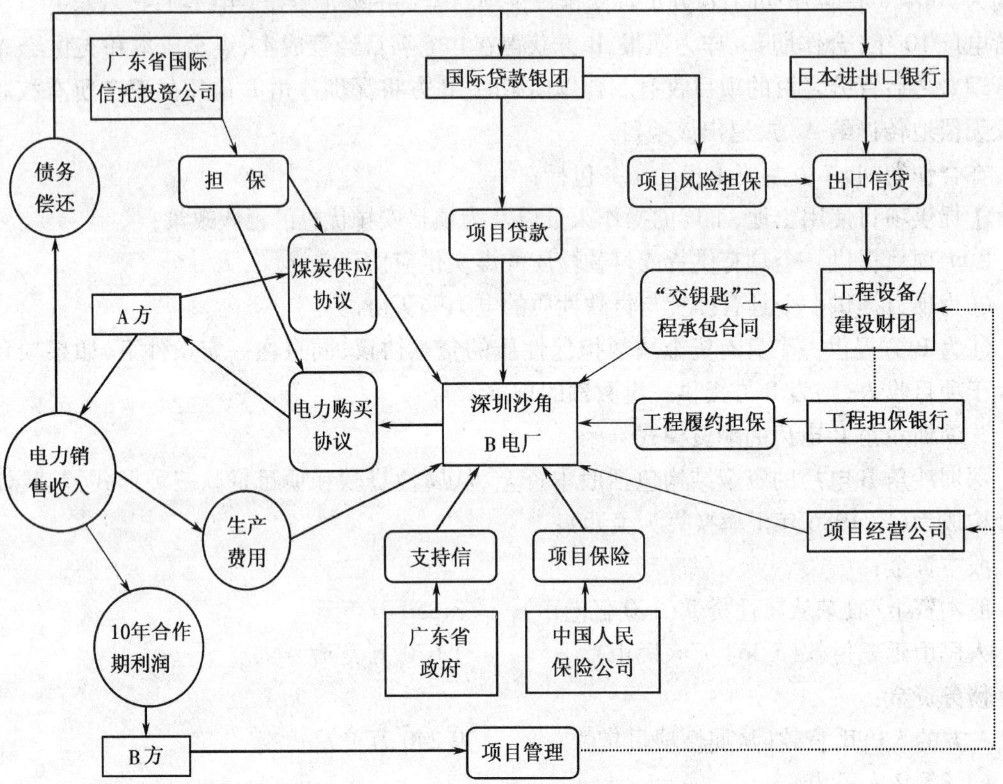

图7-9 深圳沙角B电厂项目融资结构

有关的担保转让给项目融资的贷款银团,作为项目融资结构的主要信用保证。

最后,在A方与B方之间,对于项目现金流量中的外汇问题也作了适当的安排。在合作期间,项目的电力销售收入的50%支付人民币,50%支付外汇。人民币收入部分用以支付项目煤炭的购买成本以及人民币形式发生的项目经营费用,外汇收入部分支付以外汇形式发生的项目经营费用,包括项目贷款债务偿还和支付B方的利润。A方承担项目经营费用以及外汇贷款债务偿还部分的全部汇率风险。但是,对于B方的利润收入部分汇率风险则由双方共同分担,30%由A方承担,70%由B方承担。

3. 融资模式中的信用保证结构

从图7-9中可以看出,项目的信用保证结构由以下几个部分组成。

①A方的电力购买协议。这是一个具有提货与付款性质的协议,规定A方在项目生产期间按照事先规定的价格从项目中购买确定的最低数量的发电量,从而排除了项目的主要市场风险。

②A方的煤炭供应协议。这是一个具有供货或付款性质的合同,规定A方负责按照一个固定的价格提供项目发电所需的全部煤炭。这个安排实际上排除了项目的能源价格及供应风险以及大部分的生产成本超支的风险。

③广东省国际信托投资公司为A方的电力购买协议和煤炭供应协议所提供的担保。

④广东省政府为上述三项安排所出具的支持信。虽然支持信并不具备法律约束力,但是,一个有信誉的机构出具的支持信,作为一种意向性担保,在项目融资安排中具有相当重的份

量。

⑤设备供应及工程承包财团所提供的“交钥匙”工程建设合约,以及为其提供担保的银行所安排的履约担保,构成了项目的完工担保,排除了项目融资贷款银团对项目完工风险的顾虑。

⑥中国人民保险公司安排的项目保险。项目保险是电站项目融资中不可缺少的一个组成部分。这种保险通常包括对出现资产损害、机械设备故障以及相应发生的损失的保险,在有些情况下也包括对项目不能按期投产的保险。

通过以上6点,可以清楚地勾画出深圳沙角B电厂项目的种种风险要素是如何在项目建设有关各方之间进行分配的。这种项目风险的分担是一个成功的项目融资结构所不可缺少的条件。

(三)融资结构简评

深圳沙角B电厂项目的建设和融资安排是我国第一个利用有限追索的融资方式进行基础设施项目资金安排的成功实例,也是我国的第一个(同时也是世界上最早的几个)事实上按照BOT模式概念组织起来的项目融资。所谓事实上的BOT融资模式,是指从形式上深圳沙角B电厂项目的建设和融资并不是依靠政府特许权协议为基础组织起来的,而是合资双方(A方和B方)根据合作协议以及几个商业合约为基础组织起来的。但是,事实上,由于合资A方和广东省国际信托投资公司的政府背景以及广东省政府的支持,项目的合作协议以及商业合约具备了明显政府特许权协议的性质。

从1993年下半年开始,采用BOT模式集资建设基础设施项目,引进国外先进技术和管理经验,成为我国基础设施项目开发的一个热点。然而,怎样才能有效地为电站项目安排一个BOT项目融资呢?通过对深圳沙角B电厂项目的合资结构以及融资结构的分析,可以归纳总结出以下几点。

①作为BOT模式中的建设、经营一方(在我国现阶段有较大一部分为国外投资者),必须是一个有电力工业背景,具有一定资金实力,并且能够被银行金融界所接受的公司。

②项目必须有一个具有法律保障的电力购买协议作为支持。这个协议需要具有“提货与付款”或者“无论提货与否均需付款”的性质,按照一个事先规定的价格从项目购买最低数量的发电量,以保证项目可以创造出足够的现金流量,满足项目贷款银行的要求。

③项目必须有一个长期的燃料供应协议。从项目贷款银行的角度,如果燃料是进口的,通常会要求有关当局对外汇支付作出相应的安排;如果燃料是项目所在地政府部门或商业机构负责供应或安排的,则通常会要求政府对燃料供应作出具有“供货或付款”性质的承诺。

④根据提供电力购买协议和燃料供应协议的机构的财务状况和背景,有时项目贷款银行会要求更高一级机构提供某种形式的财务担保或者意向性担保。

⑤与项目有关的基础设施的安排,包括土地、与项目相连接的公路、燃料传输及储存系统、水资源供应、电网系统的连接等一系列与项目开发密切相关的问题的处理及其责任,必须在项目文件中作出明确的规定。

⑥与项目有关的政府批准,包括有关外汇资金、外汇利润汇出、汇率风险等一系列问题,必须在项目动工之前得到批准和作出相应的安排,否则很难吸引银行加入项目融资的贷款银团行列。有时,在BOT融资期间贷款银团还可能会要求对项目现金流量和外汇资金的直接控制。

第8章 工程风险管理与保险

本章主要介绍国际工程中常见的风险因素,风险辨识和分析方法,风险的回避、减轻、转移、利用等防范措施以及工程保险知识。

8.1 风险管理概述

一、风险的概念

(一)风险的含义

风险是指在给定的情况下和特定的时间内,那些实际发生的结果与主观预料之间的差异,并且这种结果可能伴随某种损失的产生。

风险存在于人类各种活动之中,风险的大小可以用客观的尺度来测度。从统计学的观点看,风险的大小取决于各种可能发生的结果的期望值以及标准差。

风险贯穿于工程实施的全过程,风险与利润并存,只有不求利润才有可能不承担风险。所以,工程风险是对管理者的挑战,科学的风险管理是获得经济效益的保证。

(二)风险的基本要素

风险是由风险因素、风险事故和风险损失三个基本要素构成的统一体,三者之间存在一种因果关系:风险因素增加或产生风险事故,风险事故引起风险损失。

1. 风险因素

风险因素是指引起或增加风险事故发生的机会或扩大损失幅度的原因和条件。它是风险事故发生的潜在原因,是造成风险损失的根源。如酒后开车是导致车祸的原因。如果消除了所有风险因素,风险损失就不会发生。

2. 风险事故

风险事故是指由一种或几种风险因素共同作用而发生的任何造成生命财产损失的偶发事件。也就是说,风险事故是损失的媒介,是造成损失的直接的原因,即风险只有通过风险事故的发生,才能导致风险损失。如刹车系统失灵酿成车祸而导致人员伤亡,其中,刹车系统失灵是风险因素,车祸是风险事故,人员伤亡是损失。如果仅有刹车系统失灵,而未导致车祸,则不会导致人员伤亡。风险事故的发生是不确定的,这种不确定性是由内外部环境的复杂性和人们对于未来变化的预测能力有限而导致的。

3. 风险损失

在风险管理中,风险损失是指非故意的、非预期的和非计划的人身损害及财产经济价值的减少。显然,风险损失包括两方面的含义:一是非故意、非预期和非计划的事件;二是造成了人身伤害以及财产经济价值的减少。如果缺乏其中任一方面,都不能称为风险损失。如设备折旧,虽有经济价值的减少,但不是风险损失。

4. 三者关系

风险因素、风险事故和风险损失三者之间的因果关系如图 8 - 1 所示。

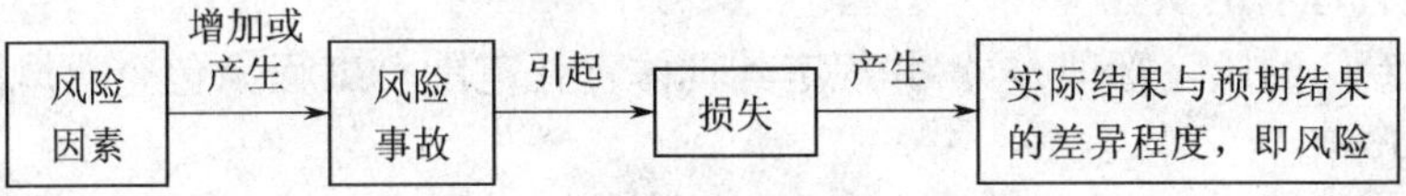

图 8 - 1　风险基本要素关系图

(三)风险量和风险坐标

风险量是衡量风险大小的一个变量,可被定义为:

$$R = f(p, q)$$

式中:R 为风险量;p 为风险事故可能发生的频率;q 为风险事故引起的损失。

风险量的量化具有很大的主观性,与人的评价标准以及对于风险事故发生的预测能力和对其损失的控制能力有关。风险量的确定能为选择处理风险的方式提供所需信息。

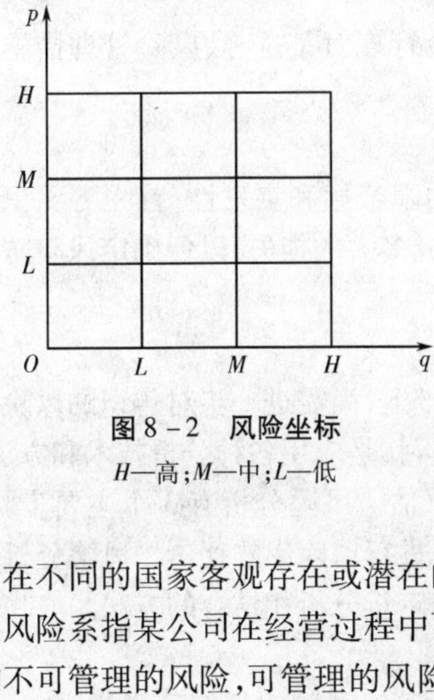

图 8 - 2　风险坐标

H—高;M—中;L—低

风险坐标是描述风险量大小的一种形象方法,它分别以风险的两个特征值——风险发生的频率 p 和风险事故引起的损失大小 q 为纵、横坐标,如图 8 - 2 所示。

二、风险分类

风险具有多样性。从不同的角度,可以划分为不同的风险类型。按风险未来结果的不确定性,可分为纯风险和投机风险。纯风险系指只会造成损失的风险,如自然灾害等;投机风险系指可能造成损失,但也可能产生收益的风险,如投资股票等。按风险来源,可分为政治风险、经济风险、工程技术风险、管理风险等;按风险分布情况,可分为国别风险、行业风险和公司风险。国别风险系指在不同的国家客观存在或潜在的各种风险;行业风险系指不同行业可能遇到的各种风险;公司风险系指某公司在经营过程中可能遇到的各种风险。按风险的性质,可分为可管理的风险和不可管理的风险,可管理的风险系指可以预测和可以控制的风险,反之则为不可管理的风险。按风险受损失的对象,可分为财产风险、人身风险、责任风险和信誉风险。

三、风险管理

风险管理的目的是避免或减少风险损失。风险管理是研究风险发生的规律,控制风险频率和风险幅度的策略、程序、技术和方法。通过对风险的识别、估计、分析,并在此基础上应用各种风险管理方法,对风险实施有效的控制,妥善处理风险所导致损失的后果,期望达到以最小的经济成本获得最大安全保障的目标。

(一)风险管理的目标

工程承包企业风险管理的目标必须与企业的总目标一致,必须与企业所处的环境和企业的实际情况相一致。风险管理目标由两部分所组成,即损失发生前的风险管理目标和损失发生后的风险管理目标。前者是避免或减少风险事故形成的机会,包括节约经营成本、减少风险忧虑心理、满足相关法规的要求、负担其相应的社会责任等；后者是尽量减少风险损失和尽快使企业复原，包括维持企业继续营业、收入稳定、持续发展等。二者互相结合，构成完整的风险管理目标体系。

（二）风险管理者的责任

企业应有专门的风险管理人员，并规定其具体责任范围。工程承包企业风险管理人员的一般责任范围包括：

①识别风险因素、评估潜在风险损失；

②制定风险财务对策；

③采取各种风险对策；

④负责相关工程保险、职业责任保险；

⑤负责工程索赔管理；

⑥落实安全措施，处理安全事故。

除此之外，企业风险管理人员还需要与市场、工程、财务、物资及人事等部门保持密切的联系，以便协调处理风险事件。

（三）风险管理的基本程序

风险管理的基本程序通常包括风险识别、风险分析、风险管理对策选择、风险管理措施实施与评估等4个步骤。

1. 风险辨识

风险辨识是风险管理系统的基础。风险事件具有一定的隐蔽性和突发性，首先需要识别风险的存在，研究其发生的概率，衡量其严重程度，即可能造成多大的损失，以便确定风险防范的范围和内容。

2. 风险分析

通过风险辨识，可以从宏观上了解和识别风险。在此基础上，尚需进一步对辨识的风险作深入的分析与研究，以便了解这些风险的准确情况。风险分析就是应用各种分析技术和方法，对风险的不确定性及其可能造成的影响进行准确的分析和评估。风险分析有3个主要步骤：采集与所要分析的风险相关的数据；建立不确定性分析模型；进行风险影响评价。风险分析的方法很多，归纳起来有：定性分析方法、定量分析方法、定性和定量分析相结合的方法。

3. 风险管理对策选择

在风险分析的基础上，对于不同的风险，应采取不同的对策。风险对策多种多样，选择风险管理对策，应根据具体情况，认真研究各种可行的措施和手段，多种因素综合考虑，用科学的方法进行论证，以便制定正确的风险管理决策。在有效地管理各种可能的风险的同时，要特别重视发生频率高和影响重大的风险因素，达到尽量避免或减轻风险可能造成的损失，甚至利用风险扩大收益的目的。

4. 风险管理措施实施与评估

采取果断的行动，实施风险管理对策中预定的措施；在付诸实施之后进行效果评估，其目的是查明决策的结果是否与预期的目标相同，分析发生目标偏差的原因，把信息反馈给有关决策者。

8.2　工程风险因素

入世后的中国工程建设业在国际工程大市场上会遇到各种各样的风险,除了一般行业风险之外,还可能遇到国别风险、特殊风险。因此,作为一个具有风险驾驭能力的管理者必须对可能遇到的风险因素有一个比较全面而深刻的了解。从国际工程市场的角度分析,常见的风险因素表现于政治方面、经济方面、工程技术方面、公共关系方面以及管理方面。

一、政治方面

政治风险是指工程市场所处的政治背景可能给承包商、工程咨询公司带来的风险,主要有以下方面。

1. 政局不稳

一个国家的政治局势的不稳定性主要表现在政权的更迭、政变或兵变、罢工和暴乱,乃至发生内战等。政局失稳可能使建设项目终止和毁约,或者建设项目直接遭到战争的毁坏,从而使工程参与各方都遭到损失。据报导,伊朗在推翻前政权和以后发生的两伊战争初期,外国的建筑师、咨询工程公司和承包商总损失超过数十亿美元。

2. 国际关系紧张

一个国家的国际关系及与邻国的关系,也是影响经营活动的重要因素之一。如果工程所在国的国际关系紧张,可能招致封锁、禁运和经济制裁;如果与邻国关系恶化,可能发生边境冲突,甚至发生大规模战争。这些情况将直接影响工程的实施和人员的安全,使工程被迫中断,从而蒙受损失。

3. 与我国的关系

工程所在国与我国的关系是非常重要的因素。如果工程所在国与我国关系良好,在工程实施过程中将会得到各方面的支持和帮助,办事顺利;反之,在一些不友好的国家就会碰到一些预想不到的问题。例如在投标竞争过程中甚至会遇到政治性的干预,工程实施过程中也可能在人员出入境、货物运输、工程款支付以及合同争端的处理方面遇到难题,使我国公司的权益受到损害。

4. 政策开放性

当前国际形势的主流是和平与发展,大多数发展中国家都实行经济开放政策,对于在当地注册的外国公司给予平等待遇。相反,有些国家仍然实行闭锁政策,排斥外国公司进入,对外国公司和本国公司实行不平等竞争的"保护性法规",对外国公司采取歧视性措施。在这样的国家实施项目,就会遇到一定的困难和风险。概括起来有以下几个方面。

①规定合资公司中对外资股份的限制,以保证大部分利益归本国公司。

②对本国和外国公司招标条件不一视同仁。有些国家规定外国公司投标价格必须比当地公司投标价低若干个百分点才能被授标,或者必须与当地公司联合才能参加投标。

③有些国家对本国和外国公司实行差别税收,以保护本国利益。对外国公司来讲,经常面对的是工程所在国对外来者所实行的种种歧视政策。常常被索要税法规定以外的费用或摊派,或者受到该国公务人员在执法过程中排外情绪的影响,构成潜在的风险因素。

5. 权力机构腐败现象

如果工程所在国的权力机构存在腐败现象,对工程项目的管理营私舞弊,必将导致企业间公平竞争的原则被破坏，国家经济秩序混乱，投资环境和经营条件恶化。这样会导致国际工程公司的正常工作受到干扰，从而蒙受损失。

6. 拒付债务

有些国家在财力枯竭的情况下，对于政府的工程项目简单地废弃合同，拒付债务。有的工程所在国的政权发生更迭，政府被对立面推翻时，新政权不承认前政府的一切债务，使所欠工程款难以收回。

二、经济风险

经济风险是指工程所在国的经济实力、经济形势及解决问题的能力可能给承包商、工程咨询公司带来的不利影响。主要有以下几方面。

1. 通货膨胀

通货膨胀是一个全球性问题，在某些发展中国家更为严重。通货膨胀可能使所在国的工资和物价水平大幅度上涨，幅度往往超过原来的预见水平。如果合同中没有调价条款或调价条款写得太笼统，必然带来经济损失。如果最初签订了“固定总价合同”，则损失更大。

避免通货膨胀带来的损失，不仅要考虑工程所在国的物价水平，而且要全面考虑国际市场上材料、设备的价格上涨情况及当地货币的贬值幅度，掌握国际市场物价浮动趋势。

2. 外汇风险

一般来说，业主希望支付本国的货币作为工程款，而工程公司希望得到能保值的硬通货，最后在支付条款中往往双方都作出让步。有时在招标文件中业主对硬通货比例作出规定。

外汇风险涉及一个很大的范围，国际工程中经常遇到的外汇问题有：工程所在国外汇管制严格，限制工程公司汇出外币；外汇浮动，当地货币贬值，从而使工程公司赚取的当地货币，由于合同中没有规定采用固定汇率而蒙受损失；有的业主对外币延期付款，而利率很低，但工程公司向银行贷款利率较高，因而倒贴利率差；合同中规定的外汇贬值等。

3. 延迟付款

业主资金不足，支付能力差，以各种形式拖延支付。如合同中对拖延支付如何处理未作出相应的规定；或虽然有业主拖延支付时应支付利息的条款，但利率很低；或业主找借口拖延签发变更命令而使新增项目得不到支付；或业主在工程结束时拖延支付最终结算工程款等。

由于雇主过于苛刻，有意拖延支付或找借口扣减应支付的工程款；特别是对“包干”项目，在项目未完成前拒绝支付或支付的比例很低等。

4. 分包

分包风险应从两方面分析：作为承包商选择分包商可能出现的风险与作为分包商被承包公司雇用时可能出现的风险。

工程公司作为总承包商选择分包商时，可能会遇到分包商违约，不能按时完成分包工程而使整个工程进展受到影响的风险，或者对分包商协调、组织工作做得不好而影响全局。特别是把工程某部分分包给国内有关单位时，如果协议中规定的风险责任不清，容易产生相互推诿的情况；有时分包商派出人员的素质无法审查，也是造成整个工程受影响的原因。特别是一个工程的分包商较多时，如果经营管理不善，则容易引起许多干扰和连锁反应。

相反，作为分包商也会遇到总承包商有意压价，转嫁合同风险或提出各类不合理的苛刻的条件要求分包商接受，使分包商处于被动地位。

三、工程技术方面

1. 自然条件

自然条件包括气象、水文、地质及自然灾害等。对于一个工程项目，特别是大型土木工程和水利工程项目，从工程的可行性研究、勘察、设计、施工，直至运营，与工程所在地的自然条件都密切相关，对工程的成败有着重大影响。由于一般业主不可能提供详细的基础资料，也不负责解释和分析，因而对工程承包或咨询单位的技术人员提出很高的要求，如对设计图纸要求，既要保证工程的经济合理性，又要保证其绝对安全可靠。

自然风险主要表现在两方面：一方面，由于自然条件的复杂多变，容易发生对工程的自然条件估计不准确而产生的问题，如严寒、酷暑、多雨、塌方等对工程质量、进度和成本的影响；另一方面，是当地出现的异常地质、气候、水文条件甚至自然灾害，如台风、洪水、山体滑坡、泥石流等。虽然按照一般的合同条件，由于自然灾害造成的工期拖延可以得到补偿，但财产损失很难全部得到补偿。

2. 新工艺、新技术带来的挑战

随着科学技术的飞速发展，新技术、新工艺不断出现，对工程建设业产生了深刻的影响。一方面是雇主对新技术的追求，希望将其应用于生产中，对降低成本，提高效益提出了更高的要求，如果承包商、咨询公司不能适应新的形势，终将逐步被激烈的市场竞争所淘汰；另一方面，新技术的发展也增加了项目的规模和复杂性，增加了工程的广度、深度和难度，即增加了工程技术风险。这就要求承包商与咨询工程师善于学习、勇于创新，迎接新工艺、新技术带来的挑战。

3. 技术规范

技术标准、规范和规程特别庞杂，是工程建设重要的风险因素。一个工程项目的实施，通常要对工程中的材料、设备、工艺等需要作出详尽的规定，涉及大量的国家标准、规范和规程。如果从事的是国际工程项目，还要采用一些发达国家的规范、规程和标准以及工程所在国的标准。例如黄河小浪底水利枢纽工程中浇筑混凝土一项工作，不仅用到许多中国规范和标准，还采用了 40 多项美国的相关规范和标准。这就要求了解和熟悉国内和国外的相关规范，避免因此造成质量事故和成本失控问题。

4. 工程变更

业主由于资金、市场需求等方面的问题，在工程实施的过程中，常常提出工程变更，包括：增加或减少合同中所包含的任何工作的数量，改变其质量或时间安排或增加合同以外的新的工作内容等。工程变更涉及工程技术经济、工程设计、施工、运营和使用等各个方面，影响工程不能按原有的计划实施。工程变更通常给承包商或咨询公司带来的问题是，干扰了公司的全面安排，增加了服务费用。虽然有的可向雇主要求索赔，但容易产生分歧，难以收回全部成本并获得相应的利润回报。

5. 外文翻译引起的问题

在涉外工程承包和咨询服务中，由于我们的工程技术人员外语大多不够熟练，而翻译人员又不熟悉专业技术，对招标文件与合同文件中的一些关键词句因翻译不准确而产生各种问题，以致造成后来工程实施中技术难度增大、成本增加、工期拖延，甚至有时工作量虽然增加了却很难索赔，造成不应有的损失。

四、管理方面

1. 公共关系

与雇主的关系、工程所在地区的有关政府职能部门的关系，如果处理失当，常常成为影响正常工程实施的重要因素。特别是海外工程，这些关系的影响更为突出，如果关系处理不好也会招致较大的麻烦和风险。

如果是几家公司联合，内部签订的合作协议对各方的职责、权利、义务等应十分明确，并应确定主要责任公司对外联系。否则，就会影响彼此之间的密切合作，造成工程拖延，质量下降，给各方均带来风险。

2. 合同管理

按合同处理各种事宜，是工程咨询和承包的工作原则。合同管理涉及双方的权利和义务、工作范围、进度控制、质量控制、成本控制、工程变更、支付、索赔、文档管理、知识产权等各项内容。承包商和咨询公司应配备既懂法律、懂经济又熟悉工程技术的合同管理人员负责这项工作，以利用合同条款保护自己的权益，保证咨询工作的顺利进行。否则，因上述合同中任何方面的问题处理不当，都会直接或间接地造成经济或其他损失。

3. 后勤管理

实施工程建设项目通常需要强有力的后勤支持，包括公司总部的支持和雇主的支持，所有后勤工作直接关系到工程能否顺利地按计划进行，所需器材能否充足供应，现场工作人员能否充分发挥效率等问题。这些问题直接或间接地影响工程项目效益。为此，公司应配备责任心强的后勤管理班子。

4. 财务管理

财务管理是工程项目获得理想经济效益的重要保证，财务工作贯穿工程项目实施的始终，涉及成本费用的估算、项目融资、仪器设备材料采购、工程收款、金融外汇等许多方面，任何一个环节的疏漏和错误都可能导致财务损失。例如筹资工作，工程筹资的渠道很多，不管采取什么筹资手段都需要周密计划部署，比较不同方案的利弊得失，倘若筹划不当，就会导致资金运用不合理，从而造成损失。

国际工程项目财务管理还面临成本容易失去控制和金融危机的风险。成本失控的原因主要有：难以预见的通货膨胀；项目规模过大，内容过于复杂；技术难度大，工期长，费用超出原来估算等。金融危机给工程咨询造成的风险主要是，工程所在国的货币贬值，汇率大幅度下跌，造成成本上升，收益下降，严重的可能导致亏损。

8.3 工程风险管理

在工程实施过程中，各种风险发生的概率、频率及可能造成的损失的严重性各不相同，有些活动可能潜伏多种风险，但造成的损失并不十分关键；有些活动虽然只有一种或两种风险，但其发生的频率高，造成损失的可能性大。因此，在风险管理中对风险的识别、估计与评价就显得异常重要了。

一、风险识别

风险识别是风险管理的第一步。针对工程项目而言，它是指对该项目所面临的及潜在的风险加以判断、归类和鉴定风险性质的过程。由于各种类型的风险威胁着整个项目的运作过程,所以要想成功地实施工程项目,必须采取有效的方法和途径识别各种风险。对风险的识别可以通过感性认识和经验进行判断,但更重要的是依据各种客观的统计、以前类似项目的资料和风险记录,通过分析、归纳和整理,从而发现各种风险的损害情况及其规律性。同时,还应尽可能鉴定出有关风险的性质,是可管理风险还是不可管理风险等,以便采取有效的管理措施。

(一)风险识别步骤

风险识别是一个系统、持续的过程,包括对所有可能的风险事件来源和结果进行实事求是的调查、严格的分类,并恰如其分地评价其重要程度。风险识别必须系统、持续,严格分类并恰如其分地评价其严重程度。对风险进行识别一般分5步。

1. 确认不确定性的客观存在

风险具有不确定性。首先,要识别所发现和推测的因素是否存在不确定性。如果不存在不确定性,即该因素是确定无疑的,则无所谓风险。比如:已知沿海某城市的地质条件属于软土地基而仍然决定设计超高层建筑,则软土地质条件便不会构成风险。其次,就是确认这种不确定性是客观存在,而不是凭空臆断的。风险识别的第一步工作是确认各种相关因素的不确定性和它们的客观存在。

2. 建立风险因素的初步清单

通过全面、系统、深入地调查研究与分析整理,编制风险因素的初步清单。清单中应明确列出客观存在的和潜在的各种风险因素,应包括各种影响工程咨询项目顺利完成和合理经济效益的因素。建立清单可采用商业清单办法和通过对一系列调查表统计分析而制定。

初步调查清单通常作为风险管理工作的起点,为建立和确定更准确的清单打基础。一般情况下,清单中必须列出有分析和参考价值的各种数据。

3. 确立各种风险事件并推测其结果,制定风险预测图

根据初步风险清单中开列的各种主要的风险来源,推测与其相关联的各种合理的可能性,包括盈利和损失、人身伤害、自然灾害、时间和成本、节约或超支等方面,重点应是资金的财务结果。然后对每一类风险发生的概率与潜在的危害绘制二维结构图,称为风险预测图,如图8-3所示。通过图形可以直观地看出某一潜在风险的相对重要性,以及曲线组中各条曲线所表示的风险程度的不同。曲线距离坐标原点越远,表明风险越大。

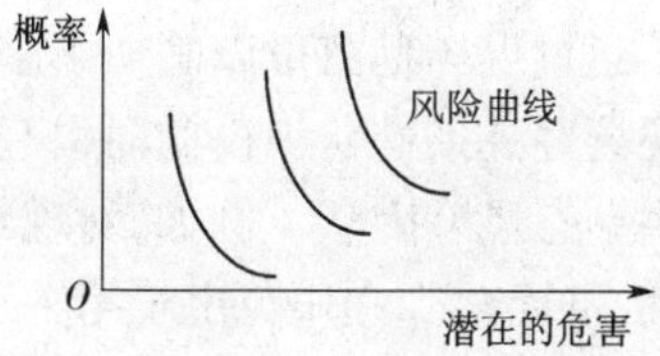

图8-3 风险预测图

4. 进行风险分类

进行风险分类有两个目的:一是通过风险分类,能够加深对风险的认识和理解;二是通过风险分类,有助于根据风险的性质制定风险管理的目标。风险分类的方法有多种:将所有的风险不论概率大小和轻重程度一一列出;根据风险造成影响的严重程度进行依次排列;依据风险的性质和可能的结果以及各种风险事件之间的相关性进行分类。显然,最后一种风险分类方法有助于发现与各种风险相关联的各方面因素,便于更深入地理解风险、预测其结果,因此是较好的方法。

5. 建立风险目录摘要

风险识别过程的最后一步是建立风险目录摘要,将项目可能面临的风险汇总起来,并分出轻重缓急,形成一种整体风险印象图。其重要作用是统一全体项目人员对风险的认识,使每个人不仅仅考虑自己所面临的风险，而且能够了解项目的其他管理人员可能遇到的风险，还能意识到项目中各种风险之间的内在联系以及可能发生的连锁反应。随着项目的进展及其相关条件的变化，项目风险也会发生变化，因此，风险管理人员应随着信息的变化和风险的演变而及时更新风险目录摘要。

（二）风险识别方法

风险识别非常复杂，需要很多细致的工作，采用科学的方法来完成。

1. 确定风险潜在损失一览表

建立潜在损失一览表的做法通常是以保险公司公布的任何企业都可能发生的所有损失一览表为基础，结合某项具体工程所面临的那些潜在损失，项目风险管理人员将一览表中的各项损失具体化，从而得到针对该项目的风险一览表。

风险损失一览表通常将风险划分为：直接损失风险、间接损失风险、隐蔽损失风险、净收入损失风险、责任损失风险和人身损失风险等6类。每类损失风险又包括若干子项风险内容，而各个子项中又包括多项风险因素。

风险一览表建立后还应向有关专家、当事人咨询和调研，进一步了解和确认有关财务和经营的相关风险因素问题。咨询面应广泛，所咨询的人士应能提供较准确的信息，所提出的问题应具有针对性，避免脱离项目实际。

2. 分析财务报表

因为任何经营活动都与财务密不可分，可以通过财务报表分析工程项目可能遭受一览表中遭受的损失。通过分析资产负债表、损益表等财务报表及有关资料，对报表中所列的各项会计科目进行深入的研究，可以识别公司当前的财产、责任及人身风险损失；将这些报表与财务预测、预算结合起来，有利于发现潜在的风险。

3. 勘察现场

通过现场勘察可以确切了解现场的地形、地貌、地物、周围环境和基础设施条件，避免由于对现场客观条件认识模糊而引起的各种风险，也有助于预测、判断未来项目执行中可能产生的某些动态风险因素。例如，对现场勘察可以使工程设计更完善，工程估价更准确，施工规划更合理，从而减少和避免由于第一手资料缺乏而造成的风险损失。因此，现场勘察是识别风险的不可替代的重要手段。

4. 参考统计记录

参考公司以往所发生的风险统计记录，这对预测未来可能重复出现的风险事故极为有益，即所谓前车之鉴，同时也有益于风险管理经验的积累和风险管理水平的提高。例如，在投标阶段，查询本公司及竞争对手在历次招标中的中标概率，对于制定投标策略、减少投标失败风险有重要价值。

5. 环境分析

对企业或一项特定的经营活动的外部环境与内在风险的联系进行详细分析，是认识风险的重要方法。分析外部环境时应着重分析以下5个方面：项目的资金来源及落实情况、雇主的基本情况、参与竞争对手的情况、政府管理体系和效率以及材料、设备供应情况。

二、风险分析

风险辨识仅能了解和识别风险，要把握风险的准确情况，则必须对其进行深入的分析。所谓风险分析是指应用各种风险分析技术，用定性、定量或两者相结合的方法处理不确定性的过程,其目的是评价风险的可能影响。风险分析是风险辨识和风险管理之间联系的纽带,是决策的基础。通过风险分析可使风险管理者更准确地认识风险、风险对项目的影响及风险之间的相互作用;有助于制订更完备的应急计划,从而有效采取风险防范措施。风险分析的方法较多,有诸如调查和专家打分法、层次分析法、模糊数学法、敏感性分析法、蒙特卡罗模拟法、CIM模型和影响图等方法。本节仅对其中的几种方法作简要介绍。

(一)调查和专家打分法

这是一种利用专家的知识经验进行风险评价的方法。首先,经过风险识别列出某一工程项目可能遇到的所有风险的调查表;然后,请专家对各种风险因素发生的可能性进行评价,并经综合得出整个项目风险。专家评价可列表进行,评价步骤如下:第一步,确定每个风险因素的权重,以表明其对项目风险的影响程度;第二步,确定每个风险因素发生的可能性的等级值,按大小分为“很大、较大、中等、不大、较小”5 个等级,分别以 1.0、0.8、0.6、0.4 和 0.2 表示;第三步,计算各项风险因素的得分,由每个风险因素的权重与其等级值相乘得出;第四步,将各项风险因素的得分相加,得出该工程项目风险因素的总分,总分越高,风险越大。表 8-1 为专家评价表举例,表中 $\Sigma W \times C$ 表示一个项目的风险程度,称为风险度。

表 8-1 风险调查表

可能发生的风险因素	权重(W)	风险因素发生的可能性(C)					$W \times C$
		很大(1.0)	较大(0.8)	中等(0.6)	不大(0.4)	较小(0.2)	
政局不稳	0.05			✓			0.03
物价上涨	0.15		✓				0.12
业主支付能力	0.10			✓			0.06
技术难度	0.20					✓	0.04
工期紧迫	0.15			✓			0.09
材料供应	0.15		✓				0.12
汇率浮动	0.10			✓			0.06
无后续项目	0.10				✓		0.04
汇总	$\Sigma W \times C = 0.56$						

鉴于专家打分法中各位专家的权威性不一,可根据各个专家在相关领域的工作经验、在项目风险分析讨论会上发言的水平,对专家评分的权威性确定一个权重值。该取值建议在 0.5 至 1.0 之间,1.0 代表专家的最高水平,其他专家取值可相应减小。在专家完成打分基础上,将每位专家评定的风险度乘以各自的权威性的权重值,假如,表 8-1 为某一专家的打分结果,其权威性权重值为 0.9,那么由该专家评出的该项目的风险度为 $0.9 \times 0.56 = 0.50$。最后,将所有专家评出的风险度数相加,再除以所有专家权威性的权重值之和,就计算出该工程项目的风险度。

调查和专家打分法通常用于项目的具体数据资料缺乏的情况,主要依赖专家经验得出的结论是一种大致的风险程度值,可作为进一步分析的基础。

(二)层次分析法

风险管理者要想在招标前就对拟建项目的风险情况有一个全面认识并判断出工程项目的

风险度,层次分析法(也称 AHP 法)不失为一种灵活的、易于理解的工程风险评价方法。应用该法对风险进行分析可按以下步骤。

①对每一个特定的咨询工作任务进行风险辨识和分类。常用的方法是专家调查法,如德尔菲法。然后,构造出该工作任务的风险因素框架图。对于大型复杂项目,可以对其进行分解,划分为几个便于分析的工作包,分别作出风险因素框架图。

②分别建立各因素和其子因素的判断矩阵,请专家对各因素的相对重要性给出评判。评判指标是:用自然数 1,2,…,9 及其倒数表示。1 表示两个因素同等重要;3 表示前者比后者稍微重要;5 表示前者比后者明显重要; 7 表示前者比后者强烈重要;9 表示前者比后者极端重要;而 2、4、6、8 介于相邻评价指标之间。然后,求出各因素的权重值,并对专家主观判断的一致性加以检验,当随机一致性比率 <0.1 时,满足要求。

③构造反映各个因素危害的严重程度的判断矩阵,风险的严重程度通常用高、中、低风险三个等级表示,求出各子风险因素相对危害程度值。

④把所求出的各子因素相对危害程度值统一起来,就可求出该工作包风险处于高、中、低各等级的概率值大小,由此可判断该项咨询任务的风险程度。

⑤如果是大型复杂项目,把组成项目的所有工作包都进行上述的分析评价,并把各工作包的风险程度统一起来,就可得出项目总的风险程度。

(三)蒙特卡罗模拟法

蒙特卡罗模拟法又称统计试验法或随机模拟法。该方法通过对随机变量进行抽样试验实现,其目的是估计依若干概率输入随机变量而定的结果变量的分布。此法最初由 Von Neumann 和 Ulam 用来模拟核反应堆中子的行为活动而首创,后来广泛应用于求解数学、物理、工程技术问题的近似解。因为通过蒙特卡罗模拟法可以估计结果变量的分布,因此它也常常被用于估计项目风险。这里风险被定义为项目在一定条件下和一定时期内可能发生的各种结果的概率。

1. 蒙特卡罗模拟法的基本原理

建立表示项目风险的方程为

$$Y=f(X_1,X_2,\cdots,X_n)$$

式中,$X_1,X_2,\cdots,X_n$为影响项目风险的主要因素,称为风险变量。各风险变量的变化是随机的,可以通过对历史统计资料或主观估计数据的分析确定其变化特性,从而得到概率分布。在项目风险估计中,经常用的概率分布有经验分布、均匀分布、阶梯形分布、三角分布和正态分布等。

蒙特卡罗模拟法利用一个随机数发生器通过直接或间接抽样取出每一组随机变量($X_1,X_2,\cdots,X_n$)的值($x_{1i},x_{2i},\cdots,x_{ni}$),然后按 Y 对于 $X_1,X_2,\cdots,X_n$的关系式确定函数 Y 的值,有

$$y_i=f(x_{1i},x_{2i},\cdots,x_{ni})$$

反复独立抽样多次($i=1,2,\cdots$),即可得到函数 Y 的一批抽样数据 $y_1,y_2,\cdots,y_n\cdots$,当抽样次数足够多时,可得出项目风险的概率分布及其数字特征。

2. 蒙特卡罗模拟法风险模拟步骤

①编制风险清单,通过风险识别构造一份重要风险因素的标准化清单。

②采用专家调查法确定各风险因素的发生概率和影响程度,编制风险评价表。

③采用模拟技术,确定风险组合。对专家的评价结果进行量化,采用模拟技术评价专家调

查中获得的主观数据，在风险组合中表现出来。

④通过模拟技术得到项目总风险的概率分布曲线，从中可以看出项目总风险的变化规律，据此可拟定应对措施。

蒙特卡罗模拟法是一种可以处理多元素变化的方法，可以直接处理每一个风险因素的不确定性，减少不确定因素在很多情况下所作决策的偏差或失误，并把这种不确定性在成本方面的影响以概率分布的形式表示出来。现在，应用蒙特卡罗方法可以通过编制计算机软件来实现模拟过程，从而大大提高工作效率，节约分析的时间和精力，因此，可以应用于较复杂的大中型项目。

三、风险管理的方法

风险管理的方法很多，但可归结为两大类，即风险控制法和理财法。风险控制法主要包括风险回避、损失控制和风险转移等方法；理财法主要包括风险转移、风险自留和保险等方法。

(一)风险回避

风险因素的存在是产生风险的必要条件。因此，风险回避措施就是通过回避风险因素，从而回避可能产生的潜在损失或不确定性。风险回避是各种风险规避措施中最简单也是最为消极的一种方法，常常表现为以下两种情况。

①拒绝承担某种特定的风险。例如由于某国政局失稳而放弃进入该国市场的计划，从而可以免除政治风险导致的损失。

②中途放弃业已承担的风险以避免更大的损失。虽然采取风险回避措施可以达到避免风险损失的目的，但同时也丧失了可能获利的机会。

最适合采取风险回避措施的情况有以下两种：第一，某特定风险因素导致的风险损失频率和幅度相当高；第二，采取其他风险规避措施的成本超过其产生的效益。在以上两种情况下，采取风险回避措施可以使遭受由该风险因素导致的风险损失的可能性降为零。

风险回避虽然是一种简单易行的风险防范措施，但是当回避了某种风险时，又可能产生新的风险。如果处处回避风险，使企业长期不能获利，企业将面临难以生存和发展的风险。

(二)损失控制

损失控制包括损失预防和损失抑制两方面的工作，损失预防是指采取预防措施，减少损失发生的机会，而损失抑制是设法降低所发生的风险损失的严重性，使损失最小化。与风险回避不同之处在于，损失控制是通过采取主动行动，以预防为主，防控结合，不是消极回避、放弃或中止。实际生产活动中有许多损失控制的例子，如：生产企业建立健全质量保证体系，在高大建筑物上安装避雷针等都是损失预防措施；在生产车间、宾馆、娱乐场所等处安装防火报警系统、配备消防器材，则是为了当火灾发生时，及时察觉，及时扑灭，以减少火灾损失；发现设计中的疏漏和错误，及时修改设计并提出工程变更，均属于损失抑制措施。两种措施对于控制风险损失是相辅相成的，都是希望以较小的经济成本获得较大的安全保证。

损失控制通常采取以下具体方法：

①预防和减少风险源和风险因素的产生；

②抑制已经发生的风险事故的扩散速度和扩散空间；

③增强被保护对象抵抗风险的能力；

④设法将风险与保护对象隔离；

⑤妥善处理风险事件，尽力减轻被保护对象遭受的损失；

⑥加强职业安全教育,避免由于人为因素所导致的损失。

(三)风险转移

风险转移是工程项目风险管理中非常重要而且广泛应用的一项对策,主要分为两种形式,即控制型风险转移与财务型风险转移。其中,财务型风险转移又包括非保险转移与工程保险两种具体措施。风险转移的目的是风险转移者将自己本应承担的风险转移给其他方,从而使自己免受风险损失。由于工程保险在工程承包和咨询中占有极其重要的地位,在8.4节将专门介绍,在此仅讨论控制型风险转移与非保险转移两种措施。

①控制型风险转移是指通过降低风险损失频率和幅度的方法将自己承担的可能遭受损失的法律责任转移给其他方的方法。风险转移并不是转嫁损失,因为有许多风险对一方可能会造成损失,但转移后并不一定给另一方同样造成损失。其原因是各方所具有的优势和劣势不同,各方潜在的风险因素不同,对风险的承受能力也不一样。例如工程的分包和转包,承包商将自己承担的全部或部分工程转包或分包出去,从而减轻自身的风险压力,承接方或分包方并不一定会亏损。

②非保险的风险财务转移是除保险以外的其他风险转移的经济手段。例如,雇主要求投标人开具投标银行保函,就是将招标风险转移给投标人,当投标人在投标截止日期以后并在投标有效期内,试图撤回投标书或中标以后拒绝签订合同,雇主有权从银行索取保函中规定的金额,以补偿雇主招标过程中的费用损失。

(四)风险自留

风险自留是将风险留给自己承担。与风险控制方法不同,风险自留并未改变风险的性质及其发生的频率和损失的程度。风险自留对策包括非计划性风险自留和计划性风险自留两种。

1. 非计划性风险自留

非计划性风险自留是指当事人没有意识到风险的存在,或者在没有处理风险的准备时被动地承担风险。出现这一种风险自留主要是由于:风险识别过程的失误,使得当事人未能意识到风险的存在;风险的评价结果认为可以忽略,而事实并非如此;风险管理决策延误。虽然当事人成功地识别和评价了风险,但由于决策的延误,造成风险事故一旦发生,就形成了事实上的非计划性风险自留。

事实上,对于一个大型复杂的工程项目,工程管理人员不可能识别出所有的风险因素,工程管理人员应随时做好处理非计划风险的准备,及时采取对策,避免风险损失扩大。

2. 计划性风险自留

计划性风险自留是指管理人员经过合理的判断和审慎的分析评估,有计划地主动承担风险。对于某些风险是否自留取决于相关的环境和条件。当风险自留并非是唯一的选择时,应将风险自留与风险控制方法进行认真的对比分析,制定最佳决策。在决定是否风险自留时,应考虑以下原则:

①企业具有承受这些自留风险的能力;

②同其他可行的风险控制方法相比,风险自留的预期损失较小;

③自留风险不可投保,或投保费高于风险自留引起的费用。

如果实际情况与以上原则相反,应该考虑其他的风险防范措施。

(五)风险利用

在经营活动中,除了要面对处处存在的纯风险以外,还会遇到投机风险,它既可能造成损失,也可能提供获利的机会。风险与利润并存,回避所有的风险,则使企业失去发展的机遇,只有敢于正视风险、迎接挑战,才能利用风险获得相应的效益。对投机风险的利用不是铤而走险,下赌注碰运气,风险利用必须选择适当的时机,采取适当的方法,对问题因势利导,因地制宜,灵活解决。因此,要求风险管理人员具有广博的知识、一定的工作经验和较强的应变能力。在工程管理中,可利用的风险因素存在于政治、经济、商务等各个方面,需要风险管理人员认真分析和发现。例如,雇主的工程管理水平不高、制定的合同条款不严谨,这将会给承包商(或咨询公司)带来麻烦,双方可能因一些含糊的条款规定而发生分歧,但也给承包商提供了可乘之机,可以根据国家的有关法律、法规、相关惯例和雇主提出的工程变更等,提出索赔,维护自己的合法权益,从而可获得比原订合同额更大的经济收益。

风险利用应按照合理的操作步骤进行。

1. 分析风险利用的可能性及其价值

首先,应对各风险因素及其可能的变化和最后可能导致的结果进行分析;然后,根据各项风险因素的性质,寻求改变或利用这些因素的可行方法,以取得对己方有利的结果。

2. 计算风险利用的费用

计算拟利用风险需要付出的代价,但利用风险所付出的代价必须远小于风险利用的获利。计算代价时不仅要计算直接损失和间接损失,还要计算潜在的损失,求其三项之和作为总的损失。

3. 客观评估自身的风险承受能力

客观地分析和评估自身承担风险的能力,无论承担风险可能获取的利益多大,风险损失绝不能超过自身的承受能力,避免出现得不偿失或意想不到的危机。

4. 制定对策和具体实施方案

一旦决定利用某项风险,风险管理决策人员应明确提出相应的对策和具体实施方案,并制定每一步骤应达到的目标,确保风险利用策略的顺利实施。

5. 因势利导获得合法权益

风险利用实施期间应密切关注事态变化,注意可能出现的干扰,及时提出相应的解决办法,同时还要求不断检查实施的结果,发现问题采取必要的纠正措施,因势利导,获得合法权益。事后应注意总结经验,提高风险管理水平。

8.4　工程保险

《中华人民共和国保险法》(以下简称《保险法》)规定:“保险是投保人根据合同约定,向保险人支付保险费,保险人对于合同约定的可能发生的事故因其发生所造成的财产损失承担赔偿保险金责任,或者当被保险人死亡、伤残、疾病或者达到合同约定的年龄、期限时承担给付保险金责任的商业保险行为。”保险的实质是以极小的代价换取最大的安全保证,是风险转移的主要手段。

一、保险合同

保险合同是投保人与保险人约定保险权利义务关系的协议,是保险的实施依据。保险合同是一种书面形式合同，其单据形式可包括投保单、暂保单、保险单、保险凭证和批单。

投保单又称“要保书”“要保单”或投保申请书，是投保人申请投保时填具的书面条约。多数投保单均包括投保人的姓名、地址、职业、以往与现在的保险记录、赔款与损失记录等有关情况。这些具体情况是保险人决定是否承保以及如何承保的主要参考依据。

暂保单又称临时保单，是一种非正式的保险单，一般载明投保人和被保险人的姓名、险别、标的、保额、暂保有效期等事项。暂保单在其有效期内与保险单具有同等法律效力，多用于财产保险。

保险单简称保单，是投保人与保险人正式订立的书面形式的保险合同。保险单是投保人向保险人索赔、保险人向投保人或被保险人赔偿的主要依据，也是保险合同的主要书面文件。

保险凭证是一种简化了的保险单，也是保险合同的一种书面证明形式，仅包括保额、费率、险别、投保人、被保险人、订约时间、保期等主要内容，未列入的项目以同类正式保单为准。

批单是保险人签发并附在保险单之后的批改保险单内容的凭证，其法律效力优于原保单的同类项目。

保险合同的当事人有投保人、保险人、收益人、被保险人、保险代理人、保险经纪人。投保人又称要保人，是向保险人申请订立保险合同，并负有缴付保险费义务的法人或自然人。保险人又称承保人，即经营保险业务的组织。被保险人是以其财产、生命、身体、责任等作为保险标的，保险事故有可能在其财务、生命、身体和职责上发生的人。受益人又叫保险金受领人，即保险合同中约定的，在保险事故发生后享有保险赔偿与保险金请求权的人。保险代理人是根据保险人的委托，向保险人收取代理手续费，并在保险人授权的范围内代办保险业务的单位或者个人。保险经纪人是基于投保人的利益，为投保人与保险人订立保险合同提供中介服务，并依法收取佣金的单位。

保险合同中的保险项目包括保险标的、保险金额、保险期限、保险费率、保险费。保险标的是保险的对象，是保险利益存在的依托，也是保险人确定承保金额和选定承保费率的依据。比如：财产保险的保险标的是各种财产本身或其有关的利益和责任，人身保险的保险标的是人的身体或生命。保险金额又称保额，是保险人按投保人对保险标的所具有的可保利益及保险标的的实际价值限度内（对财产保险而言）而确定的最高赔偿给付限度。保险人对于保险事故担负保险金给付与赔偿责任的期间便为保险期限，有时亦称为保险责任起迄期间。保险费率即保险价格，是保险人按保险金额单位向投保人收取保险费的标准。保费即为保险费，是投保人按一定的保险条件取得保险人的保险保障而应支付的价金。保险费的收取一般按保险金额与保险费率的乘积计算，或按固定的金额收取。缴付保险费是投保人或被保险人的基本义务，也是保险合同生效的重要条件。

我国《保险法》规定，保险合同应包括下列事项：

①保险人名称和住所；

②投保人、被保险人名称和住所，以及人身保险的受益人的名称和住所；

③保险标的；

④保险责任和责任免除；

⑤保险期间和保险责任开始时间；

⑥保险价值；

⑦保险金额；

⑧保险费以及支付办法；

⑨保险金赔偿或者给付办法；

⑩违约责任和争议处理；

⑪订立合同的年、月、日。

二、保险合同签订和实施的原则

保险是一种契约行为，订立契约的当事人对合同均负有一定的责任和义务，并享有相应的权利。保险合同签订和执行必须遵守一定的原则。

1. 最大诚信原则

所谓最大诚信原则，是指订立保险合同时以及在合同的有效期内，合同当事人必须向对方提供影响对方作出签约或履约决定的全部实质性重要事实，同时绝对信守合同订立的认定与承诺。诚实和恪守信用是双方必须遵守的一项基本原则。投保人或被保险人必须按要求将真实情况毫无保留地告知保险人；保险人应向投保人详细说明保险合同条款的内容含义，并能以最大诚信履行其应尽的职责和义务。

2. 可保利益原则

可保利益原则也称保险利益原则，是指投保人必须对保险标的具有可保利益，否则所签订的保险合同无效。保险利益是指投保人对保险标的具有法律上承认的利益。保险标的是指作为保险对象的财产及其有关利益或者人的寿命和身体。保险标的发生保险责任事故，投保方不得因保险而获得不属于保险利益范围内的额外利益。

3. 近因原则

近因的一般含义是指引起保险标的损失的直接的、起决定性作用的原因。近因原则是在处理保险赔偿时决定保险人是否承担保险赔偿与保险金给付责任的重要原则。即造成保险标的损失后果的近因是保险人的责任范围，保险人应承担赔偿责任；如果该项的损失近因不是保险责任事故，保险人则不予承担保险赔偿责任；如果造成损失的原因由多个，应对不同的原因作具体分析，分清哪一种或哪些原因应负全部赔偿责任，或部分赔偿责任，或不予赔偿。

4. 损失补偿原则

损失赔偿原则是指当保险标的在保险期限内发生保险责任范围内的损失时，被保险人有向保险人索要赔偿和申请保险金的权利，保险人应当履行保险合同所约定的保险赔偿义务，但被保险人或受益人不能获得超过实际损失或约定保险金额的补偿。

5. 代位求偿原则

代位求偿原则是指因第三者对保险标的的损害而造成保险事故的，保险人自向被保险人赔偿保险金之日起，自赔偿金范围内代位行使被保险人对第三者请求赔偿的权利。被保险人已经从第三者取得损失赔偿的，保险人赔偿保险金时，可以相应扣减被保险人从第三者已取得的损失赔偿金额，但不影响未取得赔偿的部分向第三者请求赔偿的权利。保险事故发生后，保险人未赔偿保险金之前，被保险人放弃对第三者请求赔偿的权利的，保险人不承担赔偿保险的责任。

三、保险的种类

保险种类繁多，根据经营管理的需要，通常有如下分类。

1. 按保险标的性质分类

按保险保障的标的性质可分为人身保险、财产保险、责任保险、信用保险和保证保险。人身保险包括人寿保险、意外险和疾病险；财产保险是一种以有形的物质财产及与之相关的利益为保险标的的保险；责任保险是保险人代被保险人承担民事法律经济赔偿责任的保险，又可称为第三者责任保险；信用保险承保被保险方因他人不诚实、不守信用或主观原因不履约而造成的经济损失的保险；保证保险是投保人投保其本人信用的保险，由义务人或债务人要求保险人担保其本人信用时即构成保证业务。

2. 按保险经营实施方式分类

按保险经营实施方式可分为强制保险和自愿保险。强制保险又称法定保险，是由国家、政府颁布法令、条例强制实施的保险；而自愿保险泛指自愿实施、经营的保险，凡保险双方当事人通过签订保险合同或者需要保险保障人与群体自愿组合而实施或经营的保险，可统称为自愿保险。

3. 按经营危险责任的方式分类

按经营危险责任的方式可分为原保险、再保险和共同保险等多种形式。保险人对被保险标的承担直接风险责任的保险称为原保险，又叫第一次保险。原保险的保障对象是被保险方的经济利益。原保险人将其承担的风险责任的一部分或全部转嫁给其他保险的保险形式叫再保险，其保障的对象是保险人的经济利益。对于相同的标的、相同的利益，由多家保险人或由保险人与被保险方共同承担相同时期内、相同责任的保险形式称为共同保险。

四、工程保险的主要险别

(一)建筑工程一切险

建筑工程一切险是对施工期间工程本身、施工机具或工具设备所遭受的损失予以赔偿，并对因施工而对第三者造成的物质损失或人员伤亡承担赔偿责任的一种工程保险。承保的范围很广，造成损失的原因包括：洪水、地震、海啸、山崩等自然灾害；飞行物体坠落、火灾、爆炸等事故；盗窃；工人、技术人员缺乏经验、疏忽、过失、恶意行为；原材料缺陷或工艺不善引起的事故；保险单中除外责任以外的其他不可预料和突然事故。

建筑工程一切险的投保人应在合同中作出规定，被保险人和收益人可以包括：雇主或工程所有人、总承包商或分包商、咨询工程师、与工程有密切关系的单位或个人等。

建筑工程一切险适用于所有房屋建筑和公共工程，尤其是住宅、商业用房、医院、学校、剧院、工业厂房、电站、公路、铁路、机场、桥梁、隧道、大坝、排灌工程、水渠及港埠等。其承保的内容包括工程本身(预备工程、临时工程、全部存放于工地的为施工所必需的材料、占整个工程造价不到50%的安装工程)，施工用设施、设备和机具，场地清理费，第三者责任，工地内现有的建筑物，由被保险人看管或监护的停放于工地的财产。建筑工程一切险的保险金额的确定应依照不同的保险标的而定，比如：合同标的工程的保险总金额，即为建成工程的总价值；施工机具和设备及临时工程列专项投保，物资的投保金额一般按重置价值；附带的安装工程项目保险金额一般不超过整个工程项目保险金额的20%；场地清理费按工程的具体情况由保险公司和投保人协商确定；第三者责任险的投保金额根据在工程期间万一发生意外事故时，对工地现场和邻近地区的第三者可能造成的最大损害情况而定。

建筑工程一切险没有固定的费率表，具体费率系根据风险性质、工程本身的危险程度、工程的性质及建筑高度、工程的技术特征及所用的材料、工程的建造方法、工地邻近地区的自然地理条件、灾害的可能性、工期长短、同类工程及以往的损失记录等因素再结合参考费率表制定。其保险费率通常由5个分项费率组成。

①建筑工程所有人提供的物料及项目、安装工程项目、场地清理费、工地内现存的建筑物、所有人或承包人在工地的其他财产等为一个总的费率,规定整个工期一次性费率。

②建筑用机器、装置及设备为单独的年度费率,因为它们流动性大,一般为短期使用,旧机器多,损耗大,小事故多,所以,此项费率高于第一项费率。如投保期不足一年,按短期费率计收保费。

③第三者责任费率,按整个工期一次性费率计。

④保证性费率,按整个工期一次性费率计。

⑤各种附加保障增收费率或保费,也按整个工期一次性费率计。

投保建筑工程一切险应提交投保单、工程承包合同、承包金额的明细表、工程设计文件、工程进度表、工地地质报告、工地略图等。承保人在掌握上述资料基础上还要对工地位置、安装项目及设备情况、工地管理状况等进行现场勘察记录。然后承保人再与投保人就一些具体问题,如建筑工程项目及总金额、保险费率、免赔额、保险期限等有关问题进行协商谈判,直至在保险合同上签字。

(二)安装工程一切险

安装工程一切险属于技术险别,目的在于为各种机器的安装及钢结构工程的实施提供尽可能全面的专门保险。承保的范围很广,造成损失的原因与建筑工程一切险相同的包括:洪水、地震、海啸、山崩等自然灾害;飞行物体坠落、火灾、爆炸等事故;盗窃 ;工人、技术人员缺乏经验、疏忽、过失、恶意行为。此外还包括:超负荷、超电压、短路等电气事故;安装技术不善引起的事故;保险单中除外责任以外的其他不可预料和突然事故。

安装工程一切险承保的内容有:安装工程合同中要求安装的机器、设备、装置、材料、基础工程以及未安装工程所需的各种临时设施;为安装工程所使用的承包商的机器设备;附带的土木建筑项目、场地清理费用、雇主或承包商在工地上的其他财产等。

该险种的保险金额包括物质损失和第三者责任两大部分。其保额应为安装时的总价值;若不包括土建部分,则设备购货合同价和安装合同价加各种费用之和为保额;安装建筑用机器、设备、装置应按安装价值确定保额。第三者责任的赔偿限额按危险程度由保险双方商定。通常对物质标的部分的保额先按安装工程完工时的估定总价值暂定,到工程完工时再根据最后建成价格调整。

(三)机动车辆险

机动车包括私人用汽车和商业用汽车。机动车辆必须投保两个保险标的:机动车本身和第三者责任。车身险的责任范围包括:因汽车与其他物体碰撞或翻车所造成的损失;由自然灾害(如雷电、洪水、地震、雪崩等)和意外事故(如失火爆炸、自燃以及偷窃、丢失等)造成的损失赔偿。所谓汽车的第三者责任是指承保被保险汽车因发生保险事故而产生的被保险人对于第三者(包括乘客)的人身伤害及其财产损失依法应负的赔偿责任。商用车第三者责任险的除外情况包括:被保险人或驾驶人故意造成的伤亡和损失;被保险人或驾驶人自有或自运的财产,货物装卸过程中或车道以外的人身伤亡等。

汽车保险中有无赔偿优待折扣和被保险人自负责任的特殊规定。无赔偿优待折扣系指投保人在续保汽车险时,若被保险的汽车前一年没有发生导致赔偿的事故,则续保时保费可给予一定比例的优惠折扣。连续两年没有导致赔偿,优惠比例再增加,直至连续 5 年达到优惠比例的最高限额。被保险人自负责任,要求被保险人自负一部分责任,这在一定程度上可以起到加强被保险人的责任心的作用。

各国法律通常要求办理机动车辆险。工程车辆分两类:一类是正式办理牌照的车辆,如接送工人上下班的交通车以及正常在公共道路上行驶的车辆,这类车辆必须按照法律的规定去办理保险;另一类是仅在工地使用的车辆,如土方工程使用的自卸车。这类车辆法律一般不强制办理保险,但最好将其包括在投保的施工机具中。

(四)雇主责任险

所谓雇主责任险,是指保险人所雇用的员工,在保险有效期内,在受雇用过程中,从事保险单所载明的被保险人的业务有关工作时,遭受意外而致受伤、死亡或患与业务有关的职业疾病,所致伤残或死亡,被保险人根据雇用合同,须付医疗费、伤亡补偿费,工伤期间的工资、应付的诉讼费用,由投保的保险公司负责赔偿。但这类法律诉讼一般需要经保险公司事先同意。

(五)第三者责任险

第三者责任险通常应包括在建筑工程一切险或安装工程一切险中,保险的标的是工程合同双方以外的第三者。承保的责任范围为:投保的工程建设项目在保险期限内,因发生意外事故,造成在工地及邻近地区的第三者人身伤亡、疾病或财产损失,依法由被保险人负责时,以及被保险人因此而支付的诉讼费用和保险合同规定的其他费用,由保险公司负责赔偿。

(六)国际贸易货物运输保险

国际货物买卖中,货物往往要经过长距离运输,在此期间,由于遭遇各种风险而导致货物损坏或灭失的情况是经常发生的。在买卖合同中规定保险条款,就是当事人为了使货物在运输过程中遭受损失或灭失时能及时得到补偿。保险条款的内容,因采用的贸易术语的不同而有所区别。

货物运输保险种类很多,有海运保险、陆运保险和空运保险等。

1. 海上货物保险

(1)平安险

投保平安险时,保险人承保的责任范围主要包括:因自然灾害所导致的货物的全部损失;意外事故所导致的货物的全部损失或部分损失;在装卸作业过程中因发生一件或数件货物落海造成的全部或部分损失;与被保险货物有关的共同海损或救助分担的费用等。

(2)水渍险

其承保范围除了平安险所包括的责任范围,还负责被保险货物由于恶劣气候、雷电、洪水等自然灾害所造成的部分损失。可见,水渍险的责任范围大于平安险。

(3)一切险

一切险是基本险别中承保范围、责任范围最大的险种,它是在水渍险承保范围的基础上又包括了由于一般外来风险所造成的全部或部分风险。

除了上述三种基本险外,投保人还可根据需要加保一项或几项附加险。附加险承保的是除自然灾害和意外事故以外的各种外来原因所造成的损失。附加险分为一般附加险和特殊附加险。一般附加险主要有:偷窃提货不着险、淡水雨淋险、短量险、渗漏险、受潮受热险、包装破裂险等。特殊附加险主要有:战争险、罢工险、交货不到险、进口关税险、舱面险和拒收险等。

2. 陆运、空运和邮包运输险别

陆上运输货物保险的基本险别分为陆运险和陆运一切险;航空运输货物保险的基本险别分为航空运输险和航空运输一切险;邮包运输保险的险别分为邮包险和邮包一切险。陆运险、航空运输险和邮包险只承保运输途中因自然灾害或意外事故所造成的货物损失;而一切险是在前一类险别的基础上加保了由于被偷窃、短少等一般外来原因所导致的损失。

(七)其他险别

与工程咨询服务内容相关的保险险种较多,既有国内的保险(如国内货物运输险),也有国际的保险(如国际货物运输险);既涉及财产保险(如建筑或安装工程一切险),也涉及人身保险(如人身意外事故伤害险);既有有形财产保险(如企业财产保险),又有无形财产保险(如信用保险和保证保险)。

信用保险包括出口信用保险、商业信用保险、投资保险及个人信用保险等。保证保险包括:忠诚保证保险,如司法保证保险等;确实保证保险,如投标保证保险、履约保证保险等。在此不一一介绍。

加入 WTO 之后,我国保险业正在迅速发展,承保的业务范围越来越广泛,这将为我国工程咨询事业的发展起到一定的风险防范作用。

8.5 FIDIC 合同条件中的风险和保险条款

一、FIDIC 合同条件中的风险条款

在国际工程实践中,雇主为避免上述风险所带来的损失,往往利用自己在招标过程中的主动地位,通过合同的形式将上述风险全部归为承包商承担。为了减少这种合同中风险分担的不合理性,国际咨询工程师联合会(FIDIC)作出了不懈的努力,由其编制的合同条件范本在国际建筑业得到了广泛的应用和好评。1999 年新版 FIDIC 合同条件继承了 1987 年第四版"红皮书"中的风险共担的原则,即在工程设计、施工以及维修等过程中,凡是通过加强工程管理能够避免和控制其损失的风险由承包商承担,而事先无法预见、发生之后不可控制、损失不可避免的特殊风险则由雇主承担。因此,FIDIC 合同条件将风险根据风险承担人的不同分成承包商的风险和雇主的风险,并在第 17 条"风险与职责"中,详细规定了承包商和雇主所面临的风险以及职责范围。

(一)承包商的风险与职责

《施工合同条件》(新红皮书)适用于由雇主或其代表工程师设计的建筑或工程项目。这种合同的通常情况是由承包商按照雇主提供的设计进行工程施工,但该工程可以包含由承包商设计的土木、机械、电气和(或)构筑物的某些部分。在"新红皮书"第 17 条中有关承包商的风险与职责的具体规定如下。

1. 保障

承包商应保障和保持使雇主、雇主人员以及他们各自的代理人免受以下所有索赔、损害赔偿费、损失和开支(包括法律费用和开支)带来的伤害。具体包括以下两方面。

①任何人员的人身伤害、患病、疾病或死亡。由承包商的设计(如果有)、施工和竣工以及修补任何缺陷引起,或在其过程中因其原因产生的,除非是由于雇主、雇主人员、或他们各自的任何代理人的任何疏忽、故意行为或违反合同造成的。

②本工程以外的任何财产损失、不动产或动产损害或损失。是由承包商的设计(如果有)、施工和竣工以及修补任何缺陷引起,或在其过程中或因其原因产生的;或者由承包商、承包商人员、他们各自的代理人或由他们中任何人员直接或间接雇用的任何人员的疏忽、故意行为、或违反合同造成的。

2. 承包商对工程的照管

承包商应从开工日期起承担照管工程及货物的全部职责,直到颁发工程接收证书之日止。如果对某分项工程或部分工程已颁发接收证书,则对该分项工程或部分工程的照管责任届时应移交给雇主。

在照管责任按上述规定移交给雇主后,承包商仍应对在接收证书上注明日期时的任何扫尾工作承担照管职责,直到该扫尾工作完成为止。

如在承包商负责照管期间,由于雇主的风险以外的原因,致使工程、货物或承包商文件发生任何损失或损害,承包商应自行承担风险和费用,修正该项损失或损害,使工程、货物或承包商文件符合合同要求。

承包商应对颁发接收证书后由其采取的任何行为造成的任何损失或损害负责。承包商还应对颁发接收证书后发生的,由承包商负责的以前的事件引起的损失或损害负责。

3. 知识产权和工业产权

承包商应保障并保持雇主免受由以下事项产生或与之有关的任何其他索赔引起的伤害:

①任何货物的制造、使用、销售或进口;或

②承包商负责的任何设计。

即承包商不能因自己的"侵权"行为(侵犯知识产权和工业产权),给雇主造成索赔伤害。

《生产设备和设计—施工合同条件》(新黄皮书)、《设计采购施工(EPC)/交钥匙工程合同条件》(银皮书)中规定的承包商应该承担的风险,与"新红皮书"中的规定是基本一致的。但交钥匙工程是由承包商进行全部设计、采购和施工(EPC),最后提供一个完备的设施,实际上将承担较多的风险。

(二)雇主的风险与职责

合同明确规定雇主的风险包括:

①战争、敌对行动(不论宣战与否)、入侵、外敌行动;

②工程所在国内的叛乱、恐怖活动、革命、暴动、军事政变或篡夺政权或内战;

③承包商人员及分包商的其他雇员以外的人员在工程所在国内的暴乱、骚动或混乱;

④工程所在国内的军火、爆炸物资、电离辐射或放射性引起的污染,但可能由承包商使用此类军火、炸药、辐射或放射性引起的除外;

⑤声速或超声速飞行的飞机或飞行装置所产生的压力波;

⑥除合同规定以外雇主使用或占有的永久工程的任何部分;

⑦由雇主人员或雇主对其负责的其他人员所做的工程任何部分的设计;

⑧不可预见的或不能合理预期一个有经验的承包商已采取适宜预防措施的任何自然力的作用。

上述雇主的风险中,第①至第④条被称为不可抗力(第19.1款)。除此之外,不可抗力还包括自然灾害(如地震、飓风、台风或火山活动)。根据第17.4款"雇主风险的后果"以及第19.4款"不可抗力的后果"的规定,上述雇主风险及不可抗力所引起的工程损失或损害,由雇主承担。

另外，由于雇主、雇主人员或他们各自的任何代理人的任何疏忽、故意行为或违反合同造成的任何人员的人身伤害、患病、疾病或死亡，雇主应该承担损失赔偿责任。同时，对于由于承包商遵从合同要求而造成的，或者由于雇主使用任何工程而导致的侵权索赔，雇主应该承担由该侵权索赔所导致的损失或损害。

“新黄皮书”中有关雇主风险的规定与“新红皮书”基本一致。“银皮书”中，雇主在 EPC 合同条件下承担的风险较承包商要少，而承包商在 EPC 合同中的风险费应适当增加。

二、FIDIC 合同条件中的保险条款

(一)有关保险的一般规定

新版 FIDIC 合同条件第 18.1 款规定了对保险的一般要求，强调了承包商在履行合同开始时进行工程保险的义务和雇主对承包商的保险义务进行监督的权利，具体内容如下。

1. 应投保方

在 FIDIC 合同条件下，对于每种类型的保险，应投保方是指对办理并保持相关条款中规定的保险负有责任的一方。一般来说，除非在专用条款中另有说明，应投保方将是承包商。

当承包商为应投保方时，应按照雇主批准的条件向保险人办理每项保险。这些条件应与双方在中标函的日期前协商同意的条件相一致。

当雇主是应投保方时，应按照与专用条件所附的详细内容相一致的条件，向保险人办理每项保险。

2. 联合被保险人

如果保险单需要对联合被保险人提供保障，保险赔偿应如同已向每一联合被保险人颁发一张保险单一样，对每个被保险人分别适用。如果保险单需要对本条规定的被保险人之外附加的联合被保险人提供保障，则：i. 除雇主应代表雇主的人员行动外，承包商应代表这些附加的联合被保险人根据保险单行动；ii. 附加的联合被保险人无权从保险人处直接得到付款或与保险人有其他直接往来；iii. 应投保方应要求所有的附加联合被保险人遵守保险单的规定。

3. 保险赔偿

每份承保了损失或损害的保险单应以修复损失或损害所需要的货币进行赔偿。从保险人处得到的赔偿金应用于修复或弥补上述损失或损害。

4. 向对方提交资料

有关应投保方应在投标书附录中规定的各自期限内(从开工之日起)向另一方提交：保险已生效的证明以及保险单副本。

当每项保险费已支付时，应投保方应向另一方提交支付证据。每次提交证据或保险单时，应投保人也应通知工程师。

5. 保险条件的更改

每一方应遵守每份保险单规定的条件，应投保方应保持使保险人随时了解工程实施中的任何相关变化，并确保按照要求维持保险。

没有得到另一方的事先批准，任何一方不应对任何保险的条件作出实质性更改。如果保险人作出(或要作出)任何更改，首先收到保险人通知的一方应立即通知另一方。

6. 一方未按规定办理保险的处理

如果应投保方未能按合同要求办理保险并使之保持有效，或者未能按要求提供令另一方

满意的证明和保险单的副本，则另一方可以（由其选择，并在不影响任何其他权利或补偿的情况下）办理该保险范围的保险，并支付应交的保险费。应投保方应向另一方支付这些保险费，同时合同价格应作相应调整。

任何未保险或未能从保险人收回的款项，应由承包商和（或）雇主按照这些义务、责任或职责的规定承担。但是，如果应投保方对于能做到的、并在合同中规定要办理并保持有效的某项保险，未能按要求办理并保持有效，而另一方既没批准这项省略，又没有办理与此违约有关的保险范围的保险，则根据此项保险应能收回的任何款项应由应投保方支付。

（二）应办理的保险

在新版 FIDIC 合同条件第 18.2 款、第 18.3 款以及第 18.4 款中具体规定了合同要求办理的各种保险，具体规定如下。

1. 工程险

应投保方应为工程、生产设备、材料和承包商文件投保，以便对承包商应负责的、颁发证书前发生的某项原因引起的损失或损害，以及承包商在任何其他作业过程中的损失或损害，提供保险。保险金额应不低于全部复原的费用，包括拆除、运走废弃物的费用以及专业费用和利润。该保险从规定的提交证据之日起，至颁发工程接收证书的日期止保持有效。

2. 承包商设备险

应投保方应为承包商的设备投保，保险金额应不低于全部重置价值，包括运至现场的费用。对每项承包商设备，该保险都应从该设备运往现场的过程起，直至不再需要作为承包商的设备为止的期间保持有效。

对工程险和承包商设备险，应投保方可以使承包商或各方联合投保，但保险公司对由于下列原因造成的损失或损害不承担责任：

①第 17.3 款“雇主的风险”中规定第 1 条、第 2 条、第 4 条以及第 5 条；

②由于其本身的设计、材料或工艺缺陷造成的处于有缺陷状况的工程部分；

③为复原因设计、材料或工艺缺陷造成的其他处于有缺陷状况的工程部分，而遭受损失或损害的某一工程部分；

④雇主已经接收的并且承包商对其损失或损害不负责任的工程部分；

⑤不在工程所在国的货物。

3. 人身伤害和财产损害险

应投保方应为可能由承包商履行合同引起并在履约证书颁发前发生的、任何物质财产（工程险和承包商设备险承保的除外）的任何损失或损害，或任何人员（承包商人员保险承保的人员除外）的任何死亡或伤害，办理各方保险。

此类保险对每次事件发生的保险金额应不低于投标书附录中规定的数额，事故发生次数不限。

该保险应由承包商作为投保方或以各方名义联合投保，本保险的责任范围可以不包括以下事项引起的责任：

①雇主可以在任何土地上面、上方、下面、范围内，或穿过它实施永久工程以及为了永久工程占用该土地的权利；

②由承包商实施工程及修补任何缺陷的义务造成的不可避免的损害；

③“雇主的风险”列举的某项原因，但可以按合理的商务条件得到保险的范围除外。

4. 承包商人员保险

承包商应对承包商雇用的任何人员或其他任何承包商人员的伤害、疾病或死亡引起的索赔、损害赔偿费、损失和开支(包括法律费用和开支)办理保险。对于分包商的雇员,此类保险可以由分包商投保,但承包商应对其符合合同规定要求负责。

此类保险应在这些人员参加工程实施的整个期间保持有效,除该保险可不包括由于雇主或雇主人员的任何行为或疏忽引起的损失和索赔的情况以外,雇主和工程师也应由该项保险得到保障。

实际上,不同的保险公司对各保险项目的保险责任范围和规定有所不同。如中国人民保险公司对于工程一切险,下列情况保险公司不负责任:

①被保险人及其代表的故意行为和重大过失所引起的损失、费用或责任;

②战争、类似战争的行为、敌对行为、武装冲突、没收、征用、罢工、暴动引起的损失、费用或责任;

③核反应、辐射或放射性污染引起的损失、费用或责任;

④自然磨损、氧化、锈蚀;

⑤错误设计引起的损失、费用或责任;

⑥换置、修理或矫正标的本身原材料缺陷或工艺不善所支付的费用;

⑦非外力引起的机械或电器装置的损坏或建筑用机器、设备、装置失灵;

⑧全部停工或部分停工引起的损失、费用或责任等。

所以,在我国境内的工程使用 FIDIC 条款时,还应结合中国国内保险公司的规定,通过合同专用条款对 FIDIC 条款进行说明和补充,或者在和保险公司签订保险合同时,对保险责任范围进行确定。

第9章　国际工程相关金融外贸知识

本章简要介绍国际工程从业者需要掌握的融资、外汇以及国际贸易的基本知识。

9.1　国际工程融资

一、国际金融市场概述

(一)国际金融市场的概念

国际金融市场的概念有广义和狭义之分。广义的国际金融市场是指进行各种国际金融活动的场所,包括国际货币市场、国际资本市场、外汇市场和黄金市场;狭义的国际金融市场是指在国际间经营借贷资本,即进行国际资金借贷活动的场所,狭义的国际金融市场又称国际资金市场(International Capital Market)。本节仅从狭义的概念出发,讲述国际金融市场。

(二)国际金融市场的类型

1. 传统的国际金融市场

传统的国际金融市场是从事市场所在国货币借贷,且借贷活动受市场所在国政策与法令管辖的金融市场。这种类型的国际金融市场的形成是以市场所在国家强大的工商企业、对外贸易和对外信贷为基础,经历了由地方性金融市场到全国性金融市场,最后发展为世界性金融市场的发展历程,比如:伦敦、纽约、苏黎士、巴黎、东京、法兰克福等就属于这类国际金融市场。

2. 新型的国际金融市场

所谓新型的国际金融市场,是指第二次世界大战后形成的欧洲货币市场(Euro-Currency Market),所谓的欧洲货币是指在其发行国以外存放和流通的货币,这里的"欧洲"是"境外"的意思。同传统的国际金融市场相比,欧洲货币市场有着明显的特点:它经营的对象是除市场所在国货币以外的任何主要西方国家的货币,它打破了只限于市场所在国国内的资金供应者的传统界限,从而使贷款人与借款人都不受国籍的限制;该市场的借贷活动也不受任何单个国家政府政策与法令的管辖。这个市场的形成不以所在国强大的经济实力和巨额的资金积累为基础,只要市场所处国家或地区政治稳定、地理位置优越、通信发达、服务周到、条件优越并实行较为突出的优惠政策,就有可能发展为新型的国际金融市场。最早形成的欧洲货币市场是欧洲美元市场,其后欧洲货币市场的范围不断扩大,分布地区已不限于欧洲,很快发展到亚洲、北美洲和拉丁美洲。欧洲货币市场最大的中心是伦敦,加勒比海地区的巴哈马、欧洲地区卢森堡的业务略逊于伦敦,其他各大金融中心也分散地经营其他境外货币业务。

(三)国际金融市场的构成

1. 国际货币市场

国际货币市场指经营期限为1年和1年以内的借贷资本的市场。按照借贷方式不同,货币市场可分为银行短期信贷市场、贴现市场和短期票据市场。

(1)银行短期信贷市场

该市场主要包括银行对外国工商企业的信贷和银行同业间拆放市场(Inter-bank Market)。前者主要解决企业流动资金的需要,后者主要解决银行平衡一定时间的资金头寸(Capital Position)、调节资金余缺的需要,其中银行同业间拆放市场处于重要地位。伦敦银行同业拆放市场是典型的拆放市场,伦敦银行同业间拆放利率已成为制定国际贷款利率的基础,即在这个利率基础上再加半厘至1厘多的附加利率(Spread or Margin)作为计算的基础。伦敦银行同业拆放利率有两个价:一个是贷款利率(Offered Rate);另一个是存款利率(Bid Rate)。二者一般相差0.25%~0.5%,在报纸上见到的报价如果是15%~15.25%,那么前者为存款利率,后者为贷款利率。

(2)贴现市场

贴现市场(Discount Market)是经营贴现业务的短期资金市场。贴现是银行购买未到期票据,扣除自贴现日起至票据到期日为止的利息的业务。贴现市场由贴现行(Discount House)、商业票据行(Commercial Paper House)、商业银行和作为"最后贷款者"(Lender of Last Resort)的中央银行组成。贴现交易的对象,除政府短期债券外,主要是商业承兑汇票、银行承兑汇票和其他商业票据。

(3)短期票据市场

短期票据市场(Short Security Market)是进行短期信用票据交易的市场。在该市场进行交易的短期信用票据主要有国库券(Treasury Bills)、商业票据(Commercial Bills)、银行承兑汇票(Bank Acceptance Bills)、定期存单(Certificate of Deposit)等。

2. 国际资本市场

国际资本市场是经营期限在1年以上的资金借贷市场。按照借贷方式不同,资本市场分为银行中长期贷款市场和证券市场。

(1)银行中长期贷款市场

银行中长期贷款市场主要满足外国企业固定资产投资的需要。

(2)证券市场

证券市场包括国际股票市场和国际债券市场。国际债券(International Bonds)指的是一国政府、企事业单位、机关团体到国际金融市场上发行的债券。若债券标值货币是市场所在国家货币,则称其为外国债券(Foreign Bonds);若债券标值货币为市场所在国家以外的货币,则称其为欧洲债券(Euro-Bonds)。主要资本主义国家的外国债券市场非常发达,比如美国、英国、日本,这些国家的外国债券在长期发展过程中形成了自己的专有名称,如美元外国债券又称扬基债券(Yankee Bonds),英镑外国债券又称猛犬债券(Bull-dog Bonds),日元外国债券又称武士证券(Samurai Bonds)。

二、国际商业银行中长期信贷

(一)国际商业银行中长期贷款的特点

中长期贷款指的是期限在1年以上的贷款。第二次世界大战前将贷款期限1~5年的贷款称为中期贷款,5年以上的称为长期贷款。第二次世界大战后,习惯上将1年以上的贷款称为中长期贷款,一般不严格划分中期与长期的界限。当前欧洲货币市场对工商企业的中长期贷款最长为6~7年,对政府机构的贷款最长为12年。中长期贷款有4个主要特点。

1. 签订贷款协议

短期贷款，银行与借款人之间常常通过电话、电信联系，就能明确贷款条件、利率水平和归还期限等，一般无须签订书面协议；而中长期贷款，由于期限较长，贷款金额较大，一般均需签订书面的贷款协议。

2. 银团贷款

所谓银团贷款(Consortium Loan)，即一笔贷款由两家或两家以上银行提供，也叫辛迪加贷款(Syndicate Loan)。采取银团贷款的原因：一是中长期贷款金额较大，一家银行无力提供；二是可以分散风险，万一贷款到期不能收回，则由诸多银行分担损失。

3. 担保

通常由银行、政府、官方信贷机构或资信良好的国际大公司充当担保人。

4. 采用浮动利率

由于贷款期限较长，若在贷款期内将利率定死，对借贷双方都是不利的。如果采取固定利率方式，贷款协议签订时利率较低，在贷款期内，市场利率高涨，但协议已将利率定死，贷款银行不能要求再行提高利率，这时贷款银行吃亏较大；反之，贷款协议签订时利率较高，以后市场利率下降，因协议将利率定死，借款人不得要求贷款银行降低利率，这时借款人吃亏较大。如为浮动利率，则在贷款期内允许借贷双方视市场利率的实际情况，对原定利率定期进行调整，一般贷款协议规定每半年或三个月调整一次利率。

(二)中长期贷款的利息及费用负担

1. 利率

中长期贷款收取的利息，一般按伦敦银行同业拆放利率(LIBOR)来收取。在中国香港、新加坡、巴林，有关中长期贷款也有分别按香港银行同业拆放利率(HIBOR)、新加坡银行同业拆放利率(SIBOR)和巴林银行同业拆放利率(BIBOR)计算利息的。

2. 附加利率

LIBOR 为短期利率，所以借取中长期贷款要在 LIBOR 的基础之上附加一个利率。附加利率的习惯做法是随着贷款期限的延长，附加利率的幅度逐渐提高。若贷款期限为 10 年，头二三年的附加利率为 0.312 5%；中间二三年的附加利率为 0.5%；最后二三年附加利率为 0.625%。

3. 管理费(Management Fee)

管理费近似于手续费，根据贷款金额，按一定费率收取，费率一般为 0.25% ~0.5%。

4. 代理费(Agent Fee)

代理费即在银团贷款中借款人对银团代理行所支付的费用。因为代理行或牵头银行要与借款人及参加贷款的银行进行日常的联系交往，从而发生电传费、电报费、办公费等的支出，这些费用均包括在代理费中。

5. 杂费(Out of Pocket Fee)

贷款协议签订前所发生的一切费用均为杂费。如：贷款银行与借款人联系的车马费、宴请费、文件修订费以及律师费等；杂费由牵头银行提出账单，借款人一次付清，收费标准无统一规定，如 1 亿美元的贷款，杂费多则 10 万美元，少则 4 ~5 万美元。

6. 承担费(Commitment Fee)

承担费指的是贷款协议签订后在承担期间对未提用的贷款余额所支付的费用。承担费根据未提用贷款的余额,按一定费率计算。承担费率一般为年率0.25%~0.5%。承担费的支付规定大致如下:在整个贷款期内,约定一个承担期,借款人应在承担期内提完贷款额;如承担期内未提完,应交纳承担费。承担期结束时未用的贷款额应自行注销。例如,有一笔5年期的1 000万美元贷款,规定承担期为半年,一个月内把贷款提取完毕,则不需要缴纳承担费,一个月后半年内,借款人应提取而未提取的贷款要支付相应的承担费,已提取的贷款则开始支付利息;承担期结束时,尚有100万美元没有提取,则借款人不能再提取。有的贷款规定从签订贷款协议之日起就开始收取承担费,有的贷款则规定从签订贷款协议之日一个月以后(或两个月以后)才开始收取承担费。在前一种情况下,实际上借款人只有在签订贷款协议的当天即将全部贷款提取完毕,才能避免支付承担费,这在实际经济生活中难以做到。在后一种情况下,借款人获得了一两个月的缓冲时间,如能在这段时间里支用全部贷款,就无须支付承担费;只有在规定的一两个月后仍未支用的那部分贷款,才需缴纳承担费。由此可见,后一种情况对借款人较为有利。收取承担费的方法客观上促使借款人在签订贷款协议后积极地、尽快地动用贷款,有助于加快资金周转。承担费按未支用金额和实际未支用天数计算,每季、每半年支付一次。其计算公式如下:

承担费=使用贷款数×承担费年率×未使用的实际天数/360(365)

(三)贷款期限(Period of Loan)

贷款期限是指连借带还的期限,一般由宽限期(Grace Period)与偿付期(Repayment Period)组成。宽限期指借款人只提取贷款而不需要偿还贷款本金的一段时间。宽限期一过则到了偿付期,借款人要开始偿还贷款本金。宽限期虽不偿还贷款本金,但要支付利息。比如,贷款的期限为7年,宽限期为2年,则偿付期为5年。一般宽限期越长对借款人越有利,因为他可以充分利用外借资金从事经营生产,获利后再偿还贷款,从而有较充分的回旋余地。

(四)贷款本金的偿还方式

1.到期一次偿还

这适用于贷款金额相对不大、贷款期限较短的中期贷款。例如,某借款人借了一笔3 000万美元的3年期贷款,分批使用。贷款利息从每次实际使用贷款之日起算,每半年(或每3个月)付息一次;本金则从签订贷款协议之日起算,3年期满一次还清。

2.分次等额偿还

这种方式下,在宽限期内,借款人无须还本,只是每半年按实际贷款额付息一次,宽限期满后开始还本,每半年还本并付息一次,每次还本金额相等。这适用于贷款金额大、贷款期限长的贷款。例如,某借款人获得一笔2亿美元8年期长期贷款,规定宽限期为3年,借款人在宽限期内只付息,不还本;宽限期满后开始分次还本,即从3年末开始到8年贷款期满时止分11次等额偿还贷款本金,每半年归还贷款1 818万多美元,到8年期满时,借款人还清贷款本息。

3.逐年分次等额偿还

这种方式与第二种方式类似,但无宽限期,从借款第一年起开始分次还本付息。例如,某借款人获得一笔1亿美元的4年期中期贷款,从第一年起每年偿还贷款本金2 500万美元,并每半年支付利息一次,到4年期满时,借款人还清贷款本息。

对借款人来说,在上述方式中,以到期一次偿还最为有利。因为一方面,实际贷款期限与名义贷款期限相一致,占用时间较长;另一方面,到期才偿还贷款本金,偿债负担不重。第二种方式尚可接受,因为实际贷款期限虽比名义贷款期限短,但有几年宽限期,在几年内可不还本,偿债负担相对有所缓和。第三种方式对借款人很不利,因为实际贷款期限仅为名义贷款期限的一半,且须从第一年起开始还本,偿债负担较重。

(五)贷款协议中的提前偿还条款

借贷双方会在贷款协议中对提前还款进行特别的约定。在有些贷款中,提前还款是不被允许的,但多数贷款协议都会允许借款人提前还款,只是对此会有严格的限制,比如要求提前通知、规定最低提前还款金额、收取罚息等。一般来讲,一国借款人从外国银行获得中长期借贷,在贷款所用货币的汇率、利率不变,而且借款人又确有长期资金需要的情况下,贷款期限越长,则对借款人越有利。但在有些情况下,借款人动用贷款协议中的提前偿还条款反而较为有利。比如:在下列三种情况下,提前归还贷款就较为有利。

①借款所用货币汇率开始上涨,并有继续上涨的趋势,此时,借款人如仍按原定期限归还借贷,则将蒙受由于汇率上涨造成的巨大损失。

②在借款采用浮动利率的条件下,利率开始上升,并有继续上升的趋势;或利率一次上升幅度较大。此时,借款人如仍按原定期限归还贷款,则将负担较重的利息。

③在贷款采用固定利率的条件下,当国际金融市场上利率下降时,借款人可以筹措利率较低的新贷款,提前偿还原来利率较高的旧贷款,借以减轻利息负担。

(六)贷款货币的选择

一个借款人从国际商业银行贷款,基本上应遵循以下原则:

①借款的货币与使用方向相衔接;

②借款的货币要与购买设备后所生产产品的主要销售市场相衔接;

③借款的货币最好选择软币,即具有下浮趋势的货币,但这类货币往往利率较高;

④如果在借款期限内硬币上浮的幅度小于硬币和软币的利率差,则借取硬币也是有利的,否则借软币。

三、出口信贷

(一)什么是出口信贷

出口信贷(Export Credit)是一种国际信贷方式,是国家为支持和扩大本国大型设备的出口,加强国际竞争能力以给予利息补贴并提供信贷担保的方法,鼓励本国的银行对本国出口商或外国进口商提供利率较低的贷款,以解决本国出口商资金周转的困难,或满足国外进口商对本国出口商支付货款需要的一种融资方式。出口信贷是开拓市场、扩大资本货物销售的一种手段。

(二)出口信贷的特点

出口信贷具有以下几个特点。

①出口信贷属于对外贸易中长期信贷。

②出口信贷的利率,一般低于市场利率,利差由国家给予补贴。大型机械设备或成套设备的生产和销售往往在国家的经济中占有重要地位,其产品价值高,交易金额大,加强这些资本货物的出口,对国家的生产与就业影响很大。为了加强本国机械设备的竞争能力,削弱竞争对手,很多国家的银行,竞相以低于市场的利率为外国进口商和本国出口商提供中长期贷款,给予信贷支持,以扩大该国资本货物的国外销路。

③出口信贷的发放与信贷保险结合。由于中长期对外贸易信贷偿还期限长、金额大,发放贷款的银行存在着较大的风险,为了减缓出口国家银行发放中长期信贷的后顾之忧,保证其信

贷资金的安全，国家一般都设有信贷担保机构，对银行发放的中长期出口信贷给予担保。如发生贷款不能收回的情况，则信贷保险机构给予赔偿。从而加强本国出口商在国外市场的竞争能力，促进资本货物的出口。

④国家成立专门的发放出口信贷的机构，制定政策，管理与分配国际信贷资金，特别是中长期信贷资金。很多发达国家提供的对外贸易中长期信贷，直接由商业银行发放，如金额巨大，商业银行资金不足时，则由国家专设的出口信贷机构予以支持。如英国曾规定商业银行提供的出口信贷资金超过其存款的18%时，超过部分则由出口信贷保证局予以支持。美国发放中长期对外贸易信贷的习惯做法是由商业银行和出口银行共同负担。有的国家对一定类型的对外贸易中长期贷款，直接由出口信贷机构发放。由国家专门设置的出口信贷机构，利用国家资金支持对外贸易中长期信贷，可以弥补私人商业银行资金的不足，改善本国的出口信贷条件，加强本国出口商争夺国外销售市场的实力。这些出口信贷机构联合出口信贷保险机构，根据国际商品市场与资本市场的变化，经常调整本国的出口信贷政策，以迎接其他竞争对手的挑战。

（三）出口信贷的主要类型

1. 卖方信贷

在大型机械装备与成套设备贸易中，为便于出口商以延期付款方式出卖设备，出口商所在地银行对出口商的信贷即为卖方信贷（Supplier's Credit ）。在卖方信贷方式下，进出口商签订合同后，先支付10% ~15%的定金，在分批交货验收和保证期满时，再分期付给10% ~15%的贷款，其余70% ~80%的贷款在全部交货后若干年内分期偿还（一般每半年还款一次），并付给延期付款期间的利息。而出口商（卖方）需向其所在地的银行商借贷款，融通资金。进口商（买方）随同利息分期偿还出口商（卖方）贷款后，根据贷款协议，出口商再用以偿还其从银行取得的贷款。出口商向银行借卖方信贷，除按出口信贷利率支付利息外，还须支付信贷保险费、承担费、管理费等，这些费用均附加于出口成套设备的货价中。因此延期付款的货价一般高于以现汇支付的货价，有时高出3% ~4%，甚至高出8% ~10%。卖方信贷当事人及其合同关系如图9 -1所示。

2. 买方信贷

在大型机械设备贸易中，由出口商（卖方）所在地的银行贷款给外国进口商（买方）或进口商的银行，以给予融资便利，扩大本国设备的出口，这种贷款叫买方信贷（Buyer's Credit）。在买方信贷方式下，进口商与出口商洽谈贸易，签订贸易合同后，进口商先缴纳相当于货价15%的现汇定金，在贸易合同签订后至预付定金前，进口商再与出口商所在地银行签订贷款协议，进口商用其所贷款项，以现汇条件向出口商支付贷款，进口商对出口商所在地银行的贷款，按贷款协议的条件分期偿还。买方信贷的当事人及其合同关系如图9 -2所示。

3. 福费廷交易

福费廷（Forfeiting）交易是指在延期付款的大型设备贸易中，出口商把经过进口商承兑的、期限在半年至五六年的远期汇票，无追索权地售予出口商所在地的银行或大金融公司，以提前取得现款的一种资金融通方式。其与一般贴现的区别如下。

①一般票据贴现，如票据到期遭拒付，银行对出票人能行使追索权，要求票据的出票人付款。而办理福费廷业务所贴现的票据，不能对出口商行使追索权，这是福费廷与贴现的最大区别。

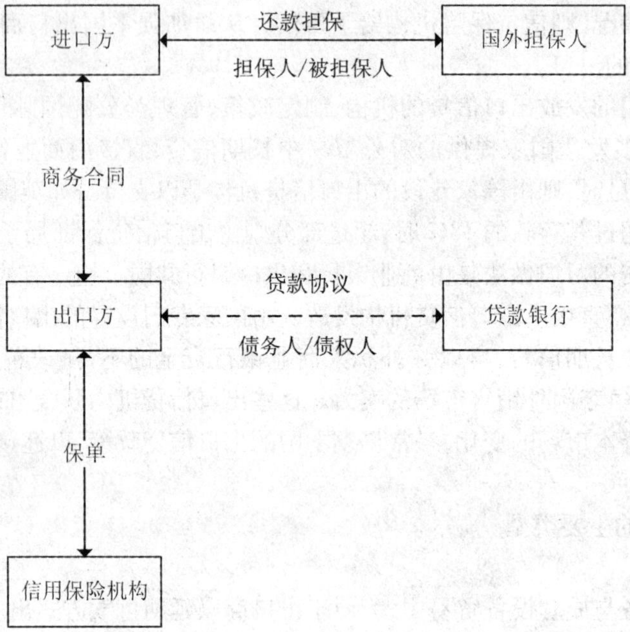

图9-1 卖方信贷当事人及其合同关系

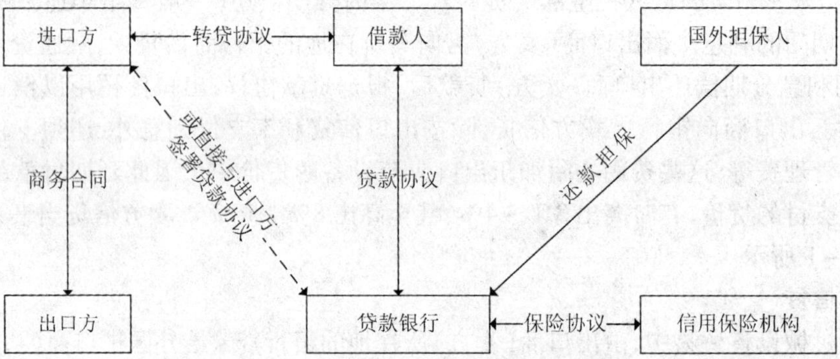

图9-2 买方信贷当事人及其合同关系

②贴现的票据一般为国内贸易往来中的票据;而福费廷则多为与出口设备相联系的票据。

③贴现的票据有的国家规定须具备三个人的背书(Endorsement),但一般不需银行担保;而办理福费廷业务的票据,必须有一流银行的担保。

④办理贴现的手续比较简单,而办理福费廷业务则比较复杂。贴现的费用负担一般仅按当时市场利率收取贴现息;而办理福费廷业务的费用负担则较高,除按市场利率收取贴现息外,一般还收取管理费、承担费等费用,若出口商未能履行合同或撤销贸易合同,以致福费廷业务未能实现,办理福费廷业务的银行还要收取罚款。

4. 安排限额

信用安排限额(Credit Line Agreement)是指出口商所在地的银行为了扩大本国一般消费品或基础工程的出口,给予进口商所在地的银行以中期融资的便利,并与进口商所在地银行配合,组织较小金额业务的成交。其一般有两种方式:一种是一般用途信用限额(General Purpose of Credit),有时也叫购物篮信用。在这种形式下,出口商所在地银行向进口商所在地银行提供一定的贷款限额,以满足对方许多彼此无直接关系的进口商购买该出口国消费品的资金需要。另一种是项目信用限额(Project of Lines of Credit),在这种形式下出口商银行向进口国银行提供一定贷款限额,以满足进口国厂商购买出口国的基础设备(Capital Goods)和基础工程建设的资金需要。

5. 混合信贷

混合信贷(Mixed Credit)是指国家为扩大本国设备的出口,加强本国设备出口的竞争能力,在出口国银行发放卖方信贷或买方信贷的同时,出口国政府还从预算中提出一笔资金,作为政府贷款或给予部分赠款,连同卖方信贷或买方信贷一并发放,以满足出口商或进口商支付当地费用与设备价款的需要。政府贷款的利率一般比出口信贷利率更低,这就更有利于促进该国设备的出口,并可加强与借款国的经济技术与财政合作关系。政府贷款一般占整个贷款金额的30% ~50%。这种为满足同一设备项目的融通资金需要,卖方信贷或买方信贷与政府贷款混合贷放的方式即为混合信贷。这一信贷形式近几年来发展较快。

6. 我国的两优贷款

我国的两优贷款包括中国政府优惠贷款(简称优贷)和优惠出口买方信贷(简称优买)。优贷指的是中国政府指定中国进出口银行向发展中国家政府提供的具有援助性质的中长期低息贷款;优买指的是为配合国家政治和外交需要,推动对外经贸合作,由中国进出口银行采用出口买方信贷形式,对外提供的具备一定优惠条件的特定贷款。两优贷款不同于援外项目,只是在贷款条件上优于商业贷款,借款国需要按期还本付息,因此在贷款申批上,很看重项目的经济效益。两优贷款的贷款条件如表9-1所示。

表9-1　两优贷款的融资条件

两优贷款	中国政府优惠贷款	优惠出口买方信贷
贷款币种	人民币	美元
融资比例	100%	85%
最长期限	20年	20年
利率	不超过3%	不超过3%
承担费	0.75%	0.75%
管理费	1%	1%
中国成分	不低于50%	50%

两优贷款都是由借款国政府向中国进出口银行提出借款申请,不同的是,中国政府优惠贷款下,借款国政府先提出备选项目,由中国进出口银行评审项目,把通过的项目上报商务部,商务部援外司将与借款国政府签署政府间框架协议,规定贷款用途、金额、贷款期限和利率等,中国进出口银行根据政府间框架协议与借款人签署项目贷款协议;而优惠出口买方信贷下,中国

进出口银行先与借款国政府签署贷款总协议，明确还款担保、贷款用途、金额、贷款条件等事项，然后由借款国政府提出项目清单，商务部征求有关单位意见后确定项目范围，由中国进出口银行对贷款项目进行可行性审查，与评审通过的项目借款人签订具体贷款协议。

两优贷款下的项目，工程款都是由中国进出口银行在审核借款人（业主）的支付申请后，直接支付给承包商，所以对于中国承包商来说，这类项目的工程款收付非常有保障。中国国际工程承包商可以通过帮助符合我国两优贷款范围的国家的业主取得两优贷款，从而取得项目的承包业务。不过，我国承包商应该注意，两优贷款因需要两国政府间达成一致，所以其谈判时间和审批时间会很长，而中国进出口银行的最终贷款审批是在商务合同签署之后，所以建议承包商签署有生效条件的敞口合同，明确贷款协议生效后本商务合同才生效，以避免外方在签署商务合同后就开始计算工期，带来不必要的麻烦。

四、政府贷款

（一）政府贷款的概念

政府贷款是指一国政府利用财政或国库资金向另一国提供的优惠性贷款。贷款国政府使用国家财政预算收入或国库的资金，通过列入国家财政预算支出计划，向借款国政府提供贷款。因此，政府贷款一般由各国的中央政府经过完备的立法手续批准后予以实施。政府贷款通常是建立在两国政府政治经济关系良好的基础之上的。

（二）政府贷款的特点

①政府贷款是以政府名义进行的双边政府之间的贷款，因此，往往需要经过各自国家的议会通过，完成应具备的法定批准程序。

②政府间贷款一般是在两国政治、外交、经济关系良好的情况下进行的，是为一定的政治、外交、经济目的服务的。

③政府贷款属于中、长期无息或低息贷款，具有援助性质。

④政府贷款一般要受到贷款国的国民生产总值、国家财政收支状况的制约，因此，它的规模不会太大。

（三）政府贷款的条件

①政府贷款的标的应该是货币金额，常以贷款国的货币表示，有时也以第三国货币表示，它是每笔政府贷款规模的标志。

②政府贷款既可以无息（即不必计算与支付利息），又可以计息。有息贷款利率较低，年利率一般在1%～3%，当然个别的也高达5%左右。按规定，政府贷款的赠予部分应高于25%，甚至高于35%。

③政府贷款中的无息贷款或者低息贷款，有时规定应由借款方向贷款方支付一定百分比的管理费，或称手续费。对于计息的政府贷款，有时还规定应由借款方向贷款方支付一定百分比的承担费，多数国家提供的政府贷款不收取费用。

④政府贷款的期限属于中、长期贷款，一般为10年、20年、30年甚至长达50年。贷款的提款期（Availability Period），即贷款的提取期限，一般规定为1～3年，有的长达5年；贷款的宽限期，即贷款开始使用后不需要偿还本金的期限，一般为5年、7年或10年；贷款的偿还期，即还款的期间，一般规定从某年开始即10年、20年或30年之内，每年分两次偿还贷款本金并支付利息。

⑤政府贷款虽属优惠性质，但它毕竟要为贷款国家的政治、外交和经济利益服务，因此，政

府贷款中除很少使用的现汇款外，对于商品贷款或与项目结合的贷款，通常规定采购限制条件，比如，借款人借入贷款，必须用于购买贷款国的资本货物、技术、商品和劳务，从而带动贷款国的货物和技术劳务的出口。

（四）政府贷款的种类

1. 无息贷款

这是最优惠的贷款，不必计算和支付利息，但要收取一定的手续费，一般不超过 1%。

2. 计息贷款

这种贷款必须计算和支付利息，它的利息率都比较低，年利率一般在 1% ~3%。除贷款利息之外，有时也规定借款国须向贷款国政府支付不超过 1% 的手续费。

3. 现汇贷款

现汇贷款是指贷款国政府向借款国政府提供可以自由兑换的货币的贷款，由借款国根据自己的需要予以使用，还款期内借款国须偿还同种可自由兑换的货币。

4. 商品贷款

商品贷款是指贷款国政府向借款国政府提供规定品种数量的原材料、机器、设备等商品，计价汇总作为贷款，至于商品贷款是以货物偿还还是以可自由兑换的货币偿还，由双方协商决定。

5. 与项目结合的贷款

与项目结合的贷款是指贷款国政府向借款国政府提供为双方协议的建设项目所需要的整套原材料、机械设备、设计技术图、专利许可证和专家指导、人员培训、劳务技术服务等，计价汇总，作为贷款额度。

6. 政府混合贷款

政府混合贷款是指政府提供的低息优惠性贷款或政府提供的无偿赠款与出口信贷结合使用而组成的一种贷款。

五、国际金融组织贷款

在国际工程开发与投资业务中，对项目进行融资的一条重要渠道是国际金融组织的贷款。在国际金融组织中，有全球性金融组织（如世界银行集团），也有区域性金融组织（如亚洲开发银行等）。了解这些金融组织贷款对搞好国际工程开发与投资有重大的作用与意义。

（一）世界银行贷款

1. 世界银行的成立及宗旨

世界银行（International Bank for Reconstruction and Development，IBRD 或简称 the World Bank）成立于 1945 年 12 月，凡参加世界银行的国家必须首先是国际货币基金组织的会员国。根据《国际复兴开发银行（世界银行）协定》第一条规定，世界银行的宗旨可以归纳为：对用于生产目的的投资提供便利，以协助会员国的复兴与开发；鼓励较不发达国家生产与资源的开发；促进私人对外投资；用鼓励国际投资以开发会员国生产资源的方法，促进国际贸易的长期平衡发展，并维持国际收支平衡。

2. 世界银行的贷款条件

世界银行的主要业务为实收资本、公积金和准备金，或者以其从其他会员国金融市场筹措的资金和其他金融机构一起联合对外发放贷款，或自行发放贷款；也承做对私人投资、贷款给予部分或全部保证的业务。世界银行的贷款条件有以下几点。

①限于会员国,若贷款对象为非会员国的政府时,则该项贷款须由会员国政府、中央银行和世界银行认可的机构进行担保。

②申请贷款的国家确实不能以合理的条件从其他方面取得贷款时,世界银行才考虑发放贷款、参加贷款或提供保证。

③申请的贷款必须用于一定的工程项目,有助于该国的生产发展与经济增长。

④贷款必须专款专用,并接受世界银行的监督,银行的监督不仅在使用款项方面,同时在工程的进度、物资的保管、工程管理等方面也进行监督。

⑤贷款的期限一般为数年,最长可达 30 年。从 1976 年 7 月起,贷款实行浮动利率,随着金融市场利率的变化定期调整,并附加一定的利息。与国际资金市场收取承担费相似,世界银行对已订立借款契约而未提取部分,按年征收 0.75% 的手续费。

⑥世界银行使用不同的货币对外发放贷款,对承担贷款项目的承包商或供应商,一般用该承包商、供应商所属国的货币支付。如果由本地承包商供应本地物资,即用借款国货币支付;如本地供应商购买的是进口物资,即用该物资出口国货币支付。

3. 世界银行的贷款种类

(1)项目贷款与非项目贷款

这是世界银行传统的贷款业务,属于世界银行的一般性贷款。项目贷款是目前世界银行最主要的贷款,指的是世界银行对会员国工农业生产、交通、通信、市政、文教卫生等具体项目所提供的贷款的总称。非项目贷款是世界银行为支持会员国现有的生产性设施需进口物资、设备所需外汇提供的贷款,或是支持会员国实现一定的计划所提供的贷款的总称。

(2)“第三窗口”(The Third Window)贷款

这是在传统贷款之外的一种中间贷款,其贷款条件宽于世界银行的一般性贷款,但优惠条件不如国际开发协会贷款。为发放这项优惠贷款,世界银行设立了由发达国家和石油输出国捐资的“利息补贴基金”(Interest Subsidy Fund),由该基金付给世界银行 4% 的利息补贴,借款国负担世界银行一般性贷款的利息与 4% 的利息补贴之间的差额。“第三窗口”贷款的期限可长达 25 年,但只贷给低收入(1972 年人均 GNP 低于 375 美元)国家。它只开办了两年,到 1977 年底结束。

(3)技术协助贷款

这种贷款包括两方面:首先是指在许多贷款项目中用于可行性研究、管理或计划的咨询,以及专门培训方面的资金贷款;其次还包括独立的技术援助贷款,即为完全从事技术援助的项目提供的资金贷款。

(4)联合贷款(Co-financing)

这是世界银行同其他贷款者一起,共同为借款国的项目融资,以有助于缓和世界银行资金有限与发展中会员国不断增长的资金需求之间的矛盾。它起始于 20 世纪 70 年代中期。联合贷款的一种方式是,世界银行同有关国家政府合作选定贷款项目后,即与其他贷款人签订联合贷款协议,然后,世界银行和其他贷款人按自己通常的贷款条件分别同借款国签订协议,分头提供融资;另一种联合贷款的方式则是,世界银行同其他贷款者按商定的比例出资,由世界银行按其贷款程序与商品、劳务采购的原则同借款国签订借款协议。两种方式相比,后一种方式更便于借款国管理,世界银行也倾向于采用这种方式。

4. 世界银行的贷款程序

由于世界银行发放贷款要与一定的项目相结合，专款专用，并在使用过程中进行监督，所以会员国从申请到按项目进度使用贷款，都有严密的程序，概括起来有以下几个方面。

①会员国申请贷款首先要提出计划，世界银行贷款部门初步审查后，派人到申请贷款的国家实地考察，经与申请国研究、核实后确定最重要、最优先的项目。为保证贷出款项能得到偿还，项目投建即能收到实效，世界银行要对借款国的经济情况与技术管理水平进行全面调查。调查涉及的范围包括工农业生产、交通、资源、经营管理水平、外贸和国际收支、偿债能力和经济政策等。

②在项目确定以后，世界银行专家组要对项目建设过程中的技术方案、组织管理方案、部件和附属设备配套计划、资金拨付方案、财务计划以及项目竣工后经济效益的核算等多方面进行审查。只有经专家组确认各项计划落实、可行，经济效益显著，申请借款国才能与世界银行进行具体贷款谈判。

③贷款谈判结束后，世界银行行长提出报告，将贷款申请送交执董会审议。报告经执董会批准后，由世界银行与借款国全权代表正式签订贷款协议。贷款文件签字生效后在联合国注册登记。

④工程项目招标，按工程进度发放贷款并进行监督，确保资金合理使用。

在贷款全部发放后一年左右，世界银行对其贷款项目提出实际情况的审计报告，就该项目计划完成情况是否经济合理、竣工后的效益与作用作出评价。

(二)国际开发协会的贷款

国际开发协会(International Development Association, IDA)是专门向低收入发展中国家提供优惠长期贷款的一个国际金融组织，是世界银行集团的附属机构，与世界银行是一套人马两个牌子。其宗旨是对欠发达国家提供比世界银行条件宽、期限长、负担较轻，并可用部分当地货币偿还的贷款，以促进它们经济的发展和居民生活水平的提高，从而补充世界银行的业务，促进世界银行目标的实现。

从国际开发协会的贷款条件来看，协会贷款只提供给低收入发展中国家，按最初标准，人均GNP为425美元以下，现在人均GNP为580美元(1987年)，均有资格获得信贷。协会贷款对象规定为会员国政府和公私企业，实际上均向会员国政府发放。其贷款的用途与世界银行一样，是对借款国具有优先发展意义的项目或发展计划提供贷款。贷款的期限为50年，宽限期为10年，头10年不必还本，第二个10年，每年还本1%，其余30年每年还本3%。偿还贷款时，可以全部或一部分使用本国货币偿还，贷款只收取0.75%的手续费。

(三)国际金融公司贷款

国际金融公司(International Finance Corporation, IFC)和国际开发协会一样也是世界银行集团的一个附属机构。其宗旨是通过对发展中国家尤其是欠发达地区的重点生产性私人企业提供无须政府担保的贷款与投资，鼓励国际私人资本流向发展中国家，支持当地资金市场的发展，以推动私人企业的成长和成员国经济的发展，进一步充实世界银行的业务活动。

国际金融公司的贷款与投资，只面向发展中国家的私营中小型生产企业，并不要求会员国政府提供担保，公司贷款一般每笔不超过200~400万美元，在特殊情况下最高也不超过2000万美元。公司贷款与投资的部门，主要是制造业、加工业和采掘业、旅游业以及金融开发公司。

国际金融公司的贷款方式为：直接向私人生产性企业提供贷款；向私人生产性企业入股投

资,分享企业利润,并参与企业的管理;或将上述两种方式相结合。公司在进行贷款与投资时,或者是单独进行,而后再将债权或股票转授给私人投资者,或者是与私人投资者共同对会员国的生产性私人企业进行联合贷款或联合投资,以促进私人资本向发展中国家转移。

国际金融公司贷款的期限一般为7~15年,还款时需用原借入货币进行支付,贷款的利率不统一。

(四)亚洲开发银行贷款

亚洲开发银行(Asian Development Bank, ADB)是一家类似世界银行,但只面向亚太地区的区域性政府间金融开发机构。它于1966年11月正式成立,并于同年12月开始营业,总部设在菲律宾首都马尼拉。其宗旨是向成员国和地区成员提供贷款与技术援助,帮助协调成员在经济、贸易和发展方面的政策,同联合国及其专门机构进行合作,以促进亚太地区的经济发展。

从亚洲开发银行的贷款条件来看,亚洲开发银行根据1990年人均国民生产总值的不同将发展中成员分为A、B、C三类,对不同种类的国家或地区采用不同的贷款或赠款条件。按贷款条件划分,亚洲开发银行的贷款可分为硬贷款、软贷款和赠款三类。硬贷款的贷款利率为浮动利率,每半年调整一次,贷款的期限为10~30年(含2~7年宽限期)。软贷款,即优惠贷款,仅提供给A类成员(人均国民生产总值不超过851美元),贷款期限为40年(含10年宽限期),不收利息,仅收1%的手续费。B类成员有可能获得软贷款,但与普通资金混合使用。至于赠款,则用于技术援助,资金由特别基金提供,但赠款金额有限制。

亚洲开发银行贷款的具体形式可分为以下几种。

①项目贷款,即为某一成员发展规划的具体项目提供的贷款,这些项目须具备经济效益好、有利于借款成员的经济发展和借款成员有较好的资信等三个条件。

②规划贷款,即对成员某个需要优先发展的部门或其所属部门提供资金,以便通过进口生产原料、设备和零部件,扩大原有生产能力,使其结构更趋合理化和现代化。

③部门贷款,即对成员的同项目有关的投资进行援助的一种形式。这项贷款是为提高所选择的部门或其分部门执行机构的技术与管理能力而提供的。

④开发金融结构贷款,是通过成员的开发性金融结构进行的间接贷款,因而也称中间转贷。

⑤综合项目贷款,是对较小的借款成员的一种贷款方式,把借款数额不大的一些项目捆在一起作为一个综合项目办理贷款手续。

⑥特别项目援助贷款,是为避免亚洲开发银行提供贷款的项目执行过程中由于缺乏配套资金等未曾预料到的困难所提供的贷款。

⑦私营部门贷款,分为由政府担保的贷款,或是没有政府担保的股本投资以及为项目的准备等提供技术援助的直接贷款;通过开发性金融机构的现额转贷和对开发性金融机构进行股本投资的间接贷款等。

⑧联合贷款,指一个或一个以上的官方机构或私人投资者等经济实体与亚洲开发银行共同为成员某一项目融资。它主要有以下5种类型。

i. 平行融资(Parallel Financing),是指将项目分成若干具体、独立的部分,以供亚洲开发银行和其他融资伙伴分别融资。

ii. 共同融资(Joint Financing),是指亚洲开发银行与其他融资伙伴按商定的比例,对某成员的某一项目进行融资的方式。

iii. 伞形融资或后备融资（Umbrella or Standby Financing）。这类融资在开始时由亚洲开发银行负责项目的全部外汇费用，但只要找到联合融资伙伴，亚洲开发银行贷款中的相应部分即取消。

iv. 参与性融资（Participatory Financing），是指亚洲开发银行先对项目进行贷款，然后商业银行购买亚洲开发银行贷款中较早到期的部分。

v. 窗口融资（Channel Financing），是指联合融资伙伴将其资金通过亚洲开发银行投入有关项目，联合融资伙伴与借款人之间并不发生关系。

六、项目融资

（一）项目融资的内涵

广义的项目融资是指为特定项目的建设、收购以及债务重组进行的融资活动，即“为项目融资”。狭义的项目融资则是指通过该项目的期望收益或现金流量、资产和合同权益来融资的活动，即“通过项目来融资”。

项目融资的还款资金主要来源于项目建成并投入运营后所形成的现金流收入。在为一个项目安排项目融资时，项目发起人对项目所承担的责任与其本身所拥有的其他资产和所承担的其他义务是分离的，对项目发起人来说，是无追索权融资或有限追索权融资。如果项目的经济强度不足以支撑在最坏情况下的贷款偿还，那么项目发起人将会被贷款人要求一定程度上提供直接担保、间接担保或其他形式的担保给予项目附加的信用支持。所以，一个项目的经济强度，加上项目发起人和其他与该项目有关的各个方面对项目所作出的有限承诺，就构成了项目融资的基础。

相对于项目融资，传统的公司融资是指一个公司以本身的资信能力为基础所安排的融资。贷款银行等债权人决定是否对该公司提供贷款的主要依据是，该公司作为一个整体的资产负债、利润及现金流量的情况。对于该公司所要投资的某个具体项目的认识和控制，则放在较为次要的位置，因为还款的资金来源于公司全部的收入。即使某个具体项目失败了，债权人仍可以从公司其他资产或收益中获得贷款的偿还。项目融资与传统融资的比较如表 9 - 2 所示。

表 9 - 2　项目融资与公司融资的比较

	项目融资	公司融资
融资基础	项目本身的经济强度	借款公司的资信
追索程度	有限追索（特定阶段和范围内）或无追索	完全追索（抵押资产以外的资产）
风险分担	所有参与者	发起人/放贷者/担保者
会计处理	资产负债表外融资（仅出现在项目公司的资产负债表上）	项目债务是发起人债务的一部分，出现在其资产负债表上
信用结构	灵活多样	比较单一
股权比例	发起人出资比例较低（通常低于 30%），杠杆比率高	发起人出资比例较高
税务优势	充分利用税务优势	无税务优势

(二)项目融资的特点

1. 项目导向下的高杠杆长期融资

贷款方主要是依赖于项目的现金流量和资产,而不是依赖于项目的投资者或发起人的资信来安排融资是项目融资的一个重要特点。贷款银行在项目融资中的注意力主要放在项目在贷款期间能够产生多少现金流量用于还款,贷款的数量、融资成本的高低以及融资结构的设计都是与项目的预期现金流量的资产价值直接联系在一起的。与传统的融资方式相比,采用项目融资一般可以获得较高的贷款比例,根据项目经济强度的状况通常可以为项目提供60%~80%的资本需求量,在某些项目中甚至可以做到100%的融资。进一步地,由于项目导向,项目融资的贷款期限可以根据项目的具体需要和项目的经济生命周期来安排设计,可以做到比一般商业贷款期限长。

2. 有限追索

贷款人对项目投资人的追索形式和程度是区分融资是属于项目融资还是属于传统公司融资的重要标志。传统公司融资下,贷款人为项目提供的是完全追索形式的贷款,即贷款人更看重项目投资人自身的资信情况,而不是项目的经济强度;而项目融资下,作为有限追索的项目融资,贷款人可以在贷款的某个特定阶段(如项目的建设开发阶段和试生产阶段)对项目投资人实行追索,或者在一个规定的范围内(包括金额和形式的限制)对项目投资人进行追索。除此之外,无论项目出现任何问题,贷款人均不能追索到项目投资人除该项目资产、现金流量以及所承担的义务之外的任何形式的资产。因此,项目融资对于项目投资人的其他资产和收益具有“隔火墙”的作用。

3. 信用保证结构多样化

由于项目融资的有限追索特性,项目的债务资金提供者必然会要求多样化的信用保证结构,以保证资金的安全回收。

一个成功的项目融资,可以将贷款的信用支持分配到与项目有关的各个关键方面,典型的做法包括:在市场方面,可以要求对项目产品感兴趣的购买者提供一种长期购买合同作为融资的信用支持;在工程建设方面,为了降低完工风险,可以要求工程承包公司和工程设计者提供相应担保,比如完工担保;在原材料和能源供应方面,可以要求供应方在保证供应的同时,在定价上根据项目产品的价格变化设计一定的浮动价格公式,保证项目的最低收益。所有这些做法,都可以成为项目融资强有力的信用支持,提高项目的债务承受能力,减少融资对投资者资信和其他资产的依赖程度。

4. 风险分担

为了实现项目融资的有限追索,对于与项目有关的各种风险要素,需要以某种形式在项目发起人、与项目开发有直接或间接利益关系的其他参与者和贷款人之间进行分担。一个成功的项目融资结构应该是在项目中没有任何一方单独承担全部债务的风险责任。

5. 非公司负债型融资

公司的资产负债表是反映一个公司在特定日期财务状况的会计报表。非公司负债型融资,亦称为资产负债表之外的融资,是指项目的债务不表现在项目投资者公司的资产负债表中的一种融资形式,这种债务最多只以某种说明的形式反映在公司资产负债表的注释中。项目融资通过对其投资结构和融资结构的设计,可以帮助项目发起人将贷款安排成一种非公司负债型融资,使发起人可以通过融资投资更多的项目。

6. 注重发挥税务结构的作用

注重发挥税务结构在安排融资中的作用，充分利用项目的税务优势来设法降低项目的资金成本。所谓充分利用税务优势，是指在项目所在国税法允许的正常范围内，通过精心设计的投资和融资结构，把项目的税务亏损作为一种资源最大限度地加以利用，以此为杠杆来降低融资成本，减少项目高负债期的现金流量压力，提高项目的偿债能力和综合收益率。

（三）项目融资的风险及其分担

项目融资的实施建立在对该项目相关的风险的识别、评估、分担、谈判和管理上。由于被融资项目运营阶段的收益就是融资资金偿还的来源，所以项目融资的全部基础就是对项目未来收益的考察以及不同风险因素对收益的影响。

一个项目的生命周期可分为两个阶段：一是建设阶段或完工前阶段；二是运营阶段或者完工后阶段。两个阶段有明显不同的风险特征，这些风险以不同的方式影响项目未来的结果。另外，也有一些风险既存在于建设阶段，也可能发生在运营阶段。

（1）建设阶段风险

建设阶段一直持续到运营阶段的开始，该阶段主要是项目设施的建设。这一阶段的主要风险可被概括为完工风险。

项目能否在预定的日期和预算不变的情况下完工关系到贷款方的利益。完工风险主要包括：建设成本超支，工期延误，项目完工后没有达到设计的能力等。项目的完工风险也就是发生以上情况的可能性。完工风险的程度由以下三个方面决定：项目包含技术风险的程度，建设承包商的技术能力和财务能力以及承包商或第三方提供的担保以及履行义务的能力。

很多因素会导致成本超支，项目公司可以考虑提前采购物资或设备，签订EPC合同的办法也可降低成本超支的风险。贷款方可以要求项目发起人提供一定数额的资金缺额担保。成本超支可能导致资金不足、项目无法完成，迫使发起人追加投资或承担更高的融资成本；投资方回报减少，甚至使项目由于成本增加而失去可行性；贷款成本增加降低了项目的偿债能力比率，增大了贷款风险。

同样也有许多因素会使得项目发生工期延误，包括承包商的能力与经验，预计工期的长度，建材与其他物资的供应，项目建造所依附的地形地势，劳工问题，没有获得许可的风险等。这些因素也对项目的成本造成影响。延期完工可能导致贷款偿还延期，利息增加，提高了融资成本；经营项目的收入被推迟支付或遭受损失。

（2）运营阶段风险

①运营风险。运营风险包括以下的可能性：项目运营和维护的成本超出预期；项目设施无法达到要求的绩效标准；项目的运营由于运营方的不正当行为或疏忽而终止。运营方必须有足够的财务和技术能力使项目能够达到可研中的成本和产出要求。运营方以往在同类项目和技术、相同国家和地区的经验可以证明其是否能够有效率、有效果地运营该项目。除了有经验的运营方，一个优秀的管理团队也对项目的成功至关重要。

②收入风险。项目融资的核心风险就是项目公司的收入不足以支付运营成本、偿还贷款并为投资方带来合理的回报。如果项目能按照设计能力产出，收入风险就在于项目公司能否达到：预计的产品或服务销售量以及预计的销售价格。从这两方面来看，贷款方比较愿意为两种类型的项目提供贷款——自然资源项目以及商业电厂项目。煤、天然气、矿产等项目涉及的产品容易出售，销量一般不会面临太大风险。但商品价格可能受到经济周期的影响，并且需要

考虑供应量增长(同类项目开发)以及市场需求下降(替代产品出现)等因素。

(3)建设阶段和运营阶段都可能存在的风险

①政治风险。政治风险一般由于东道国政府的行为或者战争等原因产生，对项目的财务绩效或商业可行性有不利影响。政治风险一般分为三类：投资风险，法律变化的风险和准政治风险。投资风险包括货币兑换和转移，项目的国有化，战争、内乱等政治不可抗力。法律变化（包括新法律的制定和现有法律的变化）的风险可能对项目的可行性造成影响，阻碍项目的运行。准政治风险通常同时涉及政治和商业因素，如合同纠纷等情况。公共部门的合同违约或法庭判决，地方政府或部门的次主权风险以及项目的逐渐国有化都属于这类情况。

②外汇风险。项目的建设阶段与运营阶段都可能存在外汇风险。在建设期间,如果成本支出使用一种货币,而提供的资金是另一种货币,那么项目公司就可能面临着支付费用所使用的货币升值的风险,造成成本超支。在运营期间,如果项目公司的收入是一种货币,融资或其他费用是另一种货币,则汇率变化就会影响其净收入,影响其还款的能力。使用当地货币进行融资可避免这种风险,但发展中国家当地的融资市场往往不能提供项目融资。

③环境与社会风险。许多工业设施要向环境中排放一些污染物,这些设施的建设和运营往往需要一些许可或授权。此外项目更广泛的社会影响,如项目员工的劳动和工作条件等也更加受到重视。这些相关的法律要求给一个项目增加了5个主要风险:向环境排放污染物的可能性;没有遵守环境、卫生和安全法律法规及许可的可能性;取得环境许可的不确定性;法律和执行的优先次序发生变化,对环境的要求更加严格;受到影响的人群或者利益相关的非政府组织可能给项目带来的潜在挑战。因此发起人和贷款方不能仅仅局限于法律,他们需要考虑的是项目是否有潜在的环境和社会问题,可能增加项目资本的支出,甚至对整个项目的建设和运营都造成风险。

如前所述,风险分担是项目融资的一个重要特征。这主要是由于不同的风险分担影响合约双方的不同行为,在合约管理机制中,风险分担是提高项目治理的核心部分,是影响项目治理的一个重要因素。在项目融资中,主要通过各种项目文件和信用担保协议,使项目风险在参与者之间得到合理的分配,从而满足贷款银行的要求。此外风险在各方间如何分配也取决于各方的谈判实力。主要风险在项目各方间的分担如下。

(1)建设阶段完工风险

项目公司一般通过跟承包商签EPC合同,采用固定总价的支付方式,由承包商负责设计、施工和试运行等工作,并承诺在满足规定标准的前提下按时完成项目,从而将项目的完工风险转移给EPC承包商,如果发起人或贷款银行认为EPC承包商履约能力不充分,则可能要求承包商的母公司提供担保;贷款银行也可能要求发起人提供完工担保,承担完工风险。

(2)运营阶段风险分担

项目公司如果不是自己运营项目,则会通过与运营商签署运营维护合同,将运营风险分配给运营商,发起人和贷款银行可能会要求运营商母公司提供担保。

对于运营阶段的收入风险,项目公司一般通过与产品或服务的购买方签订照付不议合同(take or pay sales contract)的方式,将市场需求风险分配给需求方来承担;另外,当项目的正常运营依赖于必需的原料时,对于项目正常运营所需要的原料和动力,项目公司一般通过与供应方签署照付不议供货合同(take or pay supply contract)将原料供应风险分配给供应商。

建设阶段、运营阶段风险分担及两阶段都存在的风险在各方间的分担矩阵如表9-3

所示。

表9-3　项目融资主要风险分担矩阵

	建设阶段风险	运营阶段风险			建设阶段和运营阶段都存在的风险				
	完工风险	运营风险	市场需求风险	原料供应	外汇风险	利率风险	通货膨胀风险	环境风险	政治风险
发起人	可能被贷款银行要求提供担保								
项目公司					采用金融工具	利率互换			
EPC承包商	EPC合同								
运营商		运营维护合同							
产品或服务购买者			或取或付销售合同				事先就通胀调价达成一致		
原料供应商				或取或付供货合同			事先就通胀调价达成一致		
出口信贷机构									信用风险保险
贷款银行					产品多样化和其他金融工具				
保险公司	投保	投保						投保	投保

(四)项目融资的常见形式

项目融资结构复杂、种类千差万别,甚至没有两个项目采用的融资形式是完全相同的。经过对现有项目认真分析归类,可以把项目融资归纳为以下几种常见形式。

1. 产品支付(Production Payment)

产品支付是针对项目贷款的还款方式而言的。借款方在项目投产后不以项目产品的销售收入偿还债务,而是直接用项目产品还本付息。在贷款得到偿还以前,贷款方拥有项目的部分或全部产品,借款人在清偿债务时把贷款方的贷款看作这些产品销售收入折现后的净值。

当然,这并不意味着贷款银行真的要储存几亿桶石油或几亿度电力,在绝大多数情况下,产品支付只是产权的转移而已。在产品支付这种形式下,贷款方常常要求项目公司重新购回属于它们的项目产品,或充当它们的代理来销售这些产品。因此,销售的方式可以是市场出售,也可以由项目公司签署或取或付合同。无论哪种情况,贷款方都用不着接受实际的产品。

产品支付在美国的石油、天然气和采矿的项目融资中应用最为普遍。这种信贷方式的运作技巧就是由贷款方设立一家专设公司购买项目公司的石油、天然气或矿物等产品。专设公司的成立有助于把某些潜在的责任(如环保责任)同项目产品的所有权分割开来。

产品支付这种形式具有以下几个特点:

①用来清偿债务本息的唯一来源是项目的产品;

②贷款的偿还期应该短于项目有效生产期;

③贷款方对项目经营不承担直接责任。

产品支付这种形式的可行性在某种程度上取决于项目产品的所有权能否合法地顺利转移。在很多方面,矿产和油田的所有权属于国家,不能随便转移。项目公司的权利仅仅是进行开发和管理,对其产权却无权染指,更不用说把它拱手相让了。

2. 远期购买(Forward Purchase)

"远期购买"具有"产品支付"的许多特点,但前者更为灵活。同产品支付一样,贷款方可以成立一个专设公司。这个专设公司不仅可以购买事先商定好的一定数量的产品,还可以直接接受这些产品的销售收入。具体销售的方式可以选择公开市场,或取或付合同,或与项目发起人签订类似的协议等。

与"产品支付"的情况一样,贷款银行将会对影响到其对产品所有权的任何风险进行投保。

3. 融资租赁(Finance Lease)

租赁在资产抵押性融资中用得很普遍,特别是在购买轮船和飞机的融资中。在英国和美国,很多大型工业项目也采用融资租赁,因为融资租赁可以通过厂房和设备的折旧为项目发起方带来税收好处,从而降低其生产成本。

在英国一些正在筹建的大型电力项目中,租赁这种形式重新受到了发起人的重视,虽然这些年来折旧所带来的税收优惠越来越小,但项目发起人通过付给租金所得到的税收好处依然很有吸引力,所以他们并不在乎文件的烦琐以及高额的律师费用。

除了税收好处外,项目发起人和贷款方选择融资租赁还有其他方面的考虑。譬如,在某些国家为某些资产进行融资的时候,如果该国缺乏充分和稳定的担保法律,租赁便具有优越性,因为资产的所有权仍属于贷款人。另外,融资租赁的灵活性也是它的一个显著特点。短期的经营租赁,可以使项目公司仅在建设开发期的某一特定时期使用某些特定的设备或其他资产。再譬如,在"伊斯兰融资"中,贷款不能有利息但投资又不能没有回报,这个时候租赁提供了一个解决问题的方法。

出租人和担保人之间协商谈判的过程是项目进行融资最困难的阶段。尽管有担保银行的担保,出租方仍希望保持对资产的所有权,以便在将来需要的时候可以重新拥有它;而银行却希望有足够的资产抵押来担负其担保责任。出租方和银行之间谁享受优先权这个问题总是谈判的一个焦点,出租方一般不会放弃优先权,除非是在与税务无关的补偿索赔中。银行担保的范围是谈判的另一个重点,特别是当出租方坚持要它对整个项目长达20~30年的还款责任进行担保的时候。一般而言,银行会尽量把其担保局限在租金偿付和其他金融风险内,它们不愿为项目公司的所有责任提供一揽子担保。

对于一些大的项目来说,任何一家租赁机构都很难具有足够大的资产负债表吸纳所有的税收好处。因此,项目资产往往由许多租赁公司分别购置和出租,或者由它们组成一个新的合伙制公司共同完成租赁业务。

融资租赁这种融资方式的步骤大致如下。

①项目发起方组成项目公司,项目公司或项目发起方中的某一方签订资产购置和施工合同,购买开发建设所需的厂房设备,并在合同中声明这些厂房和设备的所有权都将转移给一个或几个融资租赁公司。当然,这个合同必须在融资租赁公司同意的前提下方可签署。

②融资租赁公司从银行获得贷款,并用银行贷款购买厂房和设备,然后把它们租给项目公司。贷款银行以租赁方对项目厂房、设备的所有权及相关合同作为担保,并同租赁公司就担保细节进行协商谈判。在这个阶段,贷款银行可能还会要求项目发起方对项目公司的责任进行一定程度的担保。项目的开发建设将由项目公司(或项目发起方中的某一方)代表租赁公司进行监督。

③在建设阶段,项目公司开始向租赁公司支付租金,租金在数额上应该等于租赁公司购置资产所需资金的利息。租金担保通常由一家或几家银行完成,个别时候也可以由项目发起方作担保。融资租赁公司一般不会承担风险。

④工厂建成后进入经营阶段。在这个阶段,承租方要向租赁公司补缴在建设期内没有付清的租金。租赁公司以其收到的租金通过担保信托支付银行贷款的本息偿还。项目建成后,项目发起人往往会终止担保,贷款银行需要承担一定的项目风险,但它仍可从租赁资产的租金及项目的销售合同和应收款项的转让中获得担保。

⑤在第一阶段的后期,当租赁公司的成本全部收回并获得了相应的回报后,融资租赁便进入了第二阶段。在这个阶段,项目公司只需交纳很少的租金。在租赁结束时,项目公司没有购买租赁资产的权利,否则一切租赁形式所能带来的税收好处都不复存在。但是,项目公司可以代理的身份代表租赁公司把资产以租赁方可以接受的价格卖掉,售价大部分都会被当作代销手续费由租赁方返还给项目公司,而资产的买主很多时候都是项目发起方本身。

4. 建设—运营—移交(BOT)

(1)BOT 融资方式的优越性

BOT 方式融资的优越性主要表现在以下几个方面。

①减少项目对政府财政预算的影响,使政府能在自有资金不足的情况下,仍能上马一些基本项目建设,政府可以集中资源,对那些不被投资者看好但又对国家有重大战略意义的项目进行投资。BOT 融资不构成政府外债,可以提高政府的信用,政府也不必为偿还债务而苦恼。

②把私营企业中的效率引入公用项目,可以极大地提高项目建设质量并加快项目建设进度。同时,政府也将全部项目风险转移给了私营发起人。

③对于发展中国家来说,吸引外国投资并引进国外的先进技术和管理方法,对东道国长远的经济发展会产生积极的影响。

(2)东道国政府与项目公司的关系

对于那些具有很强社会性的项目(如交通或能源项目),BOT 是一种非常理想的融资方式。在这种融资方式中,通常是由项目东道国政府或它的某一机构与项目公司签署特许权协议,把项目建设及运营的特许权交给后者。但并不是所有的 BOT 项目都需要政府亲自出面,我国的广东沙角 B 电站是早期以 BOT 方式进行的一个项目,这个项目的特许权是通过一家有政府背景的企业和在香港注册的合资公司之间的合作协议授予的。

另外,如果项目专设公司完全是为了从政府那里得到项目而设立的,而它又要承担相应的法律义务,那么政府就希望项目发起方对专设公司给予一定的担保和支持。从政府的角度看,在运用 BOT 方式时,项目公司必须确保以下事项:

①在整个特许经营期内提供足够的服务;

②达到有关的安全和环保标准;

③对消费者和用户的收费是合理的;

④经常对机器和设备进行维修、保养,使它们能够进行正常工作并安全移交。

同样,项目发起方也希望政府能在某些情况下对项目给予照顾和扶持,譬如为项目提供必要的配套设施(道路、电力等)或保证项目的换汇需求等。它们也会尽可能地得到政府的某种许诺,保证政府不会做出违背协议或其他对项目不利的事。

在 BOT 项目中,贷款银行同样是项目融资谈判的主角之一。特许协议对项目风险的分配起很大作用,政府和项目公司进行协商谈判时,应该充分考虑到贷款银行对协议作出的反应。由于在 BOT 项目中东道国政府一般不直接同贷款银行发生联系,它们双方有着各自不同的利益,因此项目发起方应该充分考虑到它们之间的协调、沟通工作。

(3)BOT 融资方式的过程

BOT 融资方式的过程大致如下。

①项目发起方成立项目专设公司(项目公司),专设公司同东道国政府或有关政府部门达成项目特许协议。

②项目公司与建设承包商签署建设合同,并得到建筑商和建设设备供应商的保险公司的担保。专设公司与项目运营承包商签署项目经营协议。

③项目公司与商业银行签订贷款协议或与出口信贷银行签订买方信贷协议。出口信贷银行为商业银行提供政治风险担保,同时,贷款方得到项目本身的资产担保,项目本身可以用作担保的资产包括销售收入、保险、特许协议和其他项目协议等。

④进入经营阶段后,项目公司把项目收入(比如:依照销售合同所得的销售收入以及道路、隧道和桥梁的通行费等)转移给一个担保信托。担保信托再把这部分收入用于偿还银行贷款。

5. 资产收益证券化融资(Asset-Backed Securitization)

资产收益证券化简称为 ABS。它是以项目资产可以带来的预期收益为保证,通过一套提高信用等级计划在国际资本市场发行债券来募集资金的一种新的项目融资方式。

(1)ABS 的特点

ABS 具有以下几个特点。

①通过证券市场发行债券筹集资金,是 ABS 不同于其他项目融资方式的一个显著特点。无论是产品支付、融资租赁,还是 BOT 融资,都不是通过证券化进行融资的,而证券化融资代表着项目融资的未来发展方向。

②由于是通过 SPV 发行高档投资级债券募集资金,这种负债不反映在原始权益人自身的"资产负债表"上,从而避免了受原始权益人资产质量的限制。

③利用成熟的项目融资改组技巧,将项目资产的未来现金流量包装成高质量的证券投资对象,充分显示了金融创新的优势。

④由于证券投资者的还本付息资金来源于项目资产,风险取决于可预测的现金收入,而不是项目原始权益人自身的信用状况,并且不受原始权益人破产等风险的牵连。

⑤由于债券在证券市场上由众多投资者购买,从而使投资风险得到了分散。

⑥债券的信用风险得到了 ABS 的信用担保,是高档投资级证券,并且还能在二级证券市场进行转让,变现能力强,投资风险小,因而具有较大的吸引力,易于债券的发行推销。

⑦ABS 融资涉及的机构较少,从而最大限度地减少了酬金、差价等中间费用,并且使融资费用降至较低的水平。

⑧ABS 融资债券属高档投资级债券,利息率一般较低,但比普通储蓄的投资回报高。

⑨因为通过证券市场筹集资金,操作比较规范,一般应有高质量的专业咨询机构的参与,并且按照严格的专业标准提供服务。

⑩这种融资方式适用于大规模地筹集资金,特别是在国际证券市场筹集资金。

(2)ABS 的运作过程

ABS 的运作过程如下。

①组建一个特殊目的机构 SPV(Special Purpose Vehicle),该机构可以是一个信托投资公司、信用担保公司、投资保险公司或其他独立法人,该机构应能获得权威性资信评估机构较高级别资信等级(AAA 或 AA 级)。成功地组建 SPV,是 ABS 能够成功运作的基本条件和关键因素。

②SPV 寻找可以进行资产证券化融资的对象。原则上,投资项目所依附的资产只要在未来一定时期内能带来现金收入,都可以进行 ABS 融资。能够带来现金流入量的收入形式可以是:信用卡应收款,房地产的未来租金收入,飞机、汽车等设备的未来运营收入,项目产品出口贸易的收入,航空及铁路的未来运费收入,收费公路及其他公用设施收费收入,税收及其他财政收入等。

拥有这种未来现金流量所有权的企业(项目公司)称为原始权益人。这些未来现金流量所代表的资产,是 ABS 融资方式的物质基础。在进行 ABS 融资时,一般应该选择未来现金流量稳定、可靠、风险小的项目资产。一般情况下,这些代表未来现金收入的资产,本身具有很高的投资价值,但是由于各种客观条件的限制,它们自身无法获得权威信用评估机构授予的较高级别的资信等级,因此无法通过证券化的途径在资本市场筹集项目建设资金。

③以合同、协议等方式将原始权益人所拥有的项目资产的未来现金收入的权利转让给 SPV。转让的目的在于将原始权益人本身的风险和项目资产未来现金收入的风险割断。这样,SPV 进行 ABS 融资时,其融资风险仅与项目资产的未来现金收入有关,而与建设项目的原始权益人本身的风险无关。在实际操作中,为了确保这种风险“隔绝”万无一失,SPV 一般要求原始权益人或有关机构提供充分的担保。

④SPV 直接在资本市场发行债券募集资金,或者经过 SPV 通过信用担保,由其他机构组织债券发行,并将通过发行债券募集的资金用于项目建设。由于 SPV 的信用等级很高(一般均获得权威性资信评估机构授予的 AAA 级或 AA 级信用等级),按照信用评级理论和惯例,由它发行的债券或者通过它提供信用担保的债券,也自动具有相应的信用等级,从而使得项目能够在高档投资级证券市场上以较低的资金成本募集项目建设所需资金。

⑤SPV 通过资产的现金流入量,清偿债券本息。

9.2 外汇

一、外汇的概念

外汇(Foreign Exchange)是国外汇兑的简称。这一概念有动态和静态之分,而静态意义上的外汇概念还进一步有广义和狭义之分。

动态意义上的外汇,是指人们将一种货币兑换成另一种货币,用以清偿国际间债权债务的行为。在这一意义上,外汇的概念等同于国际结算。

广义的静态外汇概念泛指一切以外国货币表示的资产,在各国的外汇管理法令中所沿用的便是这种概念。如我国2008年修订后的《中华人民共和国外汇管理条例》对外汇作出这样的解释,“外汇是指:外币现钞,包括纸币、铸币;外币支付凭证或者支付工具,包括票据、银行存款凭证、银行卡等;外币有价证券,包括债券、股票等;特别提款权;其他外汇资产”。在这一意义上,外汇的概念等同于外币资产。

狭义的外汇概念是指以外币表示的,可用于国际结算的支付手段。按照这一定义,以外币表示的有价证券由于不能直接用于国际间的支付,故不属于外汇;同样,外国钞票也不能算作外汇。在这个意义上,只有存放在国外银行的外币资金,以及将对银行存款的索取权具体化了的外币票据,才构成外汇。具体来看,外汇主要包括以外币表示的银行汇票、支票、银行存款等。银行存款是狭义外汇概念的主体,这不仅是因为各种外汇支付凭证都是对外币存款索取权具体化了的票据,而且还因为外汇交易主要是运用在国外银行的外币存款进行的。人们通常就是在这一狭义概念上使用外汇概念的。

根据可否自由兑换外汇有自由外汇和记账外汇之分。自由外汇指的是无须货币发行国批准,可以随时动用,兑换为其他货币或可以向第三者办理支付的外汇。作为自由外汇的货币的一个根本特色是可兑换(Convertible Currency),其在国际支付领域中被广泛使用,是国际外汇市场主要的买卖对象。目前世界上有50多种货币为可兑换货币,其中以美元(USD)、英镑(GBP)、欧元(EUR)、瑞士法郎(CHF)、日元(JPY)等主要工业国家货币表示的外汇属于自由外汇,是世界各国普遍接受的主要支付手段。记账外汇,又称协定外汇或清算外汇,是指未经货币发行国同意,不能自由兑换成其他货币或对第三者进行支付的外汇,记账外汇只能根据两国政府间的清算协定,在双方银行开立专门账户记载使用。

值得注意的是,由一国货币当局持有的外币资产,称为外汇储备。外汇和外汇储备不是同一个概念。

在外汇市场上,基于大家对某种货币汇价走势的预测,外汇有硬币(Hard Money)和软币(Soft Money)之分。硬币指的是在外汇市场上趋于升值的货币,又称其是一种坚挺的货币;软币指的是在外汇市场上趋于贬值的货币,又称其为一种疲软的货币。进出口贸易计价结算货币的选择以及外币借贷币种的选择都不能忽视外币升贬的趋势,这在后面还会提到。

二、外汇汇率与外汇交易

(一)外汇汇率的概念及标价的方法

外汇汇率(Foreign Exchange Rate)指的是把一个国家的货币折算成另一个国家的货币的比率、比价或价格,简单地说就是以一种货币表示的另外一种货币的价格。比如,在汇率式子

\$1 = RMB ¥6.394 4 中，¥6.394 4 便是把美元折算成人民币的比率，或者是以人民币表示的美元的价格。在这个美元和人民币汇率的表达式中，美元由于拥有标准单位，便被称为标准货币，而人民币则被称为标价货币。在表示两个国家的货币汇率时，先要确定以哪个国家的货币为标准货币，由于标准货币的确定不同，便存在着两种汇率的标价方法。

1. 直接标价法

直接标价法（Direct Quotation）是以一定单位的外国货币为标准，折算成若干数量的本国货币来表示汇率的标价方法。比如：对我国来说，\$1 = RMB ¥6.394 4 便属于直接标价法。绝大多数国家都采用直接标价法。在直接标价法下，汇率升高，意味着本币贬值，外币升值；汇率降低则反之。

2. 间接标价法

间接标价法（Indirect Quotation）是用一定单位的本国货币为标准，折算成若干数量的外国货币来表示汇率的标价方法。比如，相对我国来说，RMB ¥1 = \$0.156 4 便属于间接标价法。英国和美国（英镑和美元汇价的表示方法例外）都是采用间接标价法的国家。在间接标价方法下，汇率升高，意味着本币升值，外币贬值；汇率降低则反之。

（二）外汇汇率的分类

外汇汇率依据不同的标准便有不同的分类。这里介绍4种不同的外汇汇率分类。

1. 按外汇交易支付工具划分

按外汇交易支付工具划分，可以将外汇汇率分为电汇汇率（T/T Rate）、信汇汇率（M/T Rate）和票汇汇率（D/D Rate）。电汇汇率是指银行卖出外汇后以电信方式通知国外存款行付款时所采用的外汇价格。电汇汇率下的外汇交收时间最快，一般银行不能占用顾客资金，因此电汇汇率最高。在银行外汇交易中的买卖价均指电汇汇率。电汇汇率是计算其他各种汇率的基础。信汇汇率是指银行卖出外汇后以信函方式通知国外存款行付款时所采用的汇率。由于航邮比电信通知需要时间长，银行在一定时间内可以占用顾客资金，因此信汇汇率比电汇汇率低。票汇汇率是指在兑换各种外汇汇票、支票和其他票据时所用的汇率。因票汇在期限上有即期和远期之分，故汇率又分为即期票汇汇率和远期票汇汇率，后者要在即期汇票的基础上加远期付款的利息。

2. 按银行买卖外汇的角度划分

从银行买卖外汇的角度来分，外汇汇率可分为买入汇率和卖出汇率。外汇买卖一般均集中在商业银行等金融机构。它们买卖外汇的目的是为了追求利润，方法即贱买贵卖，赚取买卖差价。商业银行的机构买进外币时所依据的汇率是买入汇率（Buying Rate），也称买入价；卖出外币时所采用的汇率为卖出汇率（Selling Rate），也称卖出价。买入价和卖出价的幅度一般在1‰～5‰。在外汇市场上挂牌的外汇牌价一般均列有买入汇率和卖出汇率。在直接标价法下，一定外币后的前一个本币数字表示买价，即银行买进外币时付给客户的本币数；后一个本币数字表示卖价，即银行卖出外汇时向客户收取的本币数。在间接标价法下，情况恰恰相反。在本币后的前一个外币数字为卖出价，即银行收进一定量的本币而卖出外币时，所付给客户的外币数；后一个数字为买入价，即银行付出一定量的本币而买进外币时，向客户收取的外币数。

外汇牌价表中除列有买入和卖出汇率外，一般还经常公布现钞（Bank Note）价。现钞买入价比银行买入汇票等支付凭证的价格低，因为银行买入外币汇票后，通过航邮划账，可很快地存入外国银行开始生息,调拨使用;而银行买入外币现钞,要经过一定时间,积累到一定数额后,才将其运送并存入外国银行调拨使用。在此以前,买进钞票的银行要承受一定的利息损失;将现钞运送并存入外国银行的过程中,还有运费、保险费的支出,银行要将这些损失及费用开支转嫁给出卖现钞的顾客,所以银行买入现钞所出的价格低于买入各种形式的国际结算凭证的价格,而银行卖出现钞时,则根据一般的卖出汇率,不再单列。

3. 按外汇买卖交割的时间划分

按照外汇买卖交割的时间不同分为即期汇率(Spot Exchange Rate)和远期汇率(Forward Exchange Rate)。即期汇率是外汇买卖双方成交后,在两个营业日之内进行交割所用的汇率;远期汇率是外汇买卖双方成交后,在两个营业日之后的某一天进行交割所采用的汇率。远期汇率的报价方法有两种:一种是直接报出远期外汇的实际汇率,瑞士和日本等国采用此法;另一种是报远期差价法,即用升水(at Premium)、贴水(at Discount)和平价(at Par)标出远期汇率和即期汇率的差价,远期汇率由即期汇率和远期差价加(减)后得出。其中,远期差价里的升水即远期外汇比即期外汇贵,贴水表示远期外汇比即期外汇便宜,平价则表示两者相等。例如,在伦敦外汇市场上某日即期汇率为1英镑=1.460 8美元,3个月后远期外汇升水0.51美分,则3个月美元远期汇率为1英镑=1.460 8-0.005 1=1.455 7美元,若3个月美元远期贴水0.51美分,则1英镑能兑换到的美元数量增加,即1英镑=1.460 8+0.005 1=1.465 9美元。

4. 按汇率获得方法划分

按汇率获得方法的不同,将汇率分为基本汇率(Basic Rate)和套算汇率(Cross Rate)。一般地,一国货币所面临的外国货币数量很多,该国不可能制定公布出该国货币和任何国外货币的比价,而通常只是选择和本国经济贸易关系密切的一个或几个国家的货币,制定出该国货币和它们之间的比价。这种由国家公布制定的汇率为基本汇率,根据基本汇率套算出来的两国货币之间的汇率便为套算汇率。

(三)影响外汇汇率变动的因素

汇率是两种货币之间的价值比,因此汇率变动的基本特点是以两种货币之间的价值之比为基础,随货币的供求变化而变动,从汇率变动的特点出发,影响汇率变动的因素大体可归纳如下。

1. 国际收支

国际收支(Balance of Payment)是一个国家的居民在一定时期内和其他国家的居民之间经济交易的系统记录。这些经济交易包括进出口贸易,劳务输出、输入,单方面转移,长短期资本的流动,因此,国际收支是一国对外经济活动的综合反映。国际收支不平衡是影响汇率变动的最直接的因素,因为国际收支发生不平衡,不论是顺差还是逆差,都必然导致外汇的供过于求或求过于供,从而使汇率受到影响。例如,美国20世纪60年代到70年代长期出现大量国际收支逆差,导致货币贬值,汇率下跌;相反,从20世纪50年代到70年代,德国国际收支长期保持顺差,德国马克对美元、英镑、法国法郎几次升值,汇率上涨。

2. 通货膨胀

通货膨胀(Inflation)指的是一国一般物价水平的普遍性、持续性的上涨。当一国发生通货膨胀时,该国的货币购买力下降,其汇率随之趋于下降。此时通货膨胀的相对水平比绝对水平更为重要,若该国的通货膨胀率高于外国的,该国的货币购买力下降,其汇率趋于下跌;若两国的通货膨胀率相同，则两国间的名义汇率不受影响。

通货膨胀影响汇率的渠道多种多样，它可以通过提高出口商品、劳务的外币价格，削弱其国际竞争力，从而影响贸易收支、劳务收支；也可以通过降低实际利率，阻碍资本流入，刺激资本流出。由于是间接影响外汇供求，通货膨胀的影响只有在一个较长时期才能体现出来。

3. 经济增长率的国际差别

经济增长率和汇率的关系有两种。其一，当一国经济增长率高于别国而且它的出口不变时，由于进口的商品劳务随着国民收入的增加而增加，外汇需求增加，该国货币的汇率下降，外汇汇率上升；其二，当一国经济增长的同时出口亦增长，或经济增长是靠出口推动的时候，该国出口的增长可能超过国民收入增长造成的进口的增加，使该国的货币汇率上升，外汇汇率下降。这是仅就商品劳务的进出口而言，若考虑到资本流动，情况就更为复杂，不管怎样，经济增长率对汇率的影响不仅需要一个较长的时间才能体现出来，而且持续的时间也较长。

4. 相对利率高低

在资本自由流动的条件下，利率高低直接影响一国对金融资产的吸引力。一般来说，一国利率上升，将提高本国金融资产对外国金融资产投资者的吸引力，从而引起资本内流，本币汇率上升；反之汇率下降。当然，这里指的一国利率的高低不是绝对的，而是相对的。一国利率的升降必须是高于其他国家的利率升降，才会对汇率变动产生影响。这主要是由作为金融商品的资本在国际间的移动是以追求高利为目的的特性所决定的。1981 年初至 1985 年初，日、美两国货币汇率的变化即体现了这一点。1981 年美日两国利差一直保持在 8% ~9%，日本长期资金大量外流，致使年末平均汇率比年初下降了约 10%。1982 年，日元大幅下跌的原因仍然主要是美国利率高于日本，两国利差经常保持在 6% ~8% 之间。日本长期资本继续外流，1982 年 1 月日元对美元汇率比 1981 年末下降了约 27%。1983 年、1984 年美国中央银行贴现率分别为 8.5% 和 8%，而日本仅为 5%；美国商业银行的优惠贷款利率分别为 11% 和 10.75%，而日本仅为 5.5%。尽管日本的贸易收支盈余连年增长，1983 年和 1984 年分别达到 314.5亿美元和 442.57 亿美元，但日本的长期资本逆差却分别上升到 177 亿美元和 496.51 亿美元，1985 年 2 月日元对美元汇率仍比 1982 年 11 月下降了 5.2%。

5. 中央银行干预

中央银行为将汇率稳定在某一区间而在外汇市场上买卖外汇，从而改变外汇市场上外汇供求双方的力量对比，带来汇率的短期波动。

6. 心理预期及政治、新闻舆论因素

心理预期是指人们对将来事物发展变化的预计。当外汇市场参加者预期某种货币的汇率在今后将疲软时，为避免损失或获取额外的好处，便会大量抛售该种货币，反之则会大量买进。外汇市场参加者的心理预期的形成，往往受一国的经济增长状况、国际收支状况、财政金融政策、国际政治军事形势以及其他不可预计的突发性事件的影响。政治、新闻舆论因素对汇率变动也会产生短期影响。1991 年 8 月苏联发生非常事件时，当总统戈尔巴乔夫被扣押在克里米亚后，德国马克对美元的汇率急剧下降，在几天之内，由 1 美元 = 1.771 7 马克下降到 1 美元 = 1.860 0马克。这是由于德国在苏联有大量投资，如苏联政策变化，会对德国投资产生不利影响。

(四) 外汇交易

所谓外汇交易(Foreign Exchange Transactions)是指在外汇市场上进行的买卖外汇的活动，

外汇交易主要是由于对外贸易和投资需要用不同的货币实行结算和支付而产生的。进口商为办理进口商品和运费、保险费及其他劳务费用、手续费等的结算，需要购买外币；对外投资、侨民汇款和利润汇出等也都需要购买外币。而出口商收进外汇、投资者吸入外资和侨民汇入款以及利润汇回等则需要卖出外币。外汇交易所体现的外币运动，实质上反映了国际间的有形贸易、无形贸易和资本投资中的商品运动和资本运动。在各国实行浮动汇率时期，外汇交易还具有满足贸易和投资者避免汇率波动风险的作用。同时，由于对未来某一时期汇率变动趋势及幅度的预测不同，许多外汇交易又具有投机的性质。

1. 即期外汇买卖

即期外汇买卖（Spot Exchange Transaction）指的是外汇买卖双方成交后，在两个营业日之内进行交割的一种外汇交易方式。所谓营业日，即工作日，当然把假期除外。通常，即期外汇买卖是在双方达成交易后的第二个营业日进行交割。例如，10 月 24 日达成交易，26 日即双方交割收付款的一天，双方应当保证，自己的付款能使对方开户行在 26 日收妥交易的货币，并开始计息。在交易日与交割日之间若遇到收款行所在国例行休假，交割日应向后顺延，直到交易日后第二个营业日。如 1988 年 1 月 9 日作了一笔美元与日元的交易，10 日是第一个工作日，11 日是纽约假期，12 日是星期六，13 日是星期天，因此，起息日应当是 14 日（星期一），这样才算两个工作日交割。由此可见，客户出于贸易付款需要时应当计算好时间，尽量使交割日和付款日吻合，以免造成不该有的损失。

2. 远期外汇买卖

远期外汇买卖（Forward Exchange Transaction）是指外汇买卖双方成交后先签合同，规定外汇买卖的数额、汇率和将来交割的时间，在合同到期日再按合同规定实行卖方付汇、买方付款的外汇买卖业务。

远期外汇买卖最大的特点是在现在把将来买卖外汇的汇率给固定住，将来合同到期，无论即期汇率为多少，买卖双方皆按合同中规定的远期汇率交割，从而可使对外经济主体减少将来汇率变动所带来的风险。具体来看，在出口商以短期信贷方式出卖商品，进口商以延期付款方式买进商品的情况下，从成交到结算这一期间对他们来讲都存在着一定的外汇风险。因汇率的波动和下浮，出口商的本币收入可能比预期的数额减少，进口商的本币支付可能比预期的数额要增加。在国际贸易实务中，为减少外汇风险，有远期外汇收入的出口商可与银行订立出卖远期外汇合同，一定时期后按签约时规定的价格将其外汇收入出卖给银行，从而防止汇率下跌带来的损失。有远期外汇支出的进口商也可与银行签订购买远期外汇合同，一定时期后，按约定价格向银行购买规定数额的外汇，从而防止汇率上涨而增加成本负担。此外，由于远期外汇买卖的存在，也便于有远期外汇收支的对外经济主体核算其成本支出，事先计算利润盈亏。

3. 择期远期交易

如上所述，远期外汇买卖可使将来买卖外汇的汇率、数量、交割时间在现在确定下来。远期交易这样的特点使其在具备上述的优越性外还存在着局限性，即利用这种交易的进出口商和其他任何远期收付的买卖中必须确切地知道他在什么日期将会收到外汇或需要支出外汇。可事实上，许多人尤其是进出口商，往往既不可能事先知道货物运出的确切日期，也不可能知道收款或付款的具体日期，因此远期外汇交易的固定交割日期这一特点不能满足不知确切收付款日期的进出口商的需要，于是择期远期交易便应运而生。

所谓择期远期交易（Option Date Forward Transaction）即顾客和外汇银行签订合约，根据合约,顾客可以在今后未确定的日期以事先确定的汇率买进或卖出一定数量外国货币的外汇交易。一个将在贸易合同签订后第二个月收到出口货款但不能确定具体日期的出口商可与银行签订择期远期合约,择期在第二个月,则根据该合约此出口商必须在第二个月内将外汇卖给银行,至于究竟在这个月的哪一天交割,完全由他自己选择。

远期外汇交易使用的汇率是远期汇率,而择期远期外汇交易则由银行选择从择期开始到结束期间最不利于顾客的汇率作为择期远期的汇率。

例9.1　美国一进口商以择期远期交易购买了10万英镑,择期在第一个月和第二个月,即该进口商可在合约签订后的第一、二个月这两个月中的任何一天购买所需英镑,银行的卖出价为:即期汇率£ 1 = $1.830 0,第一个月远期汇率为£ 1 = $1.840 0,第二个月的远期汇率为£ 1 = $1.850 0,则在这笔择期买卖中对顾客最不利或对银行最有利的汇率为£ 1 = $1.850 0。该美国进口商在他所选择的交割日买入10万英镑所采用的汇率应为£ 1 = $1.850 0。

4.外币期货交易

外币期货交易(Foreign Currency Future)是在期货交易所里买卖期货合约的交易。期货合约是标准化的远期合约,其交易币种、交易单位、交易时间、交割时间和地点都有统一规定,价格是由买卖双方以公开喊价的方式决定的。

外币期货交易和远期外汇交易有类似之处,比如,从本质上说,这两种交易都是买卖双方事先签订合约,规定好交易条件,在将来某个日期才实行实物交割,买方付款,卖方交汇收款,即这两种交易成交时买卖的都是合约,它们在避免外汇风险和外汇投机方面的作用是一样的。但这两种外汇交易方式又存在很大差异,比如,外币期货交易的合约是标准化的,每份合约的交易金额都相同,客户只能买卖每份合约交易金额的整数倍量的外币,而远期外汇交易可作零头交易;外币期货交易是在期货交易所里由买卖双方以竞价方式成交的,交易所一般采取会员制,非会员从事期货买卖必须支付一定佣金委托期货经纪人代其购买,而远期外汇交易则用电话、电传在客户、外汇银行、经纪人之间进行,买卖外汇的远期汇率由银行报出。此外,外币期货交易和远期外汇交易最大的不同在于:远期外汇交易90%以上最终都要进行实物交割,买方付款收汇,卖方付汇收款;而在外币期货交易中,进行实物交割的很少,只有1% ~2%,绝大部分交易在交割日前都通过相对的交易冲销了。外币期货交易的上述特点使它具备了套期保值(Hedging)的功能。

在外汇交易中,套期保值是指在现汇市场上买进或卖出外汇的同时又在外汇期货市场上卖出或买进金额大致相同的期货合约,在两个时间点上因价格变动造成的现汇买卖上的盈亏,可以由外汇期货交易上的亏盈弥补。

例9.2　假定美国一跨国公司将其英国子公司多余的20万英镑调回国内使用5个月,为避免将来购买英镑回调给子公司时英镑升值,该跨国公司采取期货套期保值,交易情形如下:

1月1日

在现汇市场,卖出20万英镑,汇率为£ 1 = $1.800 0,收入360 000美元;同时在期货市场买入8份7月份英镑期货,每份25 000英镑,共计20万英镑,汇率£ 1 = $1.810 0,应支付362 000美元

6月1日在现汇市场买入20万英镑,汇率£ 1 = $1.830 0,支付366 000美元;同时在期货市场卖出8份7月份的英镑期货合约,汇率£ 1 = $1.835 0,应收入367 000美元

上例由于汇率变动,总公司在现汇市场上损失了6 000美元,在外汇期货市场上赢利5 000美元,套期保值的最终结果是损失1 000美元,和不进行套期保值相比,损失大大减少。

5. 外币期权交易

远期外汇的买方(或卖方)与对方签订购买(或出售)远期外汇合约,并支付一定金额的期权费(Premium)后,在合约的有效期内或在规定的合约到期日,有权按合约规定的协定价格(Striking Price or Exercise Price)履行合约,行使自己购买(或出售)一定数额的外汇的权利,但这种权利有不行使的自由,即交纳期权保险费的期权买方有权在协定汇价和所决定的交割日的即期汇价之间选择对自己有利的汇率。

外币期权交易(Foreign Currency Option)按照行使期权的时间不同有欧式期权和美式期权之分,在到期日之前可以行使的外汇期权为美式期权,只能在到期日行使的期权为欧式期权。而按照期权的性质,外币期权交易又有买进期权(Call Option)和卖出期权(Put Option)之分,买进期权又可称为看涨期权,其购买者(Call Buyer)支付期权保险费并取得以固定汇率购买特定数量外汇的权利;卖出期权又称为看跌期权,其购买者(Put Buyer)支付期权保险费并取得以既定汇率出售特定数量外汇的权利。

例9.3 一美国人在1月1日购买了美式英镑买进期权1 000英镑;协议价格£1 = $1.800,期权费每英镑0.005美元,到期日4月1日。这就是说,该美国人在4月1日前,即1月1日到4月1日这段时间中的任何时候都有权以£1 = $1.800 0的汇率购买1 000英镑。他取得这种权利的成本即期权费是每购买1英镑支付0.005美元,1 000英镑共需支付50美元。当然他也可以不行使权利,此时他的损失是50美元的期权费。该美国人的贸易对手即期权的卖出者有义务在美国人要求行使期权、买入1 000英镑时向其支付外汇。若该美国人购买的是欧式期权,那么他只能在4月1日行使该期权。

6. 掉期交易

掉期交易(Swap Transaction)是在买进或卖出即期外汇的同时,卖出或买进远期外汇,在短期资本投资或在资金的调拨活动中,若将一种货币兑换成另一种货币,为避免汇率波动的风险,常常运用掉期业务,以防止可能发生的损失。

三、外汇风险管理与外汇管制

(一)外汇风险的概念及类型

外汇风险(Foreign Exchange Risk)又称汇率风险,指的是经济主体在持有或运用外汇的经济活动中,因汇率变动而蒙受损失的一种可能性。从事涉外贸易、投资、借贷等活动的主体,不可避免地会在国际范围内收付大量外汇,或拥有以外币表示的债权债务。当汇率发生变化时,一定数量某种外汇兑换或折算成本币或另一种币别的外汇的数量额较以前为少或为多,这就可能使外汇持有者或运用者获利。但是,经营稳健的经济主体一般不愿意让经营成果蒙受这种自身无法预料和控制的汇率变化的影响。自1973年西方主要工业国家实行浮动汇率制度以来,各主要货币的汇率不仅大幅度、频繁地波动,而且它们之间经常出现难以预料的地位强弱转化。由此,在各种涉外经济活动中,外汇风险问题显得更为突出。有关经济主体在其经营活动中,都将外汇风险防范作为经营管理的一个重要方面。

外汇风险可以分为三种类型。一种是交易风险(Transaction Risk),指的是在运用外币进行计价收付的交易中,经济主体因外汇汇率变动而蒙受损失的可能性,这是一种流量风险。外汇风险中的另一种是折算风险(Translation Risk),又称会计风险,指经济主体对资产负债表进行会计处理中，在将功能货币转换成记账货币时，因汇率变动而呈现账面损失的可能，这是一种存量风险。经济风险属于外汇风险中的又一种类型，其又称为经营风险（Economic Risk），是指意料之外的汇率变动通过影响企业生产销售数量、价格、成本，引起企业未来一定期间收益或现金流量减少的一种潜在损失。汇率的变动通过影响企业的生产成本、销售价格，将引起产销数量的调整，并最终带来获利状况的变化。值得注意的是，经济风险定义中的汇率变动仅指意料之外的汇率变动，而不包括意料到的汇率变动。对于一个企业来说，经济风险比折算风险和交易风险更为重要，因为其影响是一次性的。

涉外经济主体的外汇风险管理是指对外汇市场可能出现的变化作出相应的决策，以避免汇率变动可能造成的损失。对于不同类型的外汇风险，应采取不同的管理方法，本节主要介绍交易风险的管理。

（二）外汇风险中交易风险的管理

1. 交易风险产生的几种情形

①在商品劳务的进出口贸易当中，若外汇汇率在外币收付时较合同签订时有所涨跌，则进口商需要付出更多的本币或其他货币，出口商则会在本币收入上有所损失。比如，我国某外贸公司从美国进口一批机械设备，合同规定以美元计价结算，货价为 250 万美元，支付日期为 3 个月后，签订合同时，美元的银行卖出价为 $1 = ¥6.237 1，但 3 个月后，美元的银行卖出价变为 $1 = ¥6.280 0，则此外贸公司在购买 250 万美元时，需要比合同签订时多支付（6.280 0 - 6.273 1）×250 万 =1.725 万元人民币。

②在资本输出（输入）中，如果外汇汇率在外币债权债务清偿时较债权债务关系形成时发生下跌（上涨），债权人（债务人）就只得收回（付出）相对更少（更多）的本币或其他外币。例如：我国某金融机构在东京发行一笔总额 100 亿日元，期限为 5 年的武士债券，用所筹得的资金发放 5 年期美元贷款支持国内某大型投资项目。按照当时日元对美元的汇率，$1 = JPY224.93，该金融机构将 100 亿日元在国际外汇市场上兑换成 4 445.83 万美元，但 5 年期满后，日元对美元的汇率变为 $1 = JPY120，若不考虑利息部分，该金融机构要偿还 100 亿日元，就需要 8 333.33 万美元，这较金融机构收回 4 445.83 万美元贷款本金多 3 887.5 万美元，这些额外支付的美元，就是该金融机构因所借外币的汇率上浮而蒙受的损失。

③外汇银行在中介性外汇买卖中持有外汇头寸的多头和空头，也会因汇率变动而可能蒙受损失。

2. 交易风险管理办法

（1）选择货币法

在有关对外贸易和借贷等经济交易中，选择何种货币签订合同作为计价结算的货币或计值清偿的货币，直接关系到交易主体是否将承担汇率风险。在选择合同货币时，应争取使用本国货币作为合同货币，其实是把汇率风险转嫁给交易对方。这是因为以本币进行结算，清偿时不会发生本币与外币之间的兑换，外汇风险因而无从产生。但争取以本币作为合同货币不是能轻易如愿的。若必须以外币计价结算，则应选择好硬币和软币。将来有外币收入的对外经济主体应争取以硬币作为合同货币，以在将来结算和清偿时兑换回更多数额的本国货币或其他外币。而将来有外币支出的对外经济主体应争取以软币作为合同货币，以在将来结算和清偿时少支付一些本国货币或其他外币。但各种货币的“软”“硬”不是绝对的，严格地讲，这种方法并不能保证经济实体免遭汇率变动的损失。

另外,在签订对外经济收付合同时,也可在合同中加列货币保值条款。货币保值是指选择某种与合同货币不一致的价格稳定的货币,将合同金额转换用所选货币表示,在结算或清偿时,按所选的货币表示的金额以合同货币完成收付。在签订合同时加列货币保值条款,能够防止汇率多变的风险,这种方式往往用于长期合同。

(2)金融交易法

交易合同签订后,涉外经济实体可以利用外汇市场和货币市场消除外汇风险,主要方法有现汇交易、期汇交易、期货交易、期权交易、掉期交易、借款与投资、借款—现汇交易—投资、外币票据贴现、福费廷交易等。其中外汇交易方法在前面已介绍过,这里只对其他的方法给予简单介绍。

①借款法与投资法(Borrowing and Investing)。这是通过创造与未来外汇收入或支出相同币种、相同金额、相同期限的债权或债务以达到消除外汇风险目的的一种风险防范措施,其中借款法用于有未来外汇收入的场合,投资法用于有未来外汇支出的场合。比如,出口商在签订合同后,可以从银行借入一笔与未来外汇收入相同币种、相同期限的款项,并将这笔借款在外汇市场上卖出,换成本国货币,当这笔借款到期时,以当日收回的外汇偿还。

借款—现汇交易—投资(Borrow-Spot-Invest,BSI)是一种将借款、现汇交易和投资综合运用的方法,主要用于对未来有外汇支出的风险防范。具体操作是:进口商(或债务人)在签订合同后,当即从银行借入一笔本国货币,其期限与未来外汇支出的期限相同,其金额按现汇汇率与未来外汇支出的金额等值;然后,以所借本币在现汇市场上买进未来支出的外汇,并将该外汇投资于交易对方所在国的货币市场,投资期限与未来外汇支出期限相同;到结算日或清偿日,投资亦到期,便以收回的外汇投资本金履行支付或偿付的义务,同时偿还银行的本币借款。

②外币票据贴现(Discount),出口商在向进口商提供资金融通,而拥有远期外汇票据的情况下,可以拿远期外汇票据到银行要求贴现,提前获取外汇并将其出售,取得本币现款。

③福费廷交易(Forfaiting)是一种固定利率、无追索权的出口贸易融资的贴现业务。在这一业务中,银行在办理经进口商承兑的远期外汇票据贴现后,不能对出口商行使追索权,出口商在贴现这种票据时是一种卖断,以后票据拒付与出口商无关,出口商将票据拒付风险和外汇风险一并转嫁给贴现票据的银行。

(3)其他管理方法

①提前或拖后(Leads or Lags),是指涉外经济体根据对计价货币汇率的走势预测,将收付外币的结算日或清偿日提前或错后,以达到防范外汇风险或获取汇率变动的利益的目的。

②配对法(Matching),是指涉外主体在一笔交易发生时或发生后,再进行一笔与该笔交易在币种、金额、付款日上完全相同,但资金流向正好相反的交易,使两笔交易所面临汇率变动的影响相互抵消的一种做法。

③汇率变动保险,是指涉外经济主体向有关保险公司投保汇率波动险,一旦因汇率变动而蒙受损失,便由保险公司给予合理的赔偿,汇率风险的保险一般由国家承担。在日本,保险标的仅限于部分长期外币债权,币种仅限于美元、英镑、欧元和瑞士法郎。在美国,由国际开发署承担保险责任,保险标的为美国居民的对外投资。

3. 外汇管制

外汇管制(Foreign Exchange Control),是指一个国家为了维持国际收支的平衡和汇价水平的稳定,对外汇买卖和国际结算等实行管制。管制的范围包括贸易、非贸易、资本输入与输出、汇率、外汇市场、银行存款账户等方面，即一个国家的政府指定或者授权某一机构制定有关外汇管理的法令，通过各种法令、条例、制度对其国境内和其管辖范围内的本国人、外国人、本国单位和外国单位的一切外汇收、支、存、兑活动实行管制。

外汇管制的目的首先是为了防止资本外逃，这在战争期间尤为重要。一国的资本可能是由于政局动荡等因素而引起大量外逃。由于资本外逃而造成对外币需求的增加，在外汇收入不足的情况下，国际收支必然会出现严重逆差。这时，一国政府往往实行严厉的外汇管制措施，对资本从国内调出不予批准，同时采取优惠政策吸引国外资本的流入。其次，实行外汇管制可以改善一国国际收支经常项目的状况。一国外汇管制通常通过限制进口、鼓励出口的各种条例改善国际收支经常项目的逆差。再次，外汇管制还可以通过稳定汇率的条例及措施保护本国贸易的发展，如果汇率受本国通货膨胀及世界市场等因素的影响经常发生波动，就会增加进出口贸易亏损的风险，影响对外贸易的顺利发展。一般实行外汇管制的国家往往对本国货币的官方汇率予以确定，尽可能减少对外贸易的风险。另外，实行外汇管制还有利于稳定本国物价，促进国内经济平衡发展，特别是对那些外汇资源比较缺乏，国际收支困难较为严重的国家就更如此。

由于各国的经济实力不同，在世界经济中所处的地位不同，其国内经济发展情况不同，因此对外汇管制的具体措施也有不同的侧重。但总体来说，实行外汇管制的国家一般对汇率、贸易外汇收支、非贸易外汇收支、资本输入输出、银行账户存款、黄金及现钞的输出与输入等分别采取一定的管制办法。

汇率是一国实行外汇管制的主要内容之一。实行汇率管制的方法主要有两种，即直接管制和间接管制。直接管制即由政府公布汇率，用行政手段规定各项外汇收支，按公布汇率结汇；间接管制就是一国利用外汇基金在市场上进行干预，从而稳定汇率。这些国家在中央银行建立外汇平准基金，汇率一般由市场供求关系所决定。政府授权中央银行运用这项基金在外汇市场买卖外汇，调节市场供求的不平衡，以达到稳定汇率的目的。

贸易外汇收支是国际收支最大项目，实行外汇管制的国家多对贸易外汇实行严格管制，以集中出口外汇收入，限制进口外汇支出，解决贸易逆差，追求国际收支平衡。其中管制出口外汇的主要内容是规定出口商必须把全部或一部分出口贸易所得的外汇收入，按官方汇率结售给指定银行，以保证国家集中外汇收入，统一使用。为了鼓励出口，刺激出口商的积极性，外汇管制当局通常规定下述出口结汇办法：规定不同种类出口商品的出口商可按官方汇率结售一部分外汇收入，剩余部分既可用于自己进口，也可按自由市场的汇率转售他人；对出口商发放优惠贷款，出售传统商品的外汇收入可提前结汇，某些出口商品结汇时间可适当推迟等等。在进口外汇的管制上，实行外汇管制的国家为了减少外汇支出，防止资本外逃，减缓国际收支逆差，一般都规定进口商所需的外汇须向管汇当局申请，批准后方可供售。有些国家的进口外汇的批准手续与进口许可证的颁发会同办理，只要获得进口许可证，所需外汇也即获得批准；有的国家则须另办申请批准手续。

非贸易外汇的收入与支出包括于国际收支的经常项目之中，它主要包括无形贸易的收入与支出。无形贸易主要指货运、保险、港口供应与服务、旅游、投资收支、邮电、使领馆费用及承包工程费用等。一般国家规定，属于贸易从属费的运费、保险费及港口供应与服务等往往不再作另行规定，基本按照贸易管制的办法，对于其他非贸易外汇的收支则通过许可证制、预付存款制、课征非贸易外汇购买税、规定非贸易外汇的购买时间、控制非贸易外汇对外支付的时间等方式进行管理。

资本项目是国际收支中的重要项目,因此实行外汇管制的国家大都十分重视对资本输出、输入的管制。一些发展中国家为了利用外资,一般鼓励资本输入。部分发达国家近年来国际收支出现顺差,其本国货币经常遇到升值的压力,这些国家为了减少其国际收支顺差,往往对资本输入进行限制。

实行外汇管制的国家往往对黄金、现钞的输出、输入进行管制。这些国家往往限制私人输入黄金,当国际收支出现顺差或逆差需要输出或输入黄金时,只能由中央银行统一办理。外汇管制的国家有些禁止现钞输出,有些规定现钞输出的最高限额,以防止本国资本的外逃及对本国汇率的影响等。

9.3 国际贸易基本知识

一、国际市场价格及其影响因素

国际工程物资采购准备工作的重要内容之一是国际市场价格调查,掌握其变动趋势与规律,因此了解国际市场价格的种类及其影响因素是保证物资采购成功的重要条件。

(一)国际市场价格的种类

国际市场价格是指在一定条件下,在世界市场上形成的市场价格,即某种商品在世界市场上实际销售所依据的价格。商品的国际市场价格按其形成条件、特征可分为"自由市场"价格和世界"封闭市场"价格。

1."自由市场"价格

这种价格是指在国际间不受市场垄断力量或国家垄断力量干预的条件下,独立经营的买方和卖方进行交易的价格,国际供求关系是这种价格形成的客观基础。

2. 世界"封闭市场"价格

世界"封闭市场"价格,是指国际市场上买卖双方在一定的约束条件下形成的价格。这种价格一般不受国际市场上供求关系规律的制约,买卖双方中的其中一方具有市场垄断力量,从而影响了价值规律的作用。"封闭市场"价格主要包括:i. 跨国公司内部转移价格;ii. 垄断价格;iii. 区域性经济贸易集团内部价格。其中垄断价格是在世界市场上有关买方或卖方垄断存在的情况下,垄断组织利用其经济力量和市场控制力量决定的价格。由于垄断并不意味着寡头垄断,无论是买方垄断价格,还是卖方垄断价格都存在着竞争,因而垄断价格存在一个客观的界限。例如,在国际工程物资采购中,某些供货方由于技术上或其他方面的缘由对制成品或设备具有一定的垄断性,但在国际竞争性招标条件下,由于存在着较多的竞争者,在一定程度上限制了其垄断价格。

(二)影响国际市场价格变动的主要因素

商品的国际市场价格是由国际市场上的供求关系决定的。这种供求关系主要包括三方面,即供货方之间的竞销、购货方之间的竞买、供货方与购货方之间的竞争。这种竞争关系通过对供给与需求的影响而影响国际市场价格。因而,凡影响供求关系的各种因素都对国际市场价格产生影响,这些因素主要包括以下几方面。

1. 商品的生产成本

国际生产价格取决于国际商品的生产成本和各国的平均利润之和。因此,当各国商品生产成本趋于上升时,则国际市场价格趋于上升;相反,当各国商品的生产成本趋于下降时,则国际市场价格趋于下降。

2. 垄断

垄断力量的存在使垄断组织为最大限度地获取高额利润而采取各种方法和措施来控制世界市场价格。这类措施主要有:直接控制国际市场价格;通过影响供求关系间接影响国际市场价格。

3. 经济周期性波动

任何国家或地区的经济增长都存在不同程度的波动。在经济增长速度放缓、停滞或出现危机阶段,由于生产增长下降,大批存货积压,有效需求不足,大批商品找不到销路,此时商品的价格趋于下跌。但在危机过后,随着经济增长加快,生产逐渐上升,投资增加,对各种商品的需求增加,价格开始回升。当经济增长迅速时,投资与有效需求扩大,则商品价格上涨程度会进一步提高。

4. 各国政府的经济贸易政策直接影响国际市场价格

如果一国采取封闭的经济政策时,其国内市场与国际市场相分离,国内市场价格的传导机制不受国际市场供求关系变化的影响。而当一国实行出口补贴、进出口管制、外汇管制政策时,则必然会使国际市场上受限商品的价格上升或下降。

对国际市场价格影响较大的政府政策主要有价格或收入支持政策、进出口补贴政策、进出口管制政策、关税政策、外汇政策、税收政策、财政金融政策及投资政策等。

5. 规模经济收益

规模经济对各国政府、跨国公司及其他中小企业的影响越来越大。因为在许多产业的发展中,存在着规模报酬递增的现象。即随着生产规模的扩大,产量的增加,商品生产的平均成本降低,当未达到最佳生产规模时,产量的增加会导致生产成本的降低,商品价格趋于下降。但是一旦超过最佳生产规模,则生产成本会进一步上升,商品价格趋于上涨。因此,规模报酬递减产业中规模经济与规模不经济自然会影响国际市场上该产业产品的价格。

6. 贸易条件

商品交换中的各种销售因素会影响商品的价格。这些因素包括:各种贸易支付方式,各种贸易术语的使用,装运与保险,成交数量,广告营销,售前、售后服务。

7. 其他偶发性条件

国际市场价格也可能会受一些偶发性事件的影响。如自然灾害、政治动乱、战争及投机等因素会造成商品供求关系的失衡,从而使国际市场价格发生变化。

二、国际贸易政策与措施

不言而喻,一国的国际贸易政策对国际工程的经营活动,尤其是物资采购有着重要影响。特别是各国的进出口关税和非关税措施直接影响采购的顺利进行,影响工程的造价。因此承包商应对国际贸易政策的基本内容与有关的关税与非关税措施有一些基本了解。

(一)国际贸易政策的内容

一国的国际贸易政策主要受本国政治、经济及对外政策等因素的影响,是整个经济政策与对外政策的一部分,体现了该国的经济利益和政治利益。

从国际贸易发展的历史看，各个国家的对外贸易政策基本上有三种类型，即自由贸易政策、保护贸易政策和管理贸易政策。

自由贸易政策的主要内容是：国家取消对进出口贸易的限制和障碍，取消对本国进出口商的各种特权和优惠，使商品和服务自由进出口，在国内外市场上公平竞争。

保护贸易政策的主要内容是：国家采取各种限制进口的措施，以保护本国商品在国际市场上免受外国商品和服务的竞争；对本国出口商给予优惠和补贴，以鼓励商品和服务出口。

管理贸易政策的主要内容是：国家对内制定一系列贸易政策、法规，加强对对外经贸的管理，使其健康有序地发展；对外通过签订双边、多边经济贸易条约或协定，协调与其他国家对外经济贸易方面的权利和义务。

目前发达国家在进行经济和政策调整过程中逐渐形成了一些新特点，对世界贸易的影响很大。这些特点主要有以下几点：i. 贸易保护措施由非定型化变为制度化，即将以往只针对某些商品实施的临时性的限制性措施制度化，这些措施相互关联，彼此配合，具有综合性、系列化的特点；ii. 管理贸易的法律由单行化转变为整体化，即将对外贸易政策法律化并与其他方面的国内法相配合，使贸易保护主义具有法律上的依据；iii. 奖励出口是各发达国家对外贸易政策的核心。

(二)关税措施

一般说来，关税主要可以分为以下几种。

1. 进口税

进口税是进口国在外国商品输入时，对本国进口商征收的正常关税。正常进口税通常可分为最惠国税和普通国税两种。最惠国税适用于与该国订有最惠国待遇原则的国家或地区所进口的商品。普通税适用于与该国家没有签订这种贸易协定的国家或地区所进口的商品。最惠国税率比普通税率低。第二次世界大战后，大多数国家都加入关税与贸易总协定，相互提供最惠国待遇，享受最惠国税率。因此，正常进口税一般指最惠国税。

2. 出口税

出口税是出口国海关在本国商品输往国外时，对出口商品征收的一种关税。由于征收关税必然会提高本国商品在国外市场的销售价格，降低商品的竞争能力，因此，除少数发展中国家为保护本国生产和市场供应或为增加财政收入征收出口税外，一般都不征收出口税。

3. 进口附加税

进口附加税即进口国对进口商品，除按照公布的税率征收正常进口税外，还往往出于某种原因再加征进口税。进口附加税是限制商品进口的一种临时措施，其目的主要是为应付国际收支逆差；维持进出口平衡，防止外国商品的低价倾销；对某个国家实行歧视待遇或报复等。进口附加税主要有反补贴税和反倾销锐，前者是对直接或间接接受任何奖金或补贴的外国商品为进口所征收的附加税，后者是对实行商品低价倾销的进口货所征收的附加税。

4. 差价税

当某种产品国内外都有生产，但国内产品高于国外进口商品的价格时，为保护国内生产和市场，按照国内价格与进口商品价格间的差额征收关税。

关税的征收方法主要有两种，即从量税和从价税。在这两种主要征收方法的基础上，又有混合税和选择税。

①从量税是按商品的重量、数量、长度等计量单位计征的关税。

②从价税是以进口商品的价格为标准计征的关税。其税率表现为商品价格的百分率,因此,征收从价税,确定进口商品的完税价格是一个较为复杂的问题。完税价格是经海关审定作为计征关税的货物价格,是决定税额多少的一个重要因素。目前各国都规定以正常价格作为完税价格。正常价格是指在正常贸易过程中处于充分竞争条件下某一商品的成本价格。如果进口商品发票中载明的价格与正常价格相一致,即以发票价格为完税价格;如果发票价格低于正常价格,则根据海关估定价格作为完税价格。

③混合税是对某种进口商品采用从量税和从价税同时征收的方法。混合税的征收有两种方法。一种是以从量税为主加征从价税,一种是以从价税为主加征从量税。

④选择税是对一种商品同时规定从价税和从量税两种税率,征税时选择税额较多者征收。

关税征收的依据是各国政府根据本国实际情况通过立法程序制定和公布的海关税则,体现了一国的对外贸易政策。海关税则的关税税率表中一般包括税则号、商品名称、记征单位和税率等内容。

海关税则有单式税则和复式税则。单式税则又称一栏税则,即一个税目下只有一个税率,适用于来自任何国家的商品。复式税又称多栏税则,即一个税目下定有两个或两个以上不同的税率,其主要目的在于实行差别待遇和歧视待遇。

《海关合作理事会税则目录》是多年来各国一直沿用的税则目录,其划分原则是以商品为主,并结合加工程度。全部商品共21类,99章,1 097项税目号。根据税则分类的规定,税则目录中的类、章、目这三级的税则号排列及编制不得改动。对于目的编排享有一定的机动权,从而保证该税则目录使用的一致性和应用范围。

《国际贸易货物名称和编码协调制度》(以下简称"协调制度")是《海关合作理事会分类目录》和《国际贸易标准分类》这两个体系的最新发展,是国际贸易不断发展的客观要求,将商品描述在分类体系基础上经过10多年研究的结果。该协调制度将商品分为21类,96章,1 241个税目,编码的税目和子目是按商品的原料来源、结合加工承担、用途以及工业部门划分和编排的。

三、国际贸易惯例

国际贸易惯例是指在长期的国际贸易业务中反复实践并经国际组织或权威机构加以编纂和解释的习惯做法。目前,国际贸易惯例主要有以下几种:与国际贸易术语有关的国际贸易惯例,与国际结算有关的国际贸易惯例,与国际货物运输有关的国际贸易惯例。这些惯例在国际工程承包的经营活动中经常使用,因此有必要将这些国际贸易惯例加以详细解释。

(一)与国际贸易术语有关的国际贸易惯例

有关贸易术语的国际贸易惯例主要有三种,即《1932年华沙—牛津规则》(*Warsaw-Oxford Rules*,1932)、《1941年美国对外贸易定义修订本》(*Revised American Foreign Trade Definitions* 1941)和《国际贸易术语解释通则》(*International Rules for the Interpretation of Trade Terms*)。

《国际贸易术语解释通则》(以下简称《通则》)是由国际商会ICC制定的,专门用于解释贸易术语的惯例。ICC于1936年首次公布《通则》后,先后又于1953年、1967年、1976年、1980年、1990年、2000年、2010年在不同版本中作了修订和补充。Incoterms 2010实施后并非Incoterms 2000就自动作废。贸易双方仍可在Incoterms 2010实施后继续选择使用Incoterms 2000的解释,或者如果合同中出现了新版本中没有的术语(如DAF、DES、DEQ等)仍将被认为适用2000年《通则》。国际工程承包经营活动中,物资采购时所使用的交货条件,大部分按照

《通则》的解释进行。世界银行贷款项目货物采购国际竞争性招标文件亦规定选用其中6种贸易术语以及工厂交货价。

(1)FOB(Free on Board)船上交货(……指定装运港)

按照《2000年通则》的解释,采用FOB术语成交时,卖方承担的基本义务是在合同规定的装运港和规定的期限内,将货物装入买方指派的船只,并及时通知买方。买方要负责租船订舱、支付运费,并将船期、船名及时通知卖方。货物在装运港装船时越过船舷后的其他责任、费用也都由买方负担,包括获取进口许可证或其他官方证件,以及办理货物入境的手续和费用。如果买方指定了船只,而未能及时将船名、装货泊位及装船日期通知卖方,或者买方指派的船只未能按时到达,或者未能承载货物,或者在规定期限终了前截止装货,买方要承担由此产生的一切风险和损失。但前提是货物已被清楚地分开或被指定为供应本合同之用。

在FOB条件下,卖方要自负风险和费用领取出口证或其他官方证件,并负责办理出口手续,卖方还要提供证明他已按规定完成交货义务的单证。在买方要求下,并由买方承担风险和费用的情况下,卖方给予一切协助,以取得提单或其他运输单据。

(2)CIF(Cost Insurance and Freight)成本保险费加运费(……指定目的港)

采用这一贸易术语时,卖方的基本义务是负责按通常条件租船订舱,支付到目的港的运费,并在规定的装运港和装运期内将货物装上船,装船后及时通知买方。此外,卖方还要办理从装运港到目的港的海运货物保险,支付保险费。按CIF条件成交时,卖方是在装运港完成交货义务,并不保证货物安全抵达目的港。卖方承担的风险也只限货物越过船舷之前的风险。货物越过船舷之后的风险,概由买方承担。货物装上船之后,自装运港到目的港的通常运费、保险费以外的费用由买方负担。买方还要自负风险和费用取得进口许可证或其他官方文件,办理进口手续,并按合同规定支付货款。

在交单义务方面,卖方需要提交商业发票或与之相等的电子单证,必要时提供证明所交货物与合同规定相符的文件,提供通常的运输单据,使买方得以在目的地受领货物;或者通过单据出售在途货物,提供符合合同规定的保险单据,使买方可以凭该单据直接向保险人索赔。此外,卖方要自负风险和费用办理出口手续。本术语只适用于海运和内河运输。

(3)CFR(Cost and Freight)成本加运费(……指定目的港)

按照《1990年通则》的解释,采用这一贸易术语时,卖方承担的基本义务是在合同规定的装运港和规定的期限内,将货物装上船并及时通知买方。货物在装船时越过船舷,风险即从卖方转移至买方。卖方负责订立运输契约,租船订舱,支付到指定目的港的运费。买方负责办理从装运港至目的港的货运保险并支付保险费。

(4)FCA(Free Carrier)货交承运人(……指定地点)

采用这一交货条件时,买方要自费订立从指定地点启运的运输契约,并及时通知卖方。如果买方有要求,或者根据商业习惯,卖方没有及时提出相反意见,卖方也可能按照通常条件订立运输契约,但费用和风险要由买方承担。卖方在规定时间和地点把货物交给承运人照管,在办理出口清关手续后,就算完成了交货义务。FCA术语适用于包括多式联运在内的各种运输方式。无论采用哪种运输方式,买卖双方各自承担的风险均以货交承运人为界。风险转移后,与运输、保险相关的责任和费用也相应转移。此外,在FCA条件下,卖方除须提交符合合同规定的货物外,还须提交货物与合同规定相符的单据,以及卖方按上述要求完成交货义务的凭证。另外,卖方要自负风险和费用获取出口许可证或其他为货物出口所需官方文件。

(5)CPT(Carriage Pay to)运费付至(……指定目的港)

采用CPT术语成交,卖方负责订立将货物运往目的地指定地点的运输契约,并负责按合同规定的时间将货物交给承运人处置之下,即完成交货义务。卖方在交货后要及时通知买方。买方自货物交付承运人处置时起承担货物灭失或损坏的一切风险。买方应在双方约定的目的地指定地点受领货物,支付货款,并且负责除运费以外的货物自交货地点直到运达指定目的地为止的各项费用以及卸货费和进口捐税。卖方无论是在出口国内还是港口交货,都要负责提交办理出口报关所需的出口许可证及其他官方文件,提供所需商业发票或相等的电子单证及通常的运输单据。

(6)CIP(Carrage and Insurance Paid to)运费保险费付至(……指定目的地)

采用CIP术语成交,卖方要负责订立运输契约并支付将货物运达指定目的地的运费,并且办理货物运输保险,交付保险费。卖方在合同规定的装运期内将货物交给承运人或第一承运人的处置之下,即完成交货义务。交货后及时通知买方,货物风险也于交货后转移至买方。买方在合同规定的地点受领货物,支付货款,并负担除运费、保险费以外的货物自交货地点至目的地为止的各项费用以及卸货费和进口捐税。

(7)EXW(Ex Works)工厂交货(……指定地点)

本术语用于在货物产地或储存地交货的方式。卖方的基本责任是在合同规定的时间、地点,在其营业所在地,将符合合同要求的货物置于买方的处置之下,就算完成了交货义务。卖方承担的风险也随交货义务的完成而转移至买方。买方负责将货物装入运输工具,并运至最终目的地,承担其间的全部风险、责任和费用,包括货物出、入境的手续及有关费用。卖方只需提供商业发票或相等的电子单证,如合同有要求,才提供证明所交货物与合同规定相符的证件,卖方亦无义务提供货物出境所需的出口许可证或其他官方证件。但在买方的要求下,并由买方承担风险和费用的情况下,卖方也可协助买方取得上述证件。如果买方无法做到直接或间接办理出境手续,则不宜采用这一交货方式。

(二)有关国际贸易结算的惯例

与国际贸易结算有关的惯例主要有国际商会的《跟单信用证统一惯例》和《见索即付保函统一规则》。

1.信用证

信用证是开证行根据开证申请人的请求和指示向收益人开立的在一定金额和一定期限内凭规定的单据承诺付款的凭证。其一般使用程序如下:

①进口方(开证人)与出口方订立买卖合同并规定以信用证方式支付货款;

②进口方交纳押金或提供担保,向开证行申请开立信用证;

③开证行根据开证人申请内容向出口方(受益人)开出信用证,并寄交出口方所在地分行或代理行、通知银行;

④通知行核对印鉴(或密押)无误后将信用证通知受益人;

⑤受益人审证无误后,在信用证规定时间内备货装运,向议付行交单议付;

⑥议付行审单无误,按照汇票金额扣除利息,垫付货款给受益人;

⑦议付行将汇票和货运单据寄交开证行或其指定银行索偿;

⑧开证行或其指定行审单无误后,付款给议付行;

⑨开证行通知开证人付款赎单,开证人校单无误后付款;

⑩开证行将单据交开证人。

2. 银行保证书

银行保函是由银行开立的承担经济赔偿责任的一种担保凭证。银行保证书大多数属于见索即付的保证书。

按其用途保证书可分为投标保证书、履约保证书和还款保证书三种。其当事人主要有申请人、受益人和保证人,此外还有转递行、保兑行和转开行。保证书的开立方式有直开、转开、转递和保兑等,可根据各国法律规定和习惯做法及有关合同的规定而定。按照《见索即付保函统一规则》规定,保函内容应清楚、准确,应避免列入过多细节。保证书中应详列主要当事人的名称和地址。保证书应受开立保证书的机构所在地法律约束,所以保证人的地址尤为重要。保证书的开立应以合同为依据,保证人的付款责任是独立的,不受合同约束。每份保证书都必须明确规定金额递减条款,即担保金额可随担保人为满足索赔金额的支付而相应减少,最大担保金额全部支付完毕或减完之后,该保证书即告失效。

担保人在收到索赔书和保函中规定的其他证明文件(如工程师出具的证明)后,认为这些文件与担保书条款表面相符时,支付保函中规定的金额。担保人应享有合理时间谨慎审核上述文件,以确定其是否与保证书条款表面相符,否则,担保人可拒绝受理。保证书条件下的任何付款要求及其文件均应做成书面文件,并说明:主债务人为履行有关合同项下应尽的义务,或当保证书为投标保证书时,主债务人违反投标条件,并说明主债务人违约的具体情况。此外,保证书应规定失效日期或失效事件,提交索赔书应在失效日或失效事件前交给担保人。如果保证书中规定了失效日期和失效事件二者中最早出现的日期开始失效,不论保证书中是否规定失效条款与否。如果将保证书退还担保人或受益人,并书面声明解除担保人的责任,则该保证书认为已被取消。

四、国际货物销售合同的主要条款

(一)货物的名称、品质、数量

在合同中规定合同标的物的名称要使用国际上通行的名称,确定品名时还要考虑其与运费的关系以及有关国家海关税则和进出口限制的有关规定。对于译成英文的名称要正确无误,符合专业术语的习惯要求。

在国际货物采购合同中,品质条款是重要条款之一。根据《联合国国际货物销售合同公约》规定,卖方交付的货物必须与合同规定的数量、质量和规格相符,如卖方违反合同规定交付与合同品质条款不符的货物时,买方可根据违约的程度,提出损害赔偿费,要求修理,交付替代货物,或拒收货物,宣告合同无效。

在合同的数量条款中,要准确使用计量单位并明确货物的数量,卖方所交货物的数量如果多于合同规定的数量,买方可以收取全部或部分多交货物;但如果卖方缺交,可允许卖方在规定交货期届满之前补齐,但不得使买方遭受不合理的不便或承担不合理的开支,即使如此,买方仍保留要求损害赔偿费的权利。

(二)国际贸易货物交货与运输

货物的交货条件包括交货时间、批次、装运港(地)、目的港(地)、交货计划、大件货物或特殊货物的发货要求以及装运通知等内容。

1. 交货时间

在 CIF 条件下,卖方在装运港将货物装上开往约定目的港船只即完成交货义务,海运提单日期即为卖方的实际计划日期。

在 CIP 条件下，卖方在出口国指定地点将货物交给承运人即完成交货义务。

在 FOB 条件下，卖方也是在装运港将货物装入买方指派船只的船上即完成交货义务，海运提单的签发日期为卖方交货的日期。

在 FCA 条件下，卖方在规定的时间内将货物交给买方指定的承运人就算完成了交货。

2. 装运批次、装运港（地）、目的港（地）

买卖双方在合同中应对是否允许分批、分几批装运及装运港（地）、目的港（地）名称作出明确规定。

3. 交货计划

买卖双方应在合同中规定每批货物交货前卖方应向买方发出装运通知。一般情况下，在 CIF 条件下，实际装运前 60 天，在 EXW 条件下前 45 天，卖方应将合同号、货物名称、装运日期、装运港口、总毛重、总体积、包装和数量、货物备妥待运日期以及承运日期和国籍等有关货物装运情况，以电传、电报方式通知买方。同时，卖方应以空邮方式向买方提交货物详细清单，注明合同号、货物名称、技术规格简述、数量、每件毛重、总毛重、总体积和每包的尺寸（长 × 宽 × 高）、单价、总价、装运港、目的港、货物备妥待运日期、承运船预计到港日期以及货物对运输、保管的特别要求和注意事项。

4. 大件及特殊货物的发货要求

关于大件货物（即重量 30 吨以上，或尺寸长 9 米以上，或宽 3 米以上的货物），卖方应在装运前 30 天将该货物包装草图（注明重心、起吊点）一式两份邮寄至买方，并随船将此草图一式两份提交给目的港中国外贸运输公司，作为货到目的港后安排装卸、运输、保管的依据。对于特大件货物（重 60 吨以上或者长 15 米以上，或宽 3.4 米以上，或高 3 米以上的货物）卖方应将外形包装草图、吊挂位置、重心等，随初步交货计划提交买方，经买方同意后才能安排执行。关于货物中的易燃品，卖方至少在装运前 30 天将注明货物名称、性能、预防措施及方法的文件一式两份提交给买方。

5. 装运通知

在货物（包括技术资料）装运前 10 天，卖方应将承运工具、预计装运日期、预计到达目的地日期、合同号、货物名称、数量、重量、体积及其他事项以电报或电传方式通知买方。在每批货物（包括技术资料）发货后 48 小时内，卖方应将合同号、提单、空运单日期、货物名称、数量、重量、体积、商业发票金额、承运工具名称以电报或电传方式通知买方以及目的地中国外贸运输公司。除此之外，卖方应将装运单据（包括提单、发票、质量证书、装箱单等）一式三份随承运工具提交目的地中国外贸运输公司。同时在每批货物（包括技术资料）发运后 48 小时内，将装运单据一式两份邮寄买方。

6. 运输方式

国际贸易中有多种运输方式，如海洋运输、内河运输、铁路运输、公路运输、航空运输、管道运输以及联合运输。其中，以海洋运输为主要运输方式。

（三）国际贸易货物运输保险

国际货物买卖中，货物往往要经过长距离运输，在此期间，由于遭遇各种风险而导致货物损坏或灭失的情况是经常发生的。货物在海运中可能遇到的风险主要有两类。一类是海上风险，一般是指自然灾害和意外事故。自然灾害是指因恶劣气候、雷电、海啸、地震、洪水等自然力量造成的危害。意外事故是指船舶搁浅、触礁、沉没、互撞、与流水或其他物件碰撞以及失火、爆炸等意外原因造成的事故。另一类是“外来风险”,是指由于偷窃、雨淋、短量、渗漏、玷污、破碎、串味、受潮、钩损、锈损等外来原因对货物造成的损失的一般外来风险,以及由于战争、罢工、进口国拒绝进口或没收等外来原因造成的特殊风险。其他运输方式的风险种类与海运大体相似。在买卖合同中规定保险条款,就是当事人为了使货物在运输过程中遭受损失或灭失时能及时得到补偿。

保险条款的内容,因采用的贸易术语的不同而有所区别,如果按照 FOB、CFR 和 CPT 术语成交,在保险条款中只需规定:“保险由买方负责办理”,但如果按 CIF 和 CPT 术语成交,则除了说明保险由卖方办理外,还需规定保险金额和保险险别以及所依据的保险公司的保险条款。

(四)国际货物销售合同的价格条款和价格调整条款

价格条款是国际货物销售合同的核心条款,其内容对合同中的其他条款会产生重大影响。价格条款的内容一般应包括货物的单价和总值两项基本内容,单价通常由四个部分组成,即单位价格、计量单位、计价货币、贸易术语,如每吨 350 英镑 CIF 伦敦。一般情况下,国际工程中的物资采购,如果是国外供货商提供货物,按 CIF 条件、CIP 条件,或 FOB 或 FCA 条件签订合同,如由买方所在国提供货物,则以买方国家工厂出厂价 EXW 条件签订合同。

合同中的定价方法一般有固定价格和非固定价格两种。国际工程中的货物采购合同主要采用固定价格的定价方法,即在执行合同期间,合同价格不允许调整。如果所采购的货物或设备不能在一年内交付,则可考虑使用调整价格,即在合同中规定价格调整公式以补偿在合同执行期间因物价变动成本增加而给卖方带来的损失。其调整公式如下:

$$P = P_0(A + B \times M/M_0 + C \times W/W_0)$$

式中:P 为调整后价格;P_0为合同价格;M 为合同执行期相应原料价格指数;M_0为原料的基础价格指数;W 为合同执行期有关工资指数;W_0为特定行业工资指数;A、B、C 分别为签订合同时确定的有关价格中各要素所占的百分比,A 为合同价格中承包商的管理费和利润百分比,这部分价格不予调整,B 为合同价格中原材料的百分比,C 为工资百分比。公式中固定部分 A 的权值取决于货物的性质。由于在大多数情况下价格趋于上涨,买方一般希望 A 的权值越小越好。公式中 B 部分通常根据主要材料的价格指数进行调整,虽然货物在生产过程中需要多种材料,但在价格调整时通常以主要材料的价格指数为代表,如果有两或三种原材料的价格对于产品的总成本影响较大,则可以分别采用这些原材料的价格指数作为材料部分的分项。工资指数的调整只选择一种行业,但为使调整更精确,也可同时选用两个或两个以上有关行业的劳动力成本指数。有时买方在合同的价格调整条款中规定价格调整的起点和上限,或规定价格调整不得超过原合同价的一定百分比。

(五)国际货物销售货款的支付

国际货物买卖货款的收付,很少采用现金结算,大多数采用非现金结算,即使用代替现金作为流通手段和支付手段的信贷工具进行结算。国际贸易中使用的票据主要有汇票、本票和支票,其中以使用汇票为主。国际工程货物采购合同货币一般情况下使用国际贸易中广泛使用的货币。支付方式因合同买卖的内容、合同价格、交货期、市场条件不同而不同。对于初级产品合同,常用成本加保险费加运费价(CIF 价)或离岸价(FOB 价),卖方希望交单时取得全部货款,买方在货物装船前对货物实施检验。这类合同使用不可撤销跟单信用证方式,如果合同中规定了货物的保证期,则买方可要求卖方提供银行担保,以保证卖方在保用期内履行合同义务。对于制成品合同,买方希望卖方交单时付款90%后,余下货款待货到检验后支付。买方也要求卖方为履行保用期内的合同义务而提供银行担保。而对于大型设备采购合同,由于其交付期较长,而卖方在执行合同时亦需大量资金周转,一般在签订合同时,买方向卖方支付合同金额10%～15%的预付订金,以后买方可按货物生产的进度付款,一般为合同款的50%。卖方交单时,支付合同金额的20%,货到目的地后,买方验收并安装调试完毕后,买方支付合同金额的15%,余下金额待保用期期满时,卖方履行全部合同义务后支付。为保证向卖方付款并确保卖方履行合同义务,国际货物销售合同一般都规定采用信用证方式进行支付或由卖方提供银行担保。

(六)检验条款

检验条款主要包括检验时间与地点、检验依据与检验方法。而检验时间与合同中的交货条件、货物的性能、行业惯例、国家的法令有着密切关系。

国际工程货物采购的惯常做法主要有以下几种。

1. 出口国检验

此种方法又分为产地(工场)检验、装船前检验或装船时检验。为避免卖方提交货物与合同不符而引起索赔、退货等争议的发生,买方可根据需要,在货物生产阶段、装运前对货物的质量或数量进行检验。卖方承担货物离厂或装船前责任。但买方若能证明货到目的地后与合同规定不符是由货物内在缺陷造成的,买方可对货物进行复验,并有权拒收货物,向卖方提出索赔,或者要求卖方在合同规定的交付期限内,或在买方同意的期限内负责调换符合合同规定的货物。此外卖方还应补偿买方在检验和退货过程中产生的任何费用。这种出口国检验,买方也可委托专业检验公司或代理机构进行。其费用一般为FOB价的0.2%～1%。此外,在合同中也可规定由卖方雇用专业检验公司进行检验,其费用列入卖方报价中,但是买方保留批准或不批准卖方雇用检验公司的权利。

2. 进口国检验

进口国检验即货到目的地后,由双方约定的目的地商检机构检验货物,并出具检验证书。这种检验方法主要适用于价格较低的货物或由信誉良好的厂商采用批量生产工艺制造的货物。但是,如果是根据设计、技术规格生产的货物,或根据性能技术规格和设计技术规格生产的货物而且设计成分比较重时,就需要在出口国生产厂家进行全面的技术检验,其中包括对原材料、零部件和制造与质量控制的工艺程序进行检验,合格后出具合格证书。采用进口国检验,货到目的地后,买方应向商检局申请检验,检验后如发现货物质量、数量等与合同不符,买方有权拒收货物或在合同规定的期限内向卖方提出索赔。此外,货物在保证期内如发现货物有缺陷,可申请由商检局进行检验,买方有权凭商检局出具的检验证书向卖方索赔。

(七)保证、索赔条款

1. 保证条款

合同中保证条款的基本要点是:卖方应保证其所提供的货物应是质量优良,设计、材料和工艺均无缺陷,符合合同规定的技术规范和性能,并满足正常、安全运行的要求,否则,买方有权提出索赔。卖方的保质期应为货物检验后,即检验证书签发后12个月。在保证期内,由于卖方责任需要更换,修理有缺陷的货物,而使买方停止生产或使用时,货物保证期应相应延长。新更换或修复货物的保证期应为这些货物投入使用后12个月。但在有些合同中,12个月的保证期不足以保护买方免受因设计或生产缺陷而可能产生的损失,因此,如有必要,买方亦可要求卖方继续对设计缺陷造成的损失负责。此外，有些销售合同中，卖方实际交货与货物安装使用之间间隔时间较长，这种情况下可考虑货物的保证期应从实际投入使用时算 12 个月。

卖方应保证在对货物进行性能考核检验时，货物的全部技术指标和保证值都能达到合同规定的要求。经检验由于卖方的原因，有一项或若干项技术指标和保证值未达到要求，卖方应向买方支付罚款，其金额应为合同金额的若干百分比。卖方的另一项保证是按合同规定时间交货，否则，卖方应向买方支付迟交罚款。迟交罚款的计算有两种方法：一是以合同总价或每批货物价格为基础，确定每一周的罚款比率；二是以迟交部分货物的价格为基础，确定每周罚款比率，其罚款金额一般不应超过合同总价的 5%。

卖方应在合同中保证其提供技术资料正确、完整和清晰，符合货物设计、检验、安装、调试、考核、操作和维修的要求。如卖方提供的技术资料不能满足上述要求，必须在收到买方通知后规定时间内，免费向卖方重新提供正确、完整和清晰的技术资料。技术资料运抵目的地机场前的一切费用和风险由卖方承担。

2. 索赔

合同履行中常见的卖方违约有下列几种情况：i. 卖方未按合同规定时间交货；ii. 在开箱检验中，由于卖方的责任，货物数量、重量、质量、规格、性能不符合合同要求；iii. 在安装、调试过程中，发现卖方提供的货物有缺陷，或由于卖方设计错误或提供技术资料的错误，或由于卖方[illegible]员的指导错误而造成货物损坏，并由此导致安装、调试不能按合同规定进行；iv. 货物不[illegible]达到合同规定的技术指标和保证值，但不影响货物的正常安全使用，能够验收使用；[illegible]合同保证期内发现属于卖方责任的货物缺陷和（或）损坏。

此外，合同中的索赔对象还有由于承运人的装运不善而产生的货损以及运输保险中由于保险范围内的风险所致货损、货差的索赔。因此，应在合同中明确规定索赔依据、索赔期限、处理索赔的办法以及索赔金额等内容。

索赔依据包括法律依据（即合同）、事实依据及符合法律规定的出证机构。索赔期限的规定方法一般有两种，即约定索赔期限和法定索赔期限。

（八）不可抗力条款

不可抗力条款主要包括免责规定、不可抗力事故范围、不可抗力事故的通知和证明以及受不可抗力影响的当事人延迟履行合同的最长期限。

合同当事人任何一方，由于发生不可抗力事故而影响履行合同时，应根据不可抗力事故影响的时间相应延长履行合同的期限。不可抗力事故的范围一般有两种规定方法：一种是列明不可抗力事故，如战争、火灾、水灾、风灾、地震；另一种方法是除明确列明某些不可抗力事故外，还加上"以及双方同意的其他不可抗力事故"。这主要是因为在合同中难以列明所有不可抗力事故，而便于灵活处理在执行合同时发生双方同意的其他无法事先估计和无法控制的事故。当不可抗力事故发生后，遭受不可抗力事故影响的一方应尽快将所发生的不可抗力事故情况以电报或电传方式通知另一方，并在 14 天内向另一方提交有关当局出具的书面证明文件，供另一方确认。在不可抗力事故终止或清除后，遭受事故影响的一方亦应尽快以电报或电传方式通知另一方，并以航空挂号函方式予以确认。遭受不可抗力事故影响的一方延迟履行合同的期限一般规定为 90 天，最长不超过 120 天，如逾期，双方应尽快通过友好协商解决合同的执行问题，并达成协议。

应当注意的是，合同中订立不可抗力条款是一般的商业惯例，但在不可抗力事故范围问题上，凡自然力量事故，各国认识比较一致，而社会异常事故，则在解释上经常产生分歧。由于不可抗力是一项免责条款，交易双方均可援引，当执行合同对当事人一方不利时，他可能会扩大对不可抗力的解释。因此，合同双方应慎重对待不可抗力条款，特别是对一些含义不清、没有确定标准的概念，不应作为不可抗力对待；对于一些政治性事件，可由买卖双方于事件发生时根据具体情况，另行协商解决。

参考文献

[1] 蒋兆祖,刘国冬. 国际工程咨询[M]. 北京:中国建筑工业出版社,1996.

[2] 汤礼智. 国际工程承包总论[M]. 北京:中国建筑工业出版社,1997.

[3] 梁鉴. 国际工程施工索赔[M]. 北京:中国建筑工业出版社,1996.

[4] 雷胜强. 国际工程风险管理与保险[M]. 北京:中国建筑工业出版社,1996.

[5] 黎孝先,石玉川. 国际贸易实务[M]. 北京:对外经济贸易大学出版社,2008.

[6] 何伯森. 国际工程招标与投标[M]. 北京:水利电力出版社,1994.

[7] FIDIC. 施工合同条件[M].1 版. 北京:机械工业出版社, 2002.

[8] FIDIC. 生产设备和设计—施工合同条件[M].1 版. 北京:机械工业出版社, 2002.

[9] FIDIC. 设计采购施工(EPC)/交钥匙工程合同条件[M].1 版. 北京:机械工业出版社, 2002.

[10] FIDIC. 简明合同格式[M].1 版. 北京:机械工业出版社, 2002.

[11] 中华人民共和国财政部. 世界银行贷款项目招标文件范本——土建工程国际竞争性招标文件[M]. 北京:清华大学出版社,1997.

[12] 中华人民共和国财政部. 世界银行贷款项目招标文件范本——货物采购国际竞争性招标文件[M]. 北京:清华大学出版社,1997.

[13] 中华人民共和国财政部. 世界银行贷款项目招标文件范本——标准评标报告格式[M]. 北京:清华大学出版社,1997.

[14] 刘舒年. 国际工程融资与外汇[M]. 北京:中国建筑工业出版社,1997.

[15] 刘尔烈,陈勇强. 工程项目招标投标实务[M]. 北京:人民交通出版社,2000.